3.ª edición

Manual de didáctica general para maestros de Educación Infantil y de Primaria

Coordinadores

BLAS BERMEJO

PROFESOR TITULAR DE UNIVERSIDAD DE LA UNIVERSIDAD DE SEVILLA

CRISTÓBAL BALLESTEROS

PROFESOR CONTRATADO DOCTOR DE LA UNIVERSIDAD DE SEVILLA

3.ª edición

Manual de didáctica general para maestros de Educación Infantil y de Primaria

EDICIONES PIRÁMIDE

COLECCIÓN «PSICOLOGÍA»
Sección: Pedagogía y Didáctica

Director:
Francisco J. Labrador
Catedrático de Modificación de Conducta
de la Universidad Complutense de Madrid

Diseño de cubierta: Anaí Miguel

Juan Ignacio Luca de Tena, 15. 28027 Madrid
Teléfono: 91 393 89 89
www.edicionespiramide.es
Depósito legal: M. 23.768-2017
ISBN: 978-84-368-3815-2
Printed in Spain

Relación de autores

Cristóbal Ballesteros Regaña
Profesor contratado doctor. Universidad de Sevilla

Manuela Barcia Moreno
Profesora titular. Universidad de Sevilla

Blas Bermejo Campos
Profesor titular. Universidad de Sevilla

M.ª del Carmen Corujo Vélez
Profesora sustituta interina. Universidad de Sevilla

Soledad Domene Martos
Profesora contratada doctora. Universidad de Sevilla

Soledad García Gómez
Profesora titular. Universidad de Sevilla

Cristina Granado Alonso
Profesora titular. Universidad de Sevilla

Juan Jesús Gutiérrez Castillo
Profesor ayudante LRU y LOU. Universidad de Sevilla

Carlos Hervás Gómez
Profesor titular. Universidad de Sevilla

José Manuel Lavié Martínez
Profesor contratado doctor. Universidad de Sevilla

Rocío Piñero Virué
Profesora sustituta interina. Universidad de Sevilla

María Puig Gutiérrez
Profesora ayudante doctora. Universidad de Sevilla

Miguel María Reyes Rebollo
Profesor titular. Universidad de Sevilla

Margarita Rodríguez Gallego
Profesora titular. Universidad de Sevilla

Rosalía Romero Tena
Profesora titular. Universidad de Sevilla

Carmen Siles Rojas
Profesora titular. Universidad de Sevilla

Purificación Toledo Morales
Profesora titular. Universidad de Sevilla

Índice

Presentación

La tercera edición del presente libro pretende dar continuidad al propósito de partida con el que un grupo de profesores/as del departamento de Didáctica y Organización Educativa de la Universidad de Sevilla iniciamos en el año 2011 la elaboración de este manual; es decir, construir (combinando la experiencia personal y profesional de los diferentes autores/as) un material didáctico de apoyo que ayudara, tanto a los estudiantes como a los profesores/as de los nuevos Grados en Educación Infantil y Primaria, a identificar, organizar y relacionar-aplicar los principales contenidos teóricos y prácticos que se proponen y comparten en los programas oficiales de las asignaturas de Didáctica General.

En esta nueva versión, por tanto, se mantiene la división sobre la que se ha venido estructurando el libro en sus ediciones anteriores; no obstante, hemos procedido a enriquecer su desarrollo incluyendo la revisión, actualización (conceptual y gráfica) y profundización:

a) Tanto de los fundamentos teóricos y curriculares sobre los que se organizan los procesos de enseñanza-aprendizaje y sustenta el espacio científico de la Didáctica como disciplina (Macrodidáctica); a ello dedicamos los dos primeros capítulos del libro referidos a la conceptualización de la didáctica, la enseñanza, el aprendizaje, la comunicación didáctica y el currículum educativo, que complementamos además con la presentación del sistema educativo español actual y sus diferentes niveles de concreción curricular.

b) Como de los diferentes elementos que deben considerarse a la hora de diseñar, desarrollar y evaluar la acción didáctica en las aulas de Educación Infantil y Primaria (Microdidáctica); que abordamos a través del resto de capítulos referidos al nuevo rol del docente, las competencias en la enseñanza obligatoria, los objetivos, los contenidos, los principios metodológicos y las estrategias específicas de evaluación de ambas etapas educativas.

Blas Bermejo Campos
Cristóbal Ballesteros Regaña

PARTE PRIMERA

Macrodidáctica. Fundamentos teóricos y curriculares del proceso de enseñanza y aprendizaje

El proceso de enseñanza y aprendizaje: fundamentos teóricos básicos

1

BLAS BERMEJO CAMPOS
CRISTÓBAL BALLESTEROS REGAÑA

INTRODUCCIÓN

En este capítulo se pretende, muy sintéticamente, presentar las principales aportaciones teóricas sobre los elementos conceptuales fundamentales que intervienen en la disciplina de Didáctica General, con el objeto de obtener una primera aproximación sobre los mismos. Para proceder a su desarrollo, hemos organizado su estructura en torno a la figura 1.1.

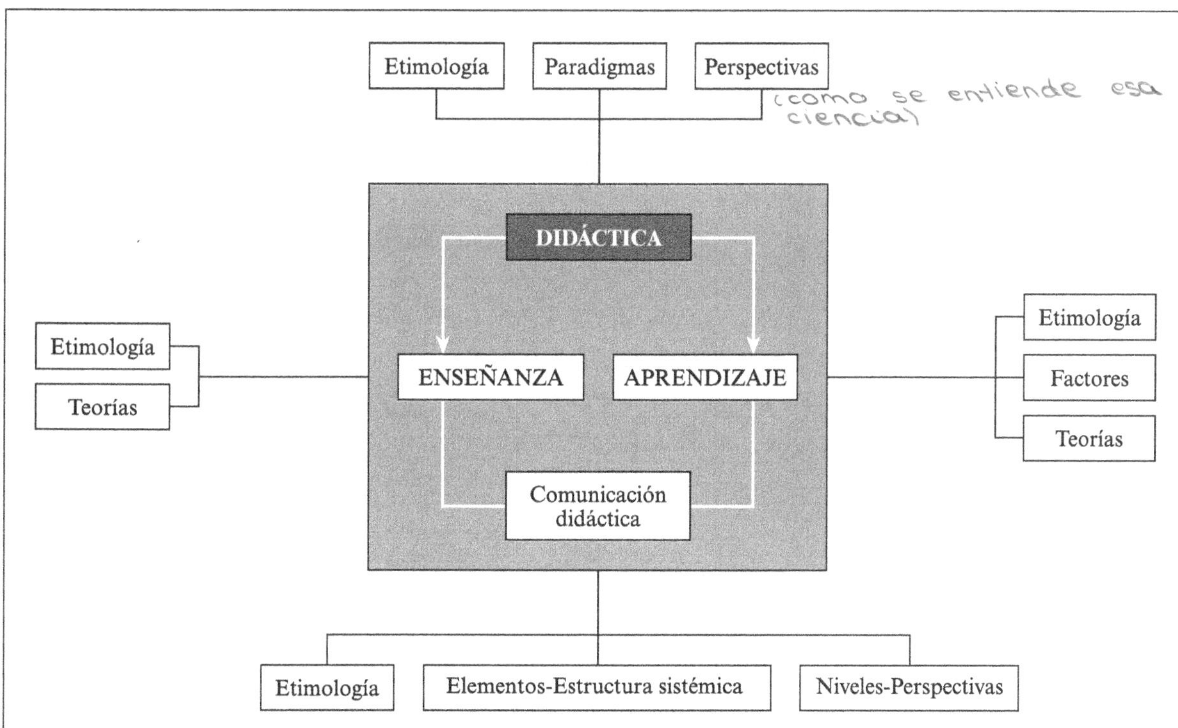

Figura 1.1.—Fundamentos teóricos de la enseñanza.

Etimología (origen de las palabras)

paradigmas (modos de entender los procesos de enseñanza)

1. CONCEPTUALIZACIÓN DEL TÉRMINO DIDÁCTICA

Para una mejor comprensión, tanto del término didáctica como de los elementos que lo caracterizan, la información que desarrollamos en el presente apartado ha sido organizada tal y como se recoge en la figura 1.2.

1.1. Conceptualización etimológica

El concepto de Didáctica tiene un origen etimológico griego, cuya evolución viene marcada por tres acepciones principales:

a) DIDÁSK: DI (acción repetida), DÁ (sostener alguna cosa poniéndola a la vista de alguien) y SK (intención de que se apropie de lo mostrado).

b) DIDASCO: enseñar, instruir, exponer claramente y demostrar.

c) DIDÁCTICA: aparece por primera vez en nuestro país en el diccionario de Esteban Terreros (publicado entre 1788 y 1792) y está reconocido por la Real Academia Española de la Lengua desde 1869 como *didáctica* (arte de enseñar) y *didáctico/a* (perteneciente o relativo a la enseñanza y propio, adecuado, para enseñar o instruir).

Seco, Andrés y Ramos (1999: 1599), por su parte, utilizando el adjetivo didáctico/a, ofrecen, entre otros, los siguientes significados: 2. (obra, género o autor) *que tiene como objetivo principal la enseñanza.* 3. (...) *Parte de la pedagogía que tiene por objeto de estudio los métodos de enseñanza.*

Para tratar con mayor profundidad el significado de un concepto tan amplio como el que nos ocupa, a lo largo del siguiente apartado procede-

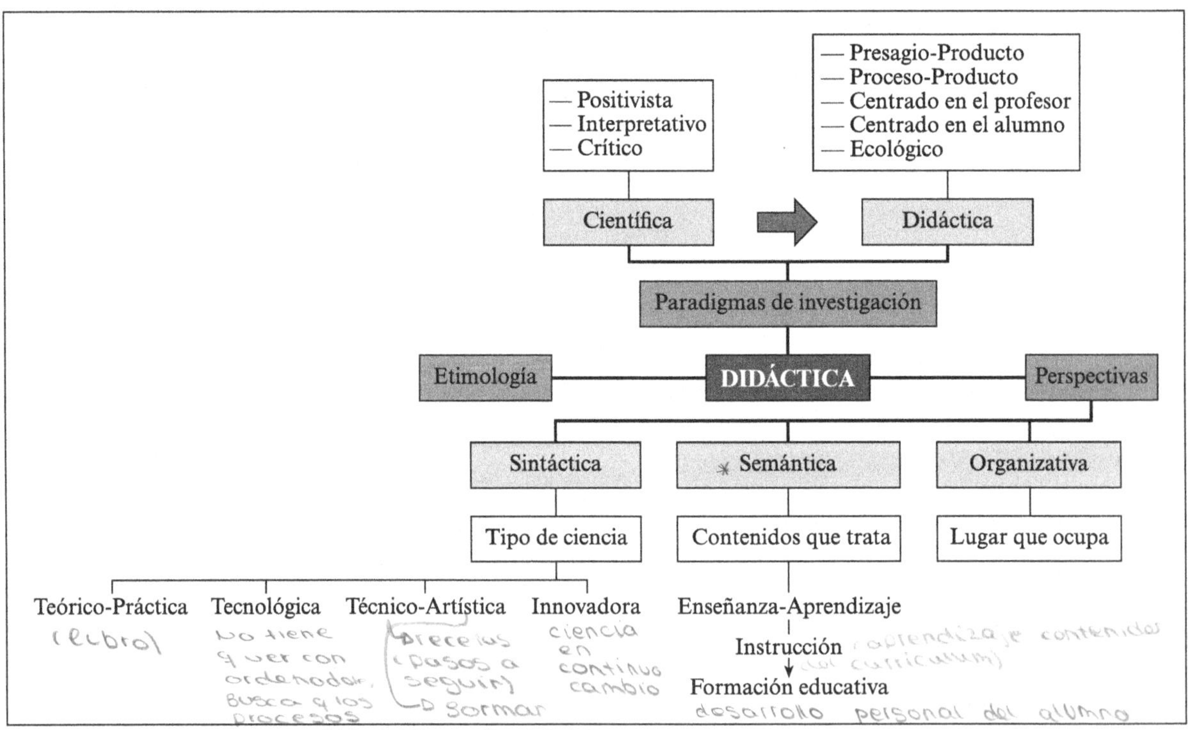

Figura 1.2.—Caracterización de la Didáctica.

remos a la caracterización de su diversidad semántica analizándolo desde tres perspectivas diferentes: la sintáctica, la semántica y la organizativa.

1.2. Las perspectivas desde las que se analiza: sintáctica, semántica y organizativa

Atendiendo a Titone (1981) y Benedito (1987), las tres perspectivas o áreas de problemas básicos que tradicionalmente han venido planteándose a la hora de conceptualizar una ciencia se refieren a sus estructuras sintáctica, semántica y organizativa (pueden encontrarse en la literatura especializada otras clasificaciones respecto de las perspectivas de análisis, como, por ejemplo, la que nos presentan Bolívar, Rodríguez y Salvador, 2004). En los siguientes apartados, no obstante, seguiremos las que nos aportan los autores referidos al inicio.

1.2.1. *Perspectiva sintáctica*

La perspectiva sintáctica representa el primer nivel de análisis y su propósito es definir *qué tipo de ciencia* es la Didáctica. A este respecto, su caracterización gira principalmente en torno a las siguientes tipologías (Eisner, 1979; Benedito, 1987; Carr y Kemmis, 1988; Sarramona, 1990; De la Torre, 1993; Escudero, 2000 y Medina y Salvador, 2009): *teórico-práctica, tecnológica, técnico-artística* e *innovadora.*

a) *Teórico-práctica*

La *teoría* necesita de la práctica porque en ella se revalida. La *práctica,* a su vez, también necesita de la teoría para ser científica y constituir un cuerpo de conocimientos estable.

La relación tradicional entre ambas se ha caracterizado por su falta de correspondencia, y que se ha traducido en un continuo protagonismo de los aspectos teóricos frente a los prácticos.

Ante esta situación nos planteamos el siguiente interrogante: ¿qué podemos hacer para evitar este desequilibrio entre la teoría y la práctica de la enseñanza?

A este respecto, Carr y Kemmis (1988) destacan la importancia de la investigación educativa como generadora de nuevas experiencias que potencien la integración del nuevo conocimiento teórico y práctico para:

— Reducir el distanciamiento habitual entre teoría y práctica y mejorar su eficacia.
— Generar principios y normas que nos ayuden a analizar y resolver los problemas habituales que se derivan de la práctica docente.

b) *Tecnológica*

La didáctica es una ciencia *aplicada* y *práctica* que significa *saber hacer,* es decir, que nos ayuda a resolver los problemas cotidianos con los que se encuentran los maestros en los procesos de enseñanza y aprendizaje (Medina y Salvador, 2009).

Para Sarramona (1990), la tecnología depende y está supeditada al saber científico, es decir, nos ayuda a resolver los problemas prácticos (el hacer) mediante la reflexión y la aplicación de los principios teóricos a los mismos. En este sentido, considera que la didáctica como ciencia tecnológica presenta las siguientes características:

— *Racionalidad.* Las decisiones que se toman en la práctica educativa deben estar justificadas científicamente con el conocimiento teórico.
— *Sistematismo.* En los procesos de enseñanza y aprendizaje intervienen un conjunto de elementos interrelacionados (alumno, maestro, objetivos, contenidos, metodología, organización de los espacios y tiempos de aprendizaje, ambiente de clase, ambiente de centro, contexto social y cultural, etc.), que presentan unas características específicas y guardan una relación de interdependencia.

— *Claridad de metas.* Antes de iniciar la planificación de los procesos de enseñanza y aprendizaje es necesario definir los objetivos generales y específicos que se pretendan alcanzar en los mismos.
— *Planificación.* Los procesos de enseñanza y aprendizaje deben programarse con anterioridad al de su puesta en práctica para evitar los riesgos que supone la improvisación.
— *Control o evaluación.* Se define como un procedimiento necesario para diagnosticar las necesidades y conocimientos iniciales, adaptar y mejorar el desarrollo del proceso de enseñanza y aprendizaje planificado y comprobar el grado de consecución de las metas y objetivos previstos al inicio del mismo.

c) *Técnico-artística*

Los procesos de enseñanza y aprendizaje comparten, según Benedito (1987) y Eisner (1979), las siguientes características:

— Impredecibles, variados, singulares y multidimensionales.
— Contextualizados: particulares, cambiantes e irrepetibles.

En este sentido, los mismos autores defienden que esta caracterización viene determinada por la presencia y combinación de dos dimensiones principales que condicionan el desarrollo de cualquier proceso de enseñanza-aprendizaje y definen la Didáctica como una ciencia *técnico-artística:*

— La *dimensión técnica* («Technikós») de la Didáctica se refiere a los siguientes aspectos:

  • Habilidad y destreza para hacer algo siguiendo unas «normas».
  • Interacción: saber (conocimiento teórico-científico) y saber hacer (conocimiento práctico: «saber enseñar»).
  • Matiz universal: generalidad.

— La *dimensión artística* («Ars/Artis») de la Didáctica, por su parte, podemos definirla a partir de las siguientes características:

  • Habilidad y destreza para hacer algo «bien».
  • Internalización-dominio: saber (conocimiento teórico-científico), saber hacer (conocimiento práctico: «saber enseñar») y saber experiencial (experiencia profesional y aptitud-capacidad personal).
  • Matiz personal: singularidad.

d) *Innovadora*

Los procesos de enseñanza y aprendizaje se desarrollan en contextos culturales, sociales y educativos que presentan unas características, intereses y necesidades personales específicos y variables, por lo que se convierten en actividades que requieren un proceso continuo y necesario de cambio, adaptación e innovación para responder a las mismas.

Según De la Torre (1993) y Escudero (2000), esta necesidad de transformación para la mejora continua del proceso de formación tiene una finalidad *perfectiva,* ya que pretende contribuir al desarrollo integral de las personas (a niveles conceptual, procedimental y actitudinal) otorgándole a la Didáctica su carácter como tipo de ciencia *Innovadora.*

1.2.2. *Perspectiva semántica*

La perspectiva semántica, por su parte, constituye el segundo nivel de estudio y se preocupa fundamentalmente de identificar cuáles son los *contenidos* de los que se ocupa la Didáctica: *enseñanza, aprendizaje, instrucción y formación educativa* (Benedito, 1987; Díaz, 2002; Medina y Salvador, 2009):

— *Enseñanza:* teorías, modelos, metodologías y normas-principios.
— *Aprendizaje:* análisis de factores y elementos.

- *Comunicación didáctica:* necesaria para la transmisión de los contenidos definidos en la legislación y desarrollados en el currículum educativo de cada etapa, además de convertirse en un elemento imprescindible para que se pueda generar nuevo conocimiento, consolidar el ya existente y/o reelaborarlo para completar-corregir el conocimiento erróneo.
- *Instrucción* («in struere»): construcción de nuevos conocimientos mediante la integración didáctica de la nueva información con los conocimientos, ideas y experiencias previas que presentan las personas.
- *Formación educativa:* formación integral de la persona para desarrollar tanto su dimensión social (valores sociales de cada sociedad y cultura) como individual (objetivos y contenidos curriculares): cognitiva (conceptuales), psicomotora (procedimentales) y afectiva (actitudinales).

Por su parte, Bolívar, Rodríguez y Salvador (2004: 403), a propósito del estudio de la Didáctica desde esta perspectiva semántica, identifican tres componentes que deberían ser tenidos en cuenta: *una acción o proceso, una finalidad* y *un contexto.*

Respecto del primer componente, es un **proceso que implica acción,** es decir, seleccionan los términos enseñanza, aprendizaje y comunicación como ejes de este proceso.

Con respecto al primero, dicen que la *enseñanza* no siempre ha tenido el mismo significado: [«1) transmisión de información o conocimientos; 2) transmisión cultural; 3) creación de nuevas conductas o hábitos (condicionamiento), o entrenamiento de habilidades, y 4) fomento del desarrollo natural...]. Por otro lado, «desde un enfoque práctico-reflexivo, se concibe la enseñanza como la capacidad para tomar decisiones en ámbitos complejos. (...) Es la actividad específica del profesor (...). En este sentido, sería más adecuado el término enseñante o utilizar los términos (...) docencia y docente» (*op. cit.,* p. 404).

Con respecto al término *aprendizaje,* dicen que, para muchos autores, el término de enseñanza implica, en alguna medida, el de aprendizaje, recurriendo a De la Torre (1993: 66), cuando dice «... sólo cabría hablar de enseñanza cuando se diera un cambio formativo...», si bien comentan que la relación entre estos términos no es etiológica, sino semántica, y que el término de aprendizaje, en cuanto a actividad, se refiere al agente de dicha actividad, es decir, al que aprende.

En cuanto a la *comunicación,* su razón de ser es que tanto la enseñanza como el aprendizaje se llevan a cabo mediante un proceso de comunicación donde emisor y/o receptor pueden ser ambos, profesor y alumnos en un proceso en espiral, expresando que esta relación se ha denominado de muchas maneras: «relación didáctica, interacción didáctica, mediación didáctica, comunicación didáctica» (*op. cit.,* p. 404).

El segundo componente, es decir, el de la **finalidad,** implica varios conceptos, algunos de los cuales se han definido al comienzo de este punto, y que en concreto se identifican con los términos de educación, perfeccionamiento, instrucción y formación. En cuanto a la actividad humana a que se refiere el proceso de enseñanza-aprendizaje, hay que admitir su intencionalidad, y, por tanto, ésta siempre lleva implícita una finalidad, lo que quiere decir que no basta con tener en cuenta que la actividad de enseñar aboca a un aprendizaje, sino que nos deberíamos preguntar también para qué aprender, lo cual nos remite inexorablemente a este componente de finalidad.

Finalmente, el tercer componente, es decir, el de **contexto,** remite directamente a que el proceso de enseñanza-aprendizaje no se da normalmente en una situación de laboratorio, sino que se lleva a cabo en un contexto determinado con unas características igualmente únicas, por lo que se habrán de tener en cuenta dichos factores especiales a la hora de programar, desarrollar y evaluar dicho proceso.

1.2.3. *Perspectiva organizativa*

El tercer nivel de análisis de la Didáctica se realiza desde la perspectiva organizativa con la finalidad de conocer el *lugar que ocupa* en el conjunto de las ciencias de la educación y las relaciones que establece con cada una de ellas (Ferrández y Sarramona, 1983) (figura 1.3).

En primer lugar, habría que admitir que ésta es una perspectiva que ha sido objeto de estudio desde hace décadas y que, por tanto, su consideración actual habría de tener en cuenta las distintas propuestas que se han venido haciendo en los últimos tiempos. Nosotros, aun a sabiendas de que existen otras clasificaciones —en el libro de Tejada (2005) se pueden consultar las de Hubert, Planchard, Nassif, García Hoz, Fernández Huerta, Quintana, Sanvisens, Blat Gimeno y Marín Ibáñez, y la que consignamos en el cuadro siguiente, es decir, la de Ferrández y Sarramona (1983)—, destacamos esta última por considerarla clarificadora de su principal característica, es decir, su objeto de estudio es el saber pedagógico aplicado, o, lo que es lo mismo, el conocimiento de los principales modelos de desarrollo de la acción de enseñar, admitiendo que en el proceso de enseñanza-aprendizaje intervienen numerosos factores; unos son fijos: emisor (profesor)-receptor (alumno/s)-mensaje/s, y otros pueden variar en función de circunstancias políticas, sociales y/o culturales: currículums oficiales, sociedad globalizada, grupos escolares homogéneos-heterogéneos, etc.

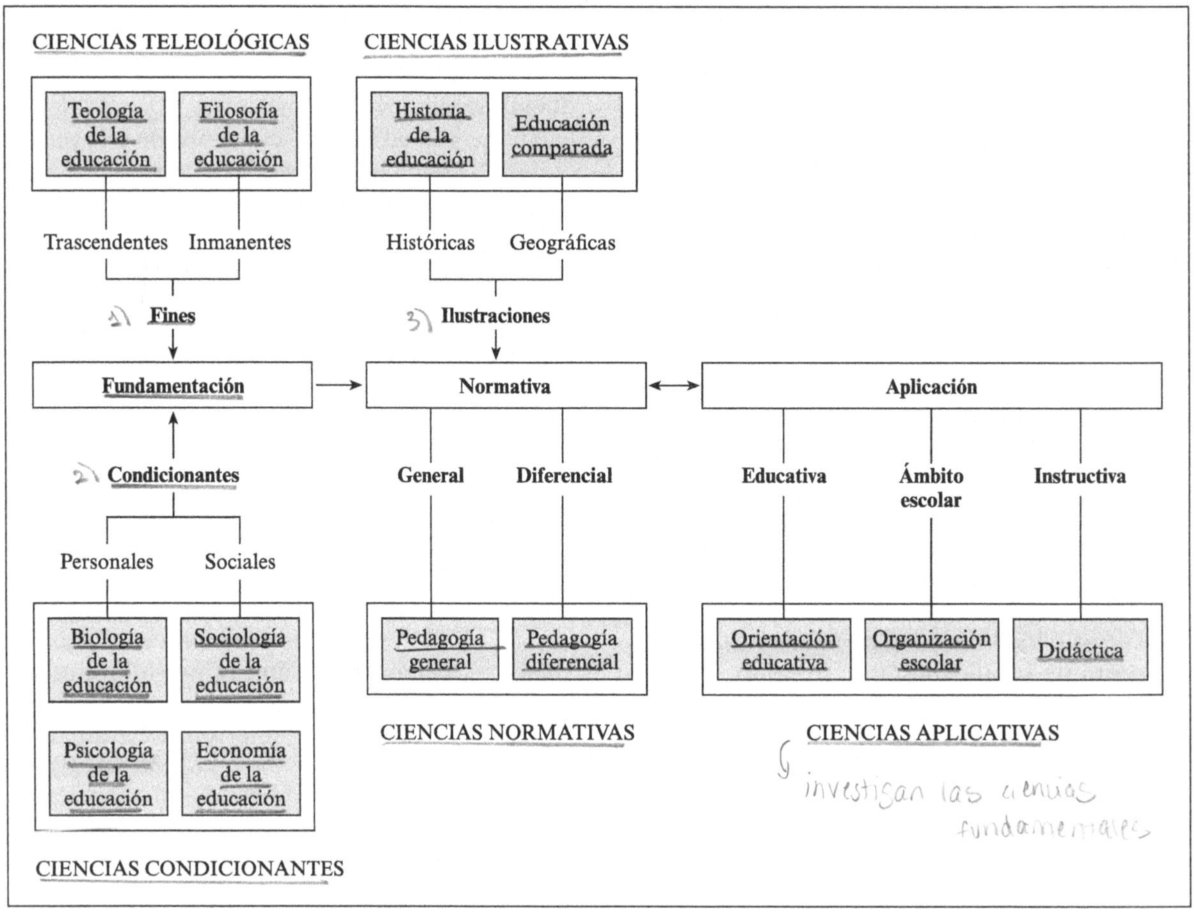

Figura 1.3.—Clasificación de las Ciencias de la Educación (Ferrández y Sarramona, 1983).

Sea como fuere, lo que nos interesa ahora es conocer la ubicación de la Didáctica en el conjunto de las Ciencias de la Educación. En este sentido, ateniéndonos a esta clasificación, la Didáctica sería considerada como una ciencia aplicativa de la educación, destacando su carácter eminentemente práctico, pero sin que, por ello, se excluya el teórico-especulativo.

No obstante, del estudio de las distintas clasificaciones de las Ciencias de la Educación antes citadas, Tejada (2005: 77) concluye que:

> «— ... en la mayoría de ellas se proponen varias áreas de disciplina: teóricas (descriptivas, explicativas y especulativas), condicionantes (personales, sociales...), normativas (general, diferencial e histórica) y aplicativo-tecnológicas.
> — También se observa la existencia consolidada de un grupo de ciencias básicas de la educación. La Didáctica forma parte de ese conjunto, junto a la Pedagogía, la Orientación, la Organización...
> — Todas las clasificaciones hacen mención al contenido metodológico como área fundamental de estudio.
> — Igualmente, aparece como constante la vertiente aplicada y práxica de la Didáctica frente al predominio teórico y especulativo de la Pedagogía.»

Siendo conscientes de que la cuestión es larga y compleja, sí convendría reparar en algunos aspectos de esta clasificación que ayudarían a comprender el lugar que ocupa la Didáctica en la misma.

Lo más destacable es su relación con el conjunto de las Ciencias de la Educación.

En primer lugar, habría que destacar la influencia de las ciencias denominadas *teleológicas,* de tal modo que son los principios filosóficos imperantes en un momento histórico los que principalmente influyen en los planteamientos pedagógicos y, en consecuencia, en la acción educativa, generando así distintos modelos de gestión de la misma: «las tendencias empiristas, el idealismo, el personalismo, el marxismo, el anarquismo y una larga lista de saberes filosóficos han generado modelos educativos, y, en consecuencia, fundamentos y bases del currículum diferentes» (Tejada, 2005: 79).

En segundo lugar, habría que hacer mención a las ciencias *condicionantes,* es decir, a la biología, la sociología, la economía y la psicología de la educación. En este sentido, Tejada se refiere a ellas utilizando las palabras de Ferrández (1986: 45), en los siguientes términos: «... estas ciencias condicionan lo irreal y critican lo utópico hasta hacerlo concorde con la realidad de la naturaleza humana desde el plano de lo personal y participación social, de aquí la existencia de las bases individuales (biología y psicología) y de las bases sociales (economía y sociología)».

En definitiva, estas ciencias establecen *lo que es* influenciando claramente los diferentes diseños curriculares, de tal manera que «toda teoría curricular plantea sus bases y fundamentos desde la perspectiva de estas ciencias...», y dejan a las ciencias pedagógicas el *hacer* (Tejada, 2005: 79).

En tercer lugar, al referirnos a las ciencias *ilustrativas,* Historia de la Educación y Educación Comparada, lo primero que se recomienda es no diferenciar entre Historia de la Educación *(como análisis de la tecnología y praxis)* e Historia de la Pedagogía *(como análisis de planteamientos, ideas, principios, etc.),* puesto que, en palabras de Ferrández (1986: 51): «en el plano didáctico es importante esta convergencia si se quiere dar sentido a muchos planteamientos teóricos ya existentes y su correlato aplicativo; del mismo modo, interesa ver cómo las distintas modalidades prácticas y tecnológicas han generado nuevos planteamientos teóricos. Esta relación intrínseca se lee como una espiral que cada vez abarca más campo y concreta, de acuerdo a criterios pedagógicos, los campos del pensar, conocer y hacer».

1.3. Paradigmas de investigación

Los paradigmas de investigación suponen una conceptualización genérica, es decir, una manera de entender los procesos de enseñanza y aprendizaje que marcan las directrices generales, tanto conceptuales como metodológicas, desde las que puede abordarse la planificación, el desarrollo y/o la evaluación de los mismos. Aunque la delimitación conceptual de los paradigmas de investigación no resulta una tarea sencilla, no obstante, existe una serie de aspectos fundamentales que nos permiten clasificarlos en dos grupos principales:

a) Los *paradigmas de investigación científica* (Shulman, 1989; Castillo y Gento, 1995; Wittrock, 1997; Lukas y Santiago, 2004; Sevillano, 2004).
b) Los *paradigmas de investigación didáctica* (Dunkin Biddle, 1974; Shulman, 1989; Wittrock, 1997; Salvador, Rodríguez y Bolívar, 2004).

Pasemos a conocer algunas de sus características más significativas.

1.3.1. *Paradigmas de investigación científica: positivista, interpretativo y crítico*

El **paradigma positivista** (también llamado cuantitativo, técnico, racional-técnico o experimental) se sustenta en la aplicación de los métodos de las Ciencias Físico-Naturales, ya que considera que éstos son los únicos que posibilitan la consecución del conocimiento científico. Entre sus principales postulados, cabe destacar que:

a) Sólo admiten como conocimiento válido el que obtenemos a través de la experiencia. Se busca, por tanto, conocimiento sistemático, comprobable, medible y repetible, de forma que lo que no sea comprobable es rechazado.
b) La realidad es algo único que puede llegar a conocerse (explicarse, controlarse y predecirse) de forma objetiva sólo a través del método científico.
c) Las teorías son consideradas universales en la media que no se circunscriben a contextos ni a momentos concretos.
d) Implica una actitud neutral que se refleja en la rigurosidad de los datos obtenidos con la aplicación del método científico y evitando los sesgos ocasionados por preferencias personales o subjetivas.

Desde el punto de vista metodológico, ha aportado una metodología científica muy rigurosa que va desde las técnicas descriptivas de encuesta y observación hasta los diseños experimentales más sofisticados.

El **paradigma interpretativo** (también conocido como cualitativo, práctico, fenomenológico o hermenéutico) hunde principalmente sus raíces en las aportaciones de la Antropología y la Sociología, por lo que sus esfuerzos se centran en el análisis y la comprensión de los significados de las acciones humanas. Entre sus principales argumentos, podemos subrayar que:

a) No se buscan leyes generales, sino conclusiones válidas y adaptadas a los contextos estudiados.
b) Su finalidad es la comprensión de los fenómenos educativos a través del análisis profundo de las percepciones e interpretaciones de los sujetos que participan en las diversas situaciones.
c) Las teorías generadas no tienen un carácter universal y explicativo, sino orientativo y comprensivo.
d) Las reglas y leyes científicas están ligadas a situaciones concretas.

A nivel metodológico, supone una ruptura de las distancias que han separado tradicionalmente a investigadores y educadores, a teóricos y prácticos. Se caracteriza por la aplicación de procesos personales e inmediatos en los que se apuesta y favorece el contacto directo con los alumnos como estrategia metodológica para el desarrollo de los procesos de enseñanza y aprendizaje.

Por último, el **paradigma crítico** (reconocido también por la denominación de mixto, sociocrítico o investigación-acción), que sienta entre sus principios la tradición alemana de la Escuela de Frankfurt y la teoría de la crítica social de Habermas, defiende los siguientes planteamientos:

a) La realidad es dinámica y evolutiva, de manera que son los propios sujetos los agentes activos destinados a configurar y construir esa realidad.
b) La teoría y la práctica forman un todo inseparable, por lo que no se puede hablar de teorías universales. El objetivo de la teoría es la formación del carácter en los hábitos de reflexión.
c) Los procesos evaluativos no deben limitarse solamente a explicar (técnico/calificar) y comprender (práctico/interpretar) la realidad de los alumnos, sino también a transformarla y mejorarla.
d) En cuanto a los roles, los alumnos se convierten en investigadores y protagonistas directos de la acción educativa, fomentándose un ambiente de colaboración total entre maestros y alumnos.

En definitiva, hablamos de un paradigma que, lejos de eliminar las aportaciones de sus antecesores (técnico y práctico), apuesta por la integración de los aspectos fundamentales de ambos, imprimiendo a éstos las especificaciones relacionadas con el cambio y la transformación de las realidades sociales.

A modo de síntesis, en la figura 1.4 se identifican, organizan y relacionan los principales conceptos y características de los paradigmas de investigación científica.

1.3.2. *Paradigmas de investigación didáctica: presagio-producto, proceso-producto, centrado en el profesor, centrado en el alumno y ecológico*

Tomando como referencia los paradigmas de investigación científica, las aportaciones de Mitzel (1960), Dunkin y Biddle (1974), Shulman (1989), Wittrock (1997), Díaz (2002) y Salvador, Rodríguez y Bolívar (2004) han ido construyendo cronológicamente un modelo para la investigación de los procesos de enseñanza y aprendizaje en el que se combinan cuatro tipos de variables (presagio, contexto, proceso y producto) que están caracterizando los paradigmas de investigación didáctica desde los que se analizan en la actualidad los procesos didácticos que ocurren en las aulas. Pasemos, por tanto, a conocer algunas de sus características más significativas.

El **paradigma presagio-producto** tiene como finalidad identificar los rasgos y características del profesor «eficiente» que puedan ayudarnos a mejorar el rendimiento de los alumnos. Su objeto de estudio toma como referencia fundamental tres variables didácticas que presentan las siguientes características:

a) Su paradigma de investigación científica de referencia es el *Positivista.*
b) Variable *Presagio:* características-aptitudes del profesor «ideal», experiencias y formación que influyen sobre la conducta docente.
c) Variable *Producto:* efectos inmediatos y a largo plazo del proceso de enseñanza-aprendizaje sobre el desarrollo social, cognitivo, psicomotor y afectivo del alumno, es decir, su rendimiento académico y nivel de aprendizaje adquirido.

Este paradigma didáctico recibe principalmente dos tipos de *críticas:*

a) Sólo se estudia al profesor.
b) No se considera el contexto ni los alumnos.

El **paradigma proceso-producto** tiene como finalidad identificar los métodos y estrategias de enseñanza y aprendizaje que puedan ayudarnos a mejorar el rendimiento y nivel de aprendizaje de los alumnos. Su objeto de estudio gira principalmente en torno a tres variables didácticas que se caracterizan por los siguientes aspectos:

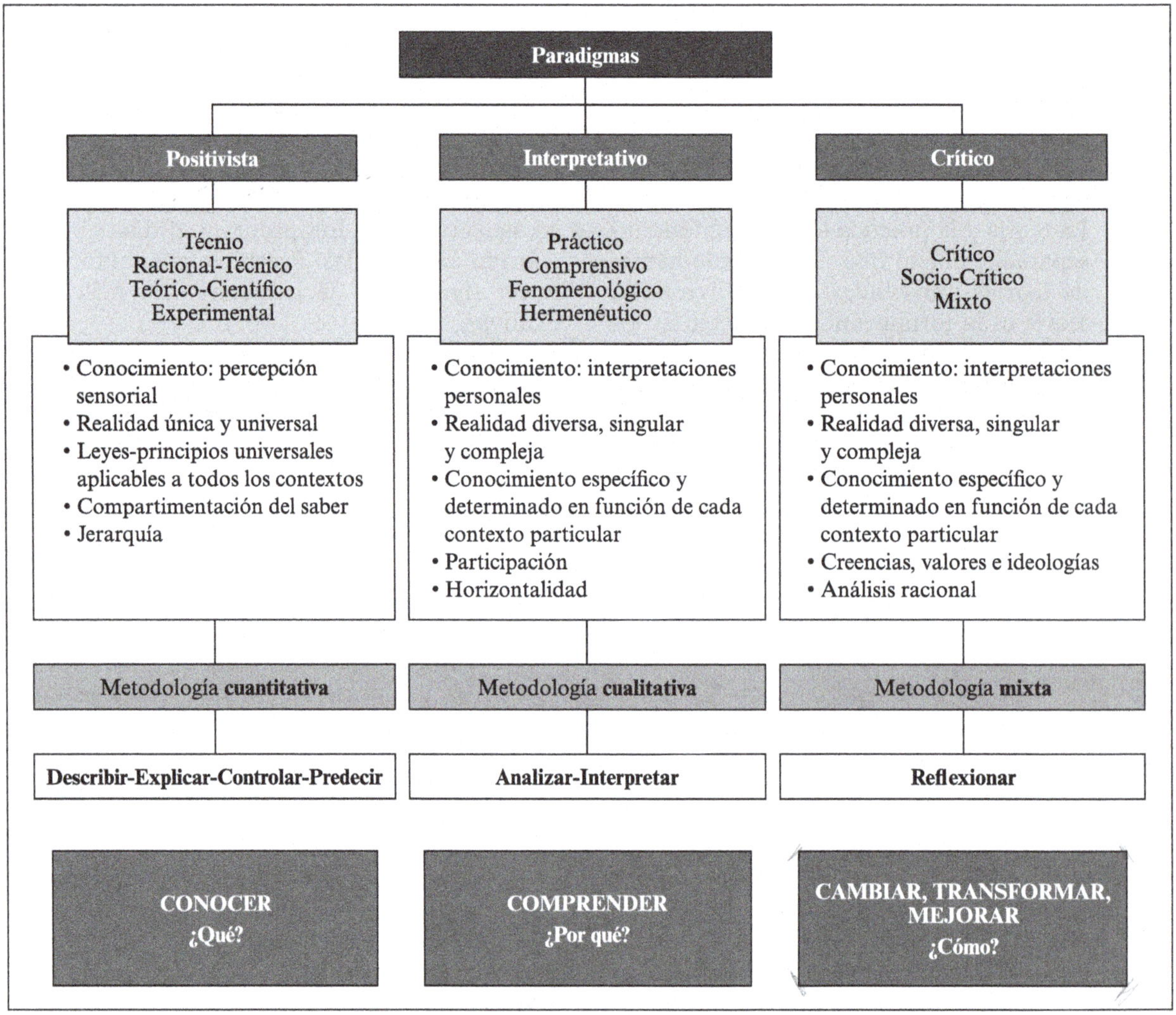

Figura 1.4.—Paradigmas de investigación científica.

a) Su paradigma de investigación científica de referencia es el *Positivista*.

b) Variable *Proceso:* acciones observables de profesores y alumnos en el aula, es decir, patrones de comportamiento y estilos de enseñanza-aprendizaje «eficaces».

c) Variable *Producto:* efectos inmediatos y a largo plazo del proceso de enseñanza-aprendizaje sobre el desarrollo social, cognitivo, psicomotor y afectivo del alumno, es decir, su rendimiento académico y nivel de aprendizaje adquirido.

Este paradigma didáctico recibe esencialmente dos tipos de *críticas:*

a) La frecuencia de un comportamiento y estilo de enseñanza no aseguran la eficacia docente y el buen rendimiento académico de los alumnos.

b) El rendimiento académico de los alumnos no se mide exclusivamente en función de las calificaciones obtenidas.

El **paradigma centrado en el profesor** tiene como finalidad conocer los aspectos que condicionan el pensamiento del profesor a la hora de desarrollar su labor docente. Su objeto de estudio toma como referencia esencial tres variables didácticas que presentan las siguientes características:

a) Su paradigma de investigación científica de referencia es el *Interpretativo.*
b) *Factores mentales* que influyen en los procesos de toma de decisiones:

- Expectativas sobre los alumnos, la materia, la situación-organización de clase, etc.
- Creencias, teorías y actitudes sobre la enseñanza y el aprendizaje.
- Tareas del proceso didáctico de enseñanza y aprendizaje: dificultad, tiempo, actividades, objetivos, contenidos, etcétera.
- Disponibilidad de recursos, materiales y estrategias.

c) *Momentos* en los que tiene que *tomar decisiones:*

- Planificación del proceso de enseñanza y aprendizaje: fase preactiva.
- Puesta en práctica del proceso didáctico diseñado: fase interactiva.
- Evaluación del proceso de enseñanza y aprendizaje desarrollado: fase posactiva.

Este paradigma didáctico recibe especialmente tres tipos de *críticas:*

a) El profesor se estudia individualmente sin tener en cuenta el resto de elementos y variables curriculares (alumnos, objetivos, contenidos, ambiente de clase, ambiente de centro, contexto sociocultural, etc.), que puedan condicionar su pensamiento y planificación-actuación docente.
b) Los resultados que se obtienen, por tanto, son muy específicos y contextualizados, por lo que no son aplicables a otros contextos didácticos-educativos.
c) Se ejerce un mayor énfasis en el proceso de enseñanza que en el de aprendizaje.

El **paradigma centrado en el alumno** tiene como propósito conocer los aspectos que condicionan el pensamiento del alumno durante su participación en el proceso de enseñanza y aprendizaje. Su objeto de estudio gira principalmente en torno a tres variables didácticas que se caracterizan por los siguientes aspectos:

a) Su paradigma de investigación científica de referencia es el *Interpretativo.*
b) El *papel activo* del *alumno* en el procesamiento de la información y la construcción del conocimiento.
c) Los *procesos mentales* que intervienen y los *sentimientos* que se generan durante el proceso de enseñanza y aprendizaje:

- Percepción que tienen de las actividades y tareas didácticas.
- Su implicación en el desarrollo de las actividades y tareas didácticas.
- Los procedimientos que ponen en práctica para resolverlas.

Este paradigma didáctico recibe especialmente tres tipos de *críticas:*

a) El alumno se estudia individualmente sin tener en cuenta el resto de elementos y variables curriculares (profesor, objetivos, contenidos, ambiente de clase, ambiente de centro, contexto sociocultural, etc.) que puedan condicionar sus roles, procesos mentales y/o sentimientos.
b) Los resultados que se obtienen, en consecuencia, son muy específicos y contextua-

lizados, por lo que no son aplicables a otros contextos didácticos-educativos.

c) Se ejerce un mayor énfasis en el proceso de aprendizaje que en el de enseñanza.

El **paradigma ecológico,** por su parte, tiene como finalidad identificar los intercambios socioculturales que caracterizan la vida del aula. Su objeto de estudio, por tanto, considera que una de las variables fundamentales que condicionan los procesos de enseñanza y aprendizaje es el contexto donde se desarrollan. Desde esta perspectiva se analizan las siguientes variables didácticas:

a) La *red de interacciones* que se establecen entre las personas y sus medios más inmediatos.
b) Los diferentes *contextos* en los que están incluidas las aulas: centro, comunidad escolar, familias, etc.
c) Los *procesos no observables* que intervienen: pensamientos, actitudes, sentimientos, intereses, preferencias, necesidades, percepciones, etc.
d) La atención a las personas (profesores, alumnos y padres) como *miembros de un grupo* y no de manera individual y aislada de su realidad inmediata.

Este paradigma didáctico recibe principalmente tres tipos de *críticas*:

a) Se centran exclusivamente en el contexto y no se considera la influencia que puedan ejercer en el proceso de enseñanza y aprendizaje el resto de elementos y variables curriculares (profesor, alumno, objetivos, contenidos, metodología, organización de los espacios y tiempos, medios-materiales didácticos, etc.).
b) La complejidad de procesos y diversidad de variables que intervienen en el aula durante cualquier proceso de enseñanza y aprendizaje.
c) No han proliferado instrumentos adecuados que contribuyan a su desarrollo y faciliten su puesta en práctica.

2. CONCEPTUALIZACIÓN DEL TÉRMINO ENSEÑANZA

A continuación, en la figura 1.5, aportamos el esquema que se va a seguir para tratar este punto.

2.1. Conceptualización etimológica

El concepto de Enseñanza hunde sus raíces etimológicas en la expresión «in-signare» que se empleaba para hacer referencia a aquellos procesos en los que se pretendía mostrar, comunicar y transmitir información a través de signos para generar

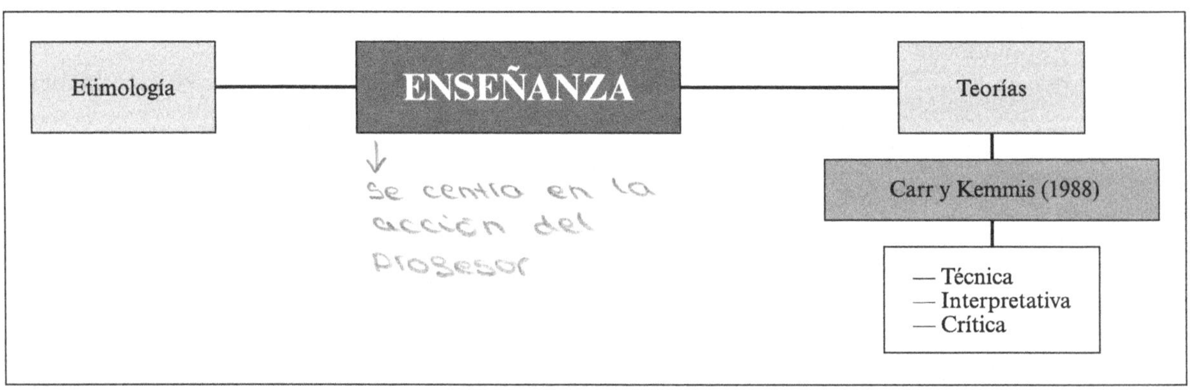

Figura 1.5.—Caracterización de la Enseñanza.

Relación E-A
Sin E no hay A

conocimiento. Zabalza (2004) caracteriza su evolución en cinco etapas, donde se suceden cronológicamente las siguientes conceptualizaciones de Enseñanza, entendidas como un proceso de:

1.ª Transmisión de información.
2.ª Generación de nuevas conductas y hábitos (modelo conductista).
3.ª Planificación del aprendizaje (modelo tecnológico): objetivos, contenidos, metodología, actividades, medios y recursos didácticos y evaluación.
4.ª Desarrollo integral de los alumnos (modelo humanístico) a niveles social, cognitivo, psicomotor y afectivo.
5.ª Integración entre la dimensión intraescolar y extraescolar, es decir, entre las experiencias que se viven diariamente en el aula y el contexto inmediato: familia, centro y comunidad escolar.

Por otro lado, habría que decir que, básicamente, el concepto **Enseñanza** significa una acción que alguien ejerce sobre otro/s con el objetivo de que adquiera/n un conocimiento sobre algo que no conoce/n o conoce/n parcialmente. Es decir, la enseñanza «es una acción, es algo intencionado, y tiene como propósito provocar algún tipo de aprendizaje» (Bolívar, Rodríguez y Salvador, 2004: 537), o, como nos indica Zabalza (1990: 141), «la acción desarrollada con la intención de llevar a alguien al aprendizaje».

En este sentido, la enseñanza supera su significado estrictamente etimológico de comunicar, mostrar y presentar algo a través de signos, pues este significado no pretende necesariamente que se busque o se produzca aprendizaje (el guía que está describiendo un monumento, o las modelos que muestran una colección de vestidos a una concurrencia pueden ser ejemplos de informar y/o mostrar, pero no de enseñar). Es precisamente esta *intención* la que caracteriza al concepto de enseñanza, es decir, la enseñanza pretende, mostrando, comunicando, informando..., a través de diversos signos y de diferentes experiencias, algo que se tiene la intención de que el/los otro/s aprenda/n. Esto, además, se dará en un contexto social y cultural determinado que tiene en la escuela su principal referente, y más concretamente en el currículum escolar, entendido como el conjunto de conocimientos seleccionados en cada momento histórico y, por tanto, valiosos para sus ciudadanos contemporáneos. La escuela será la responsable principal de codificar esa cultura, ese conocimiento, y convertirlo en mensajes estructurados que sus ciudadanos habrán de adquirir mediante diversos procedimientos para ser considerados competentes-integrados, personal, social y laboralmente.

2.2. Teorías de la enseñanza

Las teorías que se han venido elaborando a lo largo de los años en la literatura científica sobre el proceso de enseñanza pretenden establecer, cada una desde su perspectiva, diferentes principios generales, criterios y normas que nos ayuden a explicar, interpretar y mejorar la labor docente con relación al aprendizaje de los alumnos.

Aunque la delimitación conceptual de las teorías de la enseñanza no resulta una tarea sencilla (entre otras razones por la diversidad de propuestas), tradicionalmente, una de las más utilizadas ha sido la de Carr y Kemmis (1988), que, tomando como referencia los fundamentos de los grandes paradigmas de investigación científica, propone tres modos diferentes de interpretar el proceso de enseñanza. Hablamos de las teorías de la enseñanza: *técnica, interpretativa y crítica.*

Para organizar la presentación de sus características más representativas procederemos de forma ordenada tomando como referencia las siguientes dimensiones: paradigma que la fundamenta, finalidad que persigue, papel que desempeña tanto el profesor como el alumno y metodología de trabajo.

2.2.1. *Técnica*

a) Se fundamenta en el *paradigma positivista* y, por tanto, toma como única referencia el *conocimiento científico,* es decir, sólo se admiten como válidos los hechos y relaciones que el alumno puede obtener a través de la experiencia directa, evitando los sesgos ocasionados por preferencias personales o subjetivas. La enseñanza se interpreta como un *proceso estándar, genérico* y *común* para todas las personas y contextos en el que se transmite un conocimiento sistemático, comprobable, medible y repetible que resulta de la aplicación del método científico.

b) Tiene como finalidad la *explicación y regulación* de los procesos de enseñanza:

- Formulando los principios y normas válidas para todas las personas y contextos.
- Justificando científicamente las estrategias metodológicas y procedimientos didácticos que deben aplicarse en la práctica.

c) El papel del *profesor* adopta un carácter *técnico,* ya que se centra fundamentalmente en la *reproducción* de los contenidos curriculares preestablecidos por la administración educativa.

d) El *alumno,* por su parte, se limita a *asimilar, retener* y *memorizar* la información objeto de conocimiento convirtiéndose en un *receptor pasivo* que ha de adaptarse necesariamente a las prescripciones que determina el currículo educativo.

e) Se desarrolla a través de una *metodología* de *corte cuantitativo,* en la que predomina la *descripción empírico-experimental* de los *resultados* obtenidos al final del proceso de enseñanza para valorar el grado de consecución de los objetivos y metas iniciales.

A modo de síntesis, destacamos las principales características que definen el proceso de enseñanza desde la teoría técnica:

a) Se centra en los *objetivos-resultados* preestablecidos.

b) Prevalece la *eficacia* sobre los procesos que se desarrollan.

c) Predominio de la *cuantificación* y la *objetividad.*

d) Centrado en la *teoría-conocimiento científico:* estándar, genérico y común.

e) Modelos de enseñanza *secuenciales* y *analíticos.*

f) Preponderancia de los *procesos de recepción.*

2.2.2. *Interpretativa*

a) Se fundamenta en el *paradigma interpretativo-fenomenológico* y, en consecuencia, toma como principal referencia el *conocimiento simbólico, social y artístico,* es decir, no se buscan leyes generales, sino la *comprensión-adaptación* del proceso de enseñanza a través del análisis de las *percepciones e interpretaciones* que hacen las personas que participan en el mismo. La enseñanza, por tanto, se interpreta como un *proceso comprensivo, singular y específico* que debe adaptarse a las características y situaciones concretas de cada contexto educativo.

b) Tiene como finalidad la *comprensión* de los procesos de enseñanza, *analizando* las *percepciones subjetivas* e *interpretando* los *significados* que manifiestan las personas que los protagonizan.

c) El *profesor* desempeña dos roles complementarios. Por un parte, *analiza* las diferentes características y necesidades de los alumnos, los distintos contextos de interacción, los contenidos, las metodologías, los procedimientos didácticos..., y, por otra, *adapta* continuamente el proceso de enseñanza para dar una respuesta individualizada a las mismas, mediante una toma de decisiones en la que recurre a la improvisación y creatividad para ofrecer una respuesta lo más específica y adaptada posible.

d) El *alumno,* a diferencia de la teoría técnica, se convierte en un *procesador activo* que *participa, indaga, relaciona y comprende* la información objeto de conocimiento, lo que permite adaptar-individualizar el currículo educativo en función de las características específicas de los alumnos.
e) Se desarrolla a través de una *metodología* de *corte cualitativo,* en la que predomina el *análisis* e *interpretación* tanto del *significado de los procesos* que se desarrollan durante la enseñanza como de las *percepciones subjetivas* que se derivan de los mismos.

En resumen, desde la teoría interpretativa, las principales características que definen el proceso de enseñanza son las siguientes:

a) Se centra en los *procesos* y *personas* que lo caracterizan.
b) Prevalece el *significado de los procesos* sobre la *eficacia-resultados.*
c) Predominio de la *cualificación* y la *subjetividad.*
d) Centrado en la *práctica:* simbólico, social y artístico.
e) Modelos de enseñanza *globales y holísticos.*
f) Preponderancia de los *procesos de interacción individual.*

2.2.3. *Crítica*

a) Se fundamenta en el *paradigma crítico;* por consiguiente, toma como referencia central las *teorías sociológicas y políticas,* es decir, el proceso de enseñanza se interpreta con un carácter dinámico y evolutivo en el que los propios alumnos, con la ayuda especializada del profesor, deben participar activamente en su diseño y desarrollo. Los procesos evaluativos no se limitan exclusivamente a explicar (calificar) y comprender (interpretar) lo que han aprendido los alumnos, sino también a adaptarlo-transformarlo para tratar de mejorarlo. De este modo, los alumnos se convierten en investigadores y protagonistas directos de la acción educativa, fomentándose un ambiente de colaboración total entre maestros y alumnos.
b) Tiene como finalidad la *transformación y* el *cuestionamiento* de la práctica educativa. La enseñanza, por tanto, se entiende como un *proceso de orientación y guía* continuada que debe contribuir al desarrollo integral de la persona (a niveles cognitivo, psicomotor y afectivo) y, por ende, al cambio y mejora de la sociedad.
c) Desde esta teoría de la enseñanza, el *profesor* se convierte, por una parte, en un *investigador* que *reflexiona y analiza críticamente* la práctica educativa y, por otra, en un *orientador-guía* que se encarga de facilitar-diseñar situaciones-experiencias educativas que estimulen tanto el desarrollo individual de cada estudiante como su participación e implicación en la construcción y mejora de una nueva realidad social.
d) El *alumno,* por tanto, asume un papel directo y protagonista en la construcción y aplicación activa de sus propios aprendizajes mediante procesos de enseñanza «socioconstruidos» (Carr y Kemmis, 1988) donde los protagonistas son la interacción, la comunicación y la cooperación entre adultos e iguales. Desde esta teoría de la enseñanza, el currículo educativo se concibe como un documento de socialización que nos guía tanto para el desarrollo personal como para el cambio social.
e) Se apoya en una *metodología de investigación-acción* en la que se combinan tanto los procedimientos cuantitativos-objetivos como los cualitativos-subjetivos para alcanzar un propósito compartido: la emancipación de las personas y el cambio social.

Destacamos finalmente, y a modo de resumen, los aspectos más representativos que fundamentan el proceso de enseñanza desde la teoría crítica:

a) Centrado en la *reflexión,* el *análisis crítico* y el *cambio*.
b) Prevalece el *cuestionamiento* y la *transformación* de los *procesos* y *personas.*
c) Predominio del *análisis mixto: cuantificación-objetividad* y *cualificación-subjetividad.*
d) Integración de la *teoría* y la *práctica: fundamentos teóricos* y *desarrollo práctico.*
e) Modelos de enseñanza *críticos* y *reflexivos.*
f) Preponderancia de los *procesos de desarrollo personal* y *cambio-mejora social.*

3. CONCEPTUALIZACIÓN DEL TÉRMINO APRENDIZAJE

Para el desarrollo de este punto intentaremos seguir lo presentado en la figura 1.6.

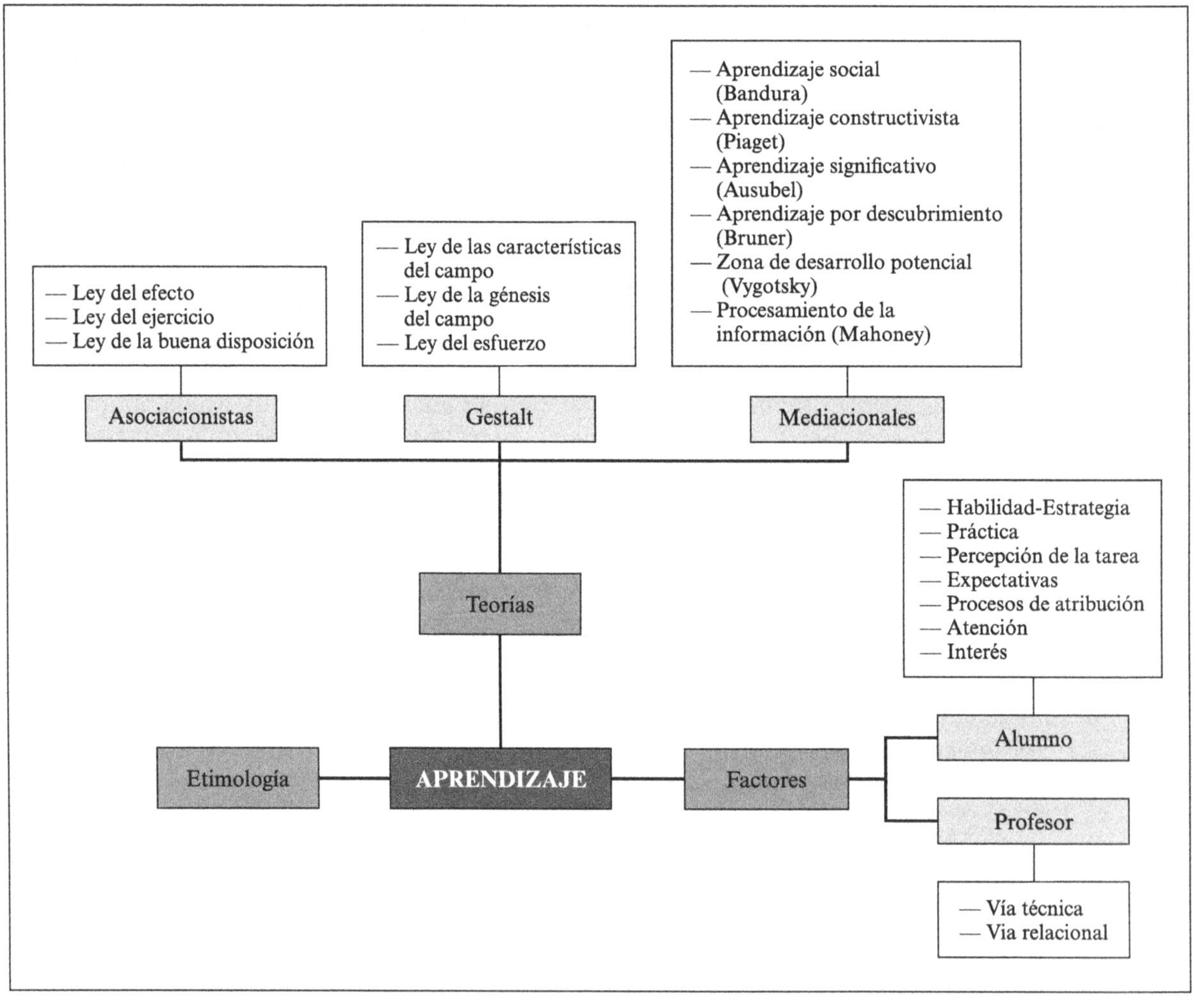

Figura 1.6.—Caracterización del Aprendizaje.

3.1. Conceptualización etimológica

Plá i Molins (1993: 95) recurre a María Moliner (TI, p. 221), quien nos indica que el aprendizaje es la acción de aprender o un conjunto de acciones o ejercicios que conducen a saber manejarse en una ocupación, oficio o arte.

Su raíz etimológica habría que buscarla en el verbo latino «aprehendere», derivado de «prehéndere», que significa coger, adquirir conocimientos de cierta cosa o fijar algo en la memoria. La Real Academia Española de la Lengua (2001) lo define como «acción y efecto de aprender algún arte, oficio u otra cosa. 2. Tiempo que en ello se emplea».

Este primer acercamiento nos sitúa en el camino de lo que pudiera significar el término aprendizaje. Sin embargo, desde el punto de vista científico, no basta con quedarnos con este significado. Montané (1992) nos dice que la definición más aceptada es la de Hilgar, para quien el aprendizaje es «un cambio permanente de la conducta como resultado de la práctica» (Hilgar y Brower, 1970: 30). En esta misma línea, Castillo y Polanco (2004) dicen que el aprendizaje implica no sólo la apropiación de unos conocimientos, sino que también comporta un cambio de actitud en el sujeto que aprende y que requiere de unos procedimientos y técnicas que movilizan nuestra capacidad intelectual y psicológica.

Sevillano (2004: 38), por su parte, indica que el término aprendizaje va unido a la adquisición de ciertos conocimientos y habilidades, que el sujeto normalmente adquiere en los procesos de *inculturación, socialización y educación,* lo que reclama de los sujetos ciertos esfuerzos que les lleven a la adquisición y/o ampliación de dichos conocimientos y habilidades. Esta adquisición y/o ampliación de nuevos conocimientos y/o habilidades —o competencias en nuestro sistema educativo actual— implican un cambio en el sujeto. Esto es importante considerarlo desde la escuela, en el sentido de que todo aprendizaje no implica un cambio positivo (cuando decimos esto, nos estamos refiriendo a los cambios deseados desde el currículum), puede existir un cambio que no tenga que ver con esos efectos, «no siempre significa progreso; se pueden aprender comportamientos contrarios (a lo que se pretende). La falta de racionalización de las tareas, el sentimiento de fracaso y la aversión al trabajo son cambios como consecuencia de un aprendizaje mal dirigido (...). Para corregirlos, en algunos casos, habrá que extinguirlos o elaborar un proceso de corrección (...) que contemple la supresión de las citadas deformaciones...» (Montané, 1992: 17).

En cualquier caso, si nos referimos a él como parte del proceso de enseñanza-aprendizaje, lo primero que habría que decir es que lo deberíamos considerar como sinónimo de enseñanza en su sentido de logro o éxito, o, lo que es lo mismo, «puede definirse como el proceso por el cual un organismo cambia su comportamiento como resultado de la experiencia» (Plá i Molins, 1993: 95), experiencia que, en el contexto escolar, habrá de diseñarse, desarrollarse y evaluarse para entender sus beneficios, limitaciones o deformaciones. En definitiva, en palabras de Sáenz Barrio (1997: 19), «el aprendizaje es una actividad cuya eficacia no se da de modo natural, sino que es el resultado de la aplicación de una serie de capacidades y estrategias cognitivas y habilidades por parte de los estudiantes y la utilización de métodos, técnicas y recursos de presentación del contenido de aprendizaje por parte de los profesores» (está claro que se está refiriendo al aprendizaje escolar).

Ausubel, Novak y Hanesian (1993), por su parte, consideran que el aprendizaje se produce en las personas como resultado de la combinación de cuatro procesos esenciales:

a) El *proceso de recepción,* mediante el cual recibimos la información en su forma acabada-final y nos limitamos a comprenderla, asimilarla y reproducirla. Por ejemplo, cuando los alumnos asisten a una lección magistral, visionan un documental o película, leen un libro, visitan una página web, participan en un debate-conferencia, etc.
b) El *proceso de descubrimiento,* a través del cual participamos en la identificación, organización y adaptación de la información

a nuestra estructura cognitiva previa. Por ejemplo, cuando los alumnos resuelven un problema didáctico siguiendo las indicaciones del profesor y utilizando los medios y materiales seleccionados ex profeso.

c) El *proceso significativo,* mediante el cual relacionamos la información que recibimos con nuestros conocimientos previos para dotar de significación propia a los nuevos contenidos conceptuales, procedimentales y/o actitudinales. Por ejemplo, cuando los alumnos tienen la posibilidad de exponer, compartir y corregir los resultados de las actividades que realizan en clase.

d) El *proceso repetitivo,* que se produce cuando nos limitamos a memorizar la información de un modo arbitrario y sin establecer una vinculación con los conocimientos e ideas previas. Por ejemplo, cuando los alumnos tienen que aprenderse las tablas de multiplicar, las fórmulas, los algoritmos matemáticos de la suma, la resta, la división, etc.

3.2. Factores que condicionan el aprendizaje

Cuando se revisa la literatura científica que se ha venido desarrollando en los últimos años sobre los factores que condicionan el proceso de aprendizaje (De Mattos, 1973; Ausubel, Novak y Hanesian, 1993; Sevillano, 2004; Zabalza, 2004; Castillo y Polanco, 2005) encontramos que, en líneas generales, la mayor parte de los autores coinciden en destacar que los dos factores más determinantes para el éxito de cualquier proceso de aprendizaje son los siguientes:

a) La *estrategia de aprendizaje* del *alumno.* Dado que el aprendizaje es un proceso fundamentalmente activo y personalizado, estará condicionado por los cambios que se produzcan dentro del alumno en función de sus:

— Características personales: conocimientos previos, necesidades, ideas, intereses, preferencias y/o deseos.
— Habilidades para identificar, organizar, relacionar, elaborar, ampliar, transformar y aplicar la información objeto de conocimiento.

b) La *estrategia de enseñanza* del *profesor,* es decir, debe existir un cierto equilibrio entre la metodología que utiliza para presentar la información objeto de conocimiento y el proceso (estrategia de aprendizaje) que pone en práctica el alumno para integrarla en sus estructuras cognitivas previas.

Tomando como referencia los dos factores generales identificados en la clasificación anterior, vamos a continuar profundizando en la caracterización de cada uno de ellos para conocer cuáles son los factores específicos que pueden incidir en el aprendizaje, tanto desde la perspectiva del alumno como del profesor (Wittrock, 1997; Díaz, 2002; Salvador, Rodríguez y Bolívar, 2004; Zabalza, 2004; Castillo y Polanco, 2005).

3.2.1. *Dependientes del alumno*

Por lo que respecta a los factores específicos que condicionan el aprendizaje desde la perspectiva de los alumnos, pueden identificarse los siguientes: *habilidad, práctica, percepción de la tarea, expectativas, procesos de atribución, atención e interés.*

Habilidad

El primero de los factores dependientes del alumno corresponde a la habilidad, que se refiere a su capacidad de aprender, es decir, a su potencial natural para el aprendizaje. En este sentido, Zabalza (2004) distingue tres tipos de habilidades:

a) *Básicas,* como la percepción, la atención y la memoria, que le proporcionan la información-contenidos a aprender.
b) *Cognitivas,* como la capacidad de comprensión, análisis, síntesis, aplicación y evaluación, que le permiten trabajar con la información-contenidos a aprender.
c) *Metacognitivas,* como la reflexión y la autoevaluación, que le ayudan a asimilar-integrar la información-contenidos que se disponga a aprender.

Independientemente de las aptitudes genéticas-naturales para el aprendizaje que cada alumno recibe, las habilidades pueden ejercitarse, desarrollarse y mejorarse, por lo que se han incluido como objetivos prioritarios en las propuestas curriculares actuales.

Práctica

El segundo de los factores que condicionan el aprendizaje es la práctica, que se refiere a la adecuación del trabajo realizado por el alumno mediante las diferentes actividades y tareas diseñadas por el profesor. A este respecto, la propuesta didáctica deberá:

a) Estar adaptada a las características de cada alumno, es decir, a sus ideas previas, necesidades, intereses, preferencias y deseos.
b) Contribuir al desarrollo integral del alumno en sus dimensiones cognitivas, psicomotora y afectiva.

Otro aspecto a tener en cuenta es el que se refiere a los procesos de fatiga y saturación que supone el desarrollo de las distintas actividades y tareas didácticas propuestas por el profesor. Ello tiene una incidencia directa en las curvas de aprendizaje, por lo que, si no se diseñan, distribuyen y aplican adecuadamente, pueden provocar un descenso progresivo de la atención y, como consecuencia directa, la baja implicación del alumnado en las mismas.

Percepción de la tarea

El tercero de los factores que tiene una incidencia directa en el aprendizaje del alumno está asociado a la percepción que tiene de la tarea encomendada y se refiere a la importancia de que conozca y comprenda con claridad las finalidades de las diferentes actividades que vaya a desempeñar durante el proceso de aprendizaje: ¿qué está haciendo?, ¿para qué le sirve? y ¿adónde le lleva?

Expectativas

Otro de los factores que influyen directamente en el aprendizaje del alumno son las expectativas que se generan sobre el papel que deben desempeñar los profesores, su percepción sobre cómo debería organizarse el proceso de enseñanza-aprendizaje y las diferencias de trato que pueda recibir durante el desarrollo del mismo.

Procesos de atribución

El quinto de los factores que intervienen desde la perspectiva del alumno, corresponde a los procesos de atribución, y se refiere a la percepción que desarrolla sobre las causas que originan sus éxitos o fracasos durante el proceso de aprendizaje. Según Wittrock (1997: 559), éstas mantienen una tendencia a evolucionar desde un «estado relativamente indiferenciado hasta una concepción más analítica de las relaciones entre capacidad, esfuerzo y rendimiento».

En este sentido, manifiesta que el rendimiento académico puede verse condicionado por causas tanto internas (capacidad) como externas (esfuerzo), existiendo una alta correlación entre los que la atribuyen al esfuerzo y el aumento de la motivación por el aprendizaje.

Atención

La atención constituye otro de los factores dependientes del alumno y se refiere a una de las habilidades básicas del aprendizaje identificadas por Zabalza (2004), es decir, la que le ayuda a obtener la información-contenidos que quiera aprender. La atención se ha estudiado desde dos perspectivas diferentes (Zabalza, 2001):

a) Los modelos conductistas que la consideran un proceso innato, espontáneo automático, natural y, por tanto, condicionado por aspectos objetivos y externos.
b) Los modelos cognitivos, que, por el contrario, la interpretan como un proceso voluntario y controlado que supone un esfuerzo y, por consiguiente, condicionado por aspectos subjetivos e internos.

En cualquiera de los casos, igual que ocurre con la habilidad, la atención también es susceptible de perfeccionamiento y puede ejercitarse, desarrollarse y mejorarse a través de las siguientes prácticas (Zabalza, 2001):

a) Introduciendo preguntas antes, durante y al final de las actividades.
b) Presentando los objetivos de cada actividad-tarea.
c) Suministrando «guías de centramiento».
d) Identificando, resumiendo, subrayando y relacionando las ideas principales.
e) Presentando la información de lo más fácil a lo más complejo.
f) Evitando la fatiga y saturación de tareas.
g) Empleando las diferentes vías sensoriales: oído, vista, tacto, olfato y gusto.

Interés

El último de los factores que condicionan el aprendizaje se corresponde con el interés (figura 1.7), que nace de las necesidades específicas de cada alumno, a su vez mediatizadas por el contexto aula, centro y familia de referencia, e incrementa notablemente los niveles de compromiso, implicación, esfuerzo y motivación.

Igual que ocurre con la habilidad y la atención, según Hernández Ruiz (1965) y Navarro (1994), el interés del alumno también puede fomentarse:

a) Creando un ambiente adaptado a sus necesidades y capacidades individuales.
b) Con la personalidad del profesor, es decir, su simpatía, amenidad, la forma de ejemplificar, su entusiasmo, etc.
c) Con las estrategias didácticas que se pongan en práctica, como, por ejemplo, el tipo de explicaciones, la selección de ejemplos, la variedad de actividades, etc.
d) Con el proceso de planificación y desarrollo de las materias a impartir:
   — Cuidando la relación entre teoría y práctica.
   — Utilizando materiales elaborados por el propio alumno.

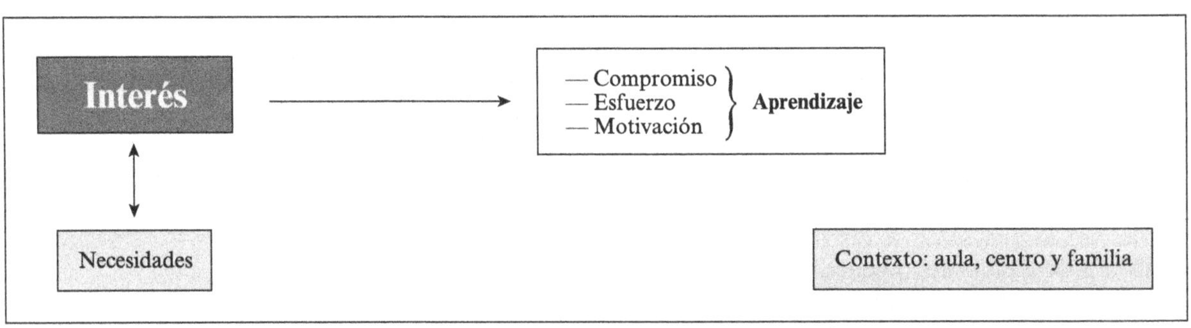

Figura 1.7.—Elementos que condicionan el interés.

— Integrando medios y recursos tecnológicos.

3.2.2. *Dependientes del profesor*

Si bien el resultado de la actuación docente va a estar claramente condicionado por los aspectos desarrollados en el apartado anterior, no obstante, también desde la perspectiva del profesor pueden destacarse otros factores específicos que condicionan el proceso de aprendizaje y se sintetizan fundamentalmente en dos: la *vía técnica* y la *vía relacional*.

Vía técnica

La vía técnica se refiere a la incidencia que tiene el *estilo docente* de cada profesor en el aprendizaje de sus alumnos, que está determinado tanto por las características de la formación inicial que recibió como por la formación continua que posteriormente haya ido desarrollando, además de condicionar el desarrollo de su propuesta didáctica cotidiana en dos aspectos:

a) El manejo, la diversidad y la adecuación de las distintas estrategias y técnicas que ponga en práctica durante el proceso de aprendizaje.
b) La enseñanza de estrategias y técnicas específicas que faciliten el aprendizaje de sus alumnos para incrementar su motivación e implicación en el mismo.

Vía relacional

La vía relacional, en cambio, destaca la influencia que ejerce el profesor a través de su personalidad y la manera de interactuar con sus alumnos, es decir, *cómo se relaciona* con ellos durante el proceso de aprendizaje. La vía relacional, por tanto, guarda una relación directa con la formación-condición humana de cada profesor y está condicionada por el tipo de persona, su calidad humana y madurez mental e intelectual.

Además de diseñar, desarrollar y evaluar situaciones-dinámicas de aprendizaje, los profesores también deben crear un buen clima de relaciones que facilite una comunicación bidireccional a través de la cual puedan conocer las necesidades e intereses de sus alumnos y ayudarles a resolver-superar los problemas-dificultades que se les vayan presentando en el transcurso del proceso de aprendizaje.

Tanto la vía técnica como la vía relacional pueden potenciarse y son susceptibles de mejora a través de las siguientes estrategias (Rosenshine y Stevens, 1997).

Para la vía técnica, se apuntan las siguientes:

a) El proceso de aprendizaje debe aplicarse de manera progresiva, adaptarse a las características de los alumnos y desarrollarse de forma continua.
b) Potenciar la participación e implicación directa de los alumnos.
c) Trabajar con un nivel de abstracción bajo y adaptado a las posibilidades-limitaciones de los alumnos.
d) Utilizar procesos continuados de *feedback* que fomenten la interacción comunicativa bidireccional entre profesores y alumnos.
e) Incorporar actividades de corrección y refuerzo que nos ayuden a realizar un seguimiento continuo del proceso de aprendizaje.

Por su parte, las estrategias que se proponen para mejorar la vía relacional giran en torno a los siguientes aspectos:

a) Crear un buen clima de relaciones que favorezca la comunicación en todas las direcciones: profesor-alumno, alumno-alumno, profesor-profesor y profesor-padres.
b) Identificar y responder a las necesidades, problemas e intereses de los alumnos.
c) Fomentar valores con relación a sí mismo (individuales), hacia las personas (sociales) y las cosas (estéticos).

3.3. Teorías del aprendizaje: asociacionistas, de la Gestalt y mediacionales

Cuando en el apartado 1.2.3 analizamos el concepto de Didáctica desde su perspectiva organizativa, destacamos su tradicional y estrecha relación con la Psicología de la Educación. Como consecuencia de la misma se han venido organizado tres grandes grupos de teorías desde las que puede interpretarse el proceso de aprendizaje (Ausubel, Novak y Hanesian, 1993): *asociacionistas, de la Gestalt* y *mediacionales.* A lo largo del presente apartado se identifican las características y aportaciones más relevantes de cada una de ellas.

3.3.1. *Teorías asociacionistas*

Las teorías asociacionistas (figura 1.8) se fundamentan en los presupuestos del paradigma científico positivista y del paradigma psicológico conductista. Entre sus representantes más destacados podemos señalar a Pavlov, Watson y Guthrie, dentro de la corriente de condicionamiento clásico, y a Hull, Thorndike y Skinner en la línea del condicionamiento instrumental u operante.

Los defensores de estas teorías consideran que el aprendizaje se produce a través de asociaciones directas entre un estímulo (el proceso de enseñanza diseñado por el profesor) y su correspondiente respuesta (el aprendizaje que alcanzan los alumnos), por lo que no se tiene en cuenta lo que ocurre entre ambos extremos-procesos, es decir, que el aprendizaje que desarrollan los alumnos es una consecuencia directa de las características y decisiones que toma el profesor.

Con relación al proceso de aprendizaje, desde las teorías asociacionistas se aportan tres leyes fundamentales: *ley del efecto, ley del ejercicio y ley de la buena disposición:*

a) *Ley del efecto,* que se refiere a la estimulación del aprendizaje de los alumnos recurriendo a motivaciones externas basadas en premios y castigos.
b) *Ley del ejercicio,* de la que se deriva la relevancia de la práctica continuada y adaptada para generar, consolidar y reelaborar el conocimiento.
c) *Ley de la buena disposición,* que destaca la importancia de aspectos como la madurez y motivación del alumno como condicionantes previos al proceso de aprendizaje.

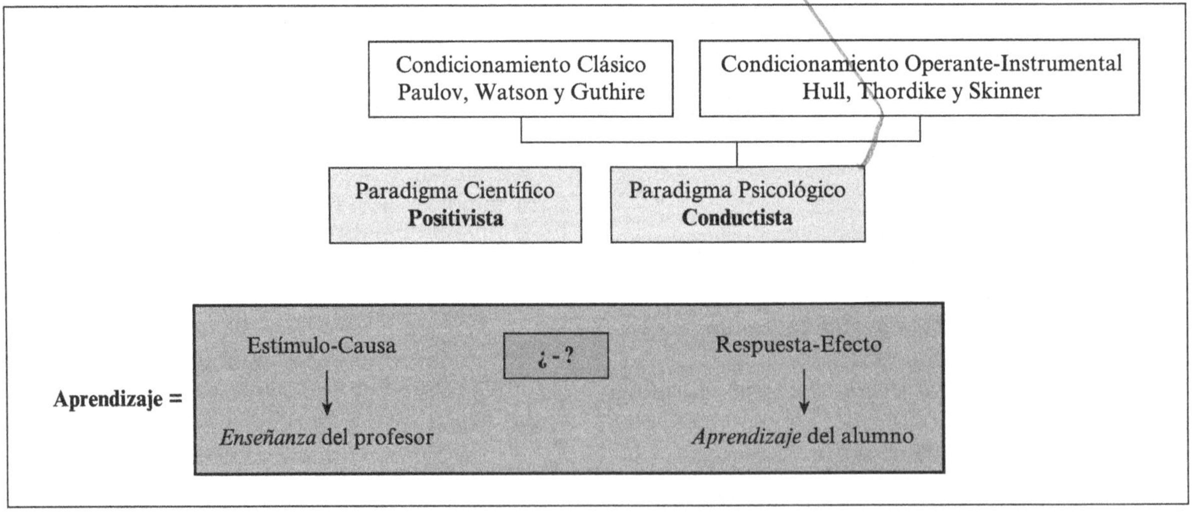

Figura 1.8.—Fundamentos de las teorías asociacionistas.

3.3.2. *Teorías de la Gestalt*

Las teorías de la Gestalt (figura 1.9) surgen como reacción al asociacionismo conductista clásico de las teorías precedentes y tienen como representantes más significativos a Wertheimer, y sus leyes de la percepción, a Köhler, como valedor del aprendizaje por *insight,* y a Lewin, con su teoría del campo.

Desde esta perspectiva teórica, el aprendizaje es interpretado como un proceso holístico-globalizado (todos los elementos que intervienen están interrelacionados e integrados) y sistemático (los elementos no se relacionan aleatoriamente, sino que guardan una relación de interdependencia, de tal manera que cualquier cambio que se produzca en alguno de ellos tiene una incidencia directa sobre todos los demás), donde adquiere una especial relevancia el contexto en el que se produce.

Las teorías de la Gestalt aportan tres leyes esenciales que ejercen una influencia directa en el desarrollo de los procesos de aprendizaje: *ley de las características del campo, ley de la génesis del campo* y *ley del esfuerzo:*

a) *Ley de las características del campo.* Se refiere a la necesidad que tenemos las personas de captar los elementos de manera conjunta y bien organizada (no aislados e inconexos), de ahí la importancia que tiene para los alumnos que los contenidos objeto de aprendizaje se les presenten bien estructurados y organizados o que participen ellos directamente en dicho proceso siguiendo las orientaciones del profesor.

b) *Ley de la génesis del campo.* Directamente relacionada con la anterior y de la que se deriva la relevancia del método global de aprendizaje, es decir, la tendencia natural de las personas a representar y agrupar mentalmente los estímulos que recibimos. de ahí la importancia que tiene para los alumnos que los contenidos conceptuales, procedimentales y actitudinales (que vayan a ser objeto de aprendizaje) estén interrelacionados, guarden una relación de interdependencia y persigan una finalidad común: la formación y desarrollo integral de todas las capacidades (cognitiva, psicomotora y afectiva).

c) *Ley del esfuerzo.* Por su parte, añade también la importancia del esfuerzo e implicación individual y continuada del alumno como requisito indispensable para la consolidación y/o reelaboración de los aprendizajes adquiridos y la generación de los nuevos.

3.3.3. *Teorías mediacionales*

Las teorías mediacionales (figura 1.10), en cambio, se asientan sobre los presupuestos tanto de los paradigmas científicos interpretativo y crítico como delos paradigmas psicológicos cognitivo y ecológico-contextual.

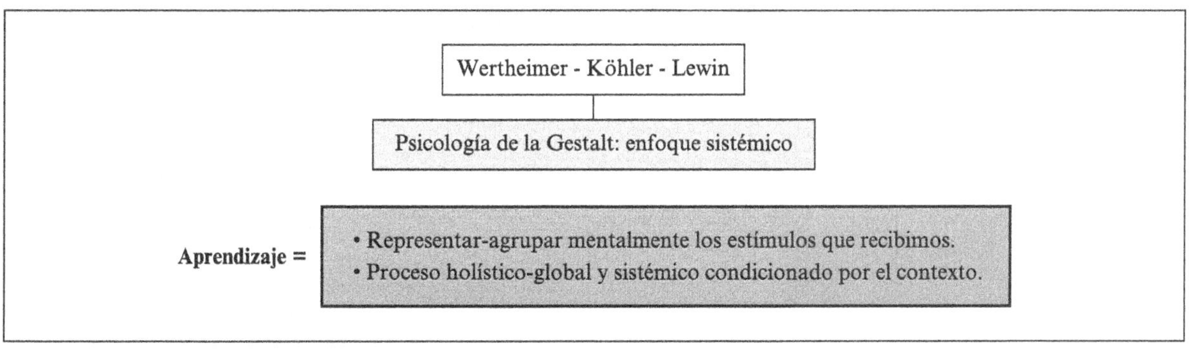

Figura 1.9.—Fundamentos de las teorías de la Gestalt.

A diferencia de las primeras, las teorías mediacionales no se limitan a interpretar el aprendizaje como resultado de la asociación directa entre un estímulo (el proceso de enseñanza diseñado por el profesor) y una respuesta (el aprendizaje que alcanzan los alumnos), sino que se preocupan por conocer las variables internas que intervienen entre ambos extremos-procesos. Es por ello que no se limitan exclusivamente a identificar-conocer-calificar los resultados finales obtenidos por el alumno, sino que reconocen la necesidad de analizar e interpretar también los mecanismos y factores que suceden durante el proceso de enseñanza y aprendizaje (entre estímulo y respuesta) para comprender sus efectos-consecuencias didácticas, y, así, adaptarlo y mejorarlo.

Desde la perspectiva mediacional, se han generado seis teorías que pueden ayudarnos a interpretar cómo se produce el aprendizaje en el alumno y, por ende, cómo podemos potenciarlo. Dedicamos la última parte de este apartado a sintetizar las aportaciones más significativas de cada una de ellas.

Teoría del aprendizaje social (Bandura)

La teoría del aprendizaje social de Bandura considera que el alumno aprende tanto a través de la observación e imitación de un modelo como mediante la interacción con sus iguales.

Desde esta perspectiva, resulta de vital importancia que el profesor, por una parte, constituya una buena referencia personal y profesional, ya que el alumno seguirá la tendencia natural de imitarlo, y, por otra, que proponga actividades y tareas de aprendizaje que permitan a los grupos de alumnos intercambiar, consolidar, reelaborar y generar de manera colaborativa el conocimiento.

Aprendizaje constructivista (Piaget)

La teoría del aprendizaje constructivista de Piaget considera que el aprendizaje del alumno se va gestando progresivamente y de un modo activo como resultado de la interacción *(desequilibrio o conflicto cognitivo)* que se genera entre sus capacidades innatas, conocimientos y experiencias previas y la información que recibe del entorno (figura 1.11).

Como consecuencia de ello, el profesor debe diseñar experiencias de aprendizaje en las que el alumno pueda participar e implicarse activamente en la construcción y reflexión de su propio conocimiento.

Aprendizaje significativo (Ausubel)

La teoría del aprendizaje significativo de Ausubel, en relación directa con la del aprendizaje constructivista, refuerza el argumento anterior

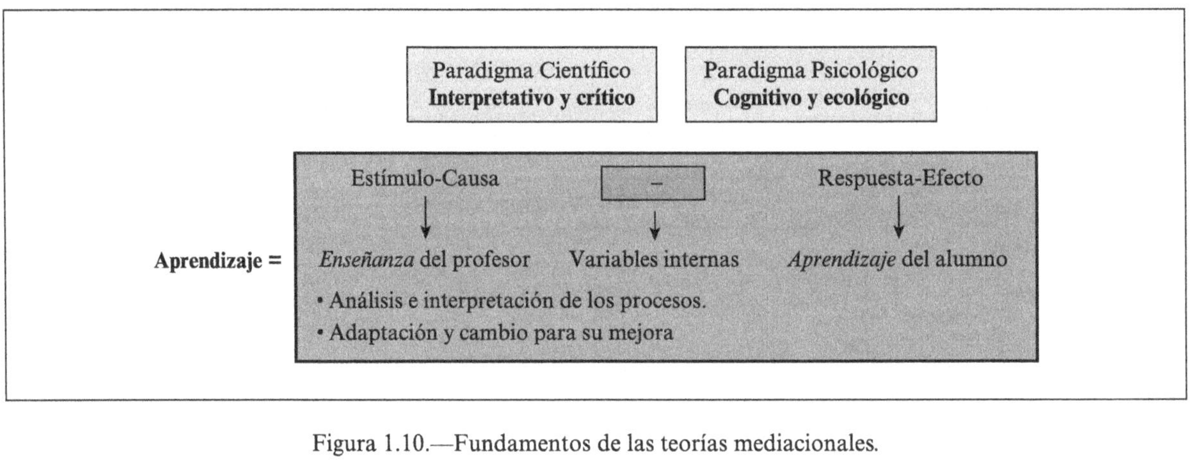

Figura 1.10.—Fundamentos de las teorías mediacionales.

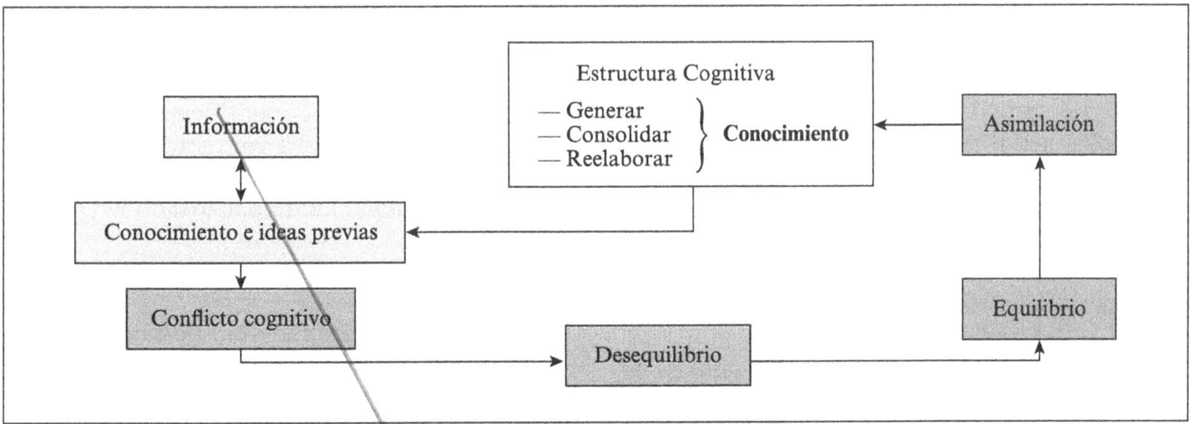

Figura 1.11.—Etapas del aprendizaje constructivista.

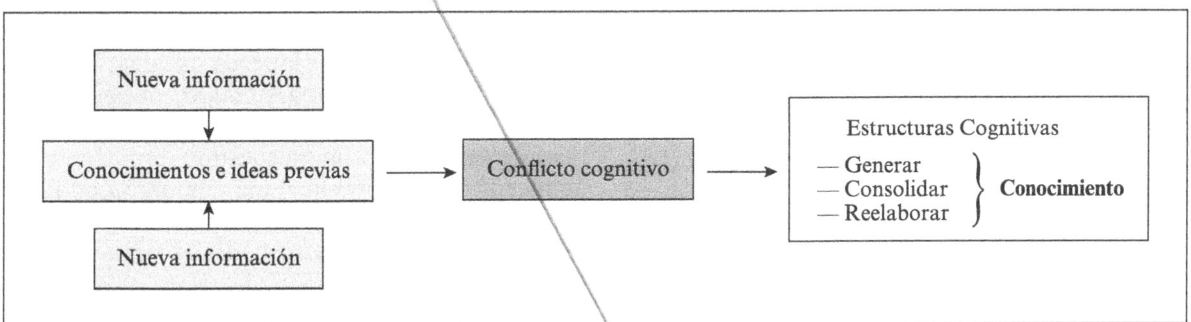

Figura 1.12.—Etapas del aprendizaje significativo.

al coincidir en que el aprendizaje del alumno también se produce a través de la interacción que se establece entre la nueva información recibida durante el proceso de aprendizaje y las experiencias-conocimientos previos que ya residen en su estructura cognitiva (figura 1.12).

Por todo ello, el profesor debe diseñar actividades y tareas de aprendizaje adaptadas a las habilidades básicas, cognitivas y metacognitivas del alumno para que éste tenga la oportunidad de implicarse cognitivamente en dicho proceso.

Aprendizaje por descubrimiento (Bruner)

La teoría del aprendizaje por descubrimiento de Bruner, por su parte, considera que el aprendizaje del alumno se construye mediante la resolución de un problema o tarea concreta, por lo que será de gran importancia, por parte del profesor, el seguimiento y adaptación tanto del grado de consecución de los objetivos propuestos como del desarrollo de las actividades y experiencias de aprendizaje planteadas.

Zona de desarrollo potencial (Vygotsky)

En relación directa con la teoría del aprendizaje significativo, la zona de desarrollo potencial de Vygotsky añade que el proceso de aprendizaje del alumno está condicionado por la adecuación de las interacciones que recibe durante el proceso de comunicación que se establece en el mismo.

De este modo, será necesario que el profesor planifique procesos de aprendizaje guiados intencionalmente, es decir, que las actividades y experiencias de aprendizaje que se propongan estén adaptadas a las características y posibilidades cognitivas del alumno (habilidades básicas, cognitivas y metacognitivas).

Procesamiento de la información (Mahoney)

Por último, la teoría del procesamiento de la información de Mahoney considera que el alumno va construyendo activamente su aprendizaje mediante un complejo proceso en el que recibe —va recibiendo— la información *(atención)*, procede a su comprensión e interpretación *(codificación)*, la guarda en su memoria a corto o largo plazo *(retención)* y, finalmente, recurre a ella *(recuperación)* para utilizarla en la práctica (figura 1.13).

Como consecuencia de ello, el profesor debe diseñar un proceso de aprendizaje donde el alumno asuma un papel protagonista que le permita participar activamente en la construcción de su propio conocimiento.

4. EL PROCESO DE COMUNICACIÓN DIDÁCTICA

En la figura 1.14 se identifican, organizan y relacionan los principales conceptos y características de la comunicación didáctica sobre los que se ha estructurado el último apartado del presente capítulo.

4.1. Conceptualización etimológica

La palabra comunicación proviene de la palabra latina *communis,* que significa *común* (http://www.mitecnologico.com/Main/ConceptoImportanciaComunicacion) y también del verbo latino *communicare,* que significa: «Comulgar, hacer a otro partícipe [de lo que uno tiene]: el talento, las riquezas, la alegría» (Gili Gaya, 1976) o «compartir algo, poner en común» (http://definicion.de/comunicación). En consecuencia, la primera cuestión importante del concepto es que implica una comunión de ideas sobre las cosas entre los miembros de una comunidad que comparte códigos para relacionarse.

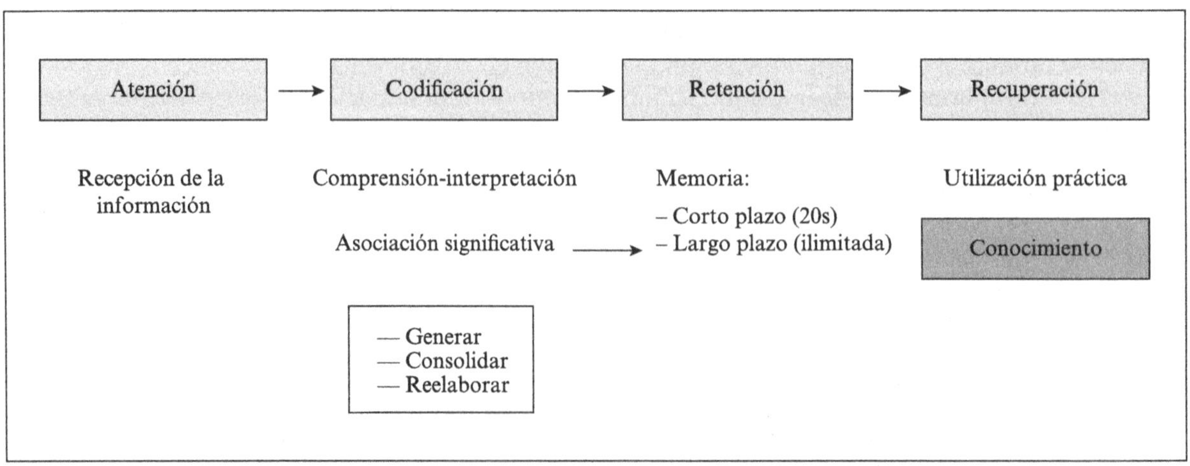

Figura 1.13.—Etapas del procesamiento de la información.

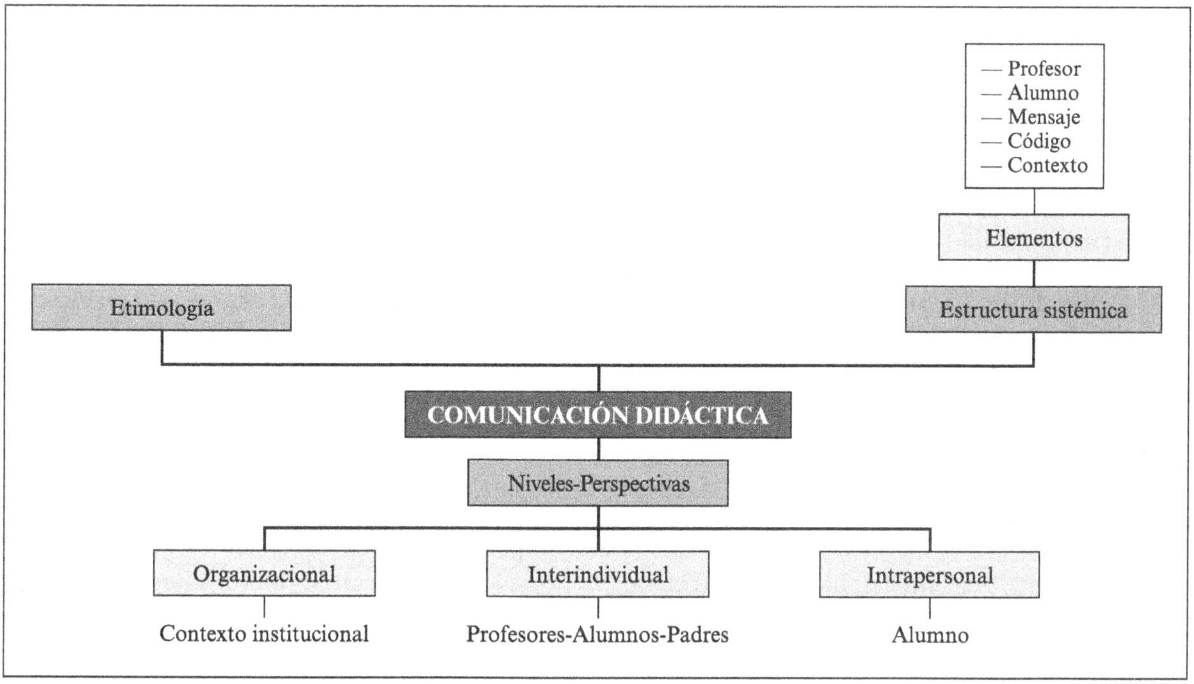

Figura 1.14.—Caracterización de la Comunicación Didáctica.

Por otro lado, según el Diccionario de la Real Academia Española de la Lengua (2001), *comunicar* significa: «hacer a otro partícipe de lo que uno tiene» o «transmitir señales mediante un código común al emisor y al receptor» y por «comunicación, la acción o efecto de comunicar o comunicarse. (...) 3. Transmisión de señales mediante un código común al emisor y al receptor». Si consultamos también a Seco, Andrés y Ramos (1999), observamos, entre otros, los siguientes significados: «1. Hacer saber (algo a alguien). 2. Transmitir (algo no material, especialmente una cualidad, a alguien o algo) 4. Relacionarse (con alguien), de palabra o por escrito, para transmitir o recibir información, y 5. Ser (una persona) capaz de comunicar a la gente los mensajes que quiere transmitir».

Como vemos, la Real Academia Española de la Lengua, en algún caso, hace coincidir el significado del verbo con el del adjetivo, por lo que podríamos entender que éste es su significado central, el que se refiere a la sintonía en el sentido de compartir códigos entre el que emite y el que recibe un mensaje, situación que implica la intención, al menos en primera instancia, del emisor de quererlo hacer.

Así pues, los procesos de enseñanza y aprendizaje constituyen en esencia un proceso de comunicación didáctica que intentaremos caracterizar a continuación.

4.2. Elementos de la comunicación didáctica: docente, alumno, mensaje, código y contexto (estructura sistémica)

Atendiendo las definiciones anteriores, y antes de comenzar con la caracterización de los elementos que intervienen en una comunicación didáctica, vamos a conocer cuáles son las diferencias que pueden establecerse entre los conceptos de comunicación y comunicación didáctica.

Cuando hablamos de comunicación, la mayoría de los autores coinciden en definirla como un mecanismo básico, por el que existen y se desarrollan las relaciones humanas, que debe cumplir dos requisitos sin los cuales no puede producirse: la necesidad, al menos, de dos personas que, además, deben compartir una convención, es decir, compartir un mismo código (signos-símbolos y reglas) (De Mattos, 1973; Rodríguez Diéguez, 1985; De la Torre, 1993).

Sin embargo, cuando nos referimos a la comunicación didáctica, a los aspectos comunes anteriores, se le añaden tres características fundamentales que la diferencian de cualquier otro tipo de comunicación (De la Torre, 1993; González, Medina y De la Torre, 2002; Álvarez de Arcaya, 2004):

a) Persigue una intencionalidad perfectiva, es decir, a través de ella se pretende contribuir a la formación y desarrollo integral del alumno.
b) Supone la transmisión e intercambio significativo de la nueva información (la que queremos que sea objeto de aprendizaje), adaptándola a las posibilidades de cada alumno.
c) Pretende generar, consolidar y reelaborar el conocimiento de los alumnos modificando sus estructuras cognitivas.

Este concepto de comunicación didáctica que manejamos en la actualidad ha seguido una evolución que, según Rosales (2001) y Navarro (2007), viene marcada por tres etapas principales:

a) La primera, identificada por la directividad docente, el predominio de los modelos de comunicación unidireccional (profesor-alumno) y las dinámicas de premios y castigos.
b) La segunda, definida por la confianza, iniciativa y participación del alumno a través de modelos de comunicación bidireccional (profesor-alumno, alumno-profesor y alumno-alumno).
c) La tercera, caracterizada por el perfeccionamiento de la comunicación, es decir, por su adaptación a las características personales de cada alumno, apoyándose en modelos de comunicación multidimensional (profesor-alumno, alumno-profesor, alumno-alumno, profesor-padres y profesor-administración).

Para autores como De Mattos (1973), Rodríguez Diéguez (1985), De la Torre (1993) y Rosales (1998 y 2001), algunas de las características que determinan el proceso de comunicación didáctica son las siguientes:

a) Carácter institucional, porque tiene lugar en los centros e instituciones educativos.
b) Carácter interpersonal y grupal, ya que se establece entre profesor-alumno, alumno-alumno, profesor/es-alumnos y alumnos-alumnos.
c) Intencionalidad perfectiva, porque su finalidad es contribuir a la formación y el desarrollo integral del alumno a niveles cognitivo, psicomotor y afectivo.
d) Participación e implicación del alumno, para que no se limite exclusivamente a recibir información-contenidos, sino, sobre todo, a trabajar con ella, es decir, asimilarla-integrarla en su estructura cognitiva, aplicarla y extrapolarla a otros contextos.
e) Tratamiento tecnológico u ordenación racional, es decir, cualquier proceso de comunicación didáctica debe ser planificado previamente en función de las características y necesidades concretas de los alumnos a los que se dirija, implementado siguiendo las pautas previstas y, posteriormente, evaluado para analizar los resultados alcanzados y, en función de los mismos, proponer cambios para mejorarlo.
f) Carácter prescriptivo, porque el contenido fundamental de cada etapa está determinado por la Administración a través de las propuestas curriculares: conceptos, procedimientos, actitudes, valores y normas.

g) Se desarrolla a un nivel intermedio entre la formalización (debe cumplir las finalidades, los roles y las normas de relación profesor-alumno que establece el currículo) y la espontaneidad (influencia que ejerce el profesor a través de su personalidad y la manera de interactuar con sus alumnos, es decir, la vía relacional).

h) Bidireccional, ya que debe fomentar-estimular el intercambio de roles comunicativos (profesor-alumno, alumno-profesor y alumno-alumno) para evitar los estilos de comunicación unidireccional (profesor-alumno) característicos de los modelos tradicionales de enseñanza.

i) El lenguaje debe ser adaptado a las características (habilidades básicas, cognitivas y metacognitivas) que presenten los alumnos.

Por lo que respecta a los elementos que intervienen y desempeñan un papel protagonista en cualquier proceso de comunicación didáctica (figura 1.15), la mayor parte de los autores consultados coinciden en señalar los siguientes (Pérez Gómez, 1985; Rodríguez Diéguez, 1985; De la Torre, 1993; Rosales, 1998; González y Martínez, 1999; Medina y De la Torre, 2002; Álvarez de Arcaya, 2004; Navarro, 2007):

a) El *emisor* es el que inicia todo el proceso y se encarga de seleccionar, secuenciar, codificar-construir y presentar la información-conocimiento objeto de aprendizaje.

b) El *receptor,* por su parte, es el destinatario de dicha información y a él deben adaptarse los demás elementos para que la comunicación pueda considerarse didáctica. Se ocupa, en cambio, de la segunda parte, es decir, de recibirla, decodificarla-traducirla e interpretarla.

En los procesos de enseñanza y aprendizaje, por tanto, se potenciará un intercambio bidireccional y continuo de roles entre emisor y receptor,

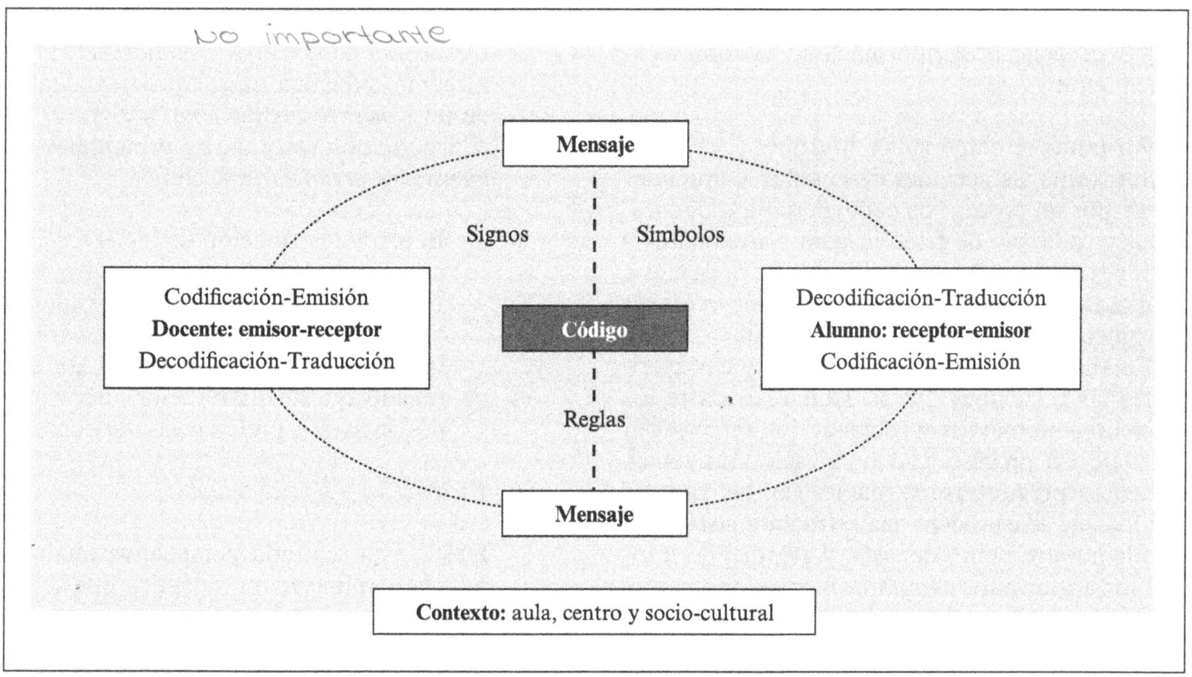

Figura 1.15.—Elementos de la Comunicación Didáctica.

alternándose en el desempeño de los mismos tanto el profesor como el alumno, en función de la orientación que vaya tomando el proceso de comunicación que se establezca entre ambos:

a) Ahora bien, todo lo anterior tiene sentido si existe algo que comunicar, es decir, un *mensaje* que estará, por una parte, compuesto por los distintos contenidos curriculares (conceptos, procedimientos, actitudes, valores y normas) que se estén trabajando, y, por otra, adaptado al *contexto* específico donde se desarrolle el proceso de enseñanza y aprendizaje.
b) Ello implicará, asimismo, la necesidad de que profesor y alumno compartan una convención, es decir, dominen un mismo *código* (conjunto de signos, símbolos y reglas) para la construcción de dichos mensajes, combinando, tanto el lenguaje oral y escrito que se ha venido utilizando tradicionalmente como el lenguaje audiovisual, informático y multimedia que nos ofrecen en la actualidad las distintas tecnologías de la información y la comunicación.

Por tanto, si, como indica Martínez (1999), admitimos que las acciones de enseñar y aprender pasan por un proceso de comunicación didáctica, todos y cada uno de estos elementos-momentos y acciones deberán estar adecuadamente presentes y adaptados para que podamos hablar de verdaderos procesos de enseñanza y aprendizaje.

Finalmente, una vez identificadas y caracterizadas las relaciones que se establecen entre los elementos-momentos y acciones que intervienen en cualquier proceso de comunicación didáctica, podemos preguntarnos: **¿cuáles son las razones por las que se considera una estructura sistémica?** Desde nuestro punto de vista, y atendiendo a todos los argumentos expuestos hasta el momento, podrían identificarse fundamentalmente tres:

a) Todos los elementos que intervienen están relacionados entre sí.
b) Guardan una relación de interdependencia, es decir, cualquier cambio que se produzca en alguno de ellos tendrá una incidencia directa sobre todos los demás.
c) Persigue una finalidad común: la formación y el desarrollo integral del alumno en todas sus capacidades (cognitiva, psicomotora y afectiva).

4.3. Niveles-perspectivas desde las que se analiza

Del mismo modo que ocurre con la comunicación humana, Pérez Gómez (1985), Medina (1988), y Rosales (1998 y 2001) coinciden al señalar que la comunicación didáctica puede analizarse desde tres niveles-perspectivas distintos: *organizacional, interindividual e intrapersonal.* Pasemos a conocer los aspectos más destacados de cada una de ellas:

a) *Perspectiva organizacional*

Desde esta perspectiva se estudia la comunicación didáctica que se produce dentro de un *contexto institucional* y a través de ella podemos valorar sus principales *dimensiones organizativas,* como:

— El uso y distribución de los *espacios y tiempos* de trabajo.
— La *estructura funcional,* es decir, los departamentos que ocupan, sus cargos, la antigüedad y el número de sus miembros, su distribución, necesidades, intereses, preferencias, deseos, etc.

b) *Perspectiva interindividual*

Desde esta segunda perspectiva analizamos la comunicación didáctica que se establece cuando el profesor se relaciona con los compañeros, los alumnos y/o los padres, e implica el estudio de las siguientes dimensiones:

- *Cooperación-colaboración con otros profesionales* para conocer cómo planifican (programas y contenidos), desarrollan (metodología y actividades de enseñanza) y evalúan (actividades de seguimiento) los procesos de enseñanza y aprendizaje.
- *Trabajo con los alumnos* para identificar cómo se desarrollan sus formaciones cognitiva (conceptos), psicomotora (procedimientos) y socio-afectiva (actitudes, valores y normas).
- *Relaciones con los padres* para valorar su grado de participación y contribución a la formación integral de sus hijos.

c) *Perspectiva intrapersonal.*

Esta tercera y última perspectiva nos permite indagar en la comunicación didáctica que se produce cuando el alumno se comunica consigo mismo para generar, consolidar y/o reelaborar conocimiento, e implica el estudio de dos elementos principales:

- El nivel de desarrollo que van alcanzando sus *habilidades cognitivas* (comprensión, análisis, síntesis, aplicación y evaluación) y *metacognitivas* (reflexión y autoevaluación).
- El *proceso deliberativo* (elementos y relaciones) que pone en funcionamiento.

REFERENCIAS BIBLIOGRÁFICAS

Álvarez de Arcaya, H. (2004). Influencias de la comunicación no verbal en los estilos de enseñanza y en los estilos de aprendizaje. *Revista de Educación, 334,* 21-32.

Ausubel, D. P., Novak, J. D. y Hanesian, H. (1993). *Psicología educativa: un punto de vista cognoscitivo.* México: Trillas.

Benedito, V. (1987). *Aproximación a la Didáctica. Fundamentación teórica y diseño curricular.* Barcelona: Barcanova.

Bolívar, A., Rodríguez Diéguez, J. L. y Salvador, F. (2004). Objeto de la Didáctica. En F. Salvador; J. L. Rodríguez Diéguez y A. Bolívar (dirs.), *Diccionario Enciclopédico de Didáctica,* vol. I. Archidona (Málaga): Aljibe, 401-416.

Carr, W. y Kemmis, S. (1988). *Teoría crítica de la enseñanza.* Barcelona: Martínez Roca.

Castillo, S. y Gento, S. (1995). Modelos de evaluación de programas educativos. En A. Medina y L. M. Villar (1995), *Evaluación de programas educativos, centros y profesores.* Madrid: Universitas, 24-69.

Castillo, S. y Polanco, L. (2004). *Enseña a estudiar... aprende a aprender. Didáctica del estudio.* Madrid: Pearson.

De la Torre, S. (1993). *Didáctica y currículo. Bases y componentes del proceso formativo.* Madrid: Dykinson.

De Mattos, L. A. (1973). *Compendio de Didáctica General.* Buenos Aires: Kapelusz.

Díaz, F. (2002). *Didáctica y Currículo: un enfoque constructivista.* Cuenca: Universidad de Castilla-La Mancha.

Dunkin, M. J. y Biddle, B. J. (1974). *The Study of Teaching.* New York: Holt, Rinehart and Winston.

Eisner, E. W. (1979). *Cómo preparar la reforma del currículum.* Buenos Aires: Ateneo.

Escudero, J. M. (ed.) (2000). *Diseño, desarrollo e innovación del currículum.* Madrid: Síntesis.

Ferrández, A. (1986). *Proyecto docente de cátedra Didáctica y Organización Escolar.* Departamento de Pedagogía y Didáctica: UAB, documento policopiado.

Ferrández, A. y Sarramona, J. (1983). *La educación: constantes y problemática actual.* Barcelona: Ceac.

Gili Gaya, S. (1976). *Diccionario General Ilustrado de la Lengua Española.* Barcelona: Bibliograf.

González, A. P., Medina, A. y De la Torre, S. (coords.) (2002). *Didáctica General: modelos y estrategias para la integración social.* Madrid: Universitas.

Hilgar, E. R. y Bower, G. H. (1970). *Teorías del aprendizaje.* México: Trillas.

Martínez, F. (1999). El proceso comunicativo en la enseñanza: modelos teóricos y elementos del proceso. En J. Cabero (ed.), *Tecnología Educativa.* Madrid: Síntesis, 35-50.

Lukas, J. F. y Santiago, K. (2004). Naturaleza de la investigación y evaluación en educación. En J. F. Lukas y K. Santiago (2004), *Evaluación educativa.* Madrid: Alianza, 15-52.

Medina, A. (1988). *Didáctica e interacción en el aula.* Madrid: Cincel.

Medina, A. y Salvador, F. (coords.) (2009). *Didáctica General.* Madrid: Pearson Educación.

Mitzel, H. E. (1960). Teacher Effectiveness. En C.W. Harris (ed.), *Encyclopedia of Educational Research,* 3.ª edición. Nueva York: MacMillan, 1481-1486.

Montané, J. (1992). Los conceptos corrientes sobre el aprendizaje. En A. Ferrández y J. M. Puente (dirs.), *Educación de personas adultas, vol. 2: Psicopedagogía y microdidáctica.* Madrid: Diagrama-Fondo Formación, 15-61.

Navarro, R. (1994). *Intereses escolares.* Sevilla: Secretariado de Publicaciones de la Universidad de Sevilla.

Navarro, R. (2007). La comunicación didáctica y el clima de aula. En R. Navarro (coord.); M. Rodríguez; M. Barcia y M.ª A. Bravo, *Didáctica y Curriculum para el desarrollo de Competencias.* Madrid: Dykinson, 139-154.

Pérez Gómez, A. (1985). *La comunicación didáctica.* Málaga: Universidad de Málaga.

Plá i Molins, M. (1993). *Currículum y Educación. Campo semático de la didáctica.* Barcelona: Universitat de Barcelona.

Real Academia Española de la Lengua (2001). *Diccionario de la Lengua Española,* 22.ª edición. Madrid: Espasa-Calpe.

Rodríguez Diéguez, J. L. (1985). *Curriculum, acto didáctico y teoría del texto.* Madrid: Anaya.

Rosales, C. (1998). La comunicación didáctica. En O. Sáenz (dir.), *Didáctica General. Un enfoque curricular.* Alcoy: Marfil, 45-64.

Rosales, C. (2001). Comunicación didáctica en la Universidad. En A. García-Valcárcel (coord.), *Didáctica Universitaria.* Madrid: La Muralla, 36-55.
Roshensine, B. y Stevens, R. (1997). Funciones docentes. En M. C. Wittrock (comp.), *La investigación de la enseñanza, III. Enfoques, teorías y métodos.* Barcelona: Paidós.
Sáenz, O. (dir.) (1997). *Didáctica General. Un enfoque curricular.* Alcoy: Marfil.
Salvador, F., Rodríguez, J. L. y Bolívar, A. (dirs.) (2004). *Diccionario enciclopédico de la didáctica I.* Málaga: Aljibe.
Sarramona, J. (1990). *Tecnología educativa: una valoración crítica.* Barcelona: Ceac.
Seco, M., Andrés, O. y Ramos, G. (1999). *Diccionario del español actual,* vol. I. Madrid: Aguilar.
Sevillano, M. L. (2004). *Didáctica en el siglo XXI.* Madrid: McGraw-Hill.
Shulman, L. (1989). Paradigmas y programas de investigación en el estudio de la enseñanza: una perspectiva contemporánea. En M. C. Wittrock (comp.), *La investigación de la enseñanza, I. Enfoques, teorías y métodos.* Barcelona: Paidós, 9-91.
Tejada, J. (2005). *Didáctica-curriculum.* Barcelona: Davinci Continental.
Titone, R. (1981). *Psicodidáctica.* Madrid: Narcea.
Wittrock, M. C. (comp.) (1997). *La investigación de la enseñanza, I. Enfoques, teorías y métodos.* Barcelona: Paidós.
Zabalza, M. A. (1990). Fundamentación de la Didáctica y del conocimiento didáctico. En A. Medina y M. L. Sevillano (coords.), *Didáctica-adaptación. El curriculum: fundamentación, diseño, desarrollo y evaluación,* vol. I. Madrid: UNED, 85-220.
Zabalza, M. A. (2001). La Didáctica como perspectiva especifica del fenómeno educativo. En A. Medina y M. L. Sevillano (coords.), *Didáctica-adaptación. El curriculum: fundamentación, diseño, desarrollo y evaluación.* Madrid: UNED, 180-195.
Zabalza, M. A. (2004). Enseñanza. En F. Salvador, J. L. Rodríguez y A. Bolívar (dirs.), *Diccionario enciclopédico de la didáctica I.* Málaga: Aljibe, 536-567.

RECURSOS DE EXTENSIÓN

Álvarez, J. M. (2001). *Entender la Didáctica, entender el Currículum.* Madrid: Miño y Dávila, editores.
Beltrán, R. y Rodríguez Diéguez, J. L. (coords.) (2001). Unidad didáctica 7. En A. Medina y M. L. Sevillano (coords.), *Didáctica-Adaptación.* Madrid: UNED.
Blázquez, F. y Lucero, M. (2003). La evaluación. Principios, modelos y ámbitos. En A. Medina y F. Salvador (coords.), *Didáctica General.* Madrid: Pearson Educación/Prentice-Hall.
Blázquez, F. y Lucero, M. (2003). Los medios y recursos en el proceso didáctico. En A. Medina y F. Salvador (coords.), *Didáctica General.* Madrid: Pearson Educación/Prentice-Hall.
Blázquez, F. y Lucero, M. (2003). Modelos y técnicas de evaluación didáctica. En A. Medina y F. Salvador (coords.), *Didáctica General.* Madrid: Pearson Educación/Prentice-Hall.
Cabero, J. (2001). *Tecnología educativa. Diseño y utilización de medios en la enseñanza.* Barcelona: Paidós.
De la Torre, S. (2004). Comunicación. En F. Salvador, J. L. Rodríguez y A. Bolívar (dirs.). *Diccionario Enciclopédico de Didáctica,* vol. I. Archidona (Málaga): Aljibe, 183-184.
Debesse, M. y Mialaret, G. (1980). *La función docente.* Barcelona: Oikos-Tau.
Escribano, A. (1998). *Aprender a enseñar. Fundamentos de Didáctica General.* Cuenca: Universidad de Castilla-La Mancha.
Fernández-Ballesteros, R. (1996). Cuestiones conceptuales básicas en evaluación de programas. En R. Fernández-Ballesteros (ed.) (1996), *Evaluación de programas. Una guía práctica en ámbitos sociales, educativos y de salud.* Madrid: Síntesis, 21-47.
Gallego Ortega, J. L. (2004). Acto didáctico. En F. Salvador, J. L. Rodríguez y A. Bolívar (dirs.), *Diccionario Enciclopédico de Didáctica.* Vol. I. Archidona (Málaga): Aljibe, 38-40.
Gimeno, J. y Pérez Gómez, A. I. (1994). *Comprender y transformar la enseñanza.* Madrid: Morata.

González Soto, A. P. (2001). Unidad Didáctica 5. Metodología-estrategias. En A. Medina y M. L. Sevillano (coords.), *Didáctica-Adaptación*. Madrid: UNED.

Hernández Ruíz, S. (1965). *Psicopedagogía del interés*. México: UTEHA.

Jiménez, J. M., González, A. P. y Fandos, M. (2006). La programación en el proceso de enseñanza-aprendizaje. En J. Tejada y V. Giménez, *Formación de formadores. Escenario aula.* Madrid: Thomson, 209-270.

Jurado, P. (2006). Condicionamiento en el proceso de enseñanza-aprendizaje. En J. Tejada y V. Giménez, *Formación de formadores. Escenario aula*. Madrid: Thomson, 429-488.

Klafki, W. (1986). Los fundamentos de una Didáctica crítico-constructivista. *Revista de Educación, 280,* 37-79.

Lorenzo, J. A. (1998). El profesor y su dimensión profesional. *Revista Complutense de Educación. Vol. 9, 1,* 141-163.

Marhuenda, F. (2000). *Didáctica General*. Madrid: Ediciones de la Torre.

Medina, A. (2009). La Didáctica: disciplina pedagógica aplicada. En A. Medina y F. Salvador (coords.), *Didáctica General*. Madrid: UNED-Pearson, 4-37.

Navarro, R. (coord.), Rodríguez. M., Barcia, M. y Bravo, M. A. (2007). *Didáctica y Currículum para el desarrollo de Competencias.* Madrid: Dykinson.

Navío, A. y Ruiz, C. (2006). Habilidades didácticas del formador. En J. Tejada y V. Giménez, *Formación de formadores. Escenario aula*. Madrid: Thomson, 377-428.

Reina, J. J., Aliende, E. y Rodríguez, A. (1992). *Proyecto Curricular de Educación Primaria: qué, cómo, cuándo enseñar y evaluar*. Madrid: Escuela Española.

Romero Tena, R. (2006). Módulo 3: Las estrategias de enseñanza-aprendizaje en la toma de decisiones para la elaboración de Unidades Didácticas. En B. Bermejo y J. Rodríguez Briones (dirs.), *La actividad docente en el aula: diseño y desarrollo de Unidades Didácticas en Educación Infantil y Primaria*. Sevilla: GID (CD-ROM).

Sáenz, O. (dir.). *Didáctica General. Un enfoque curricular.* Alcoy: Marfil.

Sevillano García, M. L. (2001). Unidad Didáctica 6. Los medios en el curriculum. En A. Medina y M. L. Sevillano (coords.), *Didáctica-Adaptación. El curriculum: fundamentación, diseño, desarrollo y evaluación*, tomo 2. Madrid: UNED.

Soler, E., Álvarez, L., García, A., Hernández, J., Ordóñez, J. J., Albuerne, F. y Cadrecha, M. A. (1992). *Teoría y práctica del proceso de enseñanza-aprendizaje. Pautas y ejemplos para un desarrollo curricular*. Madrid: Narcea.

Tejada, J. (2005). Evaluación curricular. En J. Tejada (2005), *Didáctica-Currículum. Diseño, desarrollo y evaluación curricular*. Barcelona: Davinci, 177-200.

Valdés, T. (2000). El secreto de la pirámide. Algunas ideas para la cualificación de la función docente en los sistemas de educación para el trabajo. Biblioteca Digital de la OEI: *Educación Técnico Profesional.* Cuaderno de Trabajo núm. 3 (http://www.oei.es/oeivirt/fp/cuad3a04.htm (06-03-10).

Zufiaurre, B. y Gabari, M. I. (2000). *Didáctica para maestras*. Madrid: Editorial CCS.

PROPUESTA DE ACTIVIDADES

1. Construya un **mapa conceptual** en el que se identifiquen, organicen y relacionen los principales **contenidos** que se desarrollan en los **apartados 1, 2, 3 y 4** del presente capítulo.

2. Sintetice las **características** fundamentales que nos ayudan a definir el concepto de **Didáctica** desde las perspectivas **Sintáctica, Semántica y Organizativa.**

3. Identifique cuáles son los **aspectos más significativos** que caracterizan:

   a) Los **paradigmas de investigación científica:** positivista, interpretativo y crítico.

   b) Los **paradigmas de investigación didáctica** desde los que pueden analizarse los procesos didácticos que ocurren en el aula: presagio-producto, proceso-producto, centrado en el profesor, centrado en el alumno y ecológico.

4. Los paradigmas de investigación científica han generado distintas **teorías** sobre la **Enseñanza,** como la de **Carr y Kemmis (1988): técnica, interpretativa y crítica.** Identifique y caracterice los **aspectos más significativos** de cada una de ellas.

5. Represente, con la ayuda de un **esquema o mapa conceptual,** las **características** que definen los distintos **factores** que pueden incidir en el **Aprendizaje,** tanto desde la **perspectiva** del **alumno** como desde la del **profesor.**

6. La estrecha relación que tradicionalmente han venido manteniendo Didáctica y Psicología de la Educación ha generado tres tipos de **teorías** sobre el proceso de **Aprendizaje: asociacionista, de la Gestalt y mediacional** (Ausubel, Novak y Hanesian, 1993). Identifique y caracterice las **aportaciones más relevantes** de cada una de ellas.

7. Caracterice los **elementos** que intervienen en cualquier proceso de **Comunicación didáctica** y justifique **por qué** se considera una **estructura sistémica.**

8. Identifique los **aspectos** más característicos que definen los **tres niveles** desde los que puede analizarse la **Comunicación didáctica: organizacional, interindividual e intrapersonal** (Medina, 1988; Pérez Gómez, 1985; Rosales, 1998 y 2001).

2

El currículum: bases teóricas, legislativas y didácticas

CARLOS HERVÁS GÓMEZ
PURIFICACIÓN TOLEDO MORALES
M.ª DEL CARMEN CORUJO VÉLEZ

1. EL CURRÍCULUM EDUCATIVO

Currículo (o currículum) escolar es una perspectiva global e integradora de la enseñanza que se formaliza en propuestas de diseño y pautas para su desarrollo, su evaluación y su mejora, y se concreta en todo el conjunto de actividades que van completando, curso a curso, la experiencia escolar de los alumnos. Dentro del concepto caben tanto aquellas actividades intencionales que han sido programadas de manera explícita y consciente para el aprendizaje de los alumnos (currículo explícito) como aquellas otras actividades no intencionales sobre las que no se tiene control (currículo oculto), que también ocurren en la escuela, son parte de su naturaleza y proporcionan igualmente experiencia a los alumnos.

La LOMCE, en su artículo 6, define el currículo como:

1. La regulación de los elementos que determinan los procesos de enseñanza y aprendizaje para cada una de las enseñanzas.
2. El currículo estará integrado por los siguientes elementos:

   a) Los objetivos de cada enseñanza y etapa educativa.

   b) Las competencias, o capacidades para aplicar de forma integrada los contenidos propios de cada enseñanza y etapa educativa, con el fin de lograr la realización adecuada de actividades y la resolución eficaz de problemas complejos.

   c) Los contenidos, o conjuntos de conocimientos, habilidades, destrezas y actitudes que contribuyen al logro de los objetivos de cada enseñanza y etapa educativa y a la adquisición de competencias.

   Los contenidos se ordenan en asignaturas, que se clasifican en materias, ámbitos, áreas y módulos en función de las enseñanzas, las etapas educativas o los programas en que participen los alumnos y alumnas.

   d) La metodología didáctica, que comprende tanto la descripción de las prácticas docentes como la organización del trabajo de los docentes.

   e) Los estándares y resultados de aprendizaje evaluables.

   f) Los criterios de evaluación del grado de adquisición de las competencias y del logro de los objetivos de cada enseñanza y etapa educativa».

La elaboración del currículo escolar es tanto una responsabilidad política como una responsabilidad profesional. A la administración y a los docentes les corresponde, por tanto, tomar decisiones curriculares. El Estado ha de decidir en la redacción de las leyes educativas cuáles son los elementos culturales que deben ser objeto de trabajo escolar. Los docentes, por su parte, han de decidir de qué manera van a trabajar en sus centros y en sus aulas esos elementos culturales.

Según Bravo (2007), la mayoría de los autores suelen coincidir en el origen de este ámbito científico, considerando a Bobitt (1918, 1924) como el padre del currículum, aunque el empleo del término currículum surgió en el siglo XVI, en la confluencia de diversos movimientos sociales, ideológicos y religiosos. Según Hamilton (1991), el término aparece en Leiden (Holanda) en 1576 y en la Universidad de Glasgow (Escocia) en 1663, con el propósito de regular, sistematizar y controlar la formación de pastores protestantes calvinistas. Es decir, el currículum surgió como sistematizador de los procesos educativos.

Para De la Torre (1993), se suelen plantear tres niveles conceptuales respecto al currículum. En su sentido amplio, y casi siempre desde consideraciones antropológicas, filosóficas y sociopolíticas, una teoría del currículum no difiere en nada de una teoría de la educación. Adoptan esta postura todos aquellos autores de origen anglosajón que carecen en su lengua de términos como Pedagogía y Didáctica como disciplinas educativas. Desde esta perspectiva, comprendería toda actividad educativa formalizada. Popkewitz, Giroux, Stenhouse, Carr, Kemmis, Grundy, etc., participan de este planteamiento del currículum. La Didáctica quedaría inscrita como campo metodológico concreto dentro del currículum. Es éste un planteamiento global y envolvente propio de ciertas culturas.

En sentido restringido, hace referencia a programas, actividades, experiencias de aprendizaje o contenidos seleccionados y organizados con propósitos formativos. Suele ser frecuente utilizar esta acepción en los planes de estudio en los que se restringe lo curricular a los programas escolares. Este nivel se correspondería con una vertiente particular de la Didáctica, ya se trate de contenidos, actividades o experiencias. De hecho consideran el currículum como un mero diseño Wheler, Johnson, Oliver, etc.

En un nivel conceptual intermedio se considera el currículo como un conjunto de elementos reflexivos-prácticos que permiten comprender, guiar y mejorar la acción formativa. Esta perspectiva considera el currículo como campo de proyección de la Didáctica.

Autores como De la Torre (1992), Benedito (1989), Gimeno (1988), Pérez Gómez (1988) y Estebaranz (1994) son algunos de los muchos pedagogos españoles actuales que sustentan esta postura, que admite múltiples planteamientos, desde el tecnológico al humanista, pasando por el plan de instrucción y la solución de problemas. Comprendería la teoría, el diseño y desarrollo curricular. El término currículum aglutina el estudio conjunto de la problemática en torno a la teoría y práctica educativas.

A continuación, presentamos, según Bravo (2007), algunas definiciones de currículo de una manera cronológica y lineal que permita clarificar la complejidad de su campo conceptual. Tanner y Tanner (1980) y Stenhouse (1975) ofrecen más de veinte definiciones de currículum; asimismo, autores españoles plantean las suyas, lo que nos lleva a considerar que la mejor manera de situarse en la complejidad y riqueza de este campo no es rechazar la pluralidad conceptual existente, sino afrontarla y tratar de comprender los supuestos que apoyan cada una de las perspectivas. En el cuadro 2.1 recogemos algunas definiciones:

CUADRO 2.1

Autores, fecha	Definición de currículum
Caswel y Campbell, 1935	«Conjunto de experiencias que los alumnos llevan a cabo bajo la orientación de la escuela».
Tyler, 1949	«Todas las experiencias de los niños por las que la escuela debe aceptar responsabilidades».
Bestor, 1958	«Un programa de conocimientos verdaderos, válidos y esenciales, que se transmite sistemáticamente en la escuela, para desarrollar la mente y entrenar la inteligencia».
Saylor y Alexandre, 1966	«Todas las oportunidades de aprendizaje que proporcionan las escuelas».
Inlow, 1966	«Esfuerzo conjunto y planificado de toda la escuela, destinado a conducir el aprendizaje de los alumnos hacia resultados de aprendizajes predeterminados».
McDonald, 1966	«El documento que planifica el aprendizaje».
Johnson, 1967	«Una serie estructurada de objetivos de aprendizaje que se aspira a lograr. El currículo prescribe los resultados de la instrucción».
Wheeler, 1967	«Experiencias planificadas que se ofrecen al alumno bajo la tutela de la escuela».
Foshay, 1969	«Todas las experiencias que tiene un aprendiz bajo la guía de la escuela».
Johnson, 1970	«La suma de experiencias que los alumnos realizan mientras trabajan bajo la supervisión de la escuela».
Taba, 1974	«Plan para el aprendizaje. Planificar el currículum es el resultado de decisiones que afectan a tres asuntos diferentes: *a*) selección y ordenación de contenidos; *b*) selección de experiencias de aprendizaje, y *c*) planes para lograr condiciones óptimas para que se produzca el aprendizaje».
Tanner, 1980	«Reconstrucción del conocimiento y la experiencia desarrollada sistemáticamente, bajo el auspicio de la escuela,para capacitar al alumno a incrementar su control sobre el conocimiento y la experiencia».
Nassif, 1980	«El conjunto de experiencias programadas por la escuela en función de sus objetivos y vividas por el alumno bajo la responsabilidad de los maestros».
Beauchamp, 1981	«Un documento escrito que diseña el ámbito y la estructuración del programa educativo proyectado para una escuela».
Scuratti, 1982	«Proyecto educativo y didáctico realizado en situación escolar a través de un comportamiento de tipo profesional».
Zabalza, 1987	«Conjunto de los supuestos de partida, de las metas que se desean lograr y los pasos que dan para alcanzarlas; el conjunto de experiencias, habilidades y actitudes que se consideran importantes trabajar en la escuela año tras año».

CUADRO 2.1 *(continuación)*

Autores, fecha	Definición de currículum
Coll, 1987	«Un proyecto que preside las actividades educativas escolares, precisa sus intenciones y proporciona guías de acción adecuadas y útiles para los profesores que tienen la responsabilidad de llevarlas a cabo».
Gervilla, 1988	«Plan general o estructura organizada de conocimientos, vivencias y experiencias del alumno durante su escolaridad».
Gimeno Sacristán, 1988	«Eslabón entre la cultura y la sociedad exterior a la escuela, entre el conocimiento y la cultura heredados y el aprendizaje de los alumnos, entre la teoría y la práctica posible, dadas unas determinadas condiciones». Y puntualiza aún más al afirmar que el «currículum es la expresión y concreción del plan cultural que una institución escolar hace realidad dentro de unas determinadas condiciones que matizan ese proyecto».
Lorenzo Delgado, 1994	«La formalización de la teoría y la práctica educativa escolar».
Román Diez, 1994	«La cultura social convertida en cultura escolar por medio de las instituciones y los profesores».

Para facilitar la complejidad del término, Gimeno y Pérez (1983) plantean cinco categorías principales en torno a las cuales pueden agruparse las múltiples definiciones, encontrándose orientaciones teóricas diferentes en cada una de ellas:

— **El currículum como estructura organizada de conocimientos.** Participan de esta visión quienes enfatizan la función transmisora de la enseñanza. El currículum es considerado como un cuerpo organizado de conocimientos que se transmiten sistemáticamente en la escuela.

— **El currículum como sistema tecnológico de producción.** Desde esta perspectiva, el currículum se reduce a un documento donde se especifican los resultados pretendidos, definidos en comportamientos específicos. Autores como Bobitt, Popham, Baker, Mager, Estarellas, Gagné, etc., serían algunos representantes de este enfoque. El currículum hace referencia a intenciones y no a medios o estrategias.

— **El currículum como plan de instrucción.** Taba y McDonald lo definen como un documento que planifica el aprendizaje. Por ello, establecen una clara distinción entre el currículum y los procesos de instrucción a través de los cuales dicho plan se materializa. Por tanto, incluye los objetivos, contenidos, actividades, estrategias y evaluación. El currículum supone la planificación racional de la intervención didáctica en todas sus dimensiones.

— **El currículum como conjunto de experiencias de aprendizaje.** Caswel y Campbel, Tyler, Weeler, Saylor, Alexander, etc., lo conciben como todas las oportunidades de aprendizaje proporcionadas por la escuela. Si el currículum abarca todo lo que el niño aprende en la escuela, se impone considerar las experiencias de aprendizaje no planificadas explícitamente por la escuela, de ahí que Eisner distinga entre currículum explícito, oculto y ausente, y todos ellos ejercen influjos controlados o no en el desarrollo formativo del alumno.

— **El currículum como solución de problemas.** Schwab, Stenhouse, Eisner, Pinar, etc., se centran principalmente en el análisis de la práctica, la consideración de la singularidad de la práctica para la solución de problemas. También plantean la necesidad de integrar contenidos, métodos, procesos y productos en un estudio unitario y flexible. Deberá, por tanto, proporcionar bases para planificar, evaluar y justificar el proyecto educativo. No debemos olvidar que los problemas del currículum son en gran medida situacionales, y requieren análisis concretos y soluciones acomodadas a las coordenadas de espacio y tiempo que rodean la experiencia educativa.

Como conclusión, cabría señalar que toda la variedad terminológica planteada apunta hacia cuatro acepciones como las más significativas: aquellos que consideran el currículum como un conjunto de contenidos culturales referidos a objetivos, conocimientos, programas o cursos, los que lo juzgan como un plan estructurado de previsión de la acción en el que se concretan los elementos curriculares, los que consideran el currículum como un conjunto de experiencias y, finalmente, los que lo definen como instrumento de cambio social.

1.1. Las teorías del currículum: técnica, práctica y crítica

Hay que señalar que el campo de estudio sobre las teorías curriculares es muy complejo y, en ocasiones, contradictorio, pero podemos asegurar que la mayoría de autores aceptan tres perspectivas teóricas sobre el currículum que son las que a continuación presentamos.

1.1.1. *La teoría técnica del currículum. Consideraciones epistemológicas*

El origen de esta corriente se sitúa en la obra de Bobbit (1918), puesto que supuso el inicio de un tratamiento sistemático para la elaboración del currículum. Esta teoría ha sido el modelo dominante en la teoría y práctica curricular. La teoría técnica se caracteriza por ser cientifista, apoyada en las ciencias, tiene un carácter racional y obedece a un planteamiento burocrático.

La racionalidad técnica tiene una serie de implicaciones para el currículum. En primer lugar, el control y la gestión son las cualidades que desencadenaron en Taylor la necesidad de realizar una minuciosa descripción de las tareas que permitiera racionalizar la acción y facilitar el control. El control se traduce, por un lado, en la delimitación del proceso y de las variables que intervienen en la enseñanza, aspecto duramente criticado por considerar que la complejidad de los procesos educativos no puede reducirse a aspectos observables, ignorando las influencias personales y sociales. Asimismo, el control exige la sistematización y fragmentación de la acción educativa puesta de manifiesto en los enfoques sistémicos y cibernéticos de enseñanza que utilizan nociones como análisis de las tareas y análisis de sistemas.

Además, el enfoque técnico enfatiza la racionalización de los procedimientos, al margen de cualquier otra consideración acerca de qué y cómo enseñar (Contreras, 1990: 190). Incluso, todos los modelos de principios de siglo se esfuerzan por racionalizar al máximo los fundamentos del currículum. La Psicología, la Sociología, la Economía y la propia Antropología se constituyen en bases científicas en las que se sustenta cualquier teoría educativa, y, en concreto, el currículum.

Desde sus orígenes, esta concepción significa un cambio sustancial respecto a lo que siempre había sido el problema del currículum, el qué enseñar, puesto que esta línea de trabajo se interesó por el cómo enseñar. Así, el contenido de la enseñanza pasa a ser secundario con respecto a la búsqueda de los procedimientos más eficaces para enseñar. Se pasa de la concepción del currículum como contenido efectivo a la del currículum como tratamiento efectivo.

El profesor es concebido como un profesional técnico, equipado por una serie de competencias y habilidades que le convierten en un docente eficaz. El alumno pasa de ser un sujeto receptivo a ser considerado como agente de su propio aprendizaje, que adquiere conocimientos gracias a mecanismos de reconstrucción y diferenciación.

La escuela se considera como un instrumento de reproducción social y cultural, y, para ello, hay que establecer un modelo de acción controlable y controlada. Sobre el Estado recae la responsabilidad total de elaborar el plan de estudios. Todo está previsto desde el principio y los pasos a seguir están definidos operativamente hasta en sus más mínimos detalles, reduciendo a los centros y al propio docente a ser simples ejecutores del plan previamente establecido.

Establece una separación entre lo social y cultural de la comunidad y la acción educativa en la escuela. Desaparecen los viejos valores morales y realistas y, en su lugar, se proclaman los valores productivos. Lo importante es lo establecido por las fuerzas dirigentes y la escuela no es nada más que un medio para mantener lo aprendido. En la búsqueda de principios estables y coherentes quedan eliminados los juicios de valor, éticomorales y, en consecuencia, las finalidades de la educación por no atenerse a la racionalidad científica.

Todo ello nos viene a demostrar que la corriente tecnológica ha mantenido su influencia hegemónica en el campo educativo y se ha manifestado fundamentalmente en:

— El predominio de la planificación por objetivos como única orientación para el diseño de la enseñanza.
— La concepción de la práctica como un problema fundamentalmente técnico.
— La formación del profesorado centrada en la adquisición de competencias (microenseñanza).
— La separación de funciones entre expertos y docentes.
— La consolidación de un modelo de gestión y organización burocrático y jerarquizado.

1.1.2. *La teoría práctica del currículum*

Aparece como reacción frente al racionalismo tecnológico. Así, mientras el modelo tecnológico aplicado al currículum cobraba fuerza y se intentaban identificar las diferentes variables, relaciones y procesos que habían de constituir su elaboración y aplicación, nace un movimiento más preocupado en detectar cómo eran en la realidad práctica estos elementos y procesos, convencido de que el modelo racionalista no representaba adecuadamente los rasgos característicos de la práctica curricular.

Por tanto, se desarrolla una nueva forma de investigar y teorizar sobre el currículum que pretende describir y explicar la práctica educativa tal y como ésta ocurre en la realidad. Estos estudios se han centrado en el análisis de los procesos de cambio curricular y en las consecuencias de las distintas estrategias de desarrollo del currículum, se han cuestionado la concepción positivista y han propuesto formas de estudio que se acercan más a la tradición interpretativa.

El pensamiento práctico es abierto, ya que las personas han de decidir el curso adecuado y juicioso de la acción al enfrentarse a situaciones sociales complejas que han de ser vividas. El profesor ha de tomar decisiones que requieren sabiduría, conocimiento y juicio práctico. Mientras que la acción técnica es prescriptiva, pues implica un proceso de acción de acuerdo a reglas preestablecidas, la razón práctica lleva a cabo la acción de acuerdo al juicio prudente, que no es innato, sino adquirido desde la relación de la teoría con la práctica.

En este contexto, la enseñanza es considerada más como un arte que como una ciencia. Mientras que en la perspectiva tecnológica se ponía el énfasis en el diseño y en la planificación de la acción, el enfoque interpretativo pone el énfasis en la aplicación.

Según Kemmis (1988: 71), los principios que sustentan la teoría práctica del currículum son los siguientes:

— Los medios y los fines son igualmente problemáticos.

— Los valores han de tomarse en cuenta (pero no pueden determinar la acción porque entran en competencia valores relevantes).
— Se requiere una acción meditada y reflexiva (en relación con el estado de la cuestión y la aspiración a alcanzar cotas mejores), pero no ateniéndose a la rigidez de unas reglas, principios o procedimientos establecidos.
— La responsabilidad de la decisión recae en el actor, quizá concertado con otros, si bien éstos no representan la autoridad ante la que debe justificar sus decisiones.

En estas coordenadas, el conocimiento en la acción, la reflexión en la acción y la reflexión sobre la acción son los componentes básicos del pensamiento práctico del profesor (Schön, 1994; Kemmis, 1988).

Algunos ejemplos del enfoque interpretativo los encontramos en los modelos de enseñanza como el de Schwab (1974), la propuesta curricular de Eisner (1987), el modelo naturalista de Walker (1989) y el diseño abierto de Stenhouse (1984).

1.1.3. *La teoría crítica del currículum*

También el movimiento crítico o reconceptualista surge como reacción crítica a la tendencia tecnológica dominante en el currículum. Contra una concepción de la enseñanza que se estaba aplicando en las escuelas, que se preocupaba por el control del proceso, el logro de objetivos específicos de conducta y la medición del rendimiento, se levantan voces críticas insistiendo en el valor de la experiencia total y en la necesidad de analizar el influjo del currículum en la vida global de los individuos, así como las repercusiones y significados sociales y políticos que tales prácticas tienen (Contreras, 1990: 196).

Mientras que el enfoque tecnológico se apoya sobre cimientos científico-tecnológicos y el práctico sobre bases psicológicas y comunicativas, el crítico se nutre de teorías sociológicas y políticas. La teoría crítica se basa fundamentalmente en el discurso dialéctico.

La teoría crítica manifiesta un interés por la autonomía y la libertad racionales que emancipan a las personas de las ideas falsas, de las formas de comunicación distorsionadas y de las formas coercitivas de relación social. Desde su plataforma de participación democrática y comunitaria, propone que todos los implicados en el medio educativo participen en la toma de decisiones. Insiste en que los profesores se comprometan en la elaboración del currículum, como producto y productores de la ideología. Esta acción emancipadora es el primer paso para desembocar en la praxis transformadora. Emancipación y transformación son características genuinas de la teoría socio-crítica.

Siguiendo a Bravo (2007: 171), algunas de las características más significativas de este enfoque son las siguientes:

— «La finalidad última es la transformación social y la emancipación del individuo, entendiendo la enseñanza como una práctica emancipadora.
— La emancipación del individuo y la transformación social educativa generan una teoría normativa que no procede de conclusiones tecnológicas-científicas ni de experiencias personales, sino de ideologías explicitadas y valores compartidos por una comunidad.
— Preeminencia de los valores críticos-ideológicos sobre los objetivos-subjetivos propios de otros enfoques.
— El alumno tiene un papel activo en sus aprendizajes «socioconstruidos» mediante la interacción, la comunicación y la cooperación entre iguales.
— Su carácter constructivo determina constantes referencias a la práctica, el cambio está basado en la participación democrática de todos los implicados.
— La investigación no es privativa de una élite de intelectuales universitarios, sino que se

plantea como vehículo de profesionalidad docente. Su finalidad primordial se orienta al cambio personal y social, más que a la búsqueda de nuevos conocimientos.»

Los reconceptualistas del currículum han supuesto un avance en la teoría del currículum porque han provocado serios cambios en las concepciones; han generado nuevos conceptos y nuevo lenguaje para teorizar sobre el mismo, como: hermenéutica, reflexividad, praxis, fenomenológico; han resaltado los aspectos cualitativos de la experiencia educativa y han apoyado el uso de la interpretación evaluativa, eliminando la preeminencia de los métodos cuantitativos de evaluación de las prácticas educativas.

Pero también esta corriente ideológica recibe una serie de objeciones. Se le critica por entender que sus representantes, al mantenerse en el plano de especialistas, no dirigen su preocupación a los problemas diarios, de la práctica de la escuela. Intentan más bien informar y alentar el debate sobre los problemas sociales y educativos, con el interés de inyectar un elemento de intelectualismo en la vida de los profesores.

1.2. Carácter del currículum: cerrado, abierto y básico

El carácter del currículum hace referencia al nivel de competencia que tiene en su planificación la Administración Educativa, siendo éste máximo o mínimo. En la literatura pedagógica, resultan habituales las referencias al currículum abierto, cerrado, manifiesto, oculto, latente, prescriptivo, orientador, etc. En este sentido, en nuestro Sistema Educativo se hace referencia a un diseño curricular básico, abierto y flexible. Veamos, a continuación, lo que dice Bravo (2007) al respecto:

1.2.1. *Currículum cerrado*

En el currículum cerrado los distintos elementos o contenidos vienen determinados por las administraciones educativas; por tanto, el profesor no puede realizar cambios, limitándose a su aplicación en su grupo clase. Se trata, por tanto, de un currículum que predetermina el plan a seguir y se caracteriza por los siguientes aspectos:

- Busca la homogeneización y unificación para toda la población.
- El desarrollo se convierte en una fiel aplicación del proyecto, planteándose un *enfoque de fidelidad* frente a un *enfoque de adaptación*.
- Favorece el predeterminismo y la invariabilidad de objetivos, contenidos y métodos.
- Da más importancia a los resultados del aprendizaje que a los procesos.
- Identifica currículum con programa elaborado al margen del profesor, quien se convierte en mero ejecutor o aplicador de lo que han diseñado otros.

Razones de un currículum cerrado

Para Bravo (2007: 173), las razones de un currículum cerrado, entre otras, son las siguientes:

- «La educación es básicamente responsabilidad de la sociedad, y es ella quien debe establecer los curricula que los ciudadanos deben cursar.
- El profesorado tiene la obligación de aplicar dichos curricula, pero no está preparado para su diseño, que es función de especialistas.
- La calidad de los curricula se vería menoscabada por la implicación de los intereses corporativos y profesionales de los profesores.
- Es necesario garantizar que todos tienen las mismas oportunidades, y ello sólo puede hacerse desde un currículum común.»

1.2.2. *Currículum básico*

El currículum, si bien es algo a determinar por las autoridades académicas, también lo es por los centros y equipos de profesores de forma conjunta. Supone una serie de prescripciones curriculares planteadas por las autoridades educativas que deben ser adaptadas a las características del entorno concreto donde van a ser desarrolladas por los equipos de profesores. Éste es el tipo de currículum vigente en España.

Razones de un currículum básico

Parte de la necesidad de unas experiencias comunes para todos los centros y alumnos y, por tanto, deben ser fijados por las autoridades educativas. Es un marco de referencia base para ser completado y enriquecido por los contextos concretos, y el punto de partida y no de llegada. La existencia de un currículum básico tiene una serie de razones a favor recogidas por múltiples autores, entre ellos Kirk (1989, citado en Bravo, 2007: 172):

- «La escuela es una entidad dependiente del sistema social, que puede y debe marcar directrices educativas generales.
- Se evitan las diferencias de oportunidades.
- Se garantiza un mínimo común para todos los alumnos/as...»

1.2.3. *Currículum abierto*

No existen prescripciones curriculares (programas escolares) para el profesorado, siendo éste el que determina la dimensión y componentes del mismo. Es un currículum sin determinar, propio de los países cuya estructura educativa es más descentralizada (Inglaterra, Gales, Holanda, EE.UU., etc.). Para De la Torre (1993: 161), el currículum abierto es aquel que permite:

- «Hace prevalecer la adecuación a cada contexto educativo sobre la uniformidad y fidelidad al plan general.
- Da importancia a las diferencias individuales a los contextos.
- Integra en su funcionamiento las influencias externas.
- Resalta los procesos y está abierto a continua revisión y reorganización.
- Admite modificaciones de objetivos, contenidos y estrategias metodológicas que vienen expresados en términos generales.
- Promueve que el profesor cumpla la función de elaborar la programación y aplicarla.»

Según Bravo (2007: 174), los modelos curriculares abiertos, de modo general, tienen las siguientes características:

- «Adecuarse a la realidad educativa y al análisis comprensivo de dicha realidad (entorno, centro, grupo y nivel madurativo).
- Permitirá que la investigación del proceso nos lleve a la teorización de la enseñanza (el profesor como investigador en el aula).
- Explicitará los valores e ideologías implícitos en los objetivos formulados...».

Razones del currículo abierto

García Carrasco (1992) plantea las razones que argumentan los partidarios del currículum abierto: no consideran adecuado que exista un currículum básico, ya que el conjunto de experiencias educativas recibidas durante la escolarización está determinado por cada comunidad educativa (profesores y alumnos). Defienden que las autoridades educativas no deben delimitar cuáles deben ser las enseñanzas que cursen los alumnos a lo largo de la escolaridad.

2. EL SISTEMA EDUCATIVO ESPAÑOL

2.1. Estructura: enseñanzas, etapas y ciclos

En el Preámbulo de la Ley Orgánica 8/2013, de 9 de diciembre, para la mejora de la calidad educativa (LOMCE) (*BOE,* n.º 295, 10 de diciembre de 2013) se afirma: sólo un sistema educativo de calidad, inclusivo, integrador y exigente garantiza la igualdad de oportunidades y hace efectiva la posibilidad de que cada alumno o alumna desarrolle el máximo de sus potencialidades. Sólo desde la calidad se podrá hacer efectivo el mandato del artículo 27.2 de la Constitución española: «La educación tendrá por objeto el pleno desarrollo de la personalidad humana en el respeto a los principios democráticos de convivencia y a los derechos y libertades fundamentales».

La reforma promovida por la LOMCE se apoya en evidencias y recoge las mejores prácticas comparadas. Los principales objetivos que persigue la reforma son: reducir la tasa de abandono temprano de la educación, mejorar los resultados educativos de acuerdo con criterios internacionales, tanto en la tasa comparativa de alumnos y alumnas excelentes como en la de titulados en Educación Secundaria Obligatoria, mejorar la empleabilidad y estimular el espíritu emprendedor de los estudiantes. Los principios sobre los cuales pivota la reforma son, fundamentalmente, el aumento de la autonomía de centros, el refuerzo de la capacidad de gestión de la dirección de los centros, las evaluaciones externas de fin de etapa, la racionalización de la oferta educativa y la flexibilización de las trayectorias.

Junto a estos principios, es necesario destacar tres ámbitos sobre los que la LOMCE hace especial incidencia con vistas a la transformación del sistema educativo: las tecnologías de la información y la comunicación, el fomento del plurilingüismo y la modernización de la Formación Profesional.

Así, el Sistema Educativo Español es tratado en el artículo 2 bis, que nos dice:

«Artículo 2bis. Sistema Educativo Español

1. A efectos de esta Ley Orgánica, se entiende por Sistema Educativo Español el conjunto de Administraciones educativas, profesionales de la educación y otros agentes, públicos y privados, que desarrollan funciones de regulación, de financiación o de prestación de servicios para el ejercicio del derecho a la educación en España, y los titulares de este derecho, así como el conjunto de relaciones, estructuras, medidas y acciones que se implementan para prestarlo.
2. Las Administraciones educativas son los órganos de la Administración General del Estado y de las Administraciones de las Comunidades Autónomas competentes en materia educativa.
3. Para la consecución de los fines previstos en el artículo 2, el Sistema Educativo Español contará, entre otros, con los siguientes instrumentos:

   a) El Consejo Escolar del Estado, como órgano de participación de la comunidad educativa en la programación general de la enseñanza y de asesoramiento al Gobierno.
   b) La Conferencia Sectorial de Educación, como órgano de cooperación entre el Estado y las Comunidades Autónomas.
   c) Las mesas sectoriales de negociación de la enseñanza pública y de la enseñanza concertada que se constituyan.
   d) El Sistema de Información Educativa.
   e) El Sistema Estatal de Becas y Ayudas al Estudio, como garantía de la igualdad de oportunidades en el acceso a la educación.

4. El funcionamiento del Sistema Educativo Español se rige por los principios de calidad, cooperación, equidad, libertad de enseñanza, mérito, igualdad de oportunidades, no discriminación, eficiencia en la asignación de recursos públicos, transparencia y rendición de cuentas».

El sistema educativo se organiza en etapas, ciclos, grados, cursos y niveles de enseñanza, de forma que asegure la transición entre los mismos y, en su caso, dentro de cada uno de ellos. Así, las enseñanzas que ofrece el sistema educativo son las siguientes:

a) Educación Infantil.
b) Educación Primaria.
c) Educación Secundaria Obligatoria.

d) Bachillerato.
e) Formación Profesional.
f) Enseñanzas de Idiomas.
g) Enseñanzas Artísticas.
h) Enseñanzas Deportivas.
i) Educación de Personas Adultas.
j) Enseñanza Universitaria.

Dentro de este apartado de las enseñanzas, conviene aclarar algunas cosas:

— La Educación Primaria, la Educación Secundaria Obligatoria y los ciclos de Formación Profesional Básica constituyen la educación básica.
— La Educación Secundaria se divide en Educación Secundaria Obligatoria y Educación Secundaria Posobligatoria.
— Constituyen la Educación Secundaria Posobligatoria el Bachillerato, la Formación profesional de grado medio, las enseñanzas profesionales de artes plásticas y diseño de grado medio y las enseñanzas deportivas de grado medio.
— La enseñanza universitaria, las enseñanzas artísticas superiores, la formación profesional de grado superior, las enseñanzas profesionales de artes plásticas y diseño de grado superior y las enseñanzas deportivas de grado superior constituyen la educación superior.
— Las enseñanzas de idiomas, las enseñanzas artísticas y las deportivas tendrán la consideración de enseñanzas de régimen especial.
— La enseñanza universitaria se regula por sus normas específicas.
— Las enseñanzas de la Educación Primaria y la Educación Secundaria Obligatoria se adaptarán al alumnado con necesidad específica de apoyo educativo. Dicha adaptación garantizará el acceso, la permanencia y la progresión de este alumnado en el sistema educativo.
— Para garantizar el derecho a la educación de quienes no puedan asistir de modo regular a los centros docentes, se desarrollará una oferta adecuada de educación a distancia o, en su caso, de apoyo y atención educativa específica.

La enseñanza básica es obligatoria y gratuita para todas las personas. Dicha enseñanza básica comprende 10 años de escolaridad y se desarrolla, de forma regular, entre los 6 y los 16 años de edad. No obstante, los alumnos tendrán derecho a permanecer en régimen ordinario cursando la enseñanza básica hasta los 18 años de edad, cumplidos en el año en que finalice el curso. El segundo ciclo de Educación Infantil (de 3 a 6 años) es gratuito y no obligatorio.

2.2. Características de la Educación Infantil

La LOMCE no establece ninguna modificación en la ordenación de la educación infantil (artículos 12 al 15 de la LOE); por tanto, se mantienen sus principios generales (carácter voluntario, cooperación con los padres, etc.), estructura (dos ciclos), principios pedagógicos, así como la «gratuidad del segundo ciclo de la educación infantil» (artículo 15.2).

Las características de la Educación Infantil son las siguientes (véase artículo 12 de la LOE):

— La Educación Infantil constituye la etapa educativa con identidad propia que atiende a niñas y niños desde el nacimiento hasta los 6 años de edad.
— La Educación Infantil tiene carácter voluntario y su finalidad es la de contribuir al desarrollo físico, afectivo, social e intelectual de los niños.
— Con objeto de respetar la responsabilidad fundamental de las madres y padres o tutores en esta etapa, los centros de Educación Infantil cooperarán estrechamente con ellos.

La Educación Infantil contribuirá a desarrollar en las niñas y niños las capacidades que les permitan (véase artículo 13. Objetivos de la LOE):

a) Conocer su propio cuerpo y el de los otros, sus posibilidades de acción y aprender a respetar las diferencias.
b) Observar y explorar su entorno familiar, natural y social.
c) Adquirir progresivamente autonomía en sus actividades habituales.
d) Desarrollar sus capacidades afectivas.
e) Relacionarse con los demás y adquirir progresivamente pautas elementales de convivencia y relación social, así como ejercitarse en la resolución pacífica de conflictos.
f) Desarrollar habilidades comunicativas en diferentes lenguajes y formas de expresión.
g) Iniciarse en las habilidades lógico-matemáticas, en la lectoescritura y en el movimiento, el gesto y el ritmo.

Con respecto a la ordenación y principios pedagógicos, nos remitimos al artículo 14 de la LOE, que nos dice:

«1. La etapa de Educación Infantil se ordena en dos ciclos. El primero comprende hasta los 3 años, y el segundo desde los 3 a los 6 años de edad.
«2. El carácter educativo de uno y otro ciclo será recogido por los centros educativos en una propuesta pedagógica...».

Hay que mencionar que en ambos ciclos de la educación infantil se atenderá progresivamente al desarrollo afectivo, al movimiento y los hábitos de control corporal, a las manifestaciones de la comunicación y del lenguaje, a las pautas elementales de convivencia y relación social, así como al descubrimiento de las características físicas y sociales del medio en el que viven. Además, se facilitará que niñas y niños elaboren una imagen de sí mismos positiva y equilibrada y adquieran autonomía personal.

Los contenidos educativos de la Educación Infantil se organizarán en áreas correspondientes a ámbitos propios de la experiencia y del desarrollo infantil y se abordarán por medio de actividades globalizadas que tengan interés y significado para los niños.

También hay que destacar que las administraciones educativas fomentarán una primera aproximación a la lengua extranjera en los aprendizajes del segundo ciclo de la Educación Infantil, especialmente en el último año. Asimismo, fomentarán una primera aproximación a la lectura y a la escritura, así como experiencias de iniciación temprana en habilidades numéricas básicas, en las tecnologías de la información y la comunicación y en la expresión visual y musical.

Los métodos de trabajo en ambos ciclos se basarán en las experiencias, las actividades y el juego, y se aplicarán en un ambiente de afecto y confianza para potenciar su autoestima e integración social.

Las administraciones educativas determinarán los contenidos educativos del primer ciclo de la Educación Infantil. Asimismo, regularán los requisitos que hayan de cumplir los centros que impartan dicho ciclo, relativos, en todo caso, a la relación numérica alumnado-profesor, a las instalaciones y al número de puestos escolares.

Por tanto, y como refiere Gallego (1998), algunas de las características más importantes de la Educación Infantil son:

- Primera etapa del sistema educativo.
- De marcado carácter educativo.
- Con características e identidad propia.
- Etapa de escolarización no obligatoria.
- Necesidad colaborativa entre la familia y el centro.
- Persigue el desarrollo global infantil.

A las que habría que añadir que:

- Es una época de gran estimulación sensorial en la que predominan el juego simbólico y el razonamiento intuitivo.
- Es fundamental el descubrimiento del propio cuerpo, el conocimiento y la exploración de su entorno más inmediato y la convivencia con los adultos y sus iguales, desarrollando actitudes de respeto hacia la diversidad.

— En ella se inicia la motivación y la maduración de destrezas lectoescritoras, su acercamiento para apreciar y disfrutar textos orales tradicionales, y la interpretación de imágenes como portadoras de significados.

2.3. Características de la Educación Primaria

El artículo 18 de la LOMCE nos dice:

«1. La etapa de Educación Primaria comprende seis cursos y se organiza en áreas, que tendrán un carácter global e integrador.

2. Los alumnos y alumnas deben cursar las siguientes áreas del bloque de asignaturas troncales en cada uno de los cursos:

   a) Ciencias de la Naturaleza.
   b) Ciencias Sociales.
   c) Lengua Castellana y Literatura.
   d) Matemáticas.
   e) Primera Lengua Extranjera.

3. Los alumnos y alumnas deben cursar las siguientes áreas del bloque de asignaturas específicas en cada uno de los cursos:

   a) Educación Física.
   b) Religión, o Valores Sociales y Cívicos, a elección de los padres, madres o tutores legales.
   c) En función de la regulación y de la programación de la oferta educativa que establezca cada Administración educativa y, en su caso, de la oferta de los centros docentes, al menos una de las siguientes áreas del bloque de asignaturas específicas:

      1.º Educación Artística.
      2.º Segunda Lengua Extranjera.
      3.º Religión, sólo si los padres, madres o tutores legales no la han escogido en la elección indicada en el apartado 3.*b*).
      4.º Valores Sociales y Cívicos, sólo si los padres, madres o tutores legales no la han escogido en la elección indicada en el apartado 3.*b*)».

Por tanto, algunas de las características más importantes de la Educación Primaria son:

— Aumenta la capacidad para situarse en el punto de vista de los otros, con lo que va disminuyendo el egocentrismo infantil.
— Aumenta su capacidad de comunicación.
— Mejora su razonamiento lógico, todavía en el campo de lo concreto.
— Se va formando el concepto de autoestima, muy condicionado por la opinión que los adultos tienen de él/ella.
— Busca respuestas a todo lo que ocurre a su alrededor.

3. LOS NIVELES DE CONCRECIÓN CURRICULAR EN EL SISTEMA EDUCATIVO ESPAÑOL

El currículo atiende a la planificación de la intervención didáctica. Es decir, podemos decir que el currículo es el medio mediante el cual se planifica el proceso de enseñanza-aprendizaje en un determinado plazo. Las características básicas del currículo, según el marco legal del sistema educativo, son las siguientes:

— Es básico: se establece en un marco amplio común y obligatorio que se irá concretando por medio de sucesivas etapas.
— Es flexible: en el proceso de concreción de los distintos elementos curriculares, éstos podrán ir desarrollándose en función de las características de una determinada realidad educativa.
— Es dinámico: no es algo fijo, invariable; los resultados de su puesta en práctica irán retroalimentando su diseño. Es decir, el proceso de enseñanza-aprendizaje irá propor-

cionando información acerca de la validez de los elementos curriculares programados y, por tanto, irá reajustando el propio diseño curricular.

De acuerdo con estas características, se establece una serie de niveles de concreción por medio de los cuales el currículo se va adaptando y concretando para una determinada realidad educativa. Todos los niveles están relacionados entre sí, puesto que cada uno concretará al anterior y, a su vez, se concretará en el siguiente. Esto habrá que tenerlo muy presente a la hora del diseño de las programaciones didácticas de aula.

Dada la complejidad del currículo, que va desde una amplia concepción educativa hasta la actuación del profesor en el aula, se hace necesario hablar de distintos niveles de concreción. En concreto, en nuestro sistema educativo, el reparto de competencias sobre el currículum se distribuye en tres niveles de progresiva concreción de toma de decisiones sobre los elementos básicos del mismo (objetivos, competencias básicas en su caso, contenidos, secuencia, metodología y evaluación).

Por tanto, y siguiendo a Parra (2011: 73), el carácter descentralizado, abierto y flexible del currículum oficial permite su posterior adaptación y concreción mediante un proceso que va desde la formulación general de los objetivos y fijación de los contenidos para toda una etapa educativa por parte de la administración educativa, hasta su aplicación efectiva en el aula por parte de cada profesor, dando así lugar a tres niveles de decisión o concreción curricular de modo general (algunos autores hablan de cuatro niveles), que son los siguientes.

3.1. Primer nivel de concreción curricular: político-administrativo

Representa el nivel político. Viene determinado por la Administración, quien fija los elementos básicos, queriendo garantizar con ello la igualdad en la formación básica en todos los españoles. Este primer nivel tiene un carácter eminentemente prescriptivo, inscribiéndose en un marco epistemológico, sociopolítico y de principios psicopedagógicos. Los cambios derivados de reformas y renovación de programas afectan simultáneamente a este nivel de planificación curricular. Dado que las comunidades autónomas tienen competencias plenas en materia educativa, corresponde al parlamento de las comunidades autonómicas el desarrollo mediante decretos y normas de las leyes educativas básicas. Es decir, viene determinado por las distintas administraciones públicas con competencias en educación, las cuales establecen un marco curricular amplio, común y básico en el territorio que es de su ámbito. Este primer nivel viene recogido en distintas disposiciones legales: Leyes Orgánicas, Reales Decretos y Órdenes para el ámbito estatal, y Leyes Autonómicas, Decretos y Órdenes, para el ámbito autonómico.

Así, a nivel legislativo, la LOMCE se desarrolla a escala nacional a través del:

— Real Decreto 126/2014, de 28 de febrero, por el que se establece el currículo básico de la Educación Primaria (*BOE,* n.º 52, 1 de marzo de 2014).

Por consiguiente, este primer nivel tiene un carácter prescriptivo y está determinado por la administración educativa central, a quien corresponde fijar el nivel de enseñanzas mínimas de obligado cumplimiento en todo el territorio del Estado español, con el objetivo de garantizar la igualdad en la formación básica de todos los alumnos de un determinado nivel educativo. En este sentido, el Estado fija los objetivos generales de la etapa de Educación Infantil o Educación Primaria (Real Decreto 126/2014), los objetivos generales de áreas, los bloques de contenidos correspondientes a cada área y los criterios de evaluación. Las distintas comunidades autonómicas con competencias en materia de educación adaptan y completan el currículum estatal, incorporando objetivos y contenidos, de acuerdo a características culturales, históricas y lingüísticas, a través de la aprobación de los Decretos correspondientes.

3.2. Segundo nivel de concreción curricular: institucional-centro

Es el segundo nivel de concreción. Corresponde al centro escolar, a su profesorado organizado en equipos educativos y departamentos didácticos, y al alumnado y las familias que tienen representación en los órganos colegiados de control y gobierno del centro. En este segundo nivel se concreta y desarrolla el currículo establecido en el primer nivel atendiendo a las características particulares de una realidad educativa concreta, determinada por:

- Un entorno socioeconómico y cultural muy específico, situado en un barrio, pueblo, ciudad.
- Un centro educativo erradicado en ese entorno, con unas características concretas en cuanto a recursos humanos y materiales, instalaciones, organización, líneas, planes educativos que tiene en marcha, etc.
- Un alumnado con unas características concretas en cuanto a su desarrollo evolutivo y a tipología (alumnado inmigrante, resultados en evaluaciones previas, resultados en pruebas de Diagnóstico...).

Atendiendo a estas características, el currículo procedente del primer nivel se concreta y se desarrolla en un segundo nivel de concreción curricular, el cual queda reflejado en un documento del centro denominado proyecto educativo. Siguiendo la normativa autonómica en cada caso, el proyecto educativo de cada centro definirá los objetivos particulares que se propone alcanzar, partiendo de su realidad y tomando como referencia la regulación estatal y autonómica acerca de los principios que orientan la etapa educativa de la que se trate y las correspondientes prescripciones acerca del currículo.

En la elaboración y desarrollo del proyecto educativo se fomentará la participación de toda la comunidad educativa a través de los distintos órganos de gestión y gobierno y coordinación pedagógica.

La Ley Orgánica 2/2006, de 3 de mayo, de Educación (*BOE*, núm. 106, de 4 de mayo de 2006) señala, en su artículo 120.1, que los centros dispondrán de autonomía pedagógica, de organización y de gestión en el marco de la legislación vigente y en los términos recogidos en la presente Ley y en las normas que la desarrollen. Asimismo, por lo que se refiere a la autonomía, establece, en su artículo 120.2: «Los centros docentes dispondrán de autonomía para elaborar, aprobar y ejecutar un proyecto educativo y un proyecto de gestión, así como las normas de organización y funcionamiento del centro». En este sentido, las administraciones educativas favorecerán la autonomía de los centros de forma que sus recursos económicos, materiales y humanos puedan adecuarse a los planes de trabajo y organización que elaboren, una vez que sean convenientemente evaluados y valorados.

Así, el Proyecto Educativo del Centro recogerá los valores, los objetivos y las prioridades de actuación. Asimismo, incorporará la concreción de los currículos establecidos por la administración educativa que corresponde fijar y aprobar al claustro, así como el tratamiento transversal en las áreas, materias o módulos de la educación en valores y otras enseñanzas. Por tanto, dicho proyecto, que deberá tener en cuenta las características del entorno social y cultural del centro, recogerá la forma de atención a la diversidad del alumnado y la acción tutorial, así como el plan de convivencia, y deberá respetar el principio de no discriminación y de inclusión educativa como valores fundamentales, así como los principios y objetivos recogidos en la LOE y en la Ley Orgánica 8/1985, de 3 de julio, Reguladora del Derecho a la Educación (LODE).

Corresponde a las administraciones educativas establecer el marco general que permita a los centros públicos y privados concertados elaborar sus proyectos educativos, que deberán hacerse públicos con objeto de facilitar su conocimiento por el conjunto de la comunidad educativa. Asimismo, corresponde a las administraciones educativas contribuir al desarrollo del currículo favoreciendo la elaboración de modelos abiertos de programación docente y de materiales didácticos que atiendan a las distintas necesidades de los alumnos y del profesorado.

Algunas de las características del Proyecto Educativo de Centro son las siguientes:

— «Expresa la identidad de cada centro educativo, así como del modelo de organización y gobierno adoptado, y es un compromiso de los padres, profesores, alumnos y del personal.
— Es una declaración de intenciones y propósitos educativos relativos al tipo de persona que se pretende formar, quiénes se van a encargar de su formación, con qué medios y para qué va a ser formado.
— Es el documento de referencia de todas las actividades educativas del centro y de las relaciones entre la escuela, la comunidad en la que se asienta y la administración educativa.
— Es un instrumento para la gestión del centro basado en la participación de todos sus miembros, el trabajo en equipo, la autonomía del centro y la regulación y control social de la educación.
— Representa un punto de equilibrio entre los objetivos fijados colectivamente y los derechos y deberes de cada uno de los miembros de la comunidad educativa.
— Se presenta como un proceso inacabado, participativo, favorecedor de la convivencia y democrático.» (Parra, 2011: 81).

Por consiguiente, el Proyecto Educativo de Centro tiene que ser operativo, flexible, revisable, dinámico, participativo, coherente, global, articulado con otros proyectos y documentos del centro, vinculante, conocido y asumido por todos los miembros de la comunidad educativa. Es decir, que la elaboración y revisión del PEC debe estar más atenta al ritmo del propio centro, a sus necesidades internas y a las demandas del contexto sociocultural en el que está ubicado, que a las demandas de la administración educativa.

Cuando elaboramos un Proyecto Educativo de Centro, lo que estamos intentando es dar respuesta a algunas de las siguientes cuesticones:

— ¿Cuál es nuestro contexto de trabajo?
— ¿Cuáles son los agentes intervinientes?
— ¿Qué objetivos nos planteamos?
— ¿Cómo nos vamos a organizar?

En el proceso de elaboración del Proyecto Educativo del Centro deben participar los distintos estamentos de la comunidad educativa; así, el equipo directivo del centro establece el diseño básico y los criterios de elaboración; los profesores, padres, alumnos, personal de administración y servicios y el municipio hacen propuestas que son estudiadas por el equipo directivo, que es el encargado de su elaboración; y la aprobación del Proyecto Educativo del Centro corresponde al Consejo Escolar del Centro. Los aspectos didácticos son competencia exclusiva del personal docente.

3.3. Tercer nivel de concreción curricular: aula

La programación debe considerarse como el último nivel de concreción del currículo establecido. Corresponde al maestro elaborar la programación anual de aula y las unidades didácticas que la integran, teniendo en cuenta las características del grupo de alumnos. Así, concreta para sus alumnos aquellos elementos curriculares que, a título más general, se han definido tanto en el decreto de su comunidad autónoma correspondiente como en el Proyecto Educativo del Centro en que realiza su labor docente. Así pues, entendemos la programación como un proceso mediante el cual reflexionamos y hacemos las previsiones pertinentes en torno al qué, el cómo, el cuándo y el por qué ponemos en juego determinadas secuencias de aprendizajes y tareas y no otras, respondiendo a una intencionalidad educativa previamente formulada.

Por tanto, entendemos la programación de aula como la realización de una previsión contextualizada de la secuencia de tareas que vamos a proponer a los alumnos, según la intencionalidad de lo que pretendemos u objetivos, concretando las competencias y los contenidos que se desarrollarán, decidiendo la metodología a la que recurriremos y estableciendo las estrategias y técnicas de evaluación, tanto del proceso como de los resultados. Tras el diseño, es obligado, obviamente, el desarrollo y la puesta en práctica de lo programado, así como la evaluación formativa y sumativa de lo acontecido. Así pues, la programación va más allá de la formulación de un listado de actividades que se tiene la intención de realizar, requiere considerar otros muchos elementos sobre los que hay que decidir, estudiar las consecuencias de su interacción y evaluar su influencia en los resultados.

Entendemos, consecuentemente, que la realización de una programación adecuada aporta las siguientes ventajas:

— Eliminar la improvisación y el azar, la espontaneidad irreflexiva y la actividad por la actividad (en sentido negativo), lo que no está reñido con la creatividad ni con la capacidad de integrar nuevos aspectos (carácter flexible).
— Evitar lagunas y saltos injustificados y programas incompletos e inconexos.
— Reducir la dependencia del trabajo en el aula de diseños externos y materiales estándares descontextualizados.

Naturalmente, la programación anual de aula para un grupo de alumnos debe ser un documento de elaboración personal del maestro, ya que la programación está en función de la concepción que se tiene de la educación, de las ideas que sostenemos acerca de cómo aprenden los alumnos, de cómo entendemos los objetos de conocimiento, qué papel tiene el alumno en este proceso, qué papel es el nuestro, etc.

Algunas de las características de la programación de aula, siguiendo a Gallego (2004), son las siguientes: flexible, coherente, contextualizada, intencional, realista, fruto de la colaboración del equipo docente y variada.

A nivel de Educación Infantil, se habla de propuesta pedagógica como el instrumento de planificación para el segundo ciclo de la misma. Dicha propuesta pedagógica respetará las características propias del crecimiento y aprendizaje de los niños y niñas, serán elaboradas por el equipo de ciclo de Educación Infantil y su aprobación corresponderá al claustro de profesores.

Las programaciones didácticas en la Educación Primaria son instrumentos específicos de planificación, desarrollo y evaluación de cada área del currículo establecido por la normativa vigente. Se atendrán a los criterios generales recogidos en el proyecto educativo y tendrán en cuenta las necesidades y características del alumnado. Serán elaboradas por los equipos de ciclo, su aprobación corresponderá al claustro de profesores y se podrán actualizar o modificar. Las programaciones didácticas incluirán en consonancia con la normativa legal vigente:

a) Los objetivos, los contenidos y su distribución temporal y los criterios de evaluación para cada ciclo.
b) Las competencias básicas.
c) Los contenidos de carácter transversal.
d) La metodología.
e) La evaluación.
f) Las medidas previstas para estimular el interés y el hábito de la lectura y la mejora de la expresión oral y escrita del alumnado, en todas las áreas.
g) La atención a la diversidad.
h) Los materiales y recursos didácticos.
i) Las actividades complementarias y extraescolares.

En los centros específicos de educación especial, las programaciones didácticas incluirán, además, el diseño y la organización de los espacios necesarios para el desarrollo de la programación.

A continuación presentamos, tomando como referencia la normativa de convocatorias de acceso al cuerpo de maestros, dos ejemplos de índices de programación didáctica de aula:

CUADRO 2.2

Programación Didáctica de Aula (Educación Infantil)

Índice 1. Programación didáctica de aula (Educación Infantil)	**Página**
1. La programación: sentido y ubicación	
2. Carácter de la programación	
3. Referencias legislativas	
4. Contextualización	
4.1. Zona donde está ubicado el centro.	
4.2. Características del centro.	
4.3. Características de las familias.	
4.4. Perfil evolutivo de los alumnos.	
4.4.1. Características del grupo-clase.	
4.5. Programas a los que está adscrito el centro.	
5. Ejes organizadores de la programación	
6. Objetivos	
6.1. Objetivos generales de etapa.	
6.2. Objetivos por áreas.	
6.3. Objetivos didácticos de mi programación.	
7. Contenidos	
7.1. Criterios para la secuenciación de contenidos.	
7.2. Bloques de contenidos por áreas.	
7.3. Secuenciación de contenidos.	
7.4. Desarrollo de valores democráticos, cívicos y éticos de nuestra sociedad.	
7.5. Organización de las unidades didácticas.	
8. Metodología	
8.1. Organización espacial.	
8.2. Organización temporal.	
8.3. Recursos.	
8.4. Agrupamientos.	
8.5. Tipos de actividades.	
9. Relaciones de comunicación	
9.1. En relación con los alumnos.	
9.2. Como miembro del equipo educativo.	
9.3. En relación con las familias.	
10. Alumnado con necesidades específicas de apoyo educativo	
11. Evaluación	
11.1. ¿Qué se va a evaluar?	
11.2. ¿Cómo se va a evaluar?	
11.3. ¿Cuándo se va a evaluar?	
12. Conclusiones	
13. Bibliografía	
Anexos	

O bien, este otro índice de programación didáctica de aula:

CUADRO 2.3

Programación Didáctica de Aula (Educación Primaria)

Índice 2. Programación didáctica de aula (Educación Primaria)	**Página**
1. ¿Por qué programar? Justificación	
2. ¿Para qué programar? Introducción	
3. Aspectos a tener en cuenta en la elaboración de la programación	
3.1. ¿Dónde se va a realizar? Centro, pueblo, contexto, aula.	
3.2. ¿A quién va dirigida? El grupo-clase.	
3.3. ¿Cuándo se va a realizar? Horario.	
3.4. ¿Quién va a colaborar en la programación? Claustro.	
3.5. ¿A quién se tiene que tener en cuenta? Poat.	
3.6. ¿Qué documentos normativos rigen la programación?	
4. Elementos de la programación	
4.1. ¿Para qué enseñar? Objetivos.	
4.2. Competencias básicas.	
4.3. ¿Qué enseñar? Contenidos.	
4.4. ¿Cómo enseñar? Metodología y globalización.	
4.5. ¿Con qué enseñar? Medios y recursos.	
4.6. ¿Cuándo enseñar? Unidades didácticas. Temporalización.	
4.7. ¿Qué evaluar, cómo y cuándo? Estándares de aprendizaje	
5. Elementos transversales de la programación	
5.1. Temáticas de carácter transversal.	
5.2. Atención a la diversidad.	
5.3. Las TIC.	
5.4. Fomento de la lectura.	
5.5. Actividades complementarias y extraescolares.	
6. Propuestas de mejora de la programación	
7. Bibliografía	
Anexos	

3.4. Cuarto nivel de concreción curricular: individual

Algunos autores hablan de una cuarta concreción del currículo, cuando es necesaria la adaptación del diseño curricular a un alumno o grupo de alumnos concretos, en razón de sus necesidades específicas de apoyo educativo (NEAE), que impiden o dificultan el desarrollo de su aprendizaje. Se incluyen entre el alumnado con NEAE el alumnado con necesidades educativas especiales, con dificultades de aprendizaje, con altas capacidades intelectuales o que precisa acciones de carácter compensatorio. Esta programación específica se denomina **adaptación curricular** (aunque a veces se aplica a grupos de alumnos), se lleva a cabo cuando otras medidas de atención a la diversidad de carácter ordinario (flexibilización de espacios y tiempos, programas preventivos, cambios metodológicos,...) no han sido suficientes para que el alumnado alcance las competencias previstas.

En este sentido, recordamos el artículo 71, punto 2, de la LOE, que dice:

> «2. Corresponde a las administraciones educativas asegurar los recursos necesarios para que los alumnos y alumnas que requieran una atención educativa diferente a la ordinaria, por presentar necesidades educativas especiales, por dificultades específicas de aprendizaje, por sus altas capacidades intelectuales, por haberse incorporado tarde al sistema educativo, o por condiciones personales o de historia escolar, puedan alcanzar el máximo desarrollo posible de sus capacidades personales y, en todo caso, los objetivos establecidos con carácter general para todo el alumnado.»

En Andalucía la Ley 17/2007, de 10 de diciembre, de Educación en Andalucía, en su artículo 114, determina que:

> *«La administración de la Junta de Andalucía debe establecer el conjunto de actuaciones dirigidas a la población infantil, con especial atención en el período de cero a seis años, a sus familias y al entorno con la finalidad de prevenir, detectar e intervenir de forma precoz sobre cualquier trastorno en su desarrollo, o riesgo de padecerlo»*

En nuestra Comunidad se han publicado recientemente las Instrucciones de 8 de marzo de 2017, de la Dirección General de Participación y Equidad, por las que se actualiza el Protocolo de Detección, Identificación del Alumnado con Necesidades Específicas de Apoyo Educativo y Organización de la Respuesta Educativa, que deroga las anteriores de 22 de junio de 2015, donde se recogen las medidas de atención a la diversidad en las distintas etapas. A continuación se presenta un cuadro resumen:

CUADRO 2.4

Instrucciones de 8 de marzo de 2017 de la Junta de Andalucía.

MEDIDAS ESPECÍFICAS DE CARÁCTER EDUCATIVO	2.º Ciclo de Educación Infantil	— Adaptaciones de Acceso (AAC). — Adaptaciones Curriculares No Significativas (ACNS). — Programas Específicos (PE). — Programas de Enriquecimiento Curricular para el alumnado con altas capacidades intelectuales (PECAI). — Adaptaciones Curriculares para el alumnado con altas capacidades intelectuales (ACAI). — Permanencia Extraordinaria (solo NEE).
	Educación Primaria / ESO	— Adaptaciones de Acceso (AAC). — Adaptaciones Curriculares No significativas (ACNS). — Adaptaciones Curriculares Significativas (ACS). — Programas Específicos (PE). — Programas de Enriquecimiento Curricular para el alumnado con altas capacidades intelectuales (PECAI). — Adaptaciones Curriculares para el alumnado con altas capacidades intelectuales (ACAI). — Flexibilización del período de escolarización. — Permanencia Extraordinaria (solo NEE).

CUADRO 2.4 *(continuación)*

MEDIDAS ESPECÍFICAS DE CARÁCTER EDUCATIVO	Educación Primaria / ESO	— Escolarización en un curso inferior al correspondiente por la edad para alumnado de incorporación tardía al Sistema Educativo (solo COM). — Atención específica para alumnado que se incorpora tardíamente y presenta graves carencias en la comunicación lingüística (solo COM). — Medidas de flexibilización y alternativas metodológicas en la enseñanza y evaluación de la Lengua Extranjera para alumnado de NEE derivadas de discapacidad (dificultades de expresión oral) (ESO-Bachillerato).
	Formación Profesional Básica	— Adaptaciones de Acceso (AAC). — Adaptaciones Curriculares No Significativas (ACNS). — Adaptaciones Curriculares Significativas (ACS) en los módulos profesionales de aprendizaje permanente. — Programas Específicos (PE).
	Período de Formación Básica Obligatoria (aulas específicas y centros de EE)	— Adaptaciones de Acceso (AAC). — Adaptaciones Curriculares Individualizadas (ACI).

Por tanto, la adaptación curricular es una medida de modificación de los elementos del currículo, a fin de dar respuesta al alumnado con necesidades específicas de apoyo educativo. Las adaptaciones curriculares son las modificaciones que se realizan en objetivos, contenidos, metodología, actividades, criterios y procedimientos de evaluación para dar respuesta a las necesidades educativas del alumnado. En la legislación actual se diferencian cuatro tipos de adaptaciones curriculares:

1. Adaptaciones de acceso al currículum (AAC).
2. Adaptaciones curriculares no significativas (ACNS).
3. Adaptaciones curriculares significativas (ACS).
4. Adaptaciones curriculares para el alumnado con altas capacidades intelectuales (ACAI).

1. Las AAC suponen la provisión o adaptación de recursos específicos que garanticen que los alumnos y alumnas con NEE que lo precisen puedan acceder al currículo (modificaciones en los elementos para el acceso a la información, a la comunicación y a la participación revisando la incorporación de recursos específicos, la modificación y habilitación de elementos físicos así como la participación del personal de atención educativa complementaria, que facilitan el desarrollo de las enseñanzas previstas).
2. Las ACNS suponen modificaciones en la propuesta pedagógica o programación didáctica, del ámbito/área/materia/módulo objeto de adaptación, en la organización, temporalización y presentación de los contenidos, en los aspectos metodológicos (modificaciones en métodos, técnicas y estrategias de enseñanza-aprendizaje y las actividades y tareas programadas, y en los agrupamientos del alumnado dentro del aula), así como en los procedimientos e instrumentos de evaluación. Requerirán que el informe de evaluación psicopeda-

gógica del alumno o alumna recoja la propuesta de aplicación de esta medida, pero no afectarán a la consecución de las competencias clave, objetivos y criterios de evaluación de la propuesta pedagógica o programación didáctica correspondiente del ámbito/área/materia/módulo objeto de adaptación.

3. Las ACS suponen modificaciones en la programación didáctica que afectarán a la consecución de los objetivos y criterios de evaluación en el área/materia/módulo adaptado. De esta forma, pueden implicar la eliminación y/o modificación de objetivos y criterios de evaluación en el área/materia/módulo adaptado. Estas adaptaciones se realizarán buscando el máximo desarrollo posible de las competencias clave. Requerirán que el informe de evaluación psicopedagógica del alumno o alumna recoja la propuesta de aplicación de esta medida. El alumno o alumna será evaluado en el área/materia/módulo adaptado de acuerdo con los objetivos y criterios de evaluación establecidos en su ACS.
4. Las ACAI están destinadas a promover el desarrollo pleno y equilibrado del alumnado con altas capacidades intelectuales contemplando propuestas curriculares de profundización y/o ampliación, y requerirá que el informe de evaluación psicopedagógica determine la idoneidad de la puesta en marcha de la medida.

   a) La propuesta curricular de profundización de un ámbito/asignatura es la modificación que se realiza a la programación didáctica y que supone un enriquecimiento del currículo sin modificación de los criterios de evaluación.
   b) La propuesta curricular de ampliación de un ámbito/asignatura es la modificación de la programación didáctica con la inclusión de criterios de evaluación de niveles educativos superiores, pudiendo proponerse, en función de las posibilidades de organización del centro, el cursar uno o varios ámbitos/asignaturas en el nivel inmediatamente superior.

Además de las Adaptaciones Curriculares, encontramos otras medidas de Atención a la Diversidad tales como:

— Programas específicos (PE), para favorecer el desarrollo mediante la estimulación de procesos implicados en el aprendizaje (percepción, atención, memoria, inteligencia, metacognición, estimulación y/o reeducación del lenguaje y la comunicación, conciencia fonológica, autonomía personal y habilidades adaptativas, habilidades sociales, gestión de las emociones, autocontrol, autoconcepto y autoestima, etc.) que faciliten la adquisición de las distintas competencias clave. Requerirán que el informe de evaluación psicopedagógica del alumno o alumna recoja la propuesta de aplicación de esta medida.
— La flexibilización del período de escolarización, bien anticipando el comienzo de la escolaridad o bien reduciendo la duración de la misma. Siempre que se considere que esta medida es la más adecuada para un desarrollo personal equilibrado y la socialización del alumno o alumna y se acredite que tiene adquiridos el grado de adquisición de las competencias clave, los objetivos, contenidos y criterios de evaluación del nivel que va a adelantar y haya sido evaluada positivamente su ACAI de ampliación.
— Programas de Enriquecimiento Curricular para el alumnado con altas capacidades intelectuales (PECAI), que amplían el currículum común para favorecer su desarrollo.
— Permanencia Extraordinaria (solo NEE): aumentar la escolarización hasta los 18 años.
— Escolarización en un curso inferior al correspondiente por la edad para alumnado

de incorporación tardía al Sistema Educativo (solo COM).
- Atención específica para alumnado que se incorpora tardíamente y presenta graves carencias en la comunicación lingüística (solo COM).
- Medidas de flexibilización y alternativas metodológicas en la enseñanza y evaluación de la Lengua Extranjera para alumnado de NEE derivadas de discapacidad (dificultades de expresión oral) (ESO-Bachillerato).

Las Adaptaciones Curriculares Individualizadas (ACI) suponen la adaptación individualizada del proyecto curricular de los Centros Específicos de Educación Especial y de la programación de las aulas específicas de educación especial en los centros ordinarios a las NEE del alumno o alumna, a su nivel de competencias y al entorno de desarrollo o espacio vital donde debe actuar. Suponen un currículum totalmente individualizado para cada alumno o alumna, adecuándose a sus características y necesidades específicas, donde todos los elementos están modificados.

Los distintos niveles de concreción del currículum facilitan la adecuación del mismo a la diversidad del alumnado y requieren la implicación del profesorado en su desarrollo.

REFERENCIAS BIBLIOGRÁFICAS

Bravo, M.ª A. (2007). El currículo como campo de estudio y aplicación de la didáctica. En R. Navarro (coord.) y otros. *Didáctica y currículum para el desarrollo de competencias*. Madrid: Dykinson, 155-184.

Comblet, C. (1992). *Curriculum in Context*. London: The Farmer Press.

Contreras, J. (1990). *Enseñanza, currículum y profesorado*. Madrid: Akal.

De la Torre, S. (1993). *Didáctica y Currículum*. Madrid: Dykinson.

Eisner, E. W. (1987). *Procesos cognitivos y currículum*. Barcelona: Martínez Roca.

Eisner, E. W. (1992). Curriculum Ideologies. En P. Jackson (1992) (ed.), *Handbook of Research on Curriculum*. New York: MacMillan Publishing Company, 302-326.

Estebaranz, A. (1994). *Didáctica e Innovación Curricular*. Sevilla: Servicio de Publicaciones de la Universidad de Sevilla.

Gallego, J. L. (coord.) (1998). *Educación Infantil*. Málaga: Aljibe.

Gallego, J. L. (2004). Proyecto Educativo de Centro. En F. Salvador, J. L. Rodríguez y A. Bolívar (2004). *Diccionario Enciclopédico de Didáctica*. Málaga: Aljibe.

García Carrasco, J. (1992). Acción pedagógica y acción comunicativa. Reflexiones a partir de los textos de Habermas. *Revista de Educación, 302,* 129-164.

Gimeno, J. y Pérez Gómez, A. (1983). *La enseñanza: su teoría y su práctica*. Madrid: Akal.

Junta de Andalucía (2017). Instrucciones de 8 de marzo de 2017, de la Dirección General de Participación y Equidad, por las que se actualiza el Protocolo de detección, identificación del alumnado con Necesidades Específicas de Apoyo Educativo y Organización de la Respuesta Educativa.

Junta de Andalucía (2008). *Manual de servicios, prestaciones y recursos educativos para el alumnado con necesidades específicas de apoyo educativo.* Consejería de Educación: Dirección General de Participación e Innovación Educativa.

Kemmis, S. (1988). *El Currículum. Más allá de la teoría de la reproducción*. Madrid: Morata.

Kirk, G. (1989). *El currículum básico*. Barcelona: Paidós-MEC.

Ley Orgánica 2/2006, de 3 de mayo, de Educación. (*BOE,* núm. 106, de 4 de mayo de 2006).

Ley Orgánica 8/2013, de 9 de diciembre, para la mejora de la calidad educativa (*BOE,* núm. 295, de 10 de diciembre de 2013).

Marsh, H. W. (1992). Extracurricular activities: beneficial extension of the traditional curriculum or subversion of academic goals? *Journal of Educational Psichology, 85(4),* 553-562.

Real Decreto 126/2014, de 28 de febrero, por el que se establece el currículo básico de la Educación Primaria (*BOE,* núm. 52, de 1 de marzo de 2014).

Schön, A. (1994). La práctica reflexiva: aceptar y aprender de la discrepancia. *Cuadernos de Pedagogía, 222,* 88-92.

Stenhouse, L. (1984). *Investigación y Desarrollo del Currículum*. Madrid: Morata.

Walker, R. (1989). *Métodos de investigación para el profesorado*. Madrid: Morata.

RECURSOS DE EXTENSIÓN

Tanner, D. y Tanner, L. N. (1980). *Curriculum Development. Theory into Practice*. New York: McMillan.

Taylor, P. H. y Richard. C. M (1985). *An Introduction to Curriculum Studies*. Windsor, NFER: Nelson.

PROPUESTA DE ACTIVIDADES

1. ¿Qué tipo de planteamiento curricular le parece más conveniente para nuestra realidad social, el abierto o el cerrado? Razone la respuesta.
2. ¿Qué opina del hecho de que los contenidos se hayan ampliado del ámbito de lo conceptual a los ámbitos de los procedimientos y de las actitudes?
3. ¿Qué opinión le merece la introducción de competencias básicas en el currículo? Indague sobre ello en Internet.
4. Elabore una definición propia de currículum y justifíquela.
5. Debata sobre la necesidad o no de un currículum mínimo para todo el país.

PARTE SEGUNDA

Microdidáctica. Elementos para el diseño, desarrollo y evaluación de la acción didáctica en el aula

3

El nuevo rol del docente

MIGUEL MARÍA REYES REBOLLO
ROCÍO PIÑERO VIRUÉ

INTRODUCCIÓN

El equipo profesional de la comunidad educativa desempeña una importante labor en el desarrollo integral del alumno, ya que gran parte del tiempo este lo pasa en el centro educativo, y es el propio docente quien conoce bien al educando debido a la relación existente entre ellos; por este motivo, este profesional con un rol determinado para poder construir conjuntamente con el alumnado el proceso de enseñanza-aprendizaje. En este capítulo nos centramos en el nuevo rol del docente como elemento básico en el proceso educativo, y para ello se ha estructurado de la siguiente manera: *Introducción,* como presentación del capítulo. *Mapa conceptual,* donde se indica en una figura los diferentes puntos de los que se compone. *Desarrollo,* donde se presenta el contenido a través de una serie de apartados, que son los siguientes: en primer lugar, nos situamos en el marco legal de educación, Ley Orgánica 8/2013, de 9 de diciembre, para la mejora de la calidad educativa, donde se recogen funciones, diferentes enseñanzas, formación y reconocimiento, apoyo y valoración de este profesional; en segundo lugar, destacamos los principales rasgos que ha de tener el docente para desarrollar su praxis educativa, destacando su papel como diseñador, orientador y gestor, y dinamizador en el proceso de enseñanza-aprendizaje; y en tercer lugar, proponemos una adecuada formación inicial y permanente para el profesorado. *Referencias bibliográficas,* que son las fuentes documentales utilizadas para elaborar el capítulo. *Recursos de extensión* es una ampliación de información sobre esta temática. *Propuesta de actividades,* una serie de ejercicios prácticos para que el alumno pueda realizarlos una vez haya leído de manera comprensiva el contenido teórico.

A continuación, presentamos el mapa conceptual a modo de organizador previo donde se expone el índice del capítulo (figura 3.1).

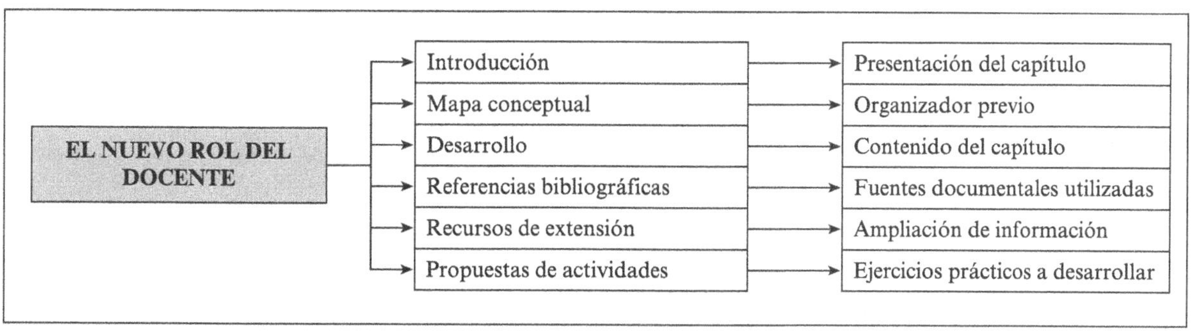

Figura 3.1.—Esquema organizador.

1. LA FIGURA DEL DOCENTE EN LA ACTUAL LEGISLACIÓN EDUCATIVA

En el marco legal de educación, Ley Orgánica 8/2013, de 9 de diciembre, para la mejora de la calidad educativa, se recoge lo siguiente sobre el profesorado en el Título III (cuadro 3.1).

Manifestados los diferentes puntos que la LOMCE (2013) enuncia para este sector profesional, hemos de citar que el docente ha de contar con unos recursos legales fundamentales para poder ejercer su labor de manera adecuada, y que, por ello, este marco legal opta por establecer unas determinadas funciones, señala la diferencia entre el profesorado de las distintas etapas educativas, reconoce la necesidad de una adecuada formación tanto inicial como permanente para su desarrollo profesional.

CUADRO 3.1

Título III. Profesorado

CAPÍTULO I. Funciones del profesorado

Artículo 91. *Funciones del profesorado*

1. Las funciones del profesorado son, entre otras, las siguientes:

   a) La programación y la enseñanza de las áreas, materias y módulos que tengan encomendados.
   b) La evaluación del proceso de aprendizaje del alumnado, así como la evaluación de los procesos de enseñanza.
   c) La tutoría de los alumnos, la dirección y la orientación de su aprendizaje y el apoyo en su proceso educativo, en colaboración con las familias.
   d) La orientación educativa, académica y profesional de los alumnos, en colaboración, en su caso, con los servicios o departamentos especializados.
   e) La atención al desarrollo intelectual, afectivo, psicomotriz, social y moral del alumnado.
   f) La promoción, organización y participación en las actividades complementarias, dentro o fuera del recinto educativo, programadas por los centros.
   g) La contribución a que las actividades del centro se desarrollen en un clima de respeto, de tolerancia, de participación y de libertad para fomentar en los alumnos los valores de la ciudadanía democrática.
   h) La información periódica a las familias sobre el proceso de aprendizaje de sus hijos e hijas, así como la orientación para su cooperación en el mismo.
   i) La coordinación de las actividades docentes, de gestión y de dirección que les sean encomendadas.
   j) La participación en la actividad general del centro.
   k) La participación en los planes de evaluación que determinen las administraciones educativas o los propios centros.
   l) La investigación, la experimentación y la mejora continua de los procesos de enseñanza correspondiente.

2. Los profesores realizarán las funciones expresadas en el apartado anterior bajo el principio de colaboración y trabajo en equipo.

CUADRO 3.1 *(continuación)*

CAPÍTULO II. Profesorado de las distintas enseñanzas

Artículo 92. *Profesorado de Educación Infantil*

1. La atención educativa directa a los niños del primer ciclo de educación infantil correrá a cargo de profesionales que posean el título de Maestro con la especialización en educación infantil o el título de Grado equivalente y, en su caso, de otro personal con la debida titulación para la atención a las niñas y niños de esta edad. En todo caso, la elaboración y seguimiento de la propuesta pedagógica a la que hace referencia el apartado 2 del artículo 14 estarán bajo la responsabilidad de un profesional con el título de Maestro de educación infantil o título de Grado equivalente.
2. El segundo ciclo de educación infantil será impartido por profesores con el título de Maestro y la especialidad en educación infantil o el título de Grado equivalente y podrán ser apoyados, en su labor docente, por maestros de otras especialidades cuando las enseñanzas impartidas lo requieran.

Artículo 93. *Profesorado de Educación Primaria*

1. Para impartir las enseñanzas de educación primaria será necesario tener el título de Maestro de educación primaria o el título de Grado equivalente, sin perjuicio de la habilitación de otras titulaciones universitarias que, a efectos de docencia pudiera establecer el Gobierno para determinadas áreas, previa consulta a las Comunidades Autónomas.
2. La educación primaria será impartida por maestros, que tendrán competencia en todas las áreas de este nivel. La enseñanza de la música, de la educación física, de los idiomas extranjeros o de aquellas otras enseñanzas que determine el Gobierno, previa consulta a las Comunidades Autónomas, serán impartidas por maestros con la especialización o cualificación correspondiente.

2. LOS PRINCIPALES RASGOS DEL MAESTRO DE EDUCACIÓN INFANTIL Y PRIMARIA

Igual que a cualquier profesional, al profesorado también se le atribuye una serie de rasgos característicos para poder desarrollar de forma adecuada su labor. En este caso acudimos al diccionario de la Real Academia Española para definir una serie de características fundamentales para que el maestro pueda llevar a cabo su praxis educativa: el docente es ***mentor,*** pues es un consejero que guía al alumnado en el desarrollo del día a día en el aula; como ***tutor,*** es la persona encargada de orientar a los alumnos del curso, por eso también es ***orientador;*** es ***docente*** porque enseña, es decir, instruye y adoctrina con reglas o preceptos; se entiende que también es ***investigador,*** ya que investiga y realiza actividades intelectuales y experimentales de modo sistemático con el propósito de aumentar los conocimientos sobre una determinada materia; es ***diseñador*** porque diseña tareas relacionadas con la construcción del conocimiento, como clasificar, analizar, predecir y crear; también, ***educador,*** ya que educa, es decir, que dirige y encamina; ha de ser ***reflexivo,*** está acostumbrado a hablar y a obrar con reflexión, puesto que advierte y da consejo a los educandos; por eso también es ***asesor,*** porque da consejos; tiene que ser un buen ***comunicador,*** puesto que ejerce una actividad pública, y, además, se considera capacitado para sintonizar fácilmente con las masas; es un sujeto ***constructivo,*** porque ayuda a construir el proceso de enseñanza de sus alumnos de manera significativa y funcional; está ***abierto*** a nuevas propuestas educativas y actúa como motor de cambio en el sistema educativo, y también abierto al diálogo, porque no se limita a explicar, sino que trasciende el papel del maestro centrado en su lección magistral tradicional, por lo que también es ***innovador***; es ***colaborativo,*** puesto que ha de trabajar con otra u otras personas en la realización de actividades; es ***cooperativo,*** ya que ha de obrar conjuntamente con otro u otros para un mismo fin, en este caso, para la mejora de la enseñanza; es ***activo,*** porque estimula la curiosidad del estudiante planteando preguntas inteligentes, abiertas y animando a los estudiantes a generar nuevos conocimientos; ha de ser ***participativo,*** es decir, ha de ser propicio para participar; también ***dinamizador,*** ya que su energía y actividad ha de estar presente en el aula; ser ***respetuoso*** es necesario, puesto que su ejemplo es importante para la actitud de su alumnado; ha de ser ***ejemplo,*** es decir, debe ser coherente con lo que dice y señala; es ***democrático,*** es decir, favorable a que los alumnos participen junto al docente en su enseñanza; es ***humano,*** ha de mostrar confianza para que sea mutua entre todos los miembros de la comunidad educativa; ha de ser ***disciplinario,*** puesto que, como ya hemos puntualizado, ha de adoctrinar; ha de ser ***positivo*** y ***motivador,*** es decir, cierto, efectivo y práctico, además de alentar a sus alumnos; es ***organizador,*** ha de establecer un orden en su praxis educativa,y también ***coherente*** y ***responsable,*** pues pone cuidado y atención en lo que hace y decide.

Además, el maestro es para el alumno su ***modelo,*** ya que los niños reflejan su personalidad en este profesional, el espejo donde se miran, y más aún en edades tempranas; su ***pedagogo,*** porque es el que les enseña y dirige en el proceso de aprendizaje; su ***amigo,*** puesto que el alumno pasa gran parte de su tiempo en el aula y el docente puede llegar a ser cómplice en determinados momentos; su ***enfermero*** en algunos casos, puesto que los accidentes de menor importancia que tenga el educando en el aula o en el centro son atendidos por el mismo docente, y su ***psicólogo,*** puesto que el educando puede llegar a conectar de un modo más personal con el profesor y contarle sus vivencias y preocupaciones. En definitiva, es un profesional con múltiples facetas que han de estar bien perfiladas a través de su debida formación actitudinal y aptitudinal.

Presentamos la figura 3.2 a modo de síntesis.

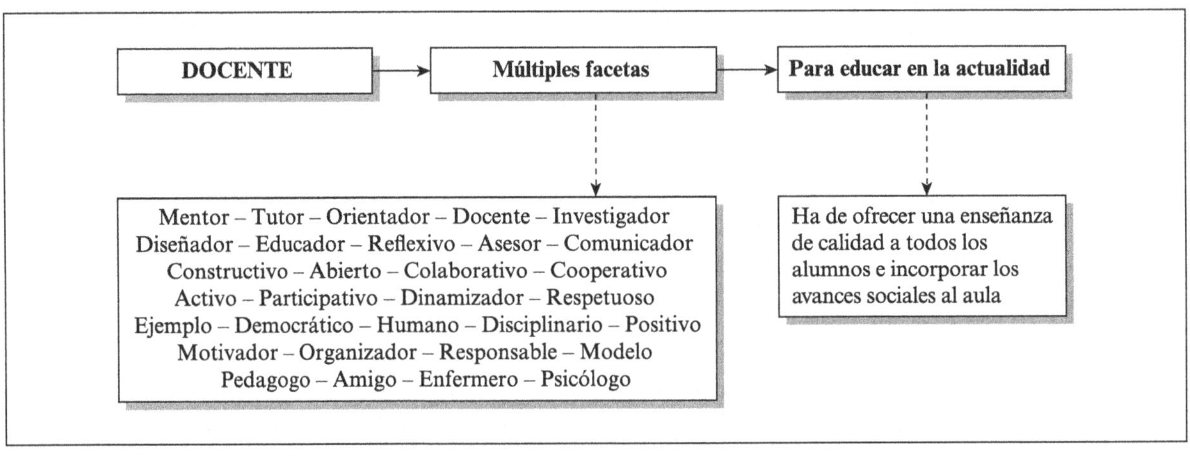

Figura 3.2.—Las múltiples facetas del profesor.

El docente desarrolla su tarea en un aula, siendo ésta un lugar compuesto por diferentes miembros caracterizados por una determinada edad, contexto y personalidad, al que se le ha de ofrecer a cada uno de ellos una enseñanza individualizada. Y en este sentido, VV.AA. (2010) presentan una serie de capacidades docentes que han de ser adquiridas por los profesores para atender a la diversidad: capacidad reflexiva, medial, la de gestionar situaciones diversas de aprendizaje en el aula, la de ser tutor y mentor, la de promover el aprendizaje cooperativo y entre iguales, la capacidad de comunicarse e interactuar, la capacidad de proporcionar un enfoque globalizador y metacognitivo, la de enriquecer actividades de enseñanza-aprendizaje, la de motivar e implicar con metodología de proyectos al alumnado y la de planificar su mejora continua.

Y en este sentido, Sampedro y McMullin (2015:124) citan que: *«Si entendemos la educación inclusiva como un proceso lógico para convivir en las sociedades actuales, para su potenciación, precisa de la figura del docente y de sus prácticas pedagógicas, lo cual sugiere buscar alternativas y adaptaciones a su metodología a través de innovaciones y experiencias que favorezcan el desarrollo de la inclusión en su aula; encontramos de esta forma un aliado en cualquier recurso que beneficie esta adquisición de comportamientos, conocimientos y aprendizajes, concretamente el empleo de los videojuegos o juegos digitales se presentan como un elemento ejemplificador para esta acción, dado su carácter lúdico, motivador y atrayente que tiene para el alumnado»*. Se plantea la necesidad de revitalizar el ideal de la escuela inclusiva.

2.1. Diseñador de situaciones de enseñanza-aprendizaje

Las situaciones de enseñanza-aprendizaje son muy distintas actualmente, desde una enseñanza tradicional basada en la transmisión de contenidos donde el docente era el eje del proceso educativo a una enseñanza donde el profesor es mentor y desarrolla su praxis a través de las TIC en una escuela que atiende a la diversidad, o a distancia.

Según Reyes y Piñero (2002), la sociedad avanza a ritmo vertiginoso, el futuro se hace presente inmediato, las instituciones que componen las distintas esferas aportan eficacia, calidad, empuje y validez en un tiempo mínimo, y la enseñanza formal no puede quedar retraída.

Se ha producido un cambio de valores y una marcada tendencia a incluir a todos los alumnos en la educación ordinaria (Arnáiz, 2003; Fernández, 2009), haciendo que las escuelas sean más diversificadas y reflejen mejor la sociedad del siglo XXI en la que se incluyen sus alumnos; ya que, para Villar (2009), la escuela y la sociedad, no deben caminar por separado.

Actualmente, el hecho de que las nuevas TIC se vayan incorporando a la escuela de manera progresiva para facilitar el proceso de enseñanza-aprendizaje se hace normal, y ello, requiere preparación por parte del docente para que este pueda trabajar con los medios en el aula. La sociedad reclama la incorporación de estos avances en todos sus ámbitos, y el sistema educativo no se puede quedar anclado, por ello. Amar (2005: 220) plantea un decálogo sobre reflexiones que invitan a pensar en la necesidad de educar en medios digitales:

«1. Educar en la contemporaneidad.
2. Presentarse como un activador del conocimiento.
3. Introducirse como un aliciente motivador para el saber y poner al alumnado en relación con su realidad.
4. Contemplarse como hacedores de preguntas más que como una herramienta que facilita respuestas o un recurso donde se obtengan soluciones.
5. Promover el acceso a la información y a la constatación de ésta.
6. Favorecer el manejo autónomo y crítico de la información, promoviendo el pensamiento crítico y reflexivo (describir, comparar, relacionar, clasificar, etc.) con la finalidad de que posibilite la adquisición o mejora de habilidades intelectuales para seleccionar, analizar y comprender la información y a los medios.

7. Contribuir al aprendizaje significativo y atender a la diversidad cultural y ritmos de aprendizaje.
8. Facilitar mecanismos que permitan la integración y el diálogo teórico-práctico.
9. Incentivar la participación real (y no solo simbólica) del estudiante en su proceso de aprendizaje. Para ello, es aconsejable que los estudiantes creen materiales producto de su acción investigadora, con el propósito de que los medios activen la relación entre los que enseñan y los que aprenden.
10. Presentar la posibilidad de establecer una relación interactiva con la mayoría de los componentes del currículum.»

Por otra parte, Cabero (2015: 21) señala que: *«Nos hemos preocupado demasiado en utilizar las TIC bajo la perspectiva centrada en el docente, cuando deberíamos tender hacia una incorporación en modelos centrados en el alumno y en la conectividad»*. Realmente, necesitamos un entorno con una innovación pedagógica donde las TIC sean elementos insertados en el aula de manera cotidiana, y no esporádica.

En la enseñanza tradicional, la pizarra y el libro eran prácticamente los materiales utilizados para desarrollar la praxis educativa, ya que se basaba en una transmisión de conceptos. A partir de la LOGSE (1990) se diseñan unos objetivos y contenidos de tres tipos: conceptuales, procedimentales y actitudinales. A partir de ahí, el docente ha de reinventar de manera constante la enseñanza, es decir, ha de diseñar nuevas situaciones para que el alumno no solo aprenda conceptos, sino también trabaje habilidades y adquiera valores. Es decir, se produce un notable cambio en la enseñanza.

Fullan (2008) aporta que algunos elementos claves del cambio tienen que ver con los siguientes aspectos:

1. La necesidad del aprendizaje continuo, así como de que todos los agentes educativos encuentren significado a su trabajo y a sus relaciones con los colegas, percibiendo a la organización como un todo.
2. La importancia del trabajo de los líderes, que fundamentalmente debe consistir en desarrollar buenas propuestas encaminadas al aprendizaje, así como a que puedan ser aplicadas a través de la interacción de colegas.
3. El valor del reconocimiento de la capacidad para construir, dado que resulta fundamental el hecho de invertir en el desarrollo de la eficacia individual y colaborativa de todo un grupo u organización para lograr mejoras significativas.
4. La trascendencia del aprendizaje en el centro, frente a la inutilidad de realizar aprendizajes provenientes de modalidades de formación que se desarrollan fuera, o desconectadas, del propio lugar de trabajo.
5. La importancia de que las normas y reglas sean claras y transparentes. Claridad y facilidad de acceso a las prácticas, a los procesos y a los resultados.

Se ha de ofrecer un reconocimiento a los centros y a sus respectivas comunidades educativas de aprendizaje para que tanto el conocimiento como el compromiso sean fuerzas dominantes que desarrollen y cultiven el cambio de manera constante; y en este sentido, el docente se convierta en figura imprescindible para dicho cambio. En esta línea, Fernández y Reyes (2017) exponen que, en los últimos años, en el contexto español, aunque no han sido muy numerosos los estudios realizados en relación a la identificación y desarrollo de competencias emprendedoras en el ámbito educativo, sí podemos decir que estas se han tratado desde los diferentes niveles educativos. Así pues, estos autores destacan trabajos como los de Sobrado y Fernández (2010), centrados en la Educación Primaria, donde se estudian las competencias emprendedoras en este ámbito e identifican factores que favorecen su desarrollo.

2.2. Orientador y gestor de las relaciones inter e intrapersonales

En el aula heterogénea cada individuo posee unas características diferentes a los demás, pero a cada uno de ellos se les ha de ofrecer una enseñanza a su medida. Para trabajar día a día con el alumnado no solo se necesita una adecuada formación aptitudinal para proporcionarles conocimientos sobre determinadas materias, también se hace necesaria una actitud abierta a crear vínculos de buena relación entre todos los integrantes del grupo y con el maestro. Por tanto, las relaciones entre los miembros del aula son fundamentales para crear un buen clima de aula y las relaciones sean más distendidas y propicias para una mejora de la educación; y esta buena relación con los demás, parte de fomentar un buen entendimiento con uno mismo.

Por tanto, podemos comenzar señalando que para que se produzca un desarrollo educativo positivo, el docente primero habrá de fomentar al alumno a través de una propia relación intrapersonal, que es la relación que se establece con uno mismo, y aquí, el docente juega un papel fundamental para potenciar la autoestima del alumno (valoración que uno tiene de sí mismo), así como autoimagen (representación de uno mismo), autoconocimiento (facultades que tiene el sujeto) y autoconcepto (opinión de sí mismo); de esta forma el docente podrá ayudar al alumno a desarrollar su enseñanza comenzando por una propia motivación de su persona. Y, en segundo lugar, una vez que el sujeto se sienta valorado por él mismo, se pasará a fomentar las relaciones interpersonales, es decir, las relaciones con sus iguales y con el profesor (Torrego, 2008).

Para Ortiz (2016: 217): *«Los movimientos sociales utilizan estrategias para la comunicación interpersonal con el fin de realizar las tareas de organización y coordinación del movimiento, que permiten el proceso de construcción y redefinición de los marcos de acción colectiva».*

Y plantean unos principios para la comunicación interpersonal:

a) Las personas se comunican porque esa comunicación es totalmente necesaria para su bienestar psicológico.
b) La comunicación no es solo una necesidad humana, sino el medio de satisfacer otras muchas.
c) La capacidad de comunicación interpersonal no debe medirse exclusivamente por el grado en que la conducta comunitaria ayuda a satisfacer las propias necesidades, sino también por el grado en que facilite a los otros la satisfacción de las suyas.

Esta tarea es bastante difícil, ya que en el aula pueden surgir conflictos entre los alumnos, bajadas de motivación, etc., y el docente ha de avivar en el día a día la cooperación, la creatividad, la participación y la motivación para poder centrar su labor educativa en la comunicación. El docente es orientador y gestor de un aula donde todos han de aprender de todos, por eso se ha de manifestar tal y como es, liberando sus sentimientos, participando en todas las actividades, aprendiendo de sus alumnos y de sus colegas, e interesándose por el grupo. Por este motivo, lo han de ver como una persona que orienta y gestiona sus actividades, informándoles de manera continua de lo que realizan en el aula. En este sentido, Paz (2005) menciona que el orientador es un profesional que está especialmente preparado para evaluar las habilidades de una persona, sus aspiraciones, preferencias y necesidades, así como los factores ambientales que influyen o son importantes para una decisión.

Y en esta línea de orientación, Ruz (2006) elabora un trabajo centrado en una investigación cualitativa de diseño, elaboración y evaluación de materiales de apoyo a la función tutorial del profesorado de Educación Secundaria. Dicho estudio se circunscribe a su ámbito de acción: un IES. Describe el objeto, el proceso y el resultado del trabajo de innovación e investigación educativa en el seno de un departamento de orientación, hasta elaborar colaborativamente el programa de apoyo a la función tutorial: Cibertutor. Resalta algunas claves aprendidas en el proceso para mejorar la acción del orientador como dinamizador de innovación e investigación, y termina describiendo un material electrónico elaborado.

Por tanto, atrás queda el planteamiento de una enseñanza basada en la transmisión de conceptos, dando paso a una educación fundamentada en la comunicación entre docente y alumnos, reforzándose así las relaciones inter e intrapersonales y reconociéndose al docente como orientador y gestor del proceso educativo.

2.3. Dinamizador de la convivencia educativa

En el aula, los alumnos y el docente han de establecer unos principios fundamentales para una adecuada convivencia, y podemos citar, entre otros, los siguientes: igualdad, libertad, dignidad y respeto. Y estos, desde el primer día de clase, se pueden establecer entre todos para que estén siempre presentes, y, además, no solo en el ámbito educativo, sino trasladarlos al plano personal para que podamos construir una sociedad más justa y equitativa.

Estos contenidos son valores que se van aprendiendo y la actividad del alumnado viene, a su vez, condicionada por la del docente, ya que de la interacción del aula va a depender el ambiente que se desarrolle en el día a día. Por ello, se hace necesario fomentar el trabajo en grupo como estrategia metodológica, siendo el profesor el que dirija la dinámica de estos equipos, para que puedan confluir las relaciones de simpatía, afecto y cariño, además de la aceptación de las diferencias y de respeto mutuo entre ellos. El aula se ha de consolidar como un espacio de buena convivencia donde la conducta de los alumnos se base en el respeto, el diálogo, en escuchar, en el turno de palabra, en el consuelo y en la empatía, entre otras características, por lo que el docente ha de ser quien forme en esta enseñanza actitudinal a sus estudiantes. El clima y el ambiente que se generen en el aula constituyen, sin lugar a dudas, una premisa fundamental a la hora de facilitar los aprendizajes de «todos los alumnos»:

> «El aprendizaje es fruto de la convivencia y el trato. Una convivencia basada en el respeto y la tolerancia contribuirá a crear ambientes saludables en nuestras aulas. El alumno tiene que venir contento al lugar de aprendizaje. Un ambiente saludable facilita la reflexión del profesor y su propia práctica» (Fernández, 2009: 127).

Un profesor que facilite los aprendizajes, entiendan la diversidad, sean inclusivos, tengan competencias para la convivencia, protejan y mejoren el medio ambiente, fomenten un entorno de respeto y seguridad, cuenten con múltiples estrategias pedagógicas y didácticas, favorezcan la autoestima y la autonomía, promueva una fructífera relación con los padres y las comunidades, establezca relación entre la enseñanza y su contexto, use Internet y siga aprendiendo, son ya componentes que deben incorporar todos los docentes para ser promotores de una educación inclusiva, equitativa y de calidad para todos (Rodríguez, 2016).

Plantear una educación activa y participativa supone comenzar por el hecho de crear un buen ambiente en el aula, por eso, una labor importante sobre este aspecto la tiene el docente durante el primer cuatrimestre; de esta forma, se van conociendo mejor los alumnos y se va alimentando la disciplina que debe proporcionar el profesor. Ante situaciones conflictivas, el profesor debe saber asumirlas y enfrentarse a ellas con los recursos suficientes para que todos los afectados en dichas situaciones puedan salir enriquecidos. Es decir, se trata de contribuir a la formación de una cultura basada en la colaboración y el acuerdo (Bermejo y Fernández, 2010).

El docente se encuentra en una posición ideal para asumir el papel de líder de la estructura formal del grupo clase, tratando de potenciar un clima de respeto y seguridad en su seno. La forma en cómo asume dicho liderazgo es fundamental para el funcionamiento del grupo y la adquisición de los objetivos de aprendizaje. Resaltar que en la interacción del profesor y el alumno existe una desigual distribución de poder a favor del profesor, puesto que este es adulto, maestro y experto de la materia.

Por ello, se hace imprescindible la buena comunicación como eje central de la metodología del aula, porque, según De Vicente (2009), los profesores que se enfrentan a las demandas de la clase no solo tienen que estar inmersos en la materia que enseñan, sino que han de poseer las habilidades de comunicación apropiadas para hacer llegar con facilidad a los estudiantes el conocimiento básico y para despertar primero, y desarrollar después, en ellos un pensamiento avanzado y la capacidad de resolución de problemas.

Según Reyes (2004), ante un grupo heterogéneo, el docente ha de actuar con una extensa variedad de estrategias metodológicas, que, evidentemente, para poderlas poner en práctica en el día a día a través de las actividades, será necesario un número proporcionado de materiales (aunque en ello también entre en juego la creatividad del profesor).

A continuación, citamos diferentes estrategias metodológicas que podemos llevar a cabo:

— *Lectura, visionado y discusión de documentos.* Con la lectura, visionado y discusión en clase de determinados documentos escritos, audiovisuales y multimedia se pretende que los alumnos, a través de los mismos, puedan desarrollar un aprendizaje autónomo y la profundización sobre las distintas temáticas.
— *Preguntas y respuestas.* Esta dinámica invita al diálogo del docente con los alumnos en el aula. A través de las preguntas y respuestas, podremos revisar el conocimiento de los alumnos sobre lo explicado con anterioridad o para repasar antes de una prueba de evaluación.
— *Debate o discusión en grupos.* Proporciona a los estudiantes la oportunidad de organizar sus conocimientos y comparar sus ideas e interpretaciones con las de sus compañeros. De otra parte, permite que los estudiantes adquieran y demuestren habilidades que les serán necesarias para su vida profesional, como son las destrezas de comunicación oral, escuchar, estructurar la información, de persuasión, e independencia del profesor. La técnica de la discusión en grupo requiere una serie de condiciones para su buen desarrollo que deben ser contempladas por el docente cuando las utilice, como son: limitación de tiempo, ambiente físico apropiado, grupo y subgrupos no numerosos, heterogeneidad en la composición de los grupos, multidireccionalidad de la comunicación entre los componentes del grupo, establecimiento de normas y objetivos y un clima y ambiente de clase que propicien y faciliten la comunicación entre los alumnos.
— *Simulación.* La simulación de algunas situaciones suele dar un resultado muy positivo; por ejemplo, la solemos utilizar para ver las diferentes opiniones que se vierten en un consejo escolar sobre la integración. La simulación supone el estudio de cada rol y la representación de una postura argumentada que aluda a problemas reales, así como la defensa de estos determinados roles a través de unos conocimientos bien organizados.
— *Estudio de casos.* No siempre la presentación de casos va seguida de un estudio de los mismos. Cuando el caso se utiliza como ejemplo o demostración, basta con su exposición. El estudio de los casos se realiza en la unidad destinada al diagnóstico.
— *Sesiones prácticas.* Generalmente, estas prácticas las realizamos a través de trabajo de grupos.
— *Trabajo individual o autónomo.* Este tipo de trabajo es otra de las técnicas que proponemos para el desarrollo de nuestro programa. En concreto, con él pretendemos que los alumnos profundicen de forma voluntaria en determinados puntos del programa de acuerdo con sus intereses.
— *Acción tutorial.* Las tutorías tienen un papel fundamental en la concepción de nues-

tro programa. Tutorías para la orientación de los trabajos y tutorías como sistema más individualizado de trabajar con el alumno sobre la base de los datos suministrados por las evaluaciones. Se pueden definir en un sentido amplio como todas aquellas actividades, actitudes y relaciones personales y profesionales que caracterizan las relaciones entre profesores y alumnos.

Hemos de resaltar que el docente, para desarrollar el proceso de enseñanza-aprendizaje, ha de ir intercambiando las estrategias metodológicas según sea el tipo de actividad, las motivaciones e intereses de los educandos, los recursos que se tengan, etc., pero siempre favoreciendo la educación del alumnado heterogéneo.

3. EL DOCENTE COMO VIGILANTE DE SU ACTUALIZACIÓN PROFESIONAL

La etapa de formación inicial es el período de preparación formal en una institución específica de formación, en este caso concreto, nos estaríamos refiriendo a la Facultad de Ciencias de la Educación de las diferentes universidades donde el futuro profesional de la educación habrá de adquirir una formación académica, así como una previa experiencia a través de las prácticas de enseñanza. En esta línea, Moral y Pérez (2009: 19) señalan que:

> «Cada año entran cientos de alumnos en las Facultades de Educación con el deseo de adquirir una sólida formación que les proporcione las competencias necesarias y les dé la confianza suficiente para enfrentarse al mundo de la enseñanza... Los futuros profesores deben tomar conciencia de la importancia de una sólida formación para producir una enseñanza efectiva.»

En este punto vamos a centrarnos en la necesaria formación permanente del profesorado, ya que la figura del docente ha de gozar de relevancia, puesto que es considerado como motor de cambio de la escuela y se le reconoce la función de ser un guía-orientador que, junto a los miembros de la comunidad educativa, proporciona una enseñanza individualizada a los educandos. Por tanto, el profesor, no solo ha de tener en cuenta el «qué enseñar», sino que habrá de formarse de manera adecuada para saber atender a la diversidad y ofrecer una respuesta educativa a través del «cómo enseñar». Esta fase de «formación permanente», de «desarrollo profesional» o también conocida como «continuo reciclaje del profesor» trata sobre unas actividades planificadas por instituciones o por los propios profesionales para obtener un desarrollo profesional y personal de su actividad docente. Se pretende que, a través de una continua y permanente formación, el docente pueda estar «al día» en los conocimientos que vayan surgiendo en la sociedad para después poderlos desarrollar en el aula.

En este sentido, para no pocos autores, la formación permanente va unida a la idea de cambio como motor para la mejora del profesor y, en consecuencia, del propio centro y de los educandos. Para la evolución de una enseñanza tradicional a una enseñanza que se ajuste a la medida de todos son muchas las innovaciones que se han venido y vienen observándose en el sistema educativo; entre ellas, las referentes al profesorado, puesto que son muchos los cambios que se han producido y que aún tienen que producirse, para poder ir asumiendo un nuevo rol, es decir, una nueva dimensión de su trabajo.

Existen educadores que se resisten a cualquier cambio, bien por falta de formación, miedo al fracaso, o, simplemente, por comodidad; de ahí que surjan conflictos, puesto que parte del profesorado no lo ve como una oportunidad de perfeccionamiento o puesta al día, sino como una imposición por parte de la Administración Central, por lo que es preciso que la necesidad de perfeccionamiento surja del propio pensamiento del docente, y que no sea solo cuando las instituciones responsables creen las estrategias para la formación, sino que el mismo profesorado las demande. En la actualidad, se camina hacia una escuela inclusiva donde todos puedan ser atendidos de forma adecuada y, evidentemente, el docente no posee todo el conocimiento como se creía en la enseñanza tradicional, sino que este profesional puede tener lagunas acerca del contenido teórico-práctico de la realidad educativa que se le plantee en el aula; es decir, el docente no podrá ser especialista en la totalidad de las necesidades educativas especiales que demanden los educandos, por lo que podrá optar por una mayor formación y/o por trabajar de forma colaborativa con el equipo multiprofesional. En ambos casos, el maestro habrá de responder al alumnado heterogéneo, puesto que todos han de ser educados en una igualdad de oportunidades.

Estos planteamientos, en cuanto a la formación permanente del profesorado, suponen aceptar como elemento primordial que el profesor sea capaz de integrar el conocimiento académico en su conocimiento práctico. Este profesional ha de contar con una adecuada formación académica así como con un perfil que le invite a reflexionar sobre el día a día en el aula; la mayoría de los profesionales recogen en trabajos e investigaciones cuanto les ocurre en el ejercicio de su profesión. Sin embargo, en general, los docentes no dan a conocer su realidad educativa, lo cual es algo que puede llegar a preocupar, puesto que no podrá concretar una verdadera información del trabajo diario de la praxis educativa. Por tanto, la reflexión del profesional tiene un papel fundamental para que este pueda explicitar su pensamiento, sus inquietudes y manifieste su experiencia, y se pueda tener en cuenta en la escuela integradora. Es decir, para que la diversidad asiente en la educación su verdadero significado, hemos de contar con unos recursos adecuados que ofrezcan al sistema educativo poder adaptarse a todos los alumnos, puesto que la educación no podrá ajustarse a las características individuales de cada sujeto si no se cuenta con un currículum y una organización flexible, de lo que destacamos un profesorado formado y dispuesto a enseñar, atendiendo al principio de la individualidad y el sentido de pertenencia al grupo por parte de todos los miembros de la comunidad educativa.

En el caso de la formación del docente y su preparación en TIC, para Echeverría (2014) con la incorporación de éstas, como herramientas de apoyo para atender a la diversidad en la formación universitaria del profesorado, asume un rol de mediador del aprendizaje y de esta manera se benefician los procesos de formación continua del profesorado.

A lo largo de este capítulo hemos pretendido ofrecer una visión del profesorado como agente implicado en el cambio para la mejora educativa, por lo que abogamos por un rol encaminado al desarrollo de unas determinadas características necesarias para poder trabajar en el aula, y entre ellas destacamos la de diseñador de nuevas situaciones en esta etapa de evolución que estamos viviendo, la de orientador y gestor del aula, la de dinamizador para fomentar un buen clima de aula, y la de vigilante de actualización, preocupado por su continua formación; es decir, un profesor capaz de adaptarse a la actualidad educativa y social.

REFERENCIAS BIBLIOGRÁFICAS

Amar, V. (2005). Tecnología y educación: el resurgir del cuarto mundo. *HAOL*, n.º 8, pp. 175-182.

Arnáiz, P. (2003). *Las escuelas son para todos.* Málaga: Aljibe.

Bermejo, B. y Fernández, J. M.ª (2010). Habilidades sociales y resolución de conflictos en centros docentes de Andalucía. *Revista de Educación Inclusiva, vol. 3, 2,* 65-76.

Cabero, J. (2015). Reflexiones educativas sobre las tecnologías de la información y la comunicación (TIC). Revista *CEF*, n.º 1 pp. 19-27. www.tecnologia-ciencia-educacion.com

De Vicente, P. S. (2009). Cultura e iniciación profesional del docente. En A. Medina Rivilla y F. Salvador, *Didáctica general.* Madrid: UNED.

Echevarría, A. C. (2014) Usos de las TICs en la docencia universitaria: opinión del profesorado en Educación Especial. Revista electrónica *Actualidades Investigativas en Educación.* Vol. 14, n.º 3. http://revistas.ucr.ac.cr/index.php/aie/article/view/16131/18103

Fernández, J. M.ª (2009). *Un Currículo para la Diversidad.* Madrid: Síntesis.

Fernández, J. M. y Reyes Rebollo, M. M. (2017). Competencias emprendedoras del alumnado de educación permanente de Andalucía. Percepción del profesorado. *Educación XXI*, 20(1), 253-275

Fullan, M. (2008). *The six secrets of change*. San Francisco: Jossey-Bass.

MEC (1990). *Ley Orgánica General del Sistema Educativo (LOGSE), de 3 de octubre de 1990* (BOE, n.º 238, 4-X-1990).

MEC (2006). *Ley Orgánica 2/2006, de 3 de mayo, de Educación* (*BOE,* n.º 106, 4-5-2006).

Moral, C. y Pérez, M. P. (2009). El profesorado ante la enseñanza. En C. Moral, *Didáctica: teoría y práctica de la enseñanza.* Madrid: Pirámide.

Ortiz, R. (2016). Estrategias de Comunicación Interpersonal y pública en los movimientos sociales. Transformaciones de las redes informales y de los repertorios en la era de la web social. Revista *OBETS de Ciencias Sociales*, vol. 11, n.º 1 pp. 211-254

Paz, M. (2005). La Práctica del Orientador Educativo y la Motivación de Logro en los Alumnos. *Revista Mexicana de Orientación Educativa, 6.*

Reyes, M. M.ª (2004). *Proyecto Docente.* Sevilla: Atril.

Reyes, M. M.ª y Piñero, R. (2002). Nuevas tecnologías aplicadas a la atención a la diversidad. Reflexiones teóricas. *Revista Fuentes,* vol. 2. http://huespedes.cica.es/aliens/revfuentes/num4/monografico_3.htm (25-4-2011).

Rodríguez, H. J. (2016). La Educación Inclusiva en la Agenda Educativa Mundial. Revista *Nacional e Internacional de Educación Inclusiva.* Vol. 9, n.º 2, pp. 1-17.

Ruz, I. (2006). Investigar en orientación: análisis y construcción colaborativa de materiales de apoyo a la función tutorial como vía de mejora educativa. *Profesorado. Revista de Currículum y Formación del Profesorado.* Vol. 10. 1. http://www.ugr.es/~recfpro/rev101COL2res.pdf (25-4-2011).

Sampedro, B. y McMullin, K. (2015). Videojuegos para la inclusión educativa *Digital Education Review Number,* n.º 27, pp. 123-137. http://greav.ub.edu/der/

Sobrado, L. y Fernández, E. (2010). Competencias emprendedoras y desarrollo del espíritu empresarial en los centros educativos. *Educación XXI*, 13(1), 15-38. Cit. en Fernández Batanero, J. M.ª y Reyes, M. M. (2017). Competencias emprendedoras del alumnado de educación permanente de Andalucía. Percepción del profesorado. *Educación XXI*, 20(1), 253-275.

Torrego, J. C. (2008). El profesor como gestor del aula. En A. de la Herrán. y J. Paredes, *Didáctica general. La práctica de la enseñanza en educación infantil, primaria y secundaria.* Madrid: McGraw-Hill.

Villar, L. M. (2009). *Competencias para la formación de docentes universitarios.* Málaga: Aljibe.

VV. AA. (2010). *Capacidades docentes para atender la diversidad. Una propuesta vinculada a las competencias básicas.* Sevilla: MAD-Eduforma.

RECURSOS DE EXTENSIÓN

Bermejo, B. (2005). *La Educación en Valores: Orientaciones para su Desarrollo en la Educación Secundaria.* Sevilla: Gid. Universidad de Sevilla, CD-Rom.

Bermejo, B. y Fernández, J. M.ª (2010). Habilidades Sociales y Resolución de Conflictos en Centros Docentes de Andalucía (España). *Revista de Educación Inclusiva, vol. 3(2),* 65-76.

Cabero, J.; Leiva, J. J.; Moreno, N. M.; Barroso, J. M. y López, E. (2016). *Realidad aumentada y educación. Innovación en contextos formativos.* Octaedro.

Córdoba, M., Cabero, J. y Fernández, J. M.ª (2007). *Las TIC para la Igualdad.* Sevilla: Eduforma.

Fernández, J. M.ª (2015). *Estrategias de Enseñanza y Recursos Específicos de Atención a la Diversidad.* Grupo Investigación Didáctica. Universidad de Sevilla.

García-Valcárcel, A. (coord.) (2009). *La incorporación de las Tic en la docencia universitaria: recursos para la formación del profesorado.* Sevilla: Davinci Continental.

Larrosa, F. (2010). Vocación docente versus profesión docente en las organizaciones educativas. *Revista Interuniversitaria de Formación del Profesorado 35. Vol. 13 (4).* http://www3.uva.es/aufop/publica/revelfop.htm (20-3-2010).

Leite, A. E. (2007). *Profesorado, formación e innovación: los grupos de trabajo como vía para la construcción de un profesorado reflexivo y crítico.* Sevilla: Corporación Educativa Kikiriki.

Medina, A. (2003). *Didáctica General.* Madrid: Pearson.

Medina, A. (2009). *Formación y desarrollo de las competencias básicas.* Madrid: Plaza Edición.

Medina, A. (coord.) y otros (2009). *Innovación de la Educación y de la Docencia.* Madrid: Ramón Areces.

Reyes, M. M.ª, Fernández, J. M.ª y Piñero, R. (2007). Las Nuevas Tecnologías como herramientas educativas para un alumnado heterogéneo: algunas nociones en la formación inicial del profesorado. En *Experiencias de Innovación Universitaria (II).* Sevilla: Instituto de Ciencias de la Educación de la Universidad de Sevilla, 347-356.

Sánchez, A., Boix, J. L. y Jurado, P. (2009). La sociedad del conocimiento y las TIC: una inmejorable oportunidad para el cambio docente. *Revista Pixel-Bit, 34,* 179-204.

Sevillano, M.ª L. y Llanas, C. (2011). Profesorado de primaria y aplicación de tecnologías: un estudio de caso. *Revista Pixel-Bit, 38,* 63-74.

Villar, L. M. (2009). *Competencias para la formación de docentes universitarios.* Málaga: Aljibe.

Villar, L. M. y Alegre, O. M.ª (2006). *Competencias para la Formación de Evaluadores.* Archidona: Aljibe.

PROPUESTA DE ACTIVIDADES

Se plantean, a continuación, cinco actividades para desarrollar por el alumno. Junto a la descripción de éstas, se expone el formato en el que se ha presentar y el espacio que debe ocupar cada una de ellas:

1. Lea de manera comprensiva el capítulo y elabore un mapa conceptual en el que se identifiquen, organicen y relacionen las ideas principales del mismo. El documento Word deberá tener una sola página.

2. Localice en Internet cinco artículos sobre el rol del docente en la actualidad. Una vez localizados los documentos, guárdelos en una carpeta en su ordenador. Luego, en un documento Word, recoja sus respectivos datos bibliográficos, y, posteriormente, junto a cada uno de ellos, elabore un resumen de cada texto. El documento Word ha de tener cinco páginas, una por cada documento.

3. *Caso práctico.* Es usted tutor/a de un aula de 6.º curso de Educación Primaria y ha de concertar una tutoría con los padres del alumnado. Antes de acudir a la tutoría, deberá planificar por escrito lo siguiente: cómo iría vestido/a, cómo comenzaría la reunión, cómo dispondría la organización del aula y cómo motivaría a asistir a los padres que han faltado. El documento Word ha de tener de tres a cinco páginas.

4. De los diferentes rasgos que se han destacado como básicos para el profesor, seleccione uno y desarróllelo en formato Power-Point, el cual tendrá de cinco a siete diapositivas.

5. *Caso práctico.* Elabore un índice sobre un curso que crea necesario para la formación permanente del profesorado, además de justificar por qué sería conveniente realizarlo. El documento Word ha de tener de una a dos páginas.

Las competencias en la enseñanza obligatoria

4

SOLEDAD DOMENE MARTOS
MARÍA PUIG GUTIÉRREZ

INTRODUCCIÓN

En este capítulo se estudiará el concepto de competencia en el ámbito educativo, señalando la reducción del concepto desde un planteamiento más empresarial al escolar. Se plantea el paralelismo entre las competencias clave y las competencias básicas y su integración en el currículum español a partir de la Ley Orgánica de Educación (2006) y el resto de documentos legales que desarrollan el currículum para la Enseñanza Primaria desde el ámbito nacional hasta el autonómico.

Se exponen y explican las siete competencias clave para la educación básica y obligatoria, expresando el significado de cada una así como las dimensiones y elementos que las componen. Partiendo del significado de competencia, se plantea para cada una de ellas cuáles son los conocimientos, las destrezas y las actitudes que los estudiantes deben adquirir durante esta etapa educativa. Esquemáticamente, los contenidos a desarrollar serán los siguientes:

Introducción.

1. Conceptualización del término competencia.
2. Las competencias básicas en la educación básica y obligatoria.
   - 2.1. Comunicación lingüística.
   - 2.2. Competencia matemática y competencias básicas en ciencia y tecnología.
   - 2.3. Competencia digital.
   - 2.4. Aprender a aprender.
   - 2.5. Competencias sociales y cívicas.
   - 2.6. Sentido de iniciativa y espíritu emprendedor.
   - 2.7. Conciencia y expresiones culturales.
3. Las competencias y su integración en el currículum.

1. CONCEPTUALIZACIÓN DEL TÉRMINO COMPETENCIA

La Ley Orgánica de Educación (LOE, 2006) introduce, entre los componentes del currículum, las competencias básicas, lo que permite enfatizar el carácter integrador y funcional del aprendizaje. El concepto de competencia designa el conjunto de recursos potenciales que permite integrar y utilizar los saberes, conocimientos, habilidades y actitudes que una persona posee para enfrentarse a diferentes tareas o problemas propios de los variados contextos o escenarios sociales en los que se desenvuelve (Monereo y Pozo, 2007).

Las características de la sociedad actual, la economía global y los continuos y vertiginosos cambios tecnológicos demandan un cambio en el papel que desempeñan las escuelas y las instituciones educativas en su conjunto. Lejos de transmitir conocimientos, se hacen necesarios la formación integral de la persona y el desarrollo de habilidades, procedimientos, actitudes, etc., que le permitan integrarse en la sociedad de manera exitosa y poner en juego todo su potencial, por lo que el término competencia vinculado al ámbito laboral comienza a ser empleado en el ámbito educativo. La primera muestra de ello es el proyecto que pone en marcha la OCDE, que bajo la denominación Definición y Selección de Competencias (DeSeCo) tiene como objetivo lograr un consenso internacional en torno a la delimitación de competencias clave para la vida. En el marco de este proyecto, *una competencia se define como la habilidad para satisfacer con éxito exigencias complejas en un contexto determinado mediante la movilización de prerrequisitos psicosociales que incluyen aspectos tanto cognitivos como no cognitivos* (Simone y Hersh, 2006: 74).

La Unión Europea también viene realizando un interesante trabajo en este tema, cuyo principal referente podemos encontrarlo en la Recomendación del Parlamento Europeo y del Consejo sobre las competencias clave para el aprendizaje permanente, donde «las competencias se definen como una combinación de conocimientos, capacidades y actitudes adecuadas al contexto. Las competencias clave son aquellas que todas las personas precisan para su realización y desarrollo personales, así como para la ciudadanía activa, la inclusión social y el empleo» (*Diario Oficial de la UE,* 2006).

De este modo, las competencias nos permiten intervenir eficazmente en los diferentes ámbitos de la vida o ante una situación-problema concreta mediante acciones en las que se movilizan, al mismo tiempo y de manera interrelacionada, conocimientos, habilidades y actitudes (Zabala y Arnau, 2007). El Real Decreto 126/2014 retoma el concepto de competencias clave definiéndolas en los términos expresados por el Parlamento Europeo que, junto con la definición de Zabala y Arnau, podemos expresar como *«una combinación de habilidades, prácticas, conocimientos, motivación, valores éticos, actitudes, emociones y otros componentes sociales y de comportamiento que se movilizan conjuntamente para lograr una acción*

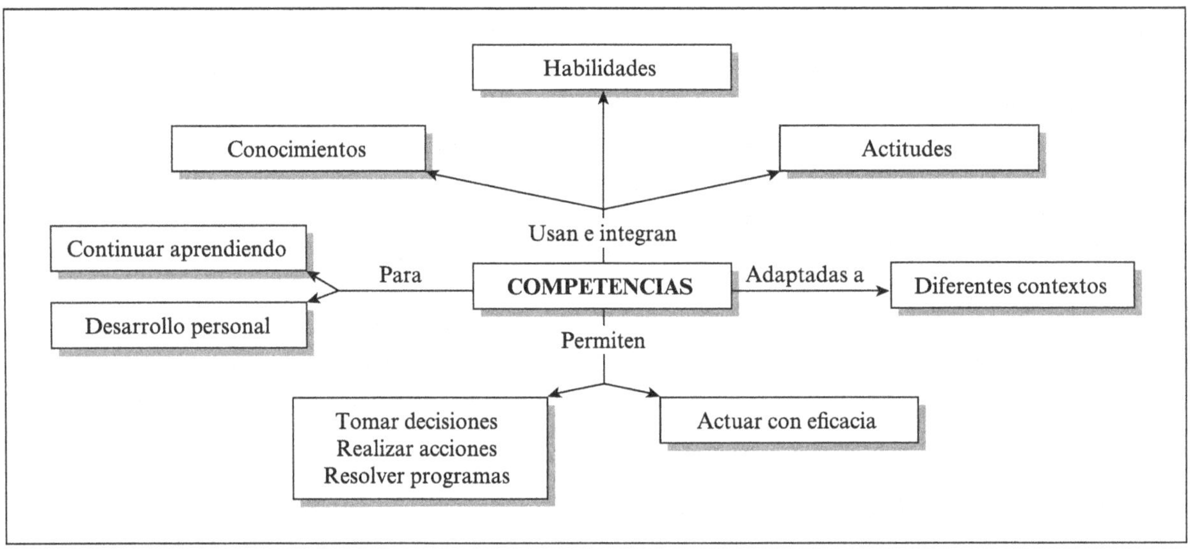

Figura 4.1.—Concepto de competencias (adaptación del CEP, Lanzarote, 2008).

eficaz. Se contemplan, pues, como conocimiento en la práctica, un conocimiento adquirido a través de la participación activa en prácticas sociales que, como tales, se pueden desarrollar tanto en el contexto educativo formal, a través del currículo, como en los contextos educativos no formales e informales» (Decreto 97/2015).

Por tanto, el diálogo de las competencias nos lleva a la idea planteada por Delors (1996), de la que se deriva que la actuación personal y profesional es el resultado de la intersección de aprendizajes vinculados con tres ámbitos: saber, hacer y ser. El primero de ellos moviliza los conocimientos, el segundo, las destrezas o hábitos, y el último, las actitudes, valores, hábitos y normas (figura 4.2).

Spencer y Spencer (1993) nos hablan del modelo del iceberg en el desarrollo de las competencias (figura 4.3), para mostrar cómo en una competencia, igual que en un iceberg, existen elementos visibles, tales como los conocimientos y las destrezas, y otros ocultos o invisibles, que, como las actitudes, los valores y las motivaciones, constituyen la base del iceberg, sumergida y no visible, sobre la que se sitúa la parte visible, más fácil de ser evidente y, por tanto, de evaluar. Así pues, la competencia es el conjunto de los elementos visibles y ocultos que permite hacer frente a situaciones diversas y avanzar hacia el desarrollo integral de la persona.

Desde esta concepción, podemos comprender que la inclusión de las competencias clave en el currículum responde a diversas finalidades:

- Integrar los diferentes aprendizajes: formales, no formales e informales.
- Permitir a los estudiantes integrar sus aprendizajes, pudiendo aplicarlos a diferentes situaciones y contextos.
- Orientar la enseñanza, puesto que permite identificar los contenidos y criterios de evaluación imprescindibles (Real Decreto 1513/2006).

En relación con este último aspecto, y partiendo de las diversas definiciones planteadas anteriormente, podemos entender que toda competencia es el resultado de la movilización de distintos aprendizajes en una situación o contexto, por lo que sería el resultado del aprendizaje. Así pues, para cada una de las competencias clave se establecen determinados indicadores de evaluación que facilitan al docente la comprobación del grado de aprendizaje de sus alumnos/as. Además, para facilitar la relación de las competencias clave con el resto de los elementos del currículum, así como incorporarlas a la programación didáctica y a la práctica del aula, se propone la organización de las mismas en dimensiones y elementos.

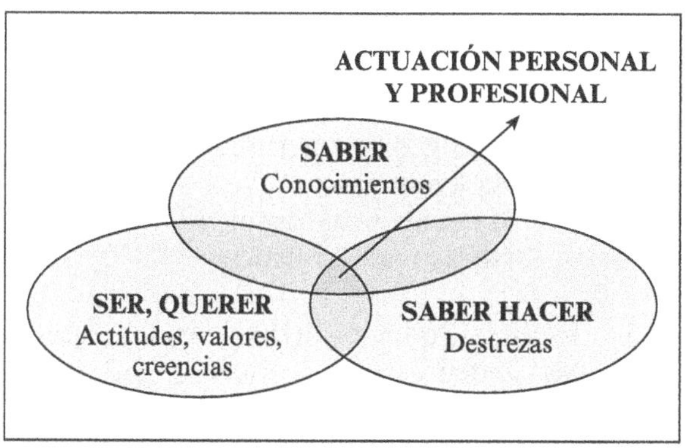

Figura 4.2.—Competencia como intersección de aprendizajes.

Figura 4.3.—Modelo de iceberg en el desarrollo de las competencias (Spencer y Spencer, 1993).

De esta forma, cada una de las competencias clave quedaría dividida en diferentes dimensiones que permiten delimitar su ámbito de influencia, y éstas, a su vez, en diversos elementos, quedando, además, relacionadas con un conjunto de indicadores de evaluación.

2. LAS COMPETENCIAS CLAVE EN LA EDUCACIÓN BÁSICA Y OBLIGATORIA

La inclusión en el currículum español para la enseñanza básica y obligatoria de las competencias, se produce con la LOE (2006), donde se le atribuye la denominación de competencias básicas. Sin embargo, con la entrada en vigor de la Ley Orgánica para la Mejora de la Calidad Educativa (LOMCE, 2013) se producen ciertos cambios y a partir de los textos legales que la desarrollan, en concreto en el Real Decreto 126/2014, se especifica que *«se adopta la denominación de las competencias clave definidas por la Unión Europea»*. En el citado Real Decreto se definen siete competencias clave:

a) Comunicación lingüística.
b) Competencia matemática y competencias básicas en ciencia y tecnología.
c) Competencia digital.
d) Aprender a aprender.
e) Competencias sociales y cívicas.
f) Sentido de iniciativa y espíritu emprendedor.
g) Conciencia y expresiones culturales.

A continuación, definiremos cada competencia estableciendo las dimensiones y los elementos de los que se compone y estableceremos los conocimientos, destrezas y actitudes básicas para cada una de ellas.

***a*) Competencia en comunicación lingüística.** Referida a la utilización del lenguaje como instrumento de comunicación oral y escrita, tanto en lengua española como en lengua extranjera. Podemos definir tres dimensiones en esta competencia: escuchar, exponer y conversar, leer y escribir (Sarramona, 2004; Montero, 2009):

1. Escuchar, exponer y conversar. Esta dimensión se podría dividir en varios elementos:

   1.1. Ser consciente de los principales tipos de interacción verbal.
   1.2. Ser competente en la expresión y comprensión de los mensajes orales en situaciones diversas, adaptando la comunicación al contexto.
   1.3. La utilización activa y efectiva de códigos y habilidades lingüísticas y no lingüísticas.
   1.4. La utilización de las reglas propias del intercambio comunicativo en diferentes situaciones de comunicación.

2. Leer. Esta dimensión podemos dividirla en los siguientes elementos de competencia:

   2.1. Ejercer acciones que supongan una correcta lectura expresiva con intenciones comunicativas.
   2.2. Ejercer acciones que permitan una lectura comprensiva utilizando distintos tipos de texto.
   2.3. Desarrollar habilidades de búsqueda y recopilación de información.
   2.4. Interpretación y comprensión de los códigos que permitan hacer uso de la lengua escrita.
   2.5. Descubrir entornos, idiomas y culturas reales y ficticias.

3. Escribir. Podemos dividirla en los siguientes elementos:

   3.1. Ejercer acciones que supongan una correcta escritura y composición de textos.

3.2. Ejercer acciones que permitan la utilización de distintos tipos de texto con intenciones creativas.
3.3. Desarrollar habilidades de procesamiento de la información.
3.4. Utilizar los distintos códigos de la lengua escrita, escribiendo textos de tipología diversa.
3.5. Implicarse activamente en la escritura.

Siguiendo a López (2006), y teniendo en cuenta las dimensiones de una competencia, como vimos en el punto anterior según la propuesta de Delors (1996), los conocimientos, destrezas y actitudes esenciales relacionadas con esta competencia son:

1. *Conocimientos:* se consideran los conocimientos lingüísticos, textuales y discursivos.
2. *Destrezas:* habilidades necesarias para usar los conocimientos en la comunicación específica en lengua española y otro idioma.
3. *Actitudes:* favorecer las actitudes y el valor de respeto en la comunicación oral o escrita, con los demás y con uno mismo, hacia la lectura y el conocimiento de otras lenguas como facilitadoras de la comunicación y relación, así como el camino a distintas fuentes de información y otras culturas.

***b*) Competencia matemática y competencias básicas en ciencia y tecnología.** Entendida como la habilidad para utilizar números y operaciones básicas, los símbolos y las formas de expresión del razonamiento matemático para producir e interpretar informaciones y para resolver problemas relacionados con la vida diaria y el mundo laboral, así como la habilidad para la comprensión de los sucesos, la predicción de las consecuencias y la actividad sobre el estado de salud de las personas y la sostenibilidad medioambiental (Real Decreto 126/2014; López, 2006; Montero, 2009).

Para poder entender mejor esta competencia, la dividiremos en dos bloques, por un lado el referente a las dimensiones de la competencia relacionadas con la matemática y por otro con la ciencia y la tecnología. El primer bloque podemos dividirlo en seis dimensiones (Sarramona, 2004), que se corresponden con los bloques de contenido del currículum en matemáticas: números y cálculo, resolución de problemas, medida, geometría, tratamiento de la información y azar. Cada una de estas dimensiones se puede dividir a su vez en los siguientes elementos:

1. Números y cálculo:

   1.1. Usar e interpretar el lenguaje matemático. Leer, escribir, representar y ordenar los números.
   1.2. Conocer los significados de las operaciones aritméticas y saberlos aplicar a situaciones de la vida.
   1.3. Elegir y utilizar el método adecuado de cálculo (mental, algoritmo, con calculadora...).
   1.4. Aplicar la función de la proporcionalidad directa y porcentajes sencillos.

2. Resolución de problemas:

   2.1. Planificar y utilizar herramientas matemáticas para resolver problemas.
   2.2. Ordenar y justificar el proceso y los resultados obtenidos.
   2.3. Resolver problemas relacionados con situaciones cotidianas (ingresos y gastos, presupuestos...).
   2.4. Saber aplicar los conocimientos matemáticos a otras materias.

3. Medida:

   3.1. Reconocer y medir magnitudes usando los instrumentos y unidades adecuadas.

3.2. Realizar estimaciones de las magnitudes más usuales valorando el uso de la medida.
3.3. Utilizar los métodos fundamentales de cálculo en situaciones que así lo requieran.

4. Geometría:

4.1. Conocer los elementos y vocabulario básico de la geometría.
4.2. Utilizar los instrumentos básicos en geometría.
4.3. Reconocer en la vida cotidiana aquellos aspectos que puedan expresarse a través de la geometría.
4.4. Utilizar e interpretar sistemas de representación espacial para orientarse en el espacio más próximo.

5. Tratamiento de la información:

5.1. Recoger, leer, analizar, interpretar y representar datos de la vida cotidiana (tablas, gráficos...).

6. Azar:

6.1. Distinguir situaciones y acontecimientos en los que interviene la probabilidad y hacer predicciones.

En cuanto a los conocimientos, destrezas y actitudes relacionadas con esta competencia de forma específica, podemos considerar (López, 2006):

1. *Conocimientos.* Hacen referencia al conocimiento y comprensión de los elementos matemáticos (números, medidas, símbolos, elementos geométricos...), así como de las operaciones y las relaciones básicas entre ellos con la identificación de las situaciones de la vida cotidiana en que las matemáticas pueden ser útiles.
2. *Destrezas.* Aquellas que pueden permitir al estudiante poner en práctica los principios y procesos matemáticos básicos en situaciones de la vida. Análisis y producción de información y estrategias básicas para la resolución de problemas, comprensión de una demostración y comunicación con lenguaje matemático.
3. *Actitudes.* Actitud favorable para la utilización de los elementos matemáticos y las ventajas de su utilización en la vida cotidiana, así como en el respeto de la verdad y la búsqueda de la misma por el razonamiento.

El segundo de los bloques relacionado con la ciencia y la tecnología se puede dividir en cuatro dimensiones referidas a los procesos tecnológicos, el consumo, el medio ambiente y la salud:

1. Procesos tecnológicos:

1.1. Comprensión y aplicación de nociones, conceptos científicos y técnicos a situaciones cotidianas.

2. Consumo:

2.1. Identificar y valorar la importancia del consumo racional y responsable.
2.2. Demostrar espíritu crítico en la observación de la realidad y la exploración de la publicidad.

3. Medio ambiente:

3.1. Identificar y establecer la importancia de la conservación de los recursos y la diversidad natural, comprendiendo cómo interactúan los seres vivos entre sí y con el medio y el valor del hombre en la naturaleza.

4. Salud:

4.1. Justificar las consecuencias de los modos de vida, teniendo en cuenta el conocimiento del cuerpo y de la naturaleza.

4.2. Entender la importancia de una vida física y mental sana.
4.3. Tener en cuenta la dimensión individual y colectiva de la salud.

Los *conocimientos, destrezas* y *actitudes* relacionados con esta competencia son:

1. *Conocimientos:* conceptos básicos de carácter científico y técnico para el análisis de los fenómenos relacionados con las dimensiones de la competencia.
2. *Destrezas:* aquellas relacionadas con la aplicación del pensamiento científico para comprender y resolver problemas del mundo natural y tecnológico. Búsqueda y obtención de información. Planificación y manejo de soluciones técnicas para cubrir las necesidades de la vida cotidiana, así como aquellas relacionadas con el mantenimiento y mejora de la salud.
3. *Actitudes:* valoración del conocimiento científico y de cómo se obtiene. Actitudes en relación al uso responsable de la naturaleza y su conservación. En relación con la salud, actitudes referidas al mantenimiento de una vida saludable, teniendo en cuenta la alimentación y el rechazo al uso de sustancias nocivas.

c) **Competencia digital.** Entendida como la habilidad para buscar, obtener, procesar y comunicar la información y transformarla en conocimiento, incluyendo la utilización de las tecnologías de la información y la comunicación como un elemento esencial para informarse, aprender y comunicarse (Decreto 230/2007). Se utilizará como instrumento en el uso de modelos de procesos matemáticos, físicos, sociales, económicos o artísticos, resolver problemas reales, tomar decisiones, trabajar en entornos colaborativos y generar producciones (Real Decreto 126/2014).

Las dimensiones que se pueden considerar en esta competencia atienden a los sistemas informáticos, el sistema operativo, el uso de Internet, el uso de programas básicos y actitudes necesarias con las tecnologías de la información y la comunicación (Sarramona, 2004). A su vez, cada una de las dimensiones podemos clasificarlas en los siguientes elementos:

1. Los sistemas informáticos:

   1.1. Identificar y localizar hardware y software.
   1.2. Conocer las funciones del hardware y software.
   1.3. Conocer los términos propios de los sistemas operativos que se utilicen.
   1.4. Archivar y recuperar información.

2. Uso de internet:

   2.1. Usar correctamente los navegadores de internet.
   2.2. Usar los buscadores.
   2.3. Usar la comunicación a través de la red (correo electrónico, chats, foros...).
   2.4. Iniciación al trabajo en entornos colaborativos.

3. Uso de programas básicos:

   3.1. Emplear procesadores de texto en sus funciones básicas.
   3.2. Usar aplicaciones de edición de gráficos en sus funciones básicas.
   3.3. Utilizar bases de datos sencillas (enciclopedias, diccionarios...).

Los *conocimientos, destrezas* y *actitudes* fundamentales relacionados con esta competencia son (López, 2006; Real Decreto 1513/2006):

1. *Conocimientos:* conocimiento y comprensión de los modos de operar de los sistemas tecnológicos y de las tecnologías de la información y la comunicación y su efecto en el ámbito personal y social. Los elementos esenciales del procesamiento de la información y sus utilidades. Conocimien-

to de Internet, cómo funciona y para qué sirve, así como los riesgos y las medidas para garantizar la seguridad en el uso de la misma.

2. *Destrezas:* aquellas que nos permitan obtener, seleccionar, evaluar e interpretar información para uso en distintas áreas. Instrumentación para la comunicación vía Internet, de forma personal o grupal, así como el desarrollo de estrategias relacionadas con la solución de problemas de identificación y con el uso de las nuevas tecnologías.
3. *Actitudes:* desarrollo de actitudes abiertas, responsables y críticas sobre el uso y el contenido de la información obtenida en la red. Respeto hacia las normas y los procedimientos con las formas de comunicación individual o social. Control del tiempo para el entretenimiento con las nuevas tecnologías, así como su posible dependencia y una valoración positiva para el uso de las nuevas tecnologías como principio de enriquecimiento personal y social.

d) **Aprender a aprender** (Real Decreto 126/2014). Esta competencia «supone disponer de habilidades para iniciarse en el aprendizaje y ser capaz de continuar aprendiendo cada vez más eficaz y autónomamente de acuerdo con los propios objetivos y necesidades» (Montero, 2009: 208).

Esta competencia se compone de dos dimensiones fundamentales. Por un lado, la adquisición de la conciencia de las propias capacidades intelectuales, emocionales y físicas y, por otro, la disposición de un sentimiento de competencia personal. Podríamos definir los siguientes elementos en cada una de ellas:

1. Conciencia de las propias capacidades intelectuales, emocionales y físicas:

   1.1. Ser consciente de lo que se sabe y de lo que se puede aprender.
   1.2. Ser consciente de cómo se aprende teniendo en cuenta las capacidades que entran en juego (concentración, memoria, atención, comprensión...).
   1.3. Ser consciente de cómo se gestiona el aprendizaje, considerando las distintas estrategias y técnicas de estudio, de observación y registro, de trabajo cooperativo, por proyectos, de planificación y organización de actividades.

2. Disposición de un sentimiento de competencia personal:

   2.1. Motivación.
   2.2. Confianza en uno mismo.
   2.3. Gusto por aprender.
   2.4. Plantear metas alcanzables y cumplirlas, aumentando los objetivos del aprendizaje.
   2.5. Autoevaluarse y autorregularse.

Los conocimientos, destrezas y actitudes más relacionadas con esta capacidad son:

1. *Conocimientos:* se consideran aquellos necesarios para saber iniciarse en el aprendizaje, como el conocimiento de sí mismo, de lo que se sabe y no se sabe, de las capacidades que facilitan el aprendizaje y las estrategias que favorecen su desarrollo.
2. *Destrezas:* manejar de forma eficiente recursos y técnicas de trabajo individual, la exploración de objetos y situaciones. Habilidades de comunicación y puesta en común de lo aprendido. Identificar y manejar respuestas diversas ante el planteamiento de distintas preguntas. Utilizar variadas estrategias de recogida, selección y tratamiento de la información.
3. *Actitudes:* valorar positivamente el aprender con los demás participando de forma activa en el aprendizaje sintiendo el placer por aprender, que guiará al estudiante a palpar su competencia personal y una progresiva autonomía. Aceptar los errores y administrar el esfuerzo con responsabilidad e implicación personal.

e) **Competencias sociales y cívicas.** Entendidas como aquellas que permiten vivir en sociedad, comprender la realidad social del mundo en que se vive y ejercer la ciudadanía democrática. Se contemplan en esta competencia varios conocimientos y destrezas complejas que van a desarrollar en el estudiante de primaria la participación, la toma de decisiones, la elección de comportamiento en situaciones determinadas y responsabilizarse de las situaciones adoptadas.

Las dimensiones a considerar en esta competencia son: habilidades sociales y de autonomía, sociedad y ciudadanía, pensamiento social y espacio y tiempo (Sarramona, 2004). Los elementos a considerar en estas dimensiones atienden a los siguientes:

1. Habilidades sociales y de autonomía:

   1.1. Saber escuchar y dialogar.
   1.2. Imprimir un valor positivo a las relaciones con los demás.
   1.3. Reconocerse y aceptarse como miembro de un grupo social e identificar las emociones y sus causas, así como las habilidades personales y sus limitaciones.
   1.4. Reconocer con una actitud positiva las características del entorno en el que se vive (naturaleza, arte, cultura...).
   1.5. Adquirir el hábito de trabajar de forma autónoma y prevenir y solucionar problemas cotidianos.
   1.6. Aprender a trabajar en equipo y a tomar decisiones.

2. Sociedad y ciudadanía:

   2.1. Conocer las características fundamentales de la sociedad: derechos y deberes, los diferentes colectivos junto con las culturas y razones de las mismas.
   2.2. Aprender a relacionarse y convivir a través de la participación en la sociedad actual, siendo solidarios, tolerantes y participativos.
   2.3. Proceder de forma adecuada, dependiendo de los distintos espacios sociales, así como el uso de los protocolos que determinan el comportamiento en los mismos.
   2.4. Entender y razonar la necesidad de conservación del patrimonio cultural propio y de otras culturas.

3. Pensamiento social:

   3.1. Darse cuenta de que hay distintas visiones sobre un hecho y respetar las opiniones de los demás.
   3.2. Identificar los diversos factores que pueden intervenir en la explicación de acontecimientos y problemas sociales.
   3.3. Justificar y entender las razones y las críticas de manera positiva.

4. Espacio y tiempo:

   4.1. Orientarse con respecto al espacio: puntos de referencia y puntos cardinales.
   4.2. Identificar y leer planos y mapas con los principales elementos geográficos, así como elementos propios de la actividad económica.
   4.3. Conocer periodos y tiempos importantes de la historia.

Podemos señalar en referencia a los conocimientos, destrezas y actitudes relacionadas con esta competencia, las siguientes (López, 2006):

1. *Conocimientos:* implica conocimientos y su reflexión de conceptos como democracia, libertad, solidaridad, tolerancia, participación y respeto, identificando los derechos y deberes de los ciudadanos según las declaraciones internacionales, la Constitución Española y los estatutos de autonomía,

conforme a la evolución y organización de la sociedad. Reconocer la diversidad territorial y social en distintos contextos. Importancia del patrimonio y la sostenibilidad, tomando como referencia los momentos históricos.

2. *Destrezas:* desarrollo de habilidades relacionadas con la participación activa, como la comunicación, la toma de decisiones, el diálogo, la negociación, la prevención y la resolución de conflictos. Comportamientos responsables y participativos ejercitando derechos y deberes. Tratamiento de la información y análisis de situaciones históricas y sociales vinculadas a la diversidad cultural y patrimonial.
3. *Actitudes:* supone adquirir valores como el respeto, la tolerancia y la solidaridad, rechazando los prejuicios con respecto a los más cercanos y a la sociedad en general, así como con uno mismo, considerando la autoestima como una actitud positiva. Destacar el valor de las distintas culturas y el respeto por el patrimonio natural y cultural y la conservación del medio ambiente.

f) **Sentido de iniciativa y espíritu emprendedor.** Incluye la posibilidad de optar con criterio propio y espíritu crítico y llevar a cabo las iniciativas necesarias para desarrollar la opción elegida y hacerse responsable de ella. Incluye la capacidad emprendedora para idear, planificar, desarrollar y evaluar un proyecto (Decreto 230/2007). Esta competencia puede dividirse en las siguientes dimensiones (López, 2006):

1. Cualidades y habilidades personales:
   - 1.1. Responsabilidad.
   - 1.2. Perseverancia.
   - 1.3. Conocimiento de sí mismo.
   - 1.4. Autoestima.
   - 1.5. Creatividad.
   - 1.6. Autocrítica.
   - 1.7. Control emocional.
   - 1.8. Capacidad de elegir.
   - 1.9. Calcular riesgos.
   - 1.10. Afrontar problemas.

2. Cualidades y habilidades sociales:
   - 2.1. Relacionarse, cooperar y trabajar en equipo.
   - 2.2. Dialogar y negociar.
   - 2.3. Trabajar de forma cooperativa y flexible.

3. Cualidades y habilidades de dirección o liderazgo:
   - 3.1. Proponer objetivos, planificar y llevar a cabo proyectos.
   - 3.2. Anhelo de superación.
   - 3.3. Organización de tiempos y tareas.

Los conocimientos, destrezas y actitudes más relacionados con esta competencia son:

1. *Conocimientos:* conocer las fases de desarrollo de un proyecto individual o colectivo y las características del entorno en dónde se va a desarrollar.
2. *Destrezas:* elaborar nuevas ideas y reelaborar planteamientos iniciales, encontrar soluciones a los problemas y llevarlas a la práctica. Planificar, tomar decisiones actuar y evaluar, así como autoevaluarse y extraer conclusiones. Habilidades sociales para relacionarse y trabajar de forma cooperativa. El sentido crítico, la creatividad y el liderazgo.
3. *Actitudes:* valorar las ideas de los demás, ser flexible y asertivo. Confiar en los demás y en uno mismo. Desarrollar el sentido de la responsabilidad, la honestidad, la superación, el esfuerzo y la constancia. Valorar las ideas de los demás, aprender de los errores y/o asumir riesgos.

g) **Conciencia y expresiones culturales.** Supone apreciar, comprender y valorar críticamente diferentes manifestaciones culturales y artísticas, utilizarlas como fuente de disfrute y enriquecimiento personal y considerarlas parte del patrimonio cultural de los pueblos.

Las dimensiones que pueden componer esta competencia se refieren a la comprensión artística y a la expresión artística (Sarramona, 2004):

1. Comprensión artística:

   1.1. Conocer e identificar aspectos básicos de la cultura musical (instrumentos, estilos...) y lenguajes musicales básicos.
   1.2. Reconocer los géneros, estilos y elementos que intervienen en una producción dramática.
   1.3. Conocer los diferentes tipos de danza.

2. Expresión artística:

   2.1. Interpretar y expresar sentimientos.
   2.2. Expresar plásticamente ideas y sentimientos mediante diversas técnicas.
   2.3. Comunicarse y expresar ideas y sentimientos a través de la dramatización.

Para entender mejor la competencia y su inclusión en el currículum escolar de la Educación Primaria, podemos ver aquellos conocimientos, destrezas y actitudes más relacionados con esta competencia:

1. *Conocimientos:* implica el conocimiento elemental de los materiales, técnicas y recursos en relación con los distintos lenguajes artísticos. Identificar y conocer las más destacadas obras artísticas y manifestaciones del patrimonio cultural.
2. *Destrezas:* habilidades del pensamiento divergente y convergente. Habilidad para apreciar y disfrutar de obras de arte, manifestaciones culturales y otras habilidades relacionadas con el empleo de recursos de la expresión artística. Otras habilidades estarán relacionadas con el uso básico de medios de expresión artística para realizar creaciones propias.
3. *Actitudes:* la adquisición de esta competencia implica una actitud abierta, respetuosa y crítica ante la variedad de expresiones artísticas y culturales, el deseo y la voluntad de favorecer la capacidad estética y creadora y el interés por contribuir a la vida cultural y conservación del patrimonio.

3. LAS COMPETENCIAS Y SU INTEGRACIÓN EN EL CURRÍCULUM

No podemos olvidar que las competencias clave deben integrarse y coordinarse con cada uno de los elementos curriculares. El diseño curricular en la enseñanza obligatoria debe realizarse en torno al desarrollo de estas teniendo en cuenta que los objetivos, contenidos y evaluación se plantearán en relación con los mismos. Considerando el planteamiento de Montero (2009: 185) de acuerdo con el significado de estos elementos:

> «Las competencias se definen para toda la educación básica y obligatoria, son transversales al currículum, se estiman en las pruebas de diagnóstico y dan referencia a la promoción y titulación del alumnado.
>
> Los objetivos se definen para cada etapa, se establecen por área y materia y las áreas contribuyen al logro de las competencias y dan referencia a la promoción y titulación del alumnado.
>
> Los contenidos serán conocimientos, conceptos, principios y hechos. Procedimientos, habilidades y destrezas. Actitudes, valores y normas.»

Será imprescindible para el diseño y desarrollo curricular por competencias relacionar cada una de ellas con los objetivos generales de etapa y, a su vez, con los objetivos de cada una de las áreas.

Para la evaluación de las competencias se plantearán criterios para ciclo y curso, teniendo en cuenta los objetivos de área y materia en relación con los objetivos generales de etapa.

El trabajo en las áreas y materias del currículo para contribuir al desarrollo de las competencias clave debe complementarse con diversas medidas organizativas y funcionales imprescindibles para su desarrollo, como la organización y el funcionamiento de los centros y las aulas, la participación del alumnado, las normas de régimen interno, el uso de determinadas metodologías y recursos didácticos, la concepción, organización y funcionamiento de la biblioteca escolar y la planificación de las actividades complementarias y extraescolares.

Todos estos factores pueden favorecer o dificultar el desarrollo de competencias asociadas a la comunicación, el análisis del entorno físico, la creación, la convivencia y la ciudadanía o la alfabetización digital. Igualmente, la acción tutorial permanente puede contribuir de modo determinante a la adquisición de competencias relacionadas con la regulación de los aprendizajes, el desarrollo emocional o las habilidades sociales.

CUADRO 4.1

Relación de las competencias clave con las áreas o materias (CEP Lanzarote, 2008)

Educación Primaria						
	Conocimiento del Medio	**Educación Artística**	**Educación Física**	**Lengua Castellana y Literatura**	**Lengua Extranjera**	**Matemáticas**
Comunicación lingüística						
Competencia matemática y competencias básicas en ciencias y tecnología						
Competencia digital						
Aprender a aprender						
Competencias sociales y cívicas						
Sentido de iniciativa y espíritu emprendedor						
Conciencia y expresiones culturales						

Indicar con (***) el área o materia más relacionada con cada competencia o competencias clave; con (**) las áreas o materias muy relacionadas con cada competencia o competencias básicas, y con (*) las algo relacionadas. Dejar en blanco las poco o nada relacionadas.

La incorporación de las competencias clave al currículum irá desde los diseños curriculares de etapa y área hasta la programación didáctica, para concretarse en la unidad didáctica.

Los diseños curriculares serán tarea del centro o del equipo docente responsable de cada etapa. De igual forma, la programación didáctica corresponderá a los profesores responsables de un grupo, siendo la unidad didáctica el nivel más operativo de concreción curricular. Es aquí donde se hace más evidente y sustantiva la integración de las competencias clave.

Teniendo en cuenta los objetivos, contenidos, competencias clave y criterios de evaluación señalados en los documentos legales, el profesor debe buscar la evidencia de la competencia en relación con contenidos y objetivos, así como evaluarla. Las evidencias se realizan a través de tareas que el profesor diseñará y el alumno trabajará para el desarrollo de una u otra competencia teniendo en cuenta sus dimensiones y elementos. La metodología vendrá condicionada por esta visión de proceso teniendo en cuenta competencias y objetivos a desarrollar.

CUADRO 4.2

Relación entre las competencias clave y otros elementos del currículum (CEP Lanzarote, 2008)

Etapa: .... **Ciclo:** .... **Curso:** .... **Área/materia:** ....

Criterios de evaluación	Competencias básicas	Contenidos	Objetivos	
			Objetivos de área	Objetivos de etapa

REFERENCIAS BIBLIOGRÁFICAS

CEP Lanzarote (2008). *Las competencias básicas en los nuevos currículos de la LOE como ámbito de mejora. Repercusión en las actividades de aula y en la metodología.* Jornadas de Trabajo. En http://www.juntadeandalucia.es/averroes/iestorredelosherberos/competencias/Esquemas-Competencias%20y%20subcompt.ppt (23/04/2011).

Decreto 230/2007. De 31 de julio, por el que se establece la ordenación y las enseñanzas correspondientes a la Educación Primaria en Andalucía. *Boletín Oficial de la Junta de Andalucía, 156,* 9-15.

Decreto 97/2015 de 3 de marzo, por el que se establece la ordenación y el currículo de la Educación Primaria en la Comunidad Autónoma de Andalucía. *Boletín Oficial de la Junta de Andalucía,* 50, 11-22.

Delors, J. (1996). *La Educación encierra un tesoro.* Francia: UNESCO.

Diario Oficial de la UE (2006). Diario Oficial de la Unión Europea 30-12-2006: L394. *Recomendación del Parlamento Europeo y del Consejo, de 18 de diciembre de 2006, sobre las competencias claves para el aprendizaje permanente.* Recuperado el 10 de febrero de 2011 de la base de datos Eurlex.

Ley Orgánica 2/2006. De 3 de mayo, de Educación. *Boletín Oficial del Estado, 106,* 17158-17207.

Ley Orgánica 8/2013, de 9 de diciembre, para la mejora de la calidad educativa. *Boletín Oficial del Estado,* 295, 97858-97921.

López, J. (2006). Las competencias básicas del currículum en la LOE. En *V Congreso Internacional «Educación y Sociedad».* (http://www.cprceuta.es/CPPSXXI/Modulo%204/Archivos/Primaria/ENLACES%20Y%20DOCUMENTOS%20DIGITALES/LEER/Juan-Lopez.pdf) (25/04/2011).

Monereo, C. y Pozo, J. I. (coord.) (2007). Monográfico sobre competencias básicas. *Cuadernos de Pedagogía, 370.*

Montero, A. (2009). *Las competencias en educación. Competencias educativas, diseño y desarrollo del currículo en los centros.* Sevilla: Guadalturia Ediciones.

Real Decreto 126/2014, de 28 de febrero, por el que se establece el currículo básico de la Educación Primaria. *Boletín Oficial del Estado, 52,* 19349-19420.

Sarramona, J. (2004). *Las competencias básicas en la educación obligatoria.* Barcelona: Ediciones Ceac.

Simone, D. y Hersh, L. (comp.) (2006). *Las competencias clave para el bienestar personal, social y económico.* Archidona (Málaga): Aljibe.

Spencer, L. M. y Spencer, S. M. (1993). *Competence at Work.* New York: John Wiley & Sons.

Zabala, A. y Arnau, L. (2007). *Cómo aprender y enseñar competencias.* Barcelona: Graó.

RECURSOS DE EXTENSIÓN

Blog titulado «Educación en competencias», dónde se puede encontrar información sobre concepto de competencias, así como experiencias prácticas de diseño por competencias básicas y ejemplos de cada una de las ocho competencias básicas. http://desarrollacompetencias.blogspot.com/

Montero Alcaide, A. (2009). *Las competencias en educación. Competencias educativas, diseño y desarrollo del currículo en los centros.* Sevilla: Guadalturia. Ofrece orientaciones y modelos para que las competencias puedan considerarse de manera viable y operativa en los procesos de diseño y desarrollo del currículum que acometen los centros educativos.

Página Web del CEP de Priego-Montilla con diversos recursos y materiales para el desarrollo de las competencias básicas: http://www.juntadeandalucia.es/averroes/~cepco3/competencias/primera.htm

Página Web del CEIP San José Obrero de Sevilla, donde el lector puede encontrar información de interés sobre el desarrollo de las competencias básicas en la vida diaria del centro: http://www.juntadeandalucia.es/averroes/sanjoseobrero/

Página Web del CEP de Córdoba con diversos recursos y materiales para el desarrollo de las competencias básicas: http://competenciasbasicascordoba.webnode.es/programar-por-competencias/

PROPUESTA DE ACTIVIDADES

1. Seleccione un ciclo y una de las áreas de conocimiento de la Educación Primaria y relacione los contenidos propuestos para el ciclo elegido en esa área con los objetivos del área, los objetivos de la etapa y las dimensiones y elementos de las distintas competencias clave. Para ello, deberá consultar la normativa citada en los recursos de extensión y seguir las dimensiones y elementos de las competencias planteados en este capítulo. Puede realizar la actividad siguiendo la estructura propuesta a continuación, añadiendo las celdas que necesites.

Área:	Ciclo:

Contenido	
Objetivos de área	
Objetivos de etapa	
Competencias/Dimensión/Elemento	

Contenido	
Objetivos de área	
Objetivos de etapa	
Competencias/Dimensión/Elemento	

Contenido	
Objetivos de área	
Objetivos de etapa	
Competencias/Dimensión/Elemento	

5 Los objetivos de la enseñanza

SOLEDAD GARCÍA GÓMEZ
JOSÉ MANUEL LAVIÉ MARTÍNEZ

INTRODUCCIÓN

Los objetivos constituyen un elemento básico de cualquier proceso de enseñanza-aprendizaje, puesto que son la expresión del sentido que tiene la labor a desarrollar en las aulas, tanto por parte del profesorado como del alumnado. Durante mucho tiempo, el predominio de un modelo didáctico tradicional, centrado en la transmisión de contenidos conceptuales al alumnado y alentado por un contexto político autoritario, hizo innecesario disponer y explicitar cuáles eran las finalidades de la enseñanza en el sistema educativo. A raíz de la década de los años setenta de pasado siglo, con la promulgación de la Ley General de Educación (LGE), inspirada en los postulados positivistas y, por tanto, técnicos, que defendían autores norteamericanos, los objetivos irrumpen como el elemento más importante de toda programación didáctica. Desde entonces su preponderancia en nuestro sistema es incuestionable.

Por ello, en este capítulo vamos a presentar cómo se conciben los objetivos desde estas premisas y por qué, así como cuál ha sido su evolución en las últimas décadas en el sistema educativo español, evolución que se plasma en los textos académicos, en la legislación, en los materiales curriculares y en las experiencias didácticas innovadoras.

La idea nuclear que se manifiesta en las páginas siguientes es que hoy día conviven en nuestras escuelas dos formas de entender los objetivos y de abordarlos. De una parte, disponemos de un amplio abanico de objetivos concretos inspirados en el enfoque técnico que determinan los contenidos, los criterios de evaluación, las actividades e, incluso, las competencias básicas, objetivos presentes en las guías didácticas que aportan las editoriales y en multitud de programaciones que se elaboran y difunden desde ámbitos diversos. Pero, de otra parte, el quehacer cotidiano de muchas maestras y de muchos maestros de Educación Infantil y Primaria no se basa en esos objetivos, sino en otros de carácter más abierto, que les orientan en su trabajo y les hacen muy conscientes de cuál es el sentido de este, sin requerir un diseño exhaustivo y concreto para llevarlo a la práctica.

Así, a tenor de lo expuesto, el contenido de este capítulo sobre los objetivos de la enseñanza queda estructurado en los siguientes apartados:

5. Algunas limitaciones del diseño curricular por objetivos.
6. Otra forma de entender los objetivos en la enseñanza.

1. EL SENTIDO DE LOS OBJETIVOS DE ENSEÑANZA

La enseñanza es una actividad intencional. Sea cual sea el modelo educativo que suscribamos, la enseñanza se rige por algún tipo de interés. Podemos entender que su propósito sea la transmisión al alumnado de un cuerpo de conocimientos seleccionados y elaborados, que sea guiar sus procesos de desarrollo personal, o bien, por poner solo algunos ejemplos, que se ocupe de generar contextos ricos de aprendizaje en los que puedan emerger experiencias significativas de vida. Siempre hay alguna finalidad en este proceso, aunque no siempre sea la misma ni lo sea para todos.

A la escuela se va a aprender; se espera que la escuela oriente y favorezca el desarrollo de niñas y niños, que les acompañe en su crecimiento, que contribuya a su felicidad, que les haga partícipes de la cultura, etc. Por ello, todas las leyes educativas explicitan cuál o cuáles son sus finalidades. A tenor de la legislación vigente (texto consolidado de la Ley Orgánica de Educación de 2006 y Ley Orgánica de Mejora de la Calidad de la Educación de 2013), la finalidad de la educación infantil es «contribuir al desarrollo físico, afectivo, social e intelectual de los niños», y la de la educación primaria es «proporcionar a todos los niños y niñas una educación que permita afianzar su desarrollo personal y su propio bienestar, adquirir las habilidades culturales básicas relativas a la expresión y comprensión oral, a la lectura, a la escritura y al cálculo, así como desarrollar las habilidades sociales, los hábitos de trabajo y estudio, el sentido artístico, la creatividad y la afectividad».

La legislación educativa concreta estas finalidades en objetivos como veremos en un apartado posterior. Cabe plantearse si las maestras y los maestros podrían desarrollar su trabajo docente atendiendo solo a estas finalidades o si, por el contrario, necesitan que la administración las desglose en objetivos concretos.

Se trata de explorar si los objetivos derivados de las finalidades son una pieza relevante en el quehacer docente, tanto en la fase de diseño como en la de desarrollo del currículum. ¿Orientan los objetivos el trabajo de maestras y maestros en las aulas?, ¿determinan sus actuaciones?, ¿les limitan?, ¿les aportan seguridad en su desempeño? En definitiva, nos planteamos qué sentido otorga el profesorado a los objetivos, qué papel les adjudica en su forma de proceder.

Para esbozar respuestas a estos interrogantes tenemos que partir de la base de que en este colectivo de profesionales, como en todos, hay variedad de posturas. Hay docentes que necesitan disponer de un desglose exhaustivo de las finalidades educativas en objetivos concretos (y agradecen que las editoriales se los proporcionen), mientras hay otros docentes que guían su actuación teniendo muy claro cuál es el contenido de esas finalidades, sin necesidad de desmenuzarlas en porciones más pequeñas.

Salvando ciertas excepciones, se podría afirmar que en la actualidad se asume por parte de muchos docentes de Educación Infantil y Primaria, así como por parte de los especialistas en la disciplina académica que da nombre a este libro, que las finalidades educativas han de ser desglosadas en objetivos más concretos, los cuales se subdividen igualmente en otros más específicos, y se continúa este proceso de reducción hasta llegar al máximo grado de concreción posible. En términos generales, se suele plantear que las finalidades de cada etapa educativa se han de seguir especificando en sucesivos niveles:

— Objetivos generales de etapa.
— Objetivos específicos de cada área para la etapa.
— Objetivos específicos para cada ciclo.
— Objetivos específicos de cada área para cada ciclo.
— Objetivos didácticos para cada tema o unidad didáctica.

— Objetivos para cada parte de cada tema o unidad didáctica.

Además, se suscribe que los objetivos son fundamentales para poder pensar y decidir qué se va a realizar en las clases. Se consideran ingredientes imprescindibles de cualquier diseño didáctico. En numerosas ocasiones, su identificación con los contenidos y con los criterios de evaluación suele ser total; las diferencias entre ellos quedan reducidas entonces al uso de un verbo u otro en infinitivo.

Este enfoque de los objetivos preponderante en nuestro actual sistema educativo, que no es el único posible, se fundamenta en el enfoque técnico del currículum y en la aplicación de la racionalidad medios-fines a la enseñanza. La presencia y la relevancia de este enfoque, tanto en la formación inicial del profesorado como en la cultura pedagógica de muchos profesionales, justifica, en cierta medida, que perdure en la actualidad esta concepción de los objetivos y de su papel en la programación de la enseñanza.

2. LOS OBJETIVOS: ELEMENTO CLAVE DE LA PROGRAMACIÓN

El sistema educativo español es deudor, como no podría ser de otra manera, de las condiciones sociales, políticas y económicas en las cuales se gestó, así como de su propia evolución. Por tanto, en muchas ocasiones, es imprescindible llevar la vista atrás para comprender el presente. No es posible hablar de la enseñanza en los inicios del siglo XXI en los mismos términos que se hacía a mediados del siglo pasado. En estas décadas la sucesión de cambios profundos ha sido una realidad, y, además, estos cada vez se producen con mayor celeridad. Sin embargo, los cambios en la forma de entender los objetivos de la enseñanza son mínimos desde hace varias décadas.

La relevancia adquirida por los objetivos de la enseñanza en la Ley General de Educación promulgada en 1970 como piedra angular de la programación, aún no se ha desvanecido. A modo de ejemplo, transcribimos a continuación dos objetivos, planteados para un curso de 3.º de educación obligatoria en el área de Ciencias de la Naturaleza, que han sido formulados con más de treinta años de diferencia:

— *Situar la Tierra dentro del Sistema Solar.*
— *Reconocer el planeta Tierra como parte del Sistema Solar.*

¿Sabrías decir cuál corresponde a la década de los años ochenta del siglo XX y cuál a la primera del siglo XXI?, ¿se pueden apreciar diferencias significativas entre ambos? Creemos que no, que no es tangible la distancia de los treinta años que los separan. A pesar de ciertos matices introducidos en leyes posteriores a la LGE en relación a los objetivos, estos siguen planteándose desde premisas de corte positivista.

En capítulos precedentes se ha hecho mención al paradigma positivista y al enfoque técnico, planteamientos que, como anunciábamos, sustentan y configuran la racionalización del diseño curricular, a saber: la aplicación a la enseñanza de las premisas científicas. Se considera que todo proceso de enseñanza ha de estar regido por unos *fines* (objetivos), que se establecen de antemano, en los cuales se determina qué resultados se esperan obtener tras poner en práctica ciertos *medios* (actividades).

Es por ello que, desde esta perspectiva, los objetivos desempeñan un papel crucial, ya que todo el diseño del currículum gira en torno a ellos. Es una fórmula magistral para pensar sobre lo que se va a hacer, para determinar su desarrollo y, por supuesto, para valorar los resultados finales. Según Gimeno Sacristán (1982):

> «El modo de concebir los objetivos educativos va ligado a una forma de entender el diseño. El movimiento que exige una formulación precisa, conductual, de los objetivos, reclama paralelamente un diseño de la enseñanza también preciso a partir de ellos. Ambas exigencias son fruto de un mismo supuesto: la búsqueda de eficacia» (p. 55).

Los objetivos adquieren un relevante protagonismo en el marco del enfoque técnico del currículum en la medida en que se convierten en la unidad básica de toda programación. La enseñanza consiste en llevar a la práctica la programación previamente realizada. Programar es pensar y decidir todos los pasos que hay que dar y cómo hay que darlos. Cada uno de esos pequeños pasos es un objetivo.

Es importante subrayar que los objetivos, según el enfoque técnico, se presentan en tres niveles de concreción: generales, específicos y operativos. Así, antes de realizar una programación didáctica hay que disponer de las directrices y orientaciones pedagógicas proporcionadas por la administración educativa, en las que se manifiestan cuáles son los *objetivos generales* de cada tramo o etapa educativa, los cuales se concretan en los *objetivos específicos,* que se circunscriben a las áreas (matemáticas, lengua, ciencias sociales, etcétera), que, a su vez, se concretan mucho más en el último nivel, el de los *objetivos operativos,* la estrella de las programaciones, actualmente matizados y denominados *objetivos didácticos.*

Veamos algunos **objetivos específicos** extraídos de los Programas Renovados de la Educación General Básica (1981), los cuales son planteados para ser «conseguidos» tras finalizar los cursos del ciclo medio:

- *Escribir fracciones decimales en forma de números decimales, y viceversa.*
- *Localizar en un mapa de España las zonas más pobladas y las menos, así como las ciudades y pueblos más importantes.*
- *Comentar una noticia emitida por la radio.*
- *Conocer las canciones tradicionales de su entorno.*
- *Seguir la trayectoria de una gota de sangre imaginaria desde que sale del corazón hasta su regreso al punto de partida.*

Escribir, localizar, comentar..., desde este enfoque, los objetivos se formulan (se redactan) especificando qué comportamiento ha de mostrar el alumno tras realizar las actividades (o actividad) pertinentes. La selección del verbo escrito en infinitivo, que habría de reflejar ese resultado predeterminado de aprendizaje, se convirtió en una tarea difícil para muchos docentes.

Al objeto de facilitar la tarea y organizar el abanico de verbos a emplear, se crearon las denominadas taxonomías de objetivos, o sea, propuestas de clasificación de verbos válidos para formular objetivos correctamente, siendo la más conocida la elaborada por Benjamin Bloom. En esta taxonomía se establecen tres dominios: el cognoscitivo, el afectivo y el psicomotor. A su vez, en el dominio cognoscitivo se identifican seis fases o pasos presentados de menor a mayor complejidad: conocimiento, comprensión, aplicación, análisis, síntesis y evaluación. En definitiva, formular un objetivo pasa por seleccionar un verbo, ya que ha de aludir a una acción que se traduzca en un determinado comportamiento del alumno. Esa acción debe ser observable y cuantificable.

En el caso de los **objetivos operativos,** además del resultado preestablecido de aprendizaje por parte del alumno, el texto del objetivo debe incluir toda la información necesaria para que se lleve a cabo: recursos, tiempo, agrupamiento y espacio (si ha lugar). Incluso se añade el criterio de evaluación, o sea, en qué nos vamos a fijar para decidir si «el objetivo se ha conseguido», «si el alumno lo ha alcanzado» o «si está superado». Tal nivel de especificidad configura exactamente qué tarea ha de realizar el alumno y cómo hacerla. Se identifica el objetivo con la actividad.

Aun cuando, a partir de la LOGSE (1990), la expresión «objetivo operativo» cayó en desuso, si nos fijamos bien, podemos encontrar muchas similitudes entre estos y los que se manejan en la actualidad en numerosas guías didácticas y diseños de unidades didácticas bajo el nombre de «objetivos didácticos». Y creemos que esto es así porque la concepción más generalizada sobre los objetivos de la enseñanza se inspira aún hoy en las premisas del enfoque técnico, contando —en ocasiones— con la connivencia de la administración pública, las editoriales y ciertos sectores académicos.

3. LOS OBJETIVOS EN LA LEGISLACIÓN EDUCATIVA

En un capítulo precedente se ha aludido a la regulación administrativa del currículum, la cual viene de antaño, aunque cada vez sea más palpable por ser tan exhaustiva. Como plantea Parra Ortiz (2009), «el profesor pasó del cuaderno de preparación de lecciones, prescrito por la Ley de Enseñanza Primaria de 1945, a la elaboración de un modelo de programación donde, a partir de los objetivos generales (finalidades de la educación) y de los objetivos específicos propios de cada área de conocimiento había de formular los objetivos operativos, y de estos, a su vez, derivar los restantes elementos de la programación: los contenidos, la metodología, las actividades y la evaluación» (p. 154).

Desde que en 1990 se promulgó la primera ley general de todo el sistema educativo del período democrático de España, la LOGSE, el afán de las administraciones públicas —tanto estatales como autonómicas— por regular qué se debe hacer en las clases y cómo hacerlo ha ido en aumento. Son numerosos los decretos, las órdenes y las instrucciones que continuamente se publican en el *Boletín Oficial del Estado (BOE)* y, en el caso de Andalucía, en el *Boletín Oficial de la Junta de Andalucía (BOJA),* donde se regulan muchos aspectos de los procesos de enseñanza.

Estos documentos legales llegan incluso a definir conceptos técnicos de un área de conocimientos. Por ejemplo, en la LOE (2006), siguiendo los pasos de la LOGSE (1990) y de la LOCE (2002), se define el currículum en los siguientes términos: «A los efectos de lo dispuesto en esta Ley, se entiende por currículo el conjunto de objetivos, competencias básicas, contenidos, métodos pedagógicos y criterios de evaluación de cada una de las enseñanzas reguladas en la presente Ley» (Artículo 6). En la LOMCE (Ley Orgánica de la Mejora de la Calidad de la Educación, 2013) se hacen algunas matizaciones y el currículo queda definido como «la regulación de los elementos que determinan los procesos de enseñanza y aprendizaje para cada una de las enseñanzas», siendo uno de estos elementos los objetivos. Junto a ellos se incluyen las competencias, los contenidos, la metodología didáctica, los estándares y resultados de aprendizaje evaluables, y los criterios de evaluación. De forma más concreta en el artículo 2 del Real Decreto 126/2014, de 28 de febrero, por el que se establece el currículo básico de la Educación Primaria, se definen los objetivos como «referentes relativos a los logros que el alumno debe alcanzar al finalizar el proceso educativo, como resultado de las experiencias de enseñanza-aprendizaje intencionalmente planificadas a tal fin».

Al plantear la propia legislación estas definiciones, se obvia todo el debate teórico de años acerca de los significados del término y, por supuesto, del significado de que exista tal polisemia (Moreno Olmedilla, 1998; Bolívar Botia, 2008).

Así pues, la legislación vigente plantea con profusión los objetivos, contenidos y criterios de evaluación de las distintas etapas que configuran el sistema educativo. Además de los objetivos generales de cada etapa, incluye los objetivos de cada área para cada etapa. Tanto en Educación Infantil (artículo 13 de la LOE) como en Educación Primaria (artículo 17), los objetivos se plantean precedidos de la frase «La Educación Infantil [o Primaria] contribuirá a desarrollar en niñas y niños las capacidades que les permitan», y, a continuación, aparece la relación de objetivos que mostramos en los apartados siguientes. Se adopta, por tanto, una determinada concepción de los objetivos, de sus posibilidades de concreción, de su formulación y de las relaciones que unos y otros guardan entre sí.

3.1. Los objetivos de la Educación Infantil

Como hemos anunciado, varios documentos legales presentan, a día de hoy, los objetivos generales y específicos de esta etapa. En el Real Decreto que regula las enseñanzas mínimas del segundo ciclo de Educación Infantil (2007) aparecen los siete objetivos generales (ya explicitados en la LOE para ambos ciclos) y los dieciocho objetivos de cada una de las tres áreas que se abordan en el segundo ciclo (3 a 6 años). En el caso de la regulación legislativa andaluza, que se ha de añadir a la estatal, se incrementa el número de objetivos y algunos de ellos se perfilan con más detalle.

A partir de estos objetivos, los centros educativos, que constituyen el segundo nivel de concreción curricular, habrán de hacer las adaptaciones oportunas. Serán así la base para su concreción en las programaciones de aula a diseñar por parte del profesorado, a no ser que se vinculen directamente con alguna propuesta editorial que les facilite esta tarea.

Se transcriben a continuación los objetivos generales de la Educación Infantil (0-6 años) explicitados en la legislación vigente a escala estatal (cuadro 5.1).

En la Comunidad Autónoma Andaluza los objetivos generales de la Educación Infantil pasan a ser nueve, los cuales se plantean de forma bastante más detallada. Además, en la propia orden se explica cómo se conciben: «Se entienden los objetivos como las intenciones educativas, las metas que guían el proceso de enseñanza para la consecución de los aprendizajes. Su carácter procesal permite diferentes niveles de concreción que hacen posible su acomodación a la práctica educativa de cada contexto, ciclo o nivel. Los objetivos generales expresan las capacidades que se pretende que los niños y niñas vayan desarrollando como consecuencia de la intervención educativa» (Orden por la que se desarrolla el Currículo correspondiente a la Educación Infantil en Andalucía, agosto 2008: 21) (cuadro 5.2).

La Educación Infantil se ha estructurado en torno a tres áreas para ambos ciclos (ciclo I: 0 a 3 años, y ciclo II: 3 a 6 años), las cuales se considera que corresponden a ámbitos propios de la experiencia y del desarrollo infantil:

a) Conocimiento de sí mismo y autonomía personal.
b) Conocimiento del entorno.
c) Lenguajes: comunicación y representación.

En el texto de la orden andaluza se destaca que «La etapa de Educación Infantil constituye una unidad curricular y, por tanto, los objetivos se refieren, consecuentemente, tanto al primer ciclo como al segundo. Asimismo, la formulación de objetivos de área no debe suponer un desarrollo parcelado del currículo de esta etapa. Cada uno de los objetivos de área podrá relacionarse con uno o varios de los objetivos generales de etapa, y viceversa, lo que permite y aconseja la planificación del trabajo educativo en el que se aborden y generen conocimientos y competencias diversas de manera integrada» (Orden por la que se desarrolla el Currículo correspondiente a la Educación Infantil en Andalucía, agosto 2008: 21). En esta ocasión, los nueve objetivos generales se desglosan en las tres áreas, obteniéndose diecinueve objetivos en este primer nivel de concreción curricular.

CUADRO 5.1

Objetivos generales de la Educación Infantil (extraídos del Real Decreto por el que se establecen las enseñanzas mínimas del segundo ciclo de Educación Infantil, enero 2007)

La Educación Infantil contribuirá a desarrollar en niñas y niños capacidades que les permitan:

a) Conocer su propio cuerpo y el de los otros, sus posibilidades de acción y aprender a respetar las diferencias.
b) Observar y explorar su entorno familiar, natural y social.
c) Adquirir progresivamente autonomía en sus actividades habituales.
d) Desarrollar sus capacidades afectivas.
e) Relacionarse con los demás y adquirir progresivamente pautas elementales de convivencia y relación social, así como ejercitarse en la resolución pacífica de conflictos.
f) Desarrollar habilidades comunicativas en diferentes lenguajes y formas de expresión.
g) Iniciarse en las habilidades lógico-matemáticas, en la lecto-escritura y en el movimiento, el gesto y el ritmo.

CUADRO 5.2

Objetivos generales de la Educación Infantil para Andalucía (extraídos de la Orden por la que se desarrolla el Currículo correspondiente a la Educación Infantil en Andalucía, agosto 2008)

a) Construir su propia identidad e ir formándose una imagen positiva y ajustada de sí mismo, tomando gradualmente conciencia de sus emociones y sentimientos a través del conocimiento y valoración de las características propias, sus posibilidades y límites.
b) Adquirir autonomía en la realización de sus actividades habituales, en la práctica de hábitos básicos de salud y bienestar y desarrollar su capacidad de iniciativa.
c) Establecer relaciones sociales satisfactorias en ámbitos cada vez más amplios, teniendo en cuenta las emociones, sentimientos y puntos de vista de los demás, así como adquirir gradualmente pautas de convivencia y estrategias en la resolución pacífica de conflictos.
d) Observar y explorar su entorno físico, natural, social y cultural generando interpretaciones de algunos fenómenos y hechos significativos para conocer y comprender la realidad y participar en ella de forma crítica.
e) Comprender y representar algunas nociones y relaciones lógicas y matemáticas referidas a situaciones de la vida cotidiana, acercándose a estrategias de resolución de problemas.
f) Representar aspectos de la realidad vivida o imaginada de forma cada vez más personal y ajustada a los distintos contextos y situaciones, desarrollando competencias comunicativas en diferentes lenguajes y formas de expresión.
g) Utilizar el lenguaje oral de forma cada vez más adecuada a las diferentes situaciones de comunicación para comprender y ser comprendido por los otros.
h) Aproximarse a la lectura y escritura en situaciones de la vida cotidiana a través de textos relacionados con ella, valorando el lenguaje escrito como instrumento de comunicación, representación y disfrute.
i) Conocer y participar en algunas manifestaciones culturales y artísticas de su entorno, teniendo en cuenta su diversidad y desarrollando actitudes de interés, aprecio y respeto hacia la cultura andaluza y la pluralidad cultural.

A partir de los objetivos de las áreas, cada centro educativo que imparta estas enseñanzas habrá de adaptarlos para incluirlos en su plan de centro, los cuales servirán de referencia para que las maestras y los maestros formulen los objetivos didácticos de las programaciones.

3.2. Los objetivos de la Educación Primaria

Los objetivos generales de la Educación Primaria, que aparecen en la LOE (2006), son catorce (cuadro 5.3).

Tras la puesta en marcha de la LOMCE se ha publicado el Real Decreto 126/2014, de 28 de febrero, por el que se establece el currículo básico de la Educación Primaria, en el que se mantienen los mismos objetivos.

A estos catorce objetivos generales hay que añadir seis más, específicos para Andalucía, tal como se recoge en el artículo 4 del Decreto 97/2015, por el que se establece la ordenación y el currículo de la Educación Primaria en la Comunidad Autónoma de Andalucía. En este artículo se amplía el encabezado más habitual de los apartados de objetivos y, además de aludir a las capacidades del alumnado, se dice que los objetivos han de contribuir al desarrollo de saberes, hábitos, actitudes y valores (cuadro 5.4).

En el caso de la educación primaria, el número de objetivos que están explicitados en los documentos legislativos es mayor que en educación infantil. Los veinte objetivos generales de la etapa (catorce más seis) se concretan en las áreas de conocimientos establecidas, que son:

— Ciencias de la Naturaleza.
— Ciencias Sociales.
— Lengua castellana y Literatura.
— Matemáticas.
— Primera Lengua extranjera.
— Educación Física.

CUADRO 5.3

Objetivos generales de la Educación Primaria (extraídos del Real Decreto por el que se establecen las enseñanzas mínimas de la Educación Primaria, diciembre 2006)

La Educación Primaria contribuirá a desarrollar en niñas y niños capacidades que les permitan:

a) Conocer y apreciar los valores y las normas de convivencia, aprender a obrar de acuerdo con ellas, prepararse para el ejercicio activo de la ciudadanía y respetar los derechos humanos, así como el pluralismo propio de una sociedad democrática.

b) Desarrollar hábitos de trabajo individual y de equipo, de esfuerzo y responsabilidad en el estudio, así como actitudes de confianza en sí mismo, sentido crítico, iniciativa personal, curiosidad, interés y creatividad en el aprendizaje.

c) Adquirir habilidades para la prevención y resolución pacífica de conflictos, que les permitan desenvolverse con autonomía en el ámbito familiar y doméstico, así como en los grupos sociales con los que se relacionan.

d) Conocer, comprender y respetar las diferentes culturas y las diferencias entre las personas, la igualdad de derechos y oportunidades de hombres y mujeres y la no discriminación de personas con discapacidad.

e) Conocer y utilizar de manera apropiada la lengua castellana y, si la hubiere, la lengua cooficial de la comunidad autónoma y desarrollar hábitos de lectura.

f) Adquirir en, al menos, una lengua extranjera la competencia comunicativa básica que les permita expresar y comprender mensajes sencillos y desenvolverse en situaciones cotidianas.

g) Desarrollar las competencias matemáticas básicas e iniciarse en la resolución de problemas que requieran la realización de operaciones elementales de cálculo, conocimientos geométricos y estimaciones, así como ser capaces de aplicarlos a las situaciones de su vida cotidiana.

h) Conocer y valorar su entorno natural, social y cultural, así como las posibilidades de acción y cuidado del mismo.

i) Iniciarse en la utilización de las tecnologías de la información y la comunicación para el aprendizaje, desarrollando un espíritu crítico ante los mensajes que reciben y elaboran.

j) Utilizar diferentes representaciones y expresiones artísticas e iniciarse en la construcción de propuestas visuales.

k) Valorar la higiene y la salud, aceptar el propio cuerpo y el de los otros, respetar las diferencias y utilizar la educación física y el deporte como medios para favorecer el desarrollo personal y social.

l) Conocer y valorar los animales más próximos al ser humano y adoptar modos de comportamiento que favorezcan su cuidado.

m) Desarrollar sus capacidades afectivas en todos los ámbitos de la personalidad y en sus relaciones con los demás, así como una actitud contraria a la violencia, a los prejuicios de cualquier tipo y a los estereotipos sexistas.

n) Fomentar la educación vial y actitudes de respeto que incidan en la prevención de los accidentes de tráfico.

CUADRO 5.4

Objetivos generales de la Educación Primaria específicos de Andalucía. Extraídos del Decreto por el que se establece la ordenación y el currículo de la Educación Primaria en la Comunidad Autónoma de Andalucía (marzo 2015)

a) Desarrollar la confianza de las personas en sí mismas, el sentido crítico, la iniciativa personal, el espíritu emprendedor y la capacidad para aprender, planificar, evaluar riesgos, tomar decisiones y asumir responsabilidades.

b) Participar de forma solidaria, activa y responsable, en el desarrollo y mejora de su entorno social y natural.

c) Desarrollar actitudes críticas y hábitos relacionados con la salud y el consumo responsable.

d) Conocer y valorar el patrimonio natural y cultural y contribuir activamente a su conservación y mejora, entender la diversidad lingüística y cultural como un valor de los pueblos y de las personas y desarrollar una actitud de interés y respeto hacia la misma.

e) Conocer y apreciar las peculiaridades de la modalidad lingüística andaluza en todas sus variedades.

f) Conocer y respetar la realidad cultural de Andalucía, partiendo del conocimiento y de la comprensión de la misma como comunidad de encuentro de culturas.

— Religión, o Valores sociales y cívicos.
— Educación Artística.
— Segunda Lengua extranjera.

A estas áreas se han de añadir asignaturas de libre configuración autonómica como son Educación para la Ciudadanía y los Derechos Humanos en quinto curso o Cultura y Práctica Digital en sexto.

Todas las áreas cuentan con sus propios objetivos específicos. Así, en la legislación vigente, la finalidad educativa genérica de esta etapa, desglosada en catorce objetivos generales (veinte en Andalucía), se sigue desglosando hasta superar los ochenta objetivos de áreas. En el caso particular de Andalucía, en los anexos de la Orden de 17 de marzo de 2015, por la que se desarrolla el currículo correspondiente a la Educación Primaria en Andalucía (BOJA), se recogen los objetivos específicos de cada área de conocimientos.

4. LAS EDITORIALES Y EL DISEÑO DEL CURRÍCULUM POR OBJETIVOS

Con el discurso anterior hemos querido enfatizar que en nuestro sistema educativo actual los procesos de enseñanza-aprendizaje y, concretamente, los objetivos de la enseñanza, su concepción, caracterización y desglose, vienen marcados tanto por las reminiscencias de un enfoque técnico, aún no superado, como por la excesiva regulación legislativa. Desde que se promulgó la LOGSE, hace más de veinticinco años, desde foros diversos se ha dicho que el enfoque práctico del currículum había aterrizado en los centros educativos; sin embargo, a poco que profundicemos en muchas de sus manifestaciones podemos comprobar que no es así.

Para ampliar más nuestra mirada y comprender cuál es la situación actual de los objetivos, es conveniente que hagamos referencia al papel que desempeñan los libros de texto en este entramado. En términos de Gimeno Sacristán (1991), el libro de texto constituye el «currículum presentado a los profesores» por las editoriales.

Éstas, que en los últimos años parecen haberse afianzado más en los postulados técnicos, son las que moldean y especifican en gran medida todo aquello planteado a nivel legislativo, llegando incluso a tergiversar los principios teóricos que la Ley predica. Baste decir, a título de ejemplo, que un proceso de construcción de conocimientos por parte del alumnado, que precisa partir de la exploración de sus ideas previas sobre un tópico, no puede encauzarse mediante el uso del libro de texto, abordando en clase los contenidos que incluye ni realizando los ejercicios que propone. Estos están, necesaria e inevitablemente, al margen del proceso singular que haya derivado del intercambio y del análisis de las ideas previas de las niñas y los niños del grupo.

Las editoriales ponen a disposición del profesorado las guías didácticas donde se explican al detalle cómo usar sus libros de texto. Incluyen objetivos de cada tema o unidad didáctica, especifican contenidos conceptuales, procedimentales y actitudinales, además de aportar los criterios de evaluación. También aluden a recursos que se pueden emplear, realizan sugerencias metodológicas e, incluso, prevén qué dificultades se presentarán en el desarrollo del tema, dando pautas para su solución. Esta ayuda, que en muchos casos es muy estimada por maestras y maestros, tiene implicaciones de gran trascendencia: traduce y concreta el contenido de la legislación (que en algunos aspectos es orientativo y genérico) al diseño de unidades didácticas válidas para ser desarrolladas en cualquier contexto escolar. Cierran el currículum prescrito al margen del entorno en el que cobra vida.

En ocasiones, este proceso se da sin que el profesorado que maneja el libro haya realizado por sí mismo previamente varias tareas que debieran ser ineludibles: conocer la legislación, comprenderla, reflexionar sobre ella, contrastarla con sus conocimientos y principios, interpretarla y adaptarla. Saltarse este paso puede contribuir a la descualificación del profesorado en la medida en que acaba realizando en clase lo que otras personas han decidido sin comprender su finalidad (Torres Santomé, 1994). Estamos ante el profesional técnico, ejecutor de diseños curriculares preestablecidos.

No es desdeñable, además, el empeño de muchas editoriales por ofrecer objetivos didácticos muy concretos para cada tema e, incluso, para cada página del libro. De esta forma se corre un riesgo crucial que se podría expresar diciendo que, en ocasiones, **la suma de todos los objetivos didácticos que se incluyen en las guías didácticas de los materiales curriculares de las materias escolares no da como resultado la finalidad de la etapa, ni siquiera responde a los objetivos generales ni específicos marcados en la legislación.** Un exceso de concreción desligada del sentido más profundo de la enseñanza puede hacer que ésta se aleje de su fin primordial.

5. ALGUNAS LIMITACIONES DEL DISEÑO CURRICULAR POR OBJETIVOS

Muchos textos de Didáctica concluirían en el apartado precedente su explicación sobre los objetivos de la enseñanza, o, tal vez, continuarían ofreciendo instrucciones sobre la mejor forma de redactar objetivos de modo que puedan ser utilizados después como criterio en la evaluación de los resultados de aprendizaje del alumnado. Sin embargo, llegados a este punto, nuestro interés se orienta a clarificar que esta comprensión de los objetivos como un proceso sucesivo de derivación y concreción exhaustiva a partir de unas finalidades generales constituye tan solo una perspectiva entre otras posibles, aunque ciertamente se corresponde —como ya hemos anunciado— con la dominante en los discursos académicos, en la legislación vigente y en las propuestas de las editoriales.

Desde nuestro punto de vista, esta forma de entender los objetivos en la enseñanza presenta importantes limitaciones, algunas de las cuales las hemos ido sugiriendo al presentar dicho enfoque. A continuación tratamos de sistematizarlas de forma resumida en tres grupos, referidos, respectivamente, a cómo conciben el currículum, la enseñanza y el aprendizaje:

a) **Parte de una serie de supuestos curriculares claramente cuestionables.** Consideramos una limitación que en el modelo técnico se asuma que la especificación de objetivos constituye el punto de partida indiscutible de toda planificación. Con frecuencia, tiene más sentido —y es la forma de proceder de muchas maestras y maestros— pensar en un escenario de actividades ricas en oportunidades educativas y, a partir de ahí, considerar los posibles objetivos que pueden alcanzarse, o bien, en ocasiones, son los contenidos los ejes prioritarios a partir de los cuales se identifican objetivos y tareas de aprendizaje.

Otra limitación es la afirmación de que los objetivos deben ser formulados con un nivel de claridad y concreción suficientes que les permita ser usados más tarde como criterios de evaluación. Ya en 1967, Eisner argumentaba acerca de lo inadecuado de este planteamiento (Eisner, 1983). Tenemos que especificar de antemano bien lo que queremos alcanzar en cada caso, y son los objetivos los encargados de proporcionarnos esta información sobre la que comparar lo conseguido. Los logros solo se valoran si se han previsto con anterioridad. El problema principal con esta asunción es que no todos los resultados de aprendizaje son susceptibles de medición. Si se nos permite, nos atreveríamos a afirmar, incluso, que los aprendizajes más valiosos —aquellos que tienen que ver con el desarrollo de las capacidades y competencias establecidas en las finalidades del sistema educativo— escapan a la aplicación de un patrón estándar predefinido.

Algunos argumentarán que es justamente por este motivo por el que resulta preciso concretar al máximo esas finalidades, de modo que podamos valorar su grado de consecución. Y es aquí donde aflora otra limitación al encontrarnos con otro supuesto que nos suscita interrogantes. Parece asumirse que hay una relación lógica y de continuidad entre los objetivos definidos para cada uno de los niveles de concreción establecidos: partimos de lo general y, a partir de ahí, derivamos lo concreto. Este proceso en cascada, que algunos han comparado con la lógica de las muñecas rusas (Salinas Fernández, 1988; Blanco

García, 1994), garantiza la coherencia del proceso educativo en su conjunto, reduciendo a unidades operativas y manejables lo que en principio solo son aspiraciones genéricas. Y se asume un camino de ida y vuelta: pasamos de lo general a lo concreto, porque mediante lo concreto llegaremos a lo general.

Sin embargo, llegados a este punto, hemos fragmentado de tal modo la experiencia de aprendizaje que lo único que podemos garantizar es eso: que estamos propiciando —y después midiendo— una unidad de aprendizaje reducida a su mínima expresión, fragmentada y aislada de otros aprendizajes. El nexo de unión con las intenciones generales parece haberse perdido en el camino. Nada nos garantiza que, habiendo alcanzado toda esa suerte de objetivos específicos, estemos contribuyendo en algún sentido al logro de las finalidades educativas de las cuales se derivaron cada uno de ellos, como mostramos en el apartado anterior.

***b*) Contribuye a normalizar una concepción empobrecida de la enseñanza y del trabajo docente.** Nos resulta difícil pensar en una situación de enseñanza-aprendizaje que se desarrolle milimétricamente de acuerdo con los objetivos establecidos en una programación. Esta aproximación a los objetivos de aprendizaje solo tiene sentido en el marco de una visión determinista de la enseñanza, producto de la mentalidad eficientista y de la obsesión por el control que subyacen al paradigma positivista. Pero la enseñanza es, por definición, una actividad abierta e impredecible en muchos de sus aspectos.

Si aquello que hemos planificado por escrito no tiene utilidad real para orientar la práctica, ¿cuál es su sentido entonces? Desde nuestra perspectiva, esta forma de proceder contribuye a reafirmar una mentalidad muy extendida entre maestras y maestros, de acuerdo con la cual se ve como algo natural la desvinculación entre la programación (fase preactiva, el diseño) y la enseñanza como tal (fase activa, el desarrollo).

La primera es una cuestión burocrática, un requisito administrativo más entre otros tantos que hay que satisfacer; la segunda es la práctica real, el territorio «auténtico» de maestras y maestros. Si ese requisito administrativo es susceptible de estandarización —como es el caso—, se define entonces como un territorio acotado por otros (tecnócratas que elaboran decretos, expertos de las editoriales, etc.). Estos otros son los encargados del trabajo puramente intelectual, por llamarlo de algún modo. Maestras y maestros, por su parte, se encargan de su puesta en práctica y ejecución.

Lo que queremos decir, en definitiva, es que esta forma de operar contribuye a hacer «normal» la concepción del docente como alguien que ejecuta directrices establecidas externamente, haciendo dispensables espacios de reflexión que entendemos fundamentales en el quehacer docente.

***c*) Responde a una visión atomizada del aprendizaje y del sujeto que aprende,** preocupada por el control y la uniformización de los resultados. De acuerdo con esta visión, la realidad puede fragmentarse en unidades mínimas de conducta observable, que se constituyen a la vez en objetivos de aprendizaje (aquello que debe ser aprendido por todas nuestras alumnas y nuestros alumnos) y en criterios de evaluación (aquello que nos permite certificar su nivel de rendimiento con respecto a lo planificado). El aprendizaje tiene lugar mediante la suma o yuxtaposición de esos pequeños fragmentos de realidad, que supuestamente deben conducir a la consecución de los objetivos generales de etapas de los que partieron.

En sintonía con esta línea de pensamiento, el individuo que aprende se concibe como un sujeto pasivo en el devenir de su propio proceso de aprendizaje. Su papel se reduce a recibir y asimilar esos pequeños fragmentos de realidad preseleccionados. Puesto que el proceso se encuentra cerrado antes de su puesta en práctica, no queda margen para la incorporación de las inquietudes, propuestas y expectativas del alumnado a dicho proceso. La uniformidad y la homogeneidad son características inherentes a esta concepción. Todas y todos han de aprender lo mismo, de la misma manera y al mismo tiempo. A lo sumo se acepta que se diseñen situaciones excepcionales, las adaptaciones curriculares, que pasan por modificar ciertos objetivos para adecuarse a ciertas peculiaridades de algunos alumnos y alumnas. De esta forma se insiste en la homogeneización de la diversidad.

Además, aquello que se ha de aprender —los contenidos— acaba siendo seleccionado y organizado en función de su potencial de concreción. Como destaca Mac Donald-Ross (1983): «los objetivos triviales son los más fáciles de operacionalizar» (pág. 296). Es decir, si se enseña aquello que se puede convertir en objetivo operativo, estamos despreciando muchos contenidos valiosos, ya que con demasiada frecuencia lo valioso, lo que merece la pena, es difícil (o imposible) de concretar. Este autor, que en 1973 publicó una revisión crítica sobre los planteamientos que se venían haciendo sobre los objetivos, señala, como una limitación, más que «existe un número extraordinariamente amplio de caminos dentro de cualquier cuerpo de conocimientos, lo que reduce la efectividad de los objetivos en la programación» (pág. 296). Es decir, la concreción de los objetivos insiste en la simplificación de los conocimientos e, incluso, de los procedimientos y de las actitudes.

6. OTRA FORMA DE ENTENDER LOS OBJETIVOS EN LA ENSEÑANZA

Si esta forma de entender las intenciones educativas presenta tantas limitaciones, ¿qué otras opciones tenemos? A la hora de construir posibles alternativas, tenemos que dejar clara una cuestión de partida: existe una diferencia fundamental entre entender la enseñanza como un proceso planificable, de acuerdo con una serie de intenciones educativas, y plantearla como una actividad técnica que comienza necesariamente por la especificación de objetivos reducidos al mayor nivel de concreción posible.

Ya hemos expresado con anterioridad que la enseñanza es siempre una actividad intencional, incluso en el supuesto de que las intenciones que la orientan en cada caso no se hagan explícitas. Pero ello no implica que estas intenciones constituyan siempre el punto de partida del proceso de planificación, ni menos aún que aquellas deban concretarse en forma de objetivos concretos (da igual si los llamamos operativos o didácticos).

En general, las alternativas al modelo técnico de diseño por objetivos comparten una preocupación prioritaria por los procesos educativos y las experiencias de enseñanza-aprendizaje que se ponen en marcha.

Son representativas de esta visión más procesual la propuesta de *principios de procedimientos* o la de *objetivos expresivos,* que pasamos a describir brevemente. Nuestra intención al presentarlas no es, sin embargo, la de sustituir una ortodoxia por otra. Simplemente pretendemos facilitar la consideración de otras posibles formas de entender y manejar los objetivos en la enseñanza.

Veamos a continuación algunos ejemplos de objetivos concebidos desde un planteamiento de la enseñanza más abierto y centrado en el proceso:

— *Organizar un debate para explorar las ideas prvias de nuestros estudiantes.*
— *Comentar una película y valorar los argumentos expuestos en ella.*
— *Iniciar y desarrollar en las alumnas y alumnos un proceso de planteamiento de preguntas.*
— *Ayudarles a desarrollar la capacidad de usar diversas fuentes de primera mano como datos a partir de los cuales puedan desarrollar hipótesis y extraer conclusiones.*
— *Animarles a reflexionar respecto a sus propias experiencias.*

¿Podrías explicar qué diferencias encuentras entre estos objetivos y los que aparecen en el apartado 3 de este mismo capítulo?

A simple vista, creemos que es posible identificar al menos dos diferencias importantes. En primer lugar, estos objetivos están redactados en forma de intenciones o finalidades pedagógicas, y su nivel de concreción es tal que permite múltiples resultados de aprendizaje posibles. En segundo lugar, estos objetivos no especifican qué es lo que deberán saber o hacer los alumnos y las alumnas en términos de conductas observables como resultado de la acción educativa.

Si los analizamos con detenimiento, apreciamos que ofrecen indicaciones sobre cómo debe organizarse la sesión de clase o cómo debe proceder la maestra o el maestro en términos de principios generales de actuación. Es decir, estos objetivos se han construido en referencia al proceso y/o al docente, no a los estudiantes.

Por otro lado, ¿crees que es posible establecer algún tipo de relación entre estos objetivos y los que la legislación actual establece para la Educación Primaria (ver apartado 4)? Probablemente, esta cuestión genere alguna duda, sobre todo si lo que se busca es establecer una relación basada en el grado de concreción: no parece claro que estos objetivos estén especificando las finalidades de etapa en unidades más «operativas».

Pero, ¿podríamos afirmar que al organizar un debate y al comentar una película, o al tratar de desarrollar en nuestras alumnas y alumnos procesos de indagación, contraste y reflexión, no estamos trabajando para que puedan «conocer y apreciar los valores y normas de convivencia», «desarrollar hábitos de trabajo individual y de equipo», «adquirir habilidades para la prevención y resolución pacífica de conflictos», etc. (así hasta mencionar los catorce objetivos generales de etapa)?

Los dos primeros objetivos de la lista anterior se corresponden con lo que Eisner (1983) denominó «objetivos expresivos». Lo que resulta distintivo de estos objetivos es que en ellos se identifica y describe una situación que representa el contexto en el que se produce la experiencia de aprendizaje. Esta situación puede ser una tarea o un problema que pretende ampliar la experiencia vital y cognitiva de los estudiantes mediante la exploración, el planteamiento de preguntas, la comprobación de hipótesis y, en definitiva, la puesta en marcha de procesos de indagación y respuestas creativas.

En estos objetivos estamos describiendo situaciones de aprendizaje que queremos promover con nuestras alumnas y alumnos, pero no concretamos qué aprendizajes específicos habrán realizado al finalizar dichas situaciones. Evidentemente, esperamos que se produzcan cambios en ellas y ellos como resultado de los procesos seguidos, pero la mayor parte de estos cambios —y, con frecuencia, los más valiosos— no pueden anticiparse.

Por su parte, los tres últimos objetivos de la lista anterior están tomados de la propuesta de Stenhouse (1987) en forma de «principios de procedimiento». El principal mensaje que pretende transmitirnos esta propuesta es que cuando pensamos en los objetivos de la enseñanza debemos hacerlo en términos de finalidades pedagógicas en sentido amplio, pero sin buscar resultados concretos. Lo característico de estas finalidades es que no hacen referencia a lo que deben mostrar o alcanzar los alumnos, sino a la actividad del docente, especificando criterios para su actuación y para la toma de decisiones.

Los tres últimos objetivos de la lista anterior, expresados a modo de finalidades pedagógicas, definen estrategias de acción para el docente. Estas estrategias tienen valor intrínseco, y los procesos que pretenden poner en marcha en alumnas y alumnos no permiten definir de antemano los resultados de aprendizaje específicos que obtendremos en cada caso y situación.

Todos estos modelos comparten una concepción de los procesos de enseñanza-aprendizaje como procesos abiertos. Es decir, no parten de la especificación previa de los resultados de aprendizaje en forma de objetivos concretos, siendo los procesos que se quieren desarrollar el punto de partida para organizar la selección de contenidos y actividades.

En palabras de Martínez Valcárcel (2003): «el poder y las posibilidades del currículum no pueden quedar contenidos en objetivos, ya que están fundamentados en la idea de que el conocimiento debe ser especulativo y, por tanto, indeterminado en cuanto a los resultados obtenidos por los estudiantes, si este ha de valer la pena» (pág. 204).

Algunos trabajos optan por señalar la complementariedad de todos los modelos (Pérez García, 2010), sugiriendo que cada uno de estos tipos de objetivos desempeña una función distinta y que el uso simultáneo de objetivos terminales, expresivos y principios de procedimiento hacen más completa una programación didáctica. No entramos aquí y ahora en este debate, solo queremos destacar que, desde nuestra perspectiva, el interés de estas formas alternativas de abordar la cuestión de los objetivos reside justamente en que orientan nuestra atención hacia un modelo pedagógico diferente, cuyos principales rasgos serían los que resumimos a continuación:

— **Atención al proceso.** Propuestas como las que acabamos de presentar, basadas en modelos de programación abiertos, entroncan con una forma de entender la enseñanza y el aprendizaje que prioriza el proceso sobre el producto. Ello no significa que no sean importantes los resultados, ni que cuando planificamos y cuando enseñamos no tengamos en mente una serie de finalidades que orientan nuestras acciones. Al enfatizar el valor del proceso, lo que estamos haciendo es definir un foco de atención preferente: las actividades de enseñanza-aprendizaje que planteamos, las experiencias educativas que brindamos, las respuestas y aprendizajes (múltiples, impredecibles en muchos casos) que unas y otras van generando en cada individuo y en el grupo-clase, y cómo el proceso educativo en sí va siendo continuamente redefinido y reajustado en función de todo ello. Focalizar nuestra atención en el proceso no debe entenderse como una incitación al activismo vacío de contenidos e intenciones. Supone, en cambio, partir de la convicción de que para alcanzar las finalidades e intenciones educativas que nos planteamos —entendidas en sentido amplio— debemos esforzarnos en primer lugar por proponer oportunidades, contextos y ambientes de aprendizaje ricos y variados, y que cuando concretamos en exceso esas intenciones generales perdemos perspectiva y corremos el riesgo de dejar de trabajar en esa dirección.
— **Carácter orientativo.** Las metas u objetivos que nos fijamos tienen siempre una función orientativa con respecto al proceso que debemos seguir. Son útiles en la medida en que establecen un referente general para guiar nuestros pasos y decisiones, sin llegar a determinarlos totalmente. Por eso mismo, deben tener siempre cierto sentido de provisionalidad: nuestras prioridades pueden ir reordenándose, ampliándose o modificándose de acuerdo con las exigencias que vayan derivándose del proceso. Ello incluye, entre otras cosas, tomar en serio la voz del alumnado, incorporando sus propuestas e inquietudes al proceso de enseñanza-aprendizaje.
— **Apertura y divergencia.** Las metas u objetivos que establecemos no pueden concretarse hasta el punto de blindar la actuación educativa. Los dos rasgos que acabamos de señalar tienen sentido en una concepción de la enseñanza que desconfía de la uniformidad y la convergencia como criterios educativos: aun estando sometidos a idénticas experiencias, no todos aprendemos del mismo modo, ni alcanzamos los mismos resultados de aprendizaje, ni aplicamos igualmente los aprendizajes realizados. Desde un planteamiento más radical, podríamos argumentar incluso que cualquier modelo de objetivos finalizados o terminales está pensado exclusivamente con criterios de estandarización y conformidad, y que tiende a generar, por esa misma razón, aprendizajes superficiales y fragmentarios. El aprendizaje significativo es, en esencia, aquel que tiene un significado personal para el sujeto y promueve en este un pensamiento divergente. Conseguirlo es el reto que debemos afrontar.

REFERENCIAS BIBLIOGRÁFICAS

Blanco García, N. (1994). Las intenciones educativas. En F. Angulo Rasco y N. Blanco García, *Teoría y desarrollo del currículum*. Archidona (Málaga): Aljibe, 205-232.

Bolívar Botia, A. (2008). *Didáctica y currículum: de la modernidad a la postmodernidad*. Archidona (Málaga): Aljibe.

Eisner, E. (1983). Los objetivos educativos: ¿Ayuda o estorbo? En J. Gimeno Sacristán y A. Pérez Gómez, *La enseñanza: su teoría y su práctica*. Madrid: Akal, 257-264. VO, 1967.

Gimeno Sacristán, J. (1982). *La pedagogía por objetivos: Obsesión por la eficiencia*. Madrid: Morata.

Gimeno Sacristán, J. (1991). *El currículum: Una reflexión sobre la práctica*. Madrid: Morata.

MacDonald-Ross, M. (1983). Objetivos de conducta. Una revisión crítica. En J. Gimeno Sacristán y A. Pérez Gómez, *La enseñanza: su teoría y su práctica*. Madrid: Akal, 265-300. VO, 1973.

Martínez Valcárcel, N. (2003). *Didáctica general. Pedagogía*. Murcia: DM Serie Tresmiles.

Moreno Olmedilla, J. M. (1998). Notas para una genealogía de los estudios curriculares en España. *Profesorado. Revista de currículum y formación del profesorado, 2(2),* 1-19.

Parra Ortiz, J. M.ª (2009). La evolución de la enseñanza primaria y del trabajo escolar en nuestro pasado histórico reciente. *Tendencias Pedagógicas, 14,* 145-158.

Pérez García, M. P. (2010). Metas y propósitos educativos. En C. Moral Santaella (coord.). *Didáctica. Teoría y práctica de la enseñanza* (2.ª ed.), Madrid: Pirámide, 77-89.

Stenhouse, L. (1987). *Investigación y desarrollo del currículum*. Madrid: Morata. VO, 1975.

RECURSOS DE EXTENSIÓN

Díez Navarro, M.ª C. (2007). *Mi escuela sabe a naranja*. Barcelona: Graó.

Sánchez Blanco, C. (2009). En contra del fracaso escolar: Nuevos discursos, nuevos retos para la educación infantil. *Revista Iberoamericana de Educación, 51,* 33-66. http://www.youtube.com/watch?v=y3dmh97X4Nk&feature=relmfu

Entrevista a José María Toro, autor del libro *Educar con co-razón*. Desclée de Brouwer. *La práctica docente* I, II y III. http://www.youtube.com/watch?v=Pb_ZJ_xnx6I

Documental *Pensando en los demás. Toshiro Kamamori, un maestro que educa para ser feliz*. Partes I, II, III y IV. http://www.ojodeagua.es/articulos.php

PROPUESTA DE ACTIVIDADES

1. Consulte la guía didáctica de una editorial para un curso concreto y un área de la etapa de Educación Infantil o de Educación Primaria y realice las siguientes tareas:

a) Contabilice cuántos objetivos aparecen en ese tema o unidad didáctica. ¿Son muchos o pocos? Justifique la respuesta.

b) Compare los enunciados de los objetivos y de los criterios de evaluación de un tema o unidad didáctica en particular. ¿Se parecen entre sí?, ¿qué utilidad tienen unos y otros para los docentes?

c) Compare los enunciados de los objetivos con la propuesta de contenidos (conceptuales, procedimentales y/o actitudinales). ¿En qué se diferencian?, ¿hay semejanzas?, los objetivos ¿aportan pautas relevantes para guiar la actuación del profesorado?

d) Consulte el Real Decreto y la orden que desarrolla el currículo de la etapa que haya seleccionado y localice cuáles serían los objetivos de etapa y de área que cree se están abordando con ese tema o unidad didáctica.

2. Confeccione un diagrama de barras (o una representación gráfica similar) en el que quede reflejado el desglose de objetivos (cómo se va incrementando el número) del primer al tercer nivel de concreción curricular. Para ello, debe tener en cuenta cuántos objetivos generales de etapa aparecen en la legislación, en cuántos objetivos de áreas se concretan y cuántos objetivos aparecen en la guía didáctica para cada tema de cada área.
¿Puede identificar alguna tendencia clara en cuanto al número de objetivos, según el nivel de concreción curricular al que nos refiramos? En caso afirmativo, ¿qué justificación se le ocurre para explicar dicha tendencia?, ¿tiene algún sentido desde el punto de vista del aprendizaje del alumnado o de la actuación del profesorado?

3. Contraste los objetivos didácticos de un tema o unidad didáctica con los objetivos del área correspondiente y responda a los siguientes interrogantes: ¿puede relacionar esos objetivos didácticos con más de uno de los objetivos de área?, ¿y viceversa?, ¿pueden tener conexión esos objetivos didácticos con objetivos de otras áreas?, ¿y con los objetivos generales de la etapa?

4. Localice revistas como *Cuadernos de Pedagogía* o *Aula de Innovación Educativa* y seleccione un par de artículos en los que se narren experiencias educativas llevadas a cabo en aulas de Infantil o de Primaria. Identifique los objetivos de esas experiencias y analice qué relación guardan con los contenidos abordados y con las actividades realizadas.

5. Desglose algunos objetivos generales de etapa en objetivos más concretos formulados como principios de procedimiento. Haga lo mismo para proponer algunos objetivos expresivos.

6. Defina los objetivos que pueden subyacer a la realización de las actividades sobre los contenidos expuestos en este capítulo.

Los contenidos en Educación Infantil y Educación Primaria

6

CRISTINA GRANADO ALONSO

INTRODUCCIÓN

En este capítulo se aborda una cuestión fundamental para cualquier docente como es la determinación de qué aprendizajes han de realizar nuestros alumnos y alumnas en su paso por la escuela, es decir, qué contenidos educativos van a ser incorporados al trabajo de aula al objeto de que desarrollen las capacidades y competencias establecidas como fundamentales para estas dos etapas, Educación Infantil y Primaria, claves del sistema educativo. Para ello, en un primer momento, vamos a reflexionar acerca del sentido que tienen los contenidos educativos en la formación de niños y niñas y cómo su determinación no es algo ajeno, independiente o diferente de planificar y desarrollar experiencias de aprendizaje. También, por su potencial educativo y didáctico, vamos a perfilar el concepto de área como estructura básica para la planificación de contenidos y la organización integrada, interdisciplinar o globalizada de los mismos para su desarrollo. Para ello, tratamos sucintamente la configuración que de áreas y contenidos realiza el currículo oficial, de cumplimiento obligatorio, y advertimos de los peligros del uso del libro de texto como diseñador exclusivo de nuestra enseñanza y de los aprendizajes de los alumnos, sustituyendo al docente en la ineludible tarea de configurar una propuesta didáctica que responda a los intereses, necesidades y características concretas de los alumnos y alumnas que atiende. Para decidir qué aprendizajes debemos procurar que realicen nuestros alumnos, debemos dotarnos de criterios acerca de cómo seleccionar, cómo organizar y cómo secuenciar contenidos a lo largo de niveles y ciclos o dentro de una unidad didáctica, criterios que nos permitan reflexionar, valorar y tomar decisiones sobre qué contenidos educativos ofrecer a nuestros alumnos y cómo ofrecerlos, dentro del amplio abanico de posibilidades que el currículo oficial nos permite, para lo cual dedicamos un apartado a esta cuestión. Por último, caracterizamos los distintos tipos de contenidos que pueden y deben trabajarse en el aula, contenidos declarativos o conceptuales, procedimentales y actitudinales, y proponemos algunas líneas de trabajo acerca de cómo favorecer su aprendizaje, puesto que la peculiaridad de cada uno aconseja distintas estrategias de enseñanza. Con todo ello, pretendemos que el futuro maestro o maestra se dote de un conjunto de ideas fundamentadas, reflexiones y orientaciones que le ayuden en esta compleja pero apasionante tarea de enseñar.

El esquema seguido para el desarrollo del capítulo ha sido el siguiente:

Introducción.

1. Caracterización de los contenidos educativos.
   - 1.1. Los contenidos como elemento de las experiencias de aprendizaje.
   - 1.2. Los contenidos en el currículo oficial y el concepto de área como es-

tructura para la planificación de contenidos.

2. Criterios para la selección, organización y secuenciación de contenidos.
   2.1. Criterios de selección y organización.
   2.2. Criterios de secuenciación.
3. Tipos de contenidos.
   3.1. Contenidos declarativos.
   3.2. Contenidos procedimentales.
   3.3. Contenidos actitudinales.

1. CARACTERIZACIÓN DE LOS CONTENIDOS EDUCATIVOS

1.1. Los contenidos como elemento de las experiencias de aprendizaje

Los contenidos constituyen uno de los elementos del currículo que responde a la pregunta qué deben los niños y las niñas aprender, y, en consecuencia, su profesorado enseñar durante su estancia en la escuela infantil y primaria. Planificar la enseñanza implica seleccionar y organizar experiencias de aprendizaje para los alumnos; una experiencia de aprendizaje siempre debe ser una oportunidad que se ofrece a los infantes de vivir algo valioso en sí mismo, valioso porque incide en su desarrollo personal, social, cultural, ético y estético de manera positiva, y les permite crecer en todas y en cada una de esas direcciones. En estas experiencias de aprendizaje que planificamos y llevamos a cabo en el devenir de los procesos de enseñanza-aprendizaje buscamos que los sujetos en formación interactúen con un conjunto de conocimientos, estrategias, destrezas, habilidades, valores, sentimientos, normas... que les permita llegar a comprender el mundo que les ha tocado vivir y actuar en él informada y responsablemente. A ese conjunto de, digamos, «objetos de aprendizaje» que se ponen en juego en los procesos de enseñanza-aprendizaje es lo que denominamos contenidos educativos. Por tanto, los contenidos no se reducen a los conocimientos teóricos de las materias escolares, a los temas que se incorporan a los programas, como muchos docentes en formación puedan pensar; niños y niñas necesitan, además de informaciones y conceptos, adquirir estrategias para seguir aprendiendo de manera cada vez más autónoma, destrezas diversas que les permitan resolver problemas de distinta naturaleza, ir dominando lenguajes distintos para comprender y expresarse en contextos diversos, principios que orienten su conducta, valores con los que posicionarse ante distintas situaciones y un amplio etcétera de cuestiones que les van a permitir desenvolverse con autonomía, criterio y responsabilidad en un mundo cada vez más complejo. Todos esos aprendizajes vitales para su desarrollo forman parte del concepto de contenido educativo.

Pero el contenido es solo un elemento de esas experiencias de aprendizaje; desvincularlo de las actividades, de los materiales y recursos que empleamos, del ambiente de aula que creemos o de las relaciones personales que se establezcan en la interacción entre docente y alumnos carece de sentido desde el punto de vista de la planificación y desarrollo del currículo. No se aprenden contenidos al margen de esas experiencias, sino en el transcurso de las mismas, en el modo en que se hacen «vivir», experimentar esos contenidos en situaciones de aprendizaje concretas. Cuando planteamos una actividad relacionada con la lectura de un cuento, por ejemplo, los alumnos podrán aprender los valores que el autor pretende transmitir si la historia tiene un trasfondo moral, pueden aprender una habilidad social como la empatía cuando consiguen ponerse en la piel de los personajes, pueden aprender a conocerse más a sí mismos y a los otros descubriendo las razones o sinrazones que llevan a las personas a actuar de un modo u otro en situaciones de ficción, pueden acercarse a comprender las diferencias y semejanzas en las costumbres, tradiciones y modos de vida de otras culturas o de otros tiempos si la lectura seleccionada se ubica en un escenario o época diferentes del entorno del alumno. Podrán también aprender a distinguir el planteamiento, nudo y desenlace como estructura básica de un texto narrativo o a desarrollar estrategias de lectura que les permitan avanzar en comprensión lectora, bien haciendo predicciones sobre el texto, identificando la idea principal, relacionándolo con sus ideas previas o resumiendo. También pueden aprender a sentirse seguros y apoyados cuando viven que su maestro o maestra les ofrece su ayuda en los momentos en que la necesitan y confía en sus posibilidades como aprendices, lo que les dispondrá positivamente para abordar nuevos retos de aprendizaje. Podrán también aprender que sus compañeros tienen otras experiencias y opiniones que hay que escuchar, comprender y respetar, y que pueden realizar su propia aportación personal cuando la experiencia de aprendizaje permite que, a partir de la lectura, los alumnos puedan participar en la construcción conjunta de significados en torno al cuento, mediante asamblea o debate. Podrían aprender un sinfín de cosas, todas ellas contenidos educativos, pero qué aprendizajes concretos realizarán a través de la lectura de ese cuento dependerá de cómo el docente organice la experiencia de aprendizaje: qué texto elige como lectura, qué tareas organiza en torno a la misma, cómo es su actitud ante las dificultades o aportaciones de los niños y niñas, qué ambiente de clase genera para estimular o no la participación y el respeto de todos... Por eso, aun cuando dedicamos un capítulo monográfico sobre los contenidos escolares, lo hacemos por la necesidad de dedicar un espacio concreto a reflexionar sobre uno de los elementos clave en el diseño del currículo, ni más ni menos que lo que los alumnos y alumnas de Educación Infantil y Primaria deberían aprender en la escuela, pero insistiendo en que esta decisión, la de seleccionar y organizar contenidos escolares, no se realiza de manera aislada del resto de los elementos del currículo, porque los contenidos no se trasmiten simplemente mostrándolos, ni se ofrecen a los alumnos para que estos los adquieran por simple exposición a los mismos, oyéndolos, copiándolos o escuchándolos, ni son interiorizados mediante recitación, reiteración mecánica o memorización. Los contenidos, para ser aprendidos, han de ser vividos, es decir, usados, sentidos, experimentados, tocados, construidos, compartidos..., y para ello hay que organizar experiencias de aprendizaje donde los alumnos puedan interaccionar con esos contenidos de esa forma intensa, vital, significativa y relevante.

1.2. Los contenidos en el currículo oficial y el concepto de área como estructura para la planificación de contenidos

La decisión acerca de qué aprendizajes deben realizar niños y niñas en la escuela es lo suficientemente importante como para que sea necesario un consenso social sobre los mismos. Garantizar el derecho a la educación exige ofrecer un conjunto de oportunidades de aprendizaje a todos y a cada uno de los infantes en condiciones de igualdad, esto es, sin discriminación alguna, y de equidad, es decir, compensando las desigualdades que pudieran sufrir por la razón que fuere. Para ello, la sociedad debe acordar, a través de sus representante políticos elegidos democráticamente, un proyecto educativo común para las nuevas generaciones que delimite ese marco de referencia básico y compartido donde se expliciten sus aspiraciones educativas como sociedad respecto a las nuevas generaciones, ese conjunto de aprendizajes que considera fundamental para permitir el desarrollo pleno y satisfactorio de todos los niños y niñas y el progreso de la misma sociedad, condicionado en gran medida por la formación que procura a las nuevas generaciones. Ese proyecto educativo es plasmado en el denominado *currículo oficial*, de carácter normativo y por tanto obligatorio, que establece el conjunto de enseñanzas acordadas para cada etapa educativa y que delimita los aprendizajes básicos y comunes que todos los alumnos y alumnas deberán realizar, y sus docentes garantizar que realicen, en su paso por la escuela. El currículo oficial establece, entre otros elementos, los contenidos educativos que han de trabajarse en cada etapa con la finalidad de posibilitar a los niños y niñas el logro de los objetivos generales establecidos para cada tramo educativo y su progreso en el dominio de las competencias básicas establecidas para la educación obligatoria. La decisión sobre cuáles han de ser los contenidos comunes y qué instancias tienen competencia para tomar decisiones al respecto y con qué peso es un asunto polémico en nuestro país, no solo porque sea una cuestión ideológica en sí misma, sino por el debate permanente sobre la unidad y pluralidad del Estado español. La actual Ley Orgánica de la Mejora de la Calidad Educativa (LOMCE, 2013) establece que dicha decisión recae en tres instancias —el gobierno del Estado, las administraciones educativas de las comunidades autónomas y los propios centros educativos—, aunque cada una tiene distinto peso en tal decisión según tramo educativo y bloque de asignaturas (asignaturas troncales, específicas y de libre configuración autonómica) del que se trate[1].

Por tanto, la participación de distintas instancias o agentes en distinto grado en la decisión sobre los contenidos comunes permite que el currículo oficial, que debe garantizar la igualdad de oportunidades y por ello es común para todos, pueda abrirse a la diversidad de contextos en que la enseñanza tiene lugar. La participación de las administraciones autonómicas permite que el currículo oficial refleje la idiosincrasia cultural de cada región, aunque cabe el peligro de que ponga obstáculos al progreso de los niños y niñas cuando las familias han de trasladarse de una comunidad a otra y que, incluso, puedan generarse desigualdades si la oferta de áreas varía de unas regiones a otras, en función de los recursos de que disponga (por ejemplo, comunidades que tengan recursos para ofertar en Educación Primaria una segunda lengua extranjera como área del bloque de asignaturas específicas y otras que no) o de opciones ideológicas. La participación de los centros educativos en la decisión sobre los contenidos que completan las distintas áreas permite que pueda darse respuesta a las necesidades e inquietudes educativas que plantean los niños y niñas concretos que asisten a su centro desde las coordenadas específicas del centro en cuestión (proyecto educativo del centro, valores y prioridades, recursos humanos y materiales, etc.). Lo común y lo diverso constituyen los dos ejes sobre los que la educación reglada debe girar al tiempo, aunque es difícil encontrar el justo equilibrio.

Por tanto, a la hora de tomar decisiones acerca de qué aprendizajes deben realizar los alumnos de Educación Infantil y Primaria, el primer marco de referencia que los maestros y maestras deben tener en cuenta es el conjunto de enseñanzas establecidas por las Administraciones educativas estatal y autonómica y que viene recogido en los decretos correspondientes, teniendo en cuenta que tales contenidos tienen la consideración de comunes (aunque ya hemos señalado que, en relación al conjunto del Estado, hay diferencias) para todos los niños y niñas. Esto no quiere decir que todos tengan que hacer lo mismo, de la misma manera y al mismo ritmo, pero sí que procuremos que todos adquieran esos aprendizajes, ofreciendo en consecuencia más ayuda a quien más lo requiera. Pero también el contexto en que el docente enseña —su centro, su aula y sus alumnos— constituye un marco de referencia obligado para tomar decisiones sobre los aprendizajes —y las experiencias en las que estos aprendizajes se vivan— que requieren esos niños y niñas, que tienen unas necesidades y unos intereses singulares como individuos y como grupo. Sin embargo, en las distintas reformas educativas que se han ido sucediendo en nuestro país desde la transición democrática, se han producido modificaciones continuas del currículo oficial, muchas de las cuales han venido inspiradas por intereses políticos e ideológicos más que por un compromiso real con la mejora de la educación.

---

[1] En el primer ciclo de Educación Infantil (0-3 años) corresponde solo a las administraciones educativas de cada comunidad fijar las enseñanza comunes; en el segundo ciclo de esta misma etapa, las comunidades autónomas con lengua cooficial fijarán el55% de dichas enseñanzas mientras que las que no tengan lengua cooficial establecerán el currículo oficial en un 45%. En Educación Primaria el peso de participación depende del bloque de asignatura a la que se adscribe cada área, aunque, en su conjunto, los porcentajes de participación sean similares a los anteriores.

Estos continuos vaivenes han generado una permanente sensación en el profesorado de transitoriedad e inestabilidad con la que difícilmente se puede abordar un esfuerzo continuado y sostenido de mejora de la propia labor. Si hay que dedicarse continuamente a ejecutar los cambios en el currículo determinados por los que gobiernan, difícilmente puede dedicarse el tiempo y la energía necesarios a diagnosticar cuáles son los verdaderos problemas, necesidades e intereses que plantean nuestros alumnos y nuestro centro y a planificar y experimentar propuestas para solventarlos o darles respuesta. Es necesario un verdadero pacto de Estado sobre la educación, un acuerdo entre todos sobre lo que es importante, valioso y necesario trabajar en las escuelas, lo que debe ser común y dé orientación y sentido compartido a la tarea de los docentes, y así conseguir la estabilidad necesaria para que los maestros y maestras puedan centrar sus energías en atender lo singular y diverso del contexto en el que desarrolla su labor.

Los contenidos educativos de Educación Infantil y Primaria, en el marco del currículo oficial, se organizan en áreas y en cada una de ellas se especifican los aprendizajes que reúne organizados en bloques (véase cuadro 6.1 para las áreas y bloques de Educación Infantil y el cuadro 6.2 para los de Educación Primaria). El *concepto de área* como integradora de contenidos diversos para comprender una situación o problema es más amplio e incluyente que el concepto de asignatura, materia o disciplina científica, el cual asume una visión más parcial y lineal de la realidad. No es lo mismo tratar el problema de los recursos energéticos solo desde el punto de vista de la Física como disciplina (que nos llevaría a contemplar fuentes, tipos de energía y procesos de obtención y transformación de las mismos) que tratarlo desde una visión conjunta, interdisciplinar, de las ciencias experimentales y sociales (que implicaría, además de lo anterior, tratar usos y abusos humanos de los recursos energéticos y sus consecuencias para la conservación del entorno y para el desarrollo económico de una zona o país). Las áreas curriculares pretenden recoger los diferentes campos de saberes y experiencias desde los cuales los seres humanos conocemos, experimentamos, construimos y reconstruimos la realidad (Torres, 1994). A diferentes edades, en distintas estadios del desarrollo, los aprendices tienen unos conocimientos y experiencias previas y unas características evolutivas que condicionan el modo en que pueden aproximarse a nuevos saberes y experiencias. Por eso la forma de organizar los contenidos de aprendizaje va variando a lo largo de la escolaridad. En Educación Infantil, las áreas son más inclusivas (por ejemplo, el área Conocimiento del entorno, que incluye contenidos relacionados con el mundo físico, natural, social y cultural) que en Educación Primaria (aquí, según reguló la LOMCE, encontramos para trabajar el estudio del entorno dos áreas distintas, Ciencias Sociales y Ciencias de la Naturaleza; en la ley educativa anterior —Ley Orgánica de la Educación, 2006—, el área se denominaba Conocimiento del medio natural, social y cultural, aunando contenidos de ciencias sociales y de ciencias naturales bajo la misma área) porque el pensamiento del niño va evolucionando desde el sincretismo basado en una percepción global de la realidad hasta un pensamiento más analítico, capaz de percibir y relacionar las partes de un todo. Por tanto, la idea subyacente es respetar el modo de percibir, entender y actuar del niño o niña en cada edad comenzando con un ángulo de enfoque ancho y global de la realidad que se va estrechando a medida que el alumno crece y asciende por el sistema educativo. El currículo oficial determina las áreas (o materias y módulos, formas de organización de los contenidos que se utilizan en tramos posteriores del sistema educativo) que han de trabajarse en cada etapa y, por tanto, prescribe cuáles han de ser esos campos desde los cuáles los alumnos y alumnas van a ir acercándose a la comprensión del mundo.

Ahora bien, al margen de la opción que adopten los políticos gobernantes de nuestro país en cada momento sobre la organización del currículo en áreas más o menos inclusivas, la investigación

CUADRO 6.1

Áreas y bloques de contenidos establecidos en el currículo oficial estatal para la Educación Infantil (Real Decreto 1630/2006, BOE, núm. 4, de 4 de enero de 2007)

Educación Infantil	
Área	**Conocimiento de sí mismo y autonomía personal**
Bloques	— El cuerpo y la propia imagen. — Juego y movimiento. — La actividad y vida cotidiana. — Cuidado personal y la salud.
Área	**Conocimiento del entorno**
Bloques	— Medio físico: elementos, relaciones y medida. — Acercamiento a la naturaleza. — Cultura y vida en sociedad.
Área	**Lenguajes: comunicación y representación**
Bloques	— Lenguaje verbal (escuchar, hablar y conversar; acercamiento a la lengua escrita; acercamiento a la literatura). — Lenguaje audiovisual y TIC. — Lenguaje artístico. — Lenguaje corporal.

educativa ha demostrado reiteradamente que el *tratamiento integrado, globalizador o interdisciplinar* de aprendizajes favorece la comprensión del aprendiz en la medida en que le permite acercarse a la realidad estudiada de una manera más similar a lo que la experiencia humana significa para un niño o niña. Un niño de infantil o de los primeros años de primaria no vive la lluvia como un fenómeno simplemente físico de transformación del estado del agua consecuencia de ciertas variables meteorológicas (lo que sería una visión exclusivamente disciplinar): la lluvia le lleva a vestir botas de agua, usar paraguas, le impide salir al recreo, le recuerda el juego del corro a los sones de «¡Qué llueva, que llueva!», le lleva a preguntarse qué ocurriría si lloviera tanto que se borraran los colores del mundo... Un niño o niña de los últimos años de primaria podría compartir algunas de esas facetas de la experiencia de la lluvia, otras no y, seguramente, incorporaría otras como preguntarse cómo «el hombre que habla del tiempo en la televisión» sabía ayer que hoy iba a llover o cómo pueden contar cuántos litros caen en una ciudad, y podría estar interesado en comprender el fenómeno físico de la lluvia, pero también en saber por qué hay lugares donde nunca llueve, como en los desiertos, por qué se producen las inundaciones y las sequías y cómo afectan a las personas que las sufren, por qué su abuelo, que siempre fue agricultor, unas veces dice que esta lluvia viene bien al campo y otras dice que va a arruinar las cosechas... Responder a las inquietudes y necesidades de estos niños en torno a la lluvia nos llevaría a seleccionar contenidos de diferentes áreas y bloques (visión global e interdisciplinar) porque estamos viendo una situación desde el punto de vista en que aprendices de distinta edad, en fases distintas de su desarrollo, con distintos conocimientos previos y experiencias vividas, experimentan esa situación y se interrogan por ella.

CUADRO 6.2

Áreas y bloques de contenidos establecidos en el currículo oficial estatal[2] para la Educación Primaria (Real Decreto 126/2014, BOE núm. 52, de 1 de marzo)

Educación Primaria		
Asignaturas troncales		
Área	**Ciencias de la Naturaleza**	
Bloques	1. Iniciación a la actividad científica. 2. El ser humano y la salud. 3. Los seres vivos. 4. Materia y energía. 5. La tecnología, objetos y máquinas.	
Área	**Ciencias Sociales**	
Bloques	1. Contenidos comunes (técnicas de trabajo para afrontar el área). 2. El mundo en que vivimos. 3. Vivir en sociedad. 4. Las huelas del tiempo.	
Área	**Lengua Castellana y Literatura**	
Bloques	1. Comunicación oral: hablar y escuchar. 2. Comunicación escrita: leer. 3. Comunicación escrita: escribir. 4. Conocimiento de la lengua. 5. Educación literaria.	
Área	**Matemáticas**	
Bloques	1. Procesos, métodos y actitudes en matemáticas. 2. Números. 3. Medidas. 4. Geometría. 5. Estadística y probabilidad.	
Área	**Primera Lengua Extranjera**	
Bloques	1. Comprensión de textos orales. 2. Producción de textos orales: expresión e interacción. 3. Comprensión de textos escritos. 4. Producción de textos escritos: expresión e interacción.	
Asignaturas específicas		
Área	**Educación Artística**	
Bloques	***a)* Educación plástica:** 1. Educación audiovisual. 2. Expresión artística. 3. Dibujo geométrico.	***b)* Educación musical** 1. Escucha. 2. La interpretación musical. 3. La música, el movimiento y la danza.

[2] Los currículos oficiales autonómicos pueden variar levemente la designación de los bloques de contenido y la reorganización de los aprendizajes dentro de cada bloque. Además, pueden completar los contenidos de las asignaturas troncales, deben establecer los contenidos de los bloques de las asignaturas específicas y definir asignaturas de libre configuración autonómica.

CUADRO 6.2 *(continuación)*

Educación Primaria	
Asignaturas específicas	
Área	**Educación Física**
Bloques	Se estructura esta área en torno a cinco situaciones motrices: *a*) Acciones motrices individuales en entornos estables. *b*) Acciones motrices en situaciones de oposición. *c*) Acciones motrices en situaciones de cooperación, con o sin oposición. *d*) Acciones motrices en situaciones de adaptación al entorno físico. *e*) Acciones motrices en situaciones de índole artística o de expresión.
Área	**Segunda Lengua Extranjera (en aquellas comunidades que la oferten)**
Bloques	1. Comprensión de textos orales. 2. Producción de textos orales: expresión e interacción. 3. Comprensión de textos escritos. 4. Producción de textos escritos: expresión e interacción.
Área	**Valores Sociales y Cívicos**
Bloques	1. La identidad y la dignidad de las personas. 2. La comprensión y el respeto en las relaciones interpersonales. 3. La convivencia y los valores sociales.

Hay que tener en cuenta que la selección y organización de áreas establecidas por el currículo oficial es siempre solo una opción de las muchas formas posibles que tendríamos para articular el currículo escolar (Apple y King, 1983) y suele ser una opción marcada enormemente por la tradición escolar de cada país (en los currículos que se llevan a cabo en otros países en Educación Primaria se pueden encontrar materias como teatro, educación social, personal y de la salud, tecnologías de la información y la comunicación, arte y diseño, diseño y tecnología, ciudadanía, etc.). En nuestro país la tradición ha sido fuertemente academicista, enciclopédica y disciplinar, es decir, muy centrada en la adquisición de conocimientos desvinculados de las situaciones de la vida real en que se utilizan, seleccionados y tratados desde la óptica de un campo especializado de conocimiento; por ello, en algunos casos, más que áreas nos pueden parecer asignaturas y, con más frecuencia de la deseada, el tratamiento que de ellas se hace en el aula se asemeja más a un planteamiento disciplinar que a uno integrador (por ejemplo, trabajar solo la comprensión lectora en el área de Lengua y Literatura, cuando la lectura como herramienta para aprender es necesaria en cualquier área). Son muchas las críticas que se han vertido sobre la selección y organización disciplinar de los contenidos educativos. Grandes autores de la pedagogía crítica denuncian que este tipo de currículo ofrece contenidos presuntamente neutrales y objetivos, desconectados de la acción humana y de las situaciones en que se utilizan, ignorando las dimensiones conflictivas de la realidad, presentando el conocimiento como fragmentos aislados unos de otros (currículo puzzle) y buscando así su simple apropiación acrítica e irreflexiva. Esto pone obstáculos claros a la comprensión del aprendiz en la medida en que dificulta organizar el currículo en torno a problemas o cuestiones más prácticas, impide captar las relaciones entre los contenidos de las distintas asignaturas, lleva a hacer depender el éxito escolar más del desarrollo lingüístico de los alumnos, lo que perjudica a sujetos procedentes de un entorno sociocultural desfavorecido, propicia la memorización mecánica e impide el uso de ese conocimiento memorizado en las situaciones en que se utiliza (Freire, 1973; Popkewitz, 1983; Apple, 1989; Giroux, 1990; Bernstein, 1993; Apple, 2000).

Por eso, hay que tener en cuenta que, aunque se establezcan áreas con sus correspondientes bloques de contenido, esta organización solo tiene sentido desde el punto de vista de la planificación del currículo, pero no de su desarrollo. Es decir, a la hora de pensar y analizar qué aprendizajes debe procurarse que los aprendices realicen, la estructura de áreas ayuda a decidir qué contenidos incluir en el currículo, ya que facilita la tarea de hacer un vaciado sistemático de los conocimientos y experiencias que pueden seleccionarse en los distintos ámbitos que propone. Pero en el desarrollo del currículo, en su puesta en práctica en el aula, esta estructura no debe llevar a que los alumnos realicen esas parcelaciones en su forma de acercarse a la comprensión de la realidad y a su actuación en ella; en el desarrollo del currículo, las distintas áreas deben relacionarse y complementarse si buscamos que los aprendices construyan un conocimiento y adquieran unas herramientas y unas actitudes y valores que puedan ser utilizados en los contextos que los requieran, sean escolares o ajenos a la escuela, ahora y en el futuro.

Los contenidos establecidos por el currículo oficial constituyen el primer referente para la toma de decisiones de un docente sobre qué enseñar, pero tan solo ofrecen un marco común de aprendizajes, sin especificar ni su concreción, ni la organización ni la secuencia en que deben ser desarrollados. Los contenidos del currículo oficial suelen presentar una redacción en términos genéricos. En el cuadro 6.3 aparecen dos ejemplos de contenidos extraídos del currículo oficial estatal de Educación Infantil y de Primaria relativos a aprendizajes vinculados a la lengua escrita donde puede apreciarse su enorme inconcreción. Leer y comprender textos de diferentes tipos, descubrir que la lengua escrita permite comunicarse, dar información y es una fuente de placer... Esa indeterminación permite al profesorado un gran margen de autonomía para decidir qué aprendizajes incorporar al aula, cómo organizar esos aprendizajes y cómo deshilvanarlos o secuenciarlos a lo largo del curso. Estos contenidos no determinan qué tiene que enseñar un docente en el aula con unos alumnos concretos; solo indican una dirección de trabajo en la que los alumnos deben avanzar con la ayuda y orientación de su maestro o maestra. Corresponde a éste o ésta decidir qué lecturas proponer, cómo trabajarlas, cómo vincularlas a situaciones reales de lectura, cómo ir organizando experiencias a lo largo del

CUADRO 6.3

Ejemplos de contenidos extraídos del currículo oficial estatal de Educación Infantil y de Educación Primaria

Educación Infantil. Segundo ciclo, área de Lenguajes: Comunicación y representación, Bloque 1: Lenguaje verbal-Aproximación a la lengua escrita: — «Acercamiento a la lengua escrita como medio de comunicación, información y disfrute. Interés por explorar algunos de sus elementos.» (Real Decreto 1630/2006, BOE núm. 4 de 4 de enero de 2007).
Educación Primaria. Área de Lengua castellana y Literatura. Bloque 2: Comunicación escrita: leer: — «Comprensión de textos según su tipología.» — «Lectura de distintos tipos de texto: descriptivos, argumentativos, expositivos, instructivos y literarios.» (Real Decreto 126/2014, BOE núm. 52 de 1 de marzo de 2014).

curso para ir desarrollando progresivamente estos aprendizajes aprendizajes complejos... cada una de esas decisiones implica concretar unos contenidos que se van a poner en juego en cada situación de aprendizaje. Tampoco el hecho de que los contenidos se prescriban dentro de un área impide que puedan trabajarse de manera integrada. Por ejemplo, proponer como contenido la comprensión de diversos tipos de textos nos lleva a poder desarrollar este aprendizaje en cualquier otra área (recetas de cocina para trabajar la alimentación, folletos turísticos para trabajar el patrimonio natural o cultural de una población o región, noticias de prensa para trabajar cualquier suceso o evento, los propios libros escolares como textos expositivos, textos con datos estadísticos y gráficas para analizar problemas sociales, económicos o tecnológicos, etc.), no solo como material para el aprendizaje de tal área sino para trabajar expresamente la comprensión lectora de textos de diversa naturaleza. De una forma u otra, todas las decisiones curriculares implican, como decimos, una concreción por parte del docente de qué contenidos va a trabajar en el aula, cómo va a organizarlos y cómo va a ir secuenciándolos a lo largo del curso o ciclo, porque el currículo oficial no exime al docente de su responsabilidad de adecuar su propuesta curricular a las características de los niños y niñas a los que atiende.

Ahora bien, si el docente, eludiendo la responsabilidad que tiene de ofrecer las oportunidades de aprendizaje que mejor convengan a los alumnos y alumnas concretos que tiene asignados, delega la tarea de planificar y desarrollar el currículo en los libros de texto podrá comprobar que estos sí determinan fuertemente la selección, organización y secuenciación de contenidos dejando poco espacio al docente para tomar decisiones al respecto. Ello supone un serio obstáculo a ese tratamiento integrador de contenidos que permite al alumno esa visión holística, compleja e integrada del mundo. Los libros de texto heredan y consagran la tradición academicista y disciplinar del conocimiento escolar, consolidando una forma concreta de entender lo que es valioso transmitir en la escuela que es asumido por el profesorado como un orden natural al que hay que inevitablemente someterse. Es lo que Goodson (1995) denomina como «tradición inventada» y así encontramos en los textos escolares que las áreas finalmente son tratadas como suma de partes aisladas y desconectadas (unidades dedicadas a la geografía física, unidades dedicadas a la geografía humana, unidades dedicadas a la historia). Además, todo ello se trabaja, al tiempo, sin conexión con otras áreas. Esta tradición se ha ido consolidando a lo largo del tiempo en la medida en que casa con el conservadurismo del profesorado, acomodado en sus rutinas y que no quiere empezar cada curso con textos escolares que supongan «nuevas aventuras curriculares» (Martínez Bonafé, 2002: 86), y constituye una estrategia barata para suplir las deficiencias de formación del profesorado.

Incluso en aquellos textos escolares, dirigidos fundamentalmente a Educación Infantil y al primer ciclo de Educación Primaria, que se autoadjetivan como proyectos globalizados, articulando contenidos de las distintas áreas en torno a presuntos centros de interés, es decir, situaciones o problemas de la experiencia humana que preocupan e interesan a los aprendices y cuya comprensión o resolución requiere una visión holística, lo que encontramos es una forma de desvirtuar y vaciar de contenido el potencial didáctico y formativo de las propuestas globalizadoras de Ovide Decroly. Para éste, la intervención educativa debe gravitar en torno a los intereses y necesidades de los niños y niñas, que difieren según edad, capacidad y experiencia previa. Un proyecto editorial, que no olvidemos tiene intereses comerciales, estandariza los intereses de los alumnos con propuestas ajenas a la cultura, necesidades e inquietudes específicas del grupo de clase y destierra del aula los procesos investigativos y productivos de reconstrucción de los conocimientos, experiencias y contextos de estos niños y niñas para sustituirlos por actividades de papel y lápiz que descontextualizan cualquier aprendizaje, en contradicción con las exigencias educativas que requiere un infante en este estadio de desarrollo. El mensaje es que a la escuela solo le interesan los aprendizajes escolares y que estos tienen mucho más que ver con la interiorización de ciertas normas, hábitos y comportamientos de orden, sumisión y aceptación pasiva de lo establecido, que con el objetivo de educar personas libres con inquietudes intelectuales y sociales mediante la oferta de un abanico amplio de oportunidades que, partiendo de sus experiencias, conocimientos y contextos concretos, les permitan expandir estos, sus capacidades, su horizonte de intereses, su conciencia y su compromiso social (Granado, 2004).

Por tanto, hay que ser conscientes de las consecuencias educativas del uso del libro de texto como determinante de los contenidos y experiencias educativas que ofrecemos a nuestros alumnos y alumnas. La cuestión estriba en que, por una parte, la presencia de un currículo oficial que determina los contenidos considerados comunes para las distintas etapas y, por otra, el peso de la tradición marcada en gran parte por los libros de texto llevan a pensar a los docentes que existe un orden establecido que dicta cuáles son las cuestiones consideradas relevantes para la formación de alumnos y alumnas; esto lleva al profesorado, a su vez, a no cuestionarse la relatividad de esta selección, cuando en educación todas las decisiones que se adopten son problemáticas en sí mismas (Schön, 1992), es decir, controvertidas, discutibles y sustituibles, dada la complejidad, singularidad y naturaleza ideológica y moral de los procesos educativos. Queremos insistir en que, incluso con las restricciones que introduce el currículo oficial, las posibilidades de selección de qué intereses tratar, qué situaciones o problemas, desde qué perspectivas, para qué finalidad, con qué sentido, para responder qué preguntas, con qué ejemplos, etc., son infinitas. Cuando el profesor o profesora delibera sobre qué estrategia metodológica utilizar, qué actividades realizar, cómo organizar el trabajo o qué recursos emplear, no suele asumir que muchas de estas decisiones exigen replantearse los contenidos educativos que selecciona. La verdadera renovación pedagógica de la escuela pasa por la decisión consciente y deliberada de cuestionar la relevancia, significatividad y valor de los contenidos educativos que se trabajan en las aulas para los niños y niñas que tenemos delante.

2. CRITERIOS PARA LA SELECCIÓN, ORGANIZACIÓN Y SECUENCIACIÓN DE LOS CONTENIDOS

Para tomar decisiones sobre qué contenidos seleccionar, cómo organizarlos y secuenciarlos y valorar la adecuación de dicha propuesta hace falta tener criterios. Los criterios ofrecen argumentos para pensar y sopesar alternativas, pero no permiten deducir de manera unívoca respuestas a una cuestión tan compleja. Hay que optar sobre la base de esos criterios, llevar nuestras decisiones a la práctica y valorar su funcionamiento para volver a repensar nuestras decisiones y proponer nuevas alternativas, cambios y mejoras: este proceso de construcción y experimentación de propuestas curriculares es la estrategia por excelencia de desarrollo profesional de un docente (Schwab, 1974; Reid, 1979, 1988; Elliott, 1990, 1993; Stenhouse, 1991; Schön, 1992; Wetsbury, 2002). Es difícil distinguir entre criterios para seleccionar contenidos y criterios para organizarlos, ya que muchos de ellos llevan a tomar decisiones que afectan en ambas direcciones, por lo que abordaremos las implicaciones de cada criterio según se vayan desglosando. Dedicaremos un espacio final a reflexionar sobre criterios que afectan a la secuenciación de contenidos.

2.1. Criterios de selección y organización de contenidos

La propuesta de criterios que aquí realizamos no pretende constituir una lista exhaustiva, puesto que éste es un tema de amplio debate entre los profesionales y teóricos de la educación; solo hemos seleccionado aquellos que consideramos de mayor relevancia para iniciarse en esta profesión, y que tienen un respaldo amplio por su potencial didáctico.

a) Contextualización

El criterio de contextualización nos lleva a seleccionar aquellos contenidos que permitan a los alumnos dar sentido a y actuar en un contexto de uso o aplicación al que denominamos contexto de significación. Esto quiere decir que habrá que buscar aquellas situaciones y problemas cercanos a su experiencia cotidiana o a su entorno próximo en los que los contenidos trabajados adquieran significado. De esta forma, los aprendices pueden encontrar el sentido que tiene aprender lo previsto, qué uso o aplicación tiene y de qué modo permite comprender mejor fenómenos, sucesos u objetos con los que convive. La observación de estos fenómenos, hechos u objetos constituye una primera fase, según la propuesta metodológica de Ovide Decroly, para comenzar a preguntarse en torno a cómo funcionan las cosas o por qué son así, e interrogarse acerca del mundo es el primer paso para aprender a aprender. Pero, para ello, el docente debe orientar esa observación, debe convertir una situación ordinaria en problemática, en objeto de estudio y análisis, ofreciendo aquellos contenidos que permitan entenderla o actuar en ella. Para ello, hay que plantearse qué pueden aportar los contenidos escolares a la comprensión del mundo desde la perspectiva de un niño o niña de una edad determinada y a hacerle más competente para actuar en él. ¿Qué puede aportarle a un alumno aprender a sumar y a restar?, ¿en qué contextos de su vida, de su experiencia, se utilizan estas operaciones?, ¿y las fracciones?, ¿y los números decimales?, ¿y los números enteros? Evidentemente, estas cuestiones tienen una utilidad en un contexto habitual; comprar, vender, dar, recibir, perder o ganar, añadir o quitar son acciones habituales que requieren operaciones aritméticas elementales. Repartir o dividir en partes iguales lleva al uso de los números fraccionarios, como ciertas situaciones, cantidades y magnitudes requieren usar números decimales (reparto no entero, dinero, medidas de longitud, peso o capacidad, etc.) o enteros (temperaturas, niveles, tiempo histórico, etcétera). En estos contenidos propuestos es fácil encontrar su utilidad y situaciones en que pueden ayudar al aprendiz a moverse en el mundo, pero, ¿se trabajan siempre estos contenidos enraizándolos en esas situaciones que justifican su presencia en el currículo escolar?, ¿cuántas veces se proponen problemas en matemáticas que describen situaciones ajenas a la experiencia infantil?

Hay veces que podemos crear experiencias de aprendizaje que ofrezcan ese contexto donde los contenidos adquieran significado. Por ejemplo, trabajar la escritura con alumnos requiere implicarse en la redacción de textos de diferente naturaleza que sean de uso social, es decir, no se escribe para escribir, sino para construir textos que habitualmente son utilizados en distintas prácticas sociales: cartas, recetas de cocina, listas de tareas, noticias sobre sucesos, biografías, relatos, folletos informativos o de concienciación, denuncias... A veces, en la escuela, no encontramos el contexto donde estas prácticas adquieran sentido para los alumnos porque las cartas van dirigidas a sus propios compañeros a quienes ven todos los días, las noticias que elaboran no son leídas por nadie, sus relatos son corregidos solo por el profesor... En esas situaciones, conviene crear los contextos donde esos aprendizajes adquieran proyección práctica: crear un periódico escolar en la *web* del centro, buscar corresponsales en otros centros con quienes escribirse, repartir folletos entre los vecinos del barrio para concienciarlos sobre la necesidad de reciclar, enviar escritos de quejas al ayuntamiento…

Los contenidos han de seleccionarse vinculados a los contextos o situaciones en que adquieren significado para los aprendices o en los que van a ser utilizados, contextos que van a enmarcar las experiencias de aprendizaje en las que los niños y niñas van a vivir esos contenidos.

b) Plantear preguntas con sentido para los aprendices

Organizar oportunidades de aprendizaje como experiencias para ser vividas implica que los niños y niñas participen activamente en estas situaciones: han de hacer algo, elaborar algo, construir algo, decidir sobre algo, planificar algo... De esta manera, percibirán que la enseñanza que reciben va dirigida a incrementar su capacidad de entender, de actuar, de optar. Para ello, una estrategia muy útil es plantear preguntas con sentido a las que, mediante las experiencias que decidamos, se les podrá dar respuesta. Y esto supone seleccionar y organizar los contenidos que ofrecemos en torno a esas preguntas o problemas a los que las áreas curriculares de cada etapa pueden ayudar a responder o resolver. Cualquier área afronta la tarea de describir, comprender, interpretar o actuar en la realidad de la que se ocupa, sea física, social, natural o cultural, desde una perspectiva particular. El área de Ciencias Sociales nos puede ayudar a entender por qué hay pobreza en el mundo o el área de Ciencias Naturales nos explica cuál es el proceso que se desarrolla en una charca de agua estancada, mientras que el área de «Lengua extranjera» nos ayuda a aprender cómo pedir la comida en un restaurante de otro país o cómo indicarle a un extranjero en nuestra ciudad cómo llegar a un lugar. Estas situaciones funcionan como contexto de significación. Pero en torno a ellas podemos plantear preguntas que nos ayuden a construir el mapa del territorio (Claxton, 1987) que hay que recorrer (de informaciones, de conceptos, de estrategias, de destrezas, de normas, de valores...) para comprender y/o actuar adecuadamente en dichos contextos. Esas preguntas nos sirven de claves para ir seleccionando y organizando los contenidos de forma que vayan dando respuesta a tales preguntas. Por ejemplo, en torno a la pobreza como núcleo organizador, podríamos plantearnos preguntas como: ¿cuándo decimos que alguien es pobre?, ¿cuáles son las causas de la pobreza?, ¿qué consecuencias tiene la pobreza para los niños?, ¿dónde hay pobreza?, ¿solo hay pobreza en el Tercer Mundo?, ¿qué se hace por acabar con la pobreza?, ¿quién ayuda a estas personas y cómo lo hace?, ¿qué podemos hacer nosotros?... Responder a estas preguntas permitiría un acercamiento a la comprensión de este problema y nos llevaría a seleccionar contenidos (tareas y materiales) para ello. Trabajar de este modo nos lleva a presentar los contenidos importantes a modo de redes de información interconectadas y estructuradas en torno a ideas o núcleos organizadores, lo que permite, según Brophy (2007), ser aprendidas de manera significativa y retenidas de tal forma que hagan posible su aplicación en los contextos de uso.

Aquí habría que introducir la segunda parte del epígrafe con que designamos este criterio: *preguntas que tengan sentido para aquellos a los que van dirigidas*. Es decir, el acto de enseñar implica un proceso de descentramiento fuerte: hay que situarse en el punto de vista del aprendiz y dejar que ellos participen en la configuración de esa red de problemas. Los núcleos organizadores deben ser de interés para quienes van dirigidos, y las preguntas que queramos responder a través del currículo para entender y actuar sobre dicho núcleo deben ser inquietudes y preocupaciones auténticas de los alumnos. Por eso, en esta forma de seleccionar y organizar contenidos se debe partir de las *necesidades e intereses de los aprendices*, que difieren según edades, contextos vitales o experiencias previas, y, para ello, se pueden plantear de manera sistemática asambleas donde se pueda ir configurando entre todos ese mapa del territorio. Decroly proponía en su método lo que denominaba fase de asociación, que supone orientar a los alumnos en ese proceso de razonamiento y análisis lógico de hacerse preguntas en torno al suceso, fenómeno o problema seleccionado como núcleo organizador, para lo que proponía como asociaciones tipo las siguientes (véase Escamilla, 2009, para analizar la relación entre la propuesta de Decroly y el desarrollo de competencias en el aula):

- *Asociaciones espaciales*. Situación, dirección, forma, tamaño (dónde ocurre, dónde viven, cómo son...).
- *Asociaciones temporales*. Duración, simultaneidad, sucesión (cuánto tiempo, desde cuándo, cómo evoluciona en el tiempo...).
- *Asociaciones causales*. Causas, consecuencias, concomitancias (por qué, para qué, si... ¿qué ocurre?...).

— *Asociaciones de origen y procedencia.* Génesis de los acontecimientos u objetos (de dónde proceden, desde cuándo suceden, de qué están hechas las cosas...).
— *Asociaciones de utilidad y trabajo.* Funciones y funcionamiento (para qué sirve, cómo funciona, quién lo hace, cómo lo hace...).
— *Asociaciones éticas, morales y sociales.* A quién o a qué beneficia o perjudica, qué normas deben cumplirse, por qué está bien o mal, cómo podrían evitarse perjuicios, qué podemos hacer nosotros...

Las experiencias de aprendizaje que propongamos deben ampliar el horizonte de intereses, de problemas o preguntas que pueden ser significativos para los alumnos, aunque sus necesidades o preocupaciones actuales sean el punto de arranque del que partir. Por ello, el docente tiene como misión guiar y orientar ese proceso de preguntarse acerca del mundo con el objetivo de ensanchar el marco de experiencias, contextos e interrogantes de sus alumnos y de desarrollar en ellos ese hábito de preguntarse de manera analítica y sistemática, propio de un pensamiento científico.

c) Funcionalidad: incrementar las capacidades y competencias del aprendiz

Este modo de seleccionar y organizar contenidos en torno a contextos de significación y preguntas con sentido para los aprendices está en consonancia con las teorías acerca de la motivación. Para Alonso Tapia (1991), la primera condición que explica la motivación de un aprendiz es el significado que para éste tiene aprender lo que se pretende. Entre esos posibles significados, sentirse más competente es el principal motor de la motivación intrínseca, esto es, que a través de esas experiencias de aprendizaje y esos contenidos con los que va interactuando el aprendiz perciba que van creciendo sus posibilidades de explicarse el mundo y explicárselo a otros, de actuar, de decidir, de pensar... Para ello necesita que los aprendizajes adquiridos le sean útiles, aplicables, funcionales y que él o ella perciban y entiendan para qué sirven, cuándo y cómo se utilizan. Ofrecer un currículo tipo mosaico, esto es, una serie de retazos de información, datos y conceptos, desconectados entre sí y de la realidad que intentan explicar, y después plantear actividades de aplicación de lo aprendido como tareas de simple entrenamiento o mecanización, no puede incidir en modo alguno en la capacitación de un sujeto. Plantear aprendizajes enraizados en contextos reales (o construidos como la revista escolar) que respondan a preguntas que buscan analizar y profundizar en su comprensión y que requieren tareas de capacitación que implican cómo responder a esas preguntas, cómo actuar o cómo solucionar los problemas planteados se halla más cerca de ese criterio de funcionalidad. Insistimos en ello porque muchas veces se utiliza este criterio para incorporar aprendizajes que como en sí mismos son útiles, resulta indiferente el modo en que se desarrollen en la escuela. El contenido o aprendizaje más útil puede convertirse en estéril si se desconecta de su verdadero contexto de uso. Pongamos el caso de la lectura: no hay aprendizaje más útil en sí mismo. Ahora, leer mecánicamente, responder a preguntas centradas en la comprensión superficial de un texto, reducir la comprensión de textos a conocer el significado de las palabras que contiene, leer textos que solo tienen un uso escolar, leer en voz alta pronunciando correctamente... constituyen tareas que tienen una utilidad muy limitada en las prácticas sociales reales de lectura (leer para aprender, leer para informarse, leer para disfrutar) que requieren trabajar la lectura de otro modo (véanse Solé, 1992; Sánchez Miguel, 2010). Si la lectura no se desarrolla asociada a sus contextos reales de uso, pierde su funcionalidad.

d) Representatividad

Este criterio viene a hacer hincapié sobre la necesidad de seleccionar aquellos contenidos, dentro del extenso mapa de posibilidades que incluye cualquier área (informaciones, conceptos, datos, hechos, ejemplos, técnicas, estrategias, etc.), que sean nucleares, esenciales, básicos y fundamentales para ayudar al alumno o alumna a aprehender la realidad estudiada. Es decir, seleccionar las ideas claves que son precisas que el niño comprenda e interiorice para entender esa realidad y actuar en ella de manera fundamentada. Los profesores —y los libros de texto— tenemos la tendencia a densificar excesivamente los contenidos ofrecidos, a adornarlos con multitud de conceptos y datos que la mayor parte de las veces vienen a camuflar las cuestiones clave que son precisas tener en cuenta para acercarse al problema o situación objeto de estudio, para comprenderlo, analizarlo y resolverlo. De este modo, los contenidos se vuelven crípticos, el discurso farragoso y las ideas principales se diluyen entre lo accesorio dificultando su identificación. Este criterio, que reúne las ideas de centralidad y de especificidad y ejemplaridad (Zabalza, 1987), obliga a pensar, a la hora de planificar el currículo, cuáles son esas ideas nucleares que consideramos fundamentales que nuestros alumnos adquieran para centrar nuestro trabajo en ellas, desconsiderando aquellas cuestiones secundarias que, aunque nos parezcan importantes, no son prioritarias para el desarrollo de las competencias básicas de nuestros aprendices en estos momentos de su desarrollo. Aunque la realidad es siempre compleja, y entenderla en su complejidad requiere una formación y experiencia extensas, cualquier niño o niña es capaz de acercarse a su comprensión, independientemente de la edad que se tenga, si se es capaz de buscar las cuestiones relevantes para él o ella y las respuestas que precisa y busca en ese momento de su desarrollo. A lo largo de su vida se irá planteando otras cuestiones o las mismas desde otras perspectivas y exigirá nuevas formas de acercarse a las respuestas que requiere encontrar.

e) Significatividad psicológica

Este criterio fue establecido por David Ausubel (1976) como una de las condiciones necesarias para propiciar el aprendizaje significativo. Hace referencia a la conveniencia de seleccionar aquellos contenidos que puedan guardar conexión con las ideas previas de los alumnos; es decir, con el conjunto de experiencias, conocimientos, creencias y prejuicios, vivencias, etc., con que cuentan estos y que han ido adquiriendo a lo largo de su vida en los distintos entornos en los que se desenvuelven (entorno familiar, entorno social, entorno escolar, medios de comunicación, etc.). Sus experiencias vitales en cada uno de estos contextos les ofrecen un conocimiento tácito, más o menos reflexionado, que utiliza para interpretar, es decir, dotar de significado a cualquier situación. Evidentemente, estas ideas previas son muy personales, porque sujetos distintos tienen coordenadas vitales muy diferentes. Pero, al mismo tiempo, también es posible encontrar cierta universalidad en las ideas previas de los niños en ciertos estadios de desarrollo; por ejemplo, es difícil para niños de ciertas edades entender que es la Tierra la que gira alrededor del Sol, puesto que su experiencia y sus sentidos les informan de que es éste quien se mueve mientras nosotros permanecemos quietos. En cualquier caso, para dar significado a un nuevo contenido o situación, todos los seres humanos utilizamos esas ideas previas que hemos ido construyendo a lo largo de nuestra vida; a menudo, provocan errores de aprendizaje, pero cuando un alumno utiliza ese conocimiento tácito para interpretar un contenido o tarea escolar podemos estar seguros que está realizando un esfuerzo por comprender, aunque el resultado de su interpretación sea erróneo (Astolfi, 1999), a diferencia de cuando intenta resolver cuestiones de manera mecánica o memorizando lo que no entiende. La relevancia de las ideas previas para el aprendizaje significativo exige que adoptemos la perspectiva de los aprendices a la hora de plantearnos centros de interés, contextos de significación, preguntas claves o contenidos nucleares que puedan interactuar con sus experiencias y conocimientos previos de forma que estos formen parte del trabajo curricular en el aula.

f) Significatividad lógica

Este criterio, propuesto por el mismo autor que el criterio anterior, pone el énfasis en la pertinencia de seleccionar contenidos que guarden una relación lógica entre ellos y organizarlos de modo que esta relación sea fácilmente apreciable. Se trata de explicitar las conexiones que existen entre los distintos contenidos seleccionados para trabajar una situación o problema al objeto de que sea apreciable la estructura lógica que guardan entre sí. Con frecuencia, en el desarrollo de una unidad didáctica o del conjunto de éstas dentro de una programación, los temas y cuestiones se suceden en una secuencia desconocida por los alumnos. Tengamos en cuenta que los docentes conocemos la estructura global de las áreas que trabajamos y cuando las vamos desarrollando sabemos de dónde venimos y a dónde vamos y por qué, pero, para un alumno, si estas razones y vínculos no se explicitan claramente, es como si, siguiendo el ejemplo de Guy Claxton (1987), introdujéramos a los alumnos en un tren con las ventanas tapadas y los fuéramos bajando de vez en cuando en ciertas estaciones dejándoles sin constancia de cómo han llegado allí, dónde irán a continuación, cómo era el paisaje por el que han discurrido, ni sensación de haber viajado siquiera. Torres (1994) denomina a esto currículo de turista. La significatividad lógica implicaría más bien un viaje en avión donde se combinan vistas panorámicas del territorio con vuelos rasantes sobre ciertos sectores del mismo. Si los alumnos no aprecian la estructura del contenido y la lógica que subyace a su selección (por qué estudiamos esto) y organización (qué relación existe entre esto y lo anterior y lo siguiente), difícilmente podrán hacer un aprendizaje significativo del mismo. El uso de mapas conceptuales o de organizadores gráficos donde se establece gráficamente la jerarquía entre ideas trabajadas (ideas principales o más inclusoras, ideas secundarias o más específicas, ejemplos o contextos de aplicación...) y las relaciones entre ellas (mediante flechas y conectores verbales: tipos de, causas, consecuencias, finalidad, excepciones, etc.) ayudan al alumno a visualizar esa lógica y esos vínculos entre partes, y al docente a seleccionar y organizar los contenidos siguiendo este criterio. Plantear preguntas con sentido, decidiendo los contenidos representativos que permiten buscar y dar respuesta a tales cuestiones, ayuda a ello.

g) Flexibilidad y opcionalidad

Con el criterio de flexibilidad se quiere hacer hincapié sobre el hecho de que la selección de contenidos no debe cerrar y prefijar de manera exhaustiva la oferta que se les hace a los niños y niñas. Por un lado, porque puede ocurrir que nuestra propuesta inicial no funcione adecuadamente con nuestro grupo de clase. Entonces, prever una selección más amplia de la que va a presentarse a los alumnos con distintas posibilidades puede sernos de gran utilidad. Por otro lado, porque en una propuesta curricular hay que permitir que los alumnos aporten sus inquietudes, sus preocupaciones y sus intereses, planteen sus preguntas, compartan sus experiencias y conocimientos previos, sugieran tareas..., con lo cual la selección de contenidos debe estar abierta a estas aportaciones. De la misma forma, porque la diversidad de niños y niñas que tenemos en un grupo no solo afecta a sus intereses e ideas previas, sino también a sus aptitudes, sus fortalezas y debilidades, sus logros y sus dificultades de aprendizaje, y ello nos obliga, en virtud de ese principio de equidad ya comentado, a que diversifiquemos nuestra propuesta para dar posibilidades de progreso y desarrollo a todos y cada uno de nuestros alumnos.

Además, la opcionalidad aporta un matiz a este criterio. La motivación hacia el aprendizaje merma cuando los alumnos viven éste como imposición, como algo ya establecido, inamovible, donde su criterio no tiene cabida. Por el contrario, la motivación y la consiguiente implicación crecen cuando el aprendiz puede tomar decisiones respecto de su propio aprendizaje y, además, su responsabilidad se incrementa. Por ello, es necesario ofrecer espacio de decisión a los alumnos, ofreciendo distintas opciones donde estos puedan elegir como grupo de clase, como equipos de trabajo o de forma individual. Por ejemplo, dentro de contenidos como buscar, organizar y comunicar información, podemos proponer a los alumnos que elijan sobre qué tema quieren hacerlo, de manera libre (por ejemplo, sobre aquellos temas o actividades por las que sienten mayor interés), o dentro de un tema común elegir un aspecto (por ejemplo, en una unidad sobre los inventos, cada equipo puede decidir cuál trabajar para exponer a los compañeros). También podemos implicarles en el proceso de decidir qué o cómo va a trabajarse. Por ejemplo, al plantearse como problema qué podemos hacer para ayudar a combatir la pobreza, que antes sugeríamos, los niños y niñas pueden participar en la decisión de qué clase de iniciativa o proyecto desarrollar para ello (obtener dinero para enviarlo a una ONG, por ejemplo, organizando una feria de la artesanía donde los asistentes puedan comprar los objetos elaborados por ellos mismos; concienciar a los adultos y a los niños del colegio sobre la pobreza, por ejemplo, elaborando folletos de concienciación sobre el consumo irresponsable de las sociedades ricas frente a las carencias básicas de los niños y adultos pobres). En este tipo de planteamientos didácticos, los niños y niñas aprenden contenidos como proponer soluciones e iniciativas, sopesar alternativas analizando su viabilidad, planificar la realización de una tarea, responsabilizarse de su ejecución, etc.

h) Incluir temas controvertidos o criterio de conflictividad

El currículo escolar ha huido siempre del conflicto y la controversia para presentar un conocimiento presuntamente neutral, universal y genérico; en consecuencia, ha dejado fuera todos aquellos temas que pudieran generar polémica o los que no tengan una sola respuesta, una explicación clara y contundente. Y sin embargo, tenemos la obligación de educar personas que, desde un conocimiento fundamentado, hagan sus opciones de manera libre y reflexiva. La escuela no puede imponer una visión estándar y plana de la realidad; nuestra sociedad es plural y debe educar desde la pluralidad para la pluralidad. Por ello, este criterio invita a seleccionar, para trabajar en clase, aquellos problemas donde no hay respuestas fáciles ni soluciones claras, las cuestiones ideológicas y cargadas de valor, las posturas y visiones enfrentadas, los problemas éticos y de opinión, elementos que requieren un análisis fundamentado de argumentos, explicaciones o alternativas en competencia. Para implicar a los alumnos en la construcción de su conocimiento, una buena estrategia es seleccionar y organizar contenidos en torno a un tema controvertido. En este tipo de situaciones, los alumnos y alumnas aprenden contenidos como buscar y dotarse de argumentos, comprender distintos puntos de vista, defender sus posiciones, proponer alternativas o estrategias de solución del conflicto o tomar decisiones a la hora de decantarse por una vía de actuación. Este criterio fue propuesto y utilizado por Stenhouse (1984) en su renombrado trabajo *Humanities Curriculum Project,* con el que pretendía propiciar un tipo de aprendizaje productivo (no reproductivo) en los alumnos. Para ello, recurrió como centros de interés a temas sociales controvertidos (la guerra, la pobreza, las religiones, las relaciones entre sexos, los medios de comunicación social, etcétera), ofreciendo una visión compleja e interdisciplinar de los mismos, sin imponer respuestas únicas ni correctas.

i) Interdisciplinariedad y globalización

El criterio de interdisciplinariedad y globalización, además de utilizarse para la selección y organización de contenidos, constituye todo un enfoque global acerca de la enseñanza. Parte del supuesto de que la comprensión y resolución de cualquier problema (ecológico, económico, ético, social, tecnológico, científico...) requiere una visión integrada de las aportaciones que distintas áreas y materias pueden realizar, por lo que facilitarles a los alumnos los contenidos escolares organizados de manera interdisciplinar les posibilita un entendimiento mayor, más complejo y significativo del mundo en que viven. Para ello, lo ideal sería trabajar, como tutor de grupo, el conjunto de las áreas establecidas para la etapa o si, como ocurre a veces en Primaria, hay una especialización de docentes por áreas, planificar conjuntamente con los compañeros que compartan grupo.

El matiz entre interdisciplinar y global viene dado por el nivel de los alumnos a los que va dirigida la propuesta curricular y al propio tema seleccionado como problema o como centro de interés. Con los niños de Educación Infantil y primer ciclo de Educación Primaria es más plausible un enfoque global donde todas las áreas puedan ponerse al servicio de la comprensión del núcleo organizador de la unidad, en primer lugar, porque los aprendices aún mantienen un pensamiento sincrético que les lleva a una percepción continua y holística de la realidad, y, en segundo lugar, porque el nivel de generalización de los aprendizajes previstos en estas edades aún permite un tratamiento global de un problema. Según van creciendo, empiezan a desarrollar un pensamiento más analítico que requiere un tratamiento más en profundidad, acorde ya con un mayor nivel de intensidad en el tratamiento de cada área, lo que lleva a dificultar que todas las áreas puedan trabajarse conjuntamente; el tratamiento interdisciplinar, donde la visión que se mantenga de los problemas implique a más de un área, es posible a cualquier edad. Esta distinción se supera con la utilización del concepto currículum integrado, en el que, a partir de problemas, situaciones o centros de interés, se seleccionan contenidos del área o materia que sean necesarios para dar una visión compleja y no fragmentada de los mismos. No se trata de forzar la selección de contenidos: si dentro del estudio de los animales se selecciona al caracol como centro de interés, no hay que contar caracoles, pintar caracoles, leer cuentos sobre caracoles o cantar canciones sobre caracoles, como muchas veces se ha entendido la tarea de globalizar contenidos, si ello no ayuda a contestar las preguntas claves que podamos hacernos en torno a este tema: ¿qué comen?, ¿dónde viven?, ¿por qué no tienen patas?, ¿cómo se mueven?, ¿quién se alimenta de caracoles?, ¿qué hay dentro de la concha del caracol?, ¿para qué le sirve?, ¿por qué tiene esa forma?, ¿qué otras cosas tienen también forma de caracol?, ¿es verdad que tienen cuernos y los sacan cuando hace sol, como dice la canción?... Las respuestas a estas cuestiones nos pueden llevar a enlazar con conceptos más genéricos referidos a los seres vivos, a las relaciones entre ellos y con el medio (ecosistema) y a introducir ideas propias de otras áreas, formas geométricas o canciones populares, pero solo si responden a las cuestiones planteadas. El lenguaje, como herramienta para entender y expresarse, puede ser utilizado para hablar o escribir lo que observemos en un caracol, para escuchar o leer sobre la vida de los caracoles. Y la literatura nos puede ayudar a ampliar nuestros conocimientos sobre los caracoles o a desarrollar nuestra imaginación a través de preguntas del tipo: ¿cómo sería... si los caracoles hablaran, la conversación con una mariposa?, ¿qué ocurriría si... un caracol perdiera su casa? Se trata de integrar el currículo, no de sumar partes o yuxtaponer fragmentos.

j) Dar voz a los ausentes

Este criterio para la selección de contenidos llama la atención a los docentes sobre el hecho de que, mediatizados por la tradición escolar establecida, excluimos de nuestra propuesta de contenidos la visión del mundo que aportan grupos sociales minoritarios —o a veces numerosos, como es el caso de las mujeres—, que carecen de poder o han carecido tradicionalmente de éste; son las llamadas voces ausentes del currículo escolar (Torres, 1990, 1994). Éste siempre adolece del sesgo propio que introducen los grupos sociales con poder en una sociedad, que ejercen su influjo en la definición del conocimiento escolar aceptable, y que se corresponde con ciertas perspectivas: en nuestro contexto, la perspectiva de la cultura occidental, la raza blanca, la religión católica, la clase social media y alta, el género masculino, la orientación heterosexual, el entorno urbano, la familia «ortodoxa», etc., configurando un currículo a su imagen y semejanza. Por tanto, se dejan fuera la visión y valores que aportarían otras etnias y culturas, el laicismo y otras religiones, otros entornos poblacionales, otras clases sociales, el género femenino, otras inclinaciones sexuales, otras situaciones familiares... Así, no suelen incluirse en los contenidos escolares las aportaciones culturales (literarias, musicales, arquitectónicas, etc.) de pueblos que no sean occidentales, o desconocemos la existencia de mujeres filósofas, matemáticos o pintoras porque tradicionalmente han estado excluidas de los contenidos escolares. Se trabaja la familia, pero ateniéndose a la familia tradicional y excluyendo a familias separadas, reconstituidas, homosexuales o con hijos adoptivos. La lista de ejemplos de ausencias sería interminable.

Pero hay que llamar la atención sobre el hecho de que, en ocasiones, se incluyen elementos relativos a estos grupos ausentes en el currículo, pero presentándolos de manera estereotipada: ilustraciones que ejemplifican entornos rurales donde aparecen hombres con boina o niños de raza negra viviendo en chozas, se incorporan a los gitanos como etnia pero asociada al folclore, o se apela a los inmigrantes, relacionándolos con la pobreza o la delincuencia. Nuestra sociedad se ha ido complejizando lo suficiente como para que el currículo escolar continúe presentando esa visión estándar, o intencionadamente sesgada, del mundo; comprender éste significa abordarlo en su complejidad y en sus contradicciones. Por ello, este criterio de selección de contenidos nos insta a dar voz en el currículo a estas voces tradicionalmente ausentes, de manera justa, equilibrada, respetuosa y objetiva, valorando las aportaciones de todos los grupos a la historia, presente y futuro de la humanidad.

2.2. Criterios de secuenciación de contenidos

Secuenciar contenidos supone ir deshilvanando estos, distribuyéndolos o dosificándolos a lo largo de una unidad, programación anual o a través de niveles y ciclos, de modo que se favorezca el proceso de comprensión de los alumnos. Pero esto es en sí mismo una decisión problemática, es decir, que puede hacerse de varias maneras sin tener la seguridad de cómo va a funcionar con el grupo de alumnos con el que trabajamos. Más allá de la lógica impuesta por la tradición o por los libros de texto, es posible considerar algunos criterios a la hora de tomar decisiones:

a) Secuenciación convergente o espiral

Este criterio hace referencia a una distribución tal de contenidos que permita ir profundizando cada vez más en su comprensión y dominio. Si utilizamos este criterio para secuenciar contenidos a lo largo de los niveles y ciclos, supone que, a cada paso que damos, se trabajan los mismos contenidos, pero cada vez a mayor nivel de profundidad, ofertando conceptos y procedimientos más complejos, nuevos problemas y situaciones que ahonden su comprensión. Ello frente a una distribución lineal donde los contenidos aparecen una vez en el currículo escolar y nunca más se vuelve a hablar de ellos, lo que, además de olvidarse con facilidad, no ayuda a adquirir estructuras globales de conocimiento. Si nos referimos a su distribución dentro de la programación anual, se trata de vincular los contenidos de una nueva unidad a los trabajados en unidades anteriores y siguientes, no trabajar las unidades de manera estanca, puesto que unos aprendizajes se apoyan en otros y es nuestra tarea permitirles que crezcan en dominio, en competencia y en capacidad para afrontar nuevas situaciones y problemas. Hay que tener en cuenta que el aprendizaje de conceptos más globales o de procedimientos, de estrategias, de destrezas o de valores y actitudes (comprensión y expresión oral y escrita, resolución de problemas, observación, responsabilidad, etc.) deben ir desarrollándose progresivamente, proponiendo otros contextos de aplicación donde puedan ir ampliando y perfeccionando su uso.

b) Secuenciación deductiva, inductiva o combinatoria

Este criterio nos indica que en la secuencia con que deshilvanamos los contenidos podemos optar por una dirección deductiva, donde abordamos primero los aspectos más generales y globales para, en un segundo, momento referirnos a sus concreciones o especificaciones (ir de lo general a lo particular), por una dirección inductiva, donde ascendemos desde cuestiones particulares (datos, hechos, observaciones, conceptos concretos) a elementos más inclusores (de lo particular a lo general), o de manera combinatoria, que supone ir comparando dos contenidos que se hallan en igualdad de condiciones de generalidad o especificidad. Por ejemplo, podemos empezar trabajando los conceptos de seres vivos y de seres inertes para después aplicarlos a distintos casos (animales, plantas, árboles, piedras, tierra, agua, aire…) y decidir si cumplen las características que los definen (dirección deductiva), pero podemos hacerlo al revés, presentar estos distintos elementos y decidir qué tienen de común y de diferente para llegar a distinguirlos como seres vivos e inertes (dirección inductiva); podemos incluir a su vez objetos como peines, libros y mesas para, además, llegar a trabajar conceptos como elementos naturales, que incluyen seres vivos e inertes, y artificiales, para llegar finalmente al concepto de materia. Podemos hacerlo de manera combinatoria o comparada, trabajando al tiempo de forma contrastada las diferencias y semejanzas entre seres vivos e inertes con ejemplos en cada caso. Cómo elegir una vía u otra depende del contenido del que se trate, aunque también es una opción metodológica, puesto que la deducción, la inducción y la comparación son procesos de razonamiento que deben ser aprendidos.

c) Secuenciación basada en criterios de proximidad y complejidad

El criterio de proximidad valora la pertinencia de presentar los contenidos desde lo más cercano a la experiencia de los niños y niñas a lo más lejano, pero, aunque este criterio resulte lógico, hay que advertir de que, a veces, se ha llevado a tal extremo que se han propiciado lo que John Elliott (1989) denomina aprendizajes basados en el dominio, en vez de aprendizajes que vayan más allá de lo que ya el alumno domina. Así, encontramos propuestas donde los niños reiteradamente trabajan a lo largo de la etapa el mismo tema («La casa en la que vivo»), cuando simplemente reincidir en lo cotidiano desmotiva hacia el aprendizaje. A veces, comenzar por lo «exótico» para llegar a lo familiar y cercano puede ser más motivador: ¿cómo viven los esquimales?, ¿y los pueblos que viven en el desierto?

El criterio de complejidad apela a secuenciar los contenidos siguiendo el orden que aconseja ir de lo más simple a lo más complejo: partir de aprendizajes más sencillos, más simples y elementales para ir ascendiendo hacia ideas más elaboradas, que engloban y relacionan más de una idea simple. Por ejemplo, para los niños pequeños los números naturales tienen una correspondencia clara con su experiencia (tengo dos hermanos, te cambio tres cromos, invito a siete amigos a mi cumpleaños); solo posteriormente irá experimentando que hay situaciones en las que los números naturales no son suficientes para cuantificarlo todo: «eso cuesta 7,50 euros», «tengo fiebre porque tengo 38,5 °C de temperatura», lo que le llevará a entender la necesidad de los números decimales, cuya noción se construye a partir de la noción ya claramente asumida de la cantidad y orden que suponen los números naturales.

Algo similar ocurre cuando este criterio se traduce como ir desde la experiencia de los alumnos a las nociones más abstractas, que ya se introducen al final de la Educación Primaria. Así, en un primer momento los niños aprenderán que las plantas, como seres vivos, han de alimentarse, para lo cual las regamos y las ponemos a la luz, lo que es algo cercano a su experiencia vital; después, progresivamente, podrán acercarse a la idea de que no es el agua y la luz las que las alimentan, sino que, gracias a estos y a otros elementos, las plantas pueden elaborar su propio alimento, algo que ya no guarda ninguna relación con la nutrición humana o animal, con su experiencia, y que no es directamente apreciable.

Estas ideas nos sirven para secuenciar contenidos a más largo plazo; pero dentro de una unidad, las decisiones hay que tomarlas pensando de qué forma se facilita la reconstrucción del conocimiento por parte de los alumnos. Partiendo de lo más simple se va andamiando, apoyando, el razonamiento hasta llegar a lo más complejo. Pero, a veces, partir de lo más simple se entiende solo como lo más sencillo sin contar con su relación con lo experiencial, y ello obstaculiza ese proceso de comprensión: por ejemplo, aprender el algoritmo de la suma primero para después hacer problemas donde hay que utilizar la suma para resolverlos se entiende que es ir de lo más simple a lo más complejo, pero aprender un algoritmo sin situarlo en los contextos o en las situaciones en los que la suma se utiliza lleva a que muchos niños aprendan que esos problemas se resuelven sumando porque estamos en la unidad de la suma, pero no entenderán lo que significa sumar, su sentido semántico (añadir, reunir, aunar, acumular, juntar...), y tendrán dificultades para resolver problemas de suma fuera del contexto que la unidad en cuestión les brinda: «Este problema: ¿es de sumar o de restar?», nos preguntarán. En este caso, aprender las situaciones/problemas en que la suma se utiliza (aunque se resuelva dibujándolo, contando con los dedos) antes de aprender el algoritmo, puede resultar más eficaz, porque, a veces, la experiencia está más próxima a lo que resulta más complejo que a lo aparentemente más simple.

En definitiva, las decisiones sobre secuenciación, igual que sobre la selección y organización de los contenidos, son problemáticas en sí mismas y hay que tomarlas como hipótesis de trabajo que han de ser sometidas a la prueba de la práctica para analizar cómo funcionan y así introducir las modificaciones que sean necesarias de cara a incrementar el potencial didáctico de nuestras propuestas.

3. TIPOS DE CONTENIDOS

Para manejarnos en el mundo no solo necesitamos ideas o conceptos acerca de la realidad, sino que también precisamos de ciertas destrezas, habilidades y técnicas con las que resolvemos tareas o problemas o damos respuesta a ciertas situaciones; pero además es deseable desarrollar ciertas actitudes y comportamientos, ciertos valores y normas que nos permitan actuar como ciudadanos activos y responsables. Estas distintas caras de la formación de una persona han de ser objeto de aprendizaje en la escuela y constituyen los distintos tipos de contenidos educativos: son los contenidos declarativos, los contenidos procedimentales y los contenidos actitudinales. Cada uno de ellos engloba, a su vez, distintos tipos de aprendizaje que han de ser enseñados de manera intencionada y planificada. Para su descripción, vamos a basarnos en un trabajo previo (Granado, 2009), aunque adaptado al propósito de este capítulo.

3.1. Contenidos declarativos

Los contenidos declarativos, también llamados a secas conceptuales, constituyen el saber de la ciencia y la cultura, es decir, apelan a la estructura semántica de una materia o área o conjunto de hechos o datos, conceptos, principios y teorías que le son propios. Un hecho o dato supone un conocimiento factual (contenido factual) que ha de recordarse literalmente y, por tanto, aprenderse de forma memorística: una fecha, el título de una obra, las tablas de multiplicar, los nombres de los inventores, el vocabulario en lengua extranjera... Pero además de datos necesitamos comprender conceptos que les den significado a estos contenidos factuales y nos acerquen a entender el mundo. Los conceptos son gafas que nos permiten ver la realidad de forma más comprensiva: cualquier persona puede observar que el agua al calentarse llega un momento que comienza a hervir, y, con un termómetro, podría apreciar que tal fenómeno o hecho sucede a 100 oC. Pero el concepto de ebullición le permitirá entender por qué ocurre eso, por qué a pesar de suministrarle más calor el agua no incrementa de temperatura, sino que se irá evaporando, y que otro líquido que no sea agua hervirá a otra temperatura, o cualquier sustancia que disolvamos en el agua cambiará la temperatura de su punto de ebullición.

Ahora bien, los conceptos no se memorizan, se comprenden, luego no pueden aprenderse mecánicamente sino significativamente. En consecuencia, los contenidos factuales se olvidan con más facilidad si no se activan con cierta frecuencia, mientras que los conceptuales, si realmente se han entendido, se olvidan más lentamente y son más fácilmente recuperables. Pero hay que advertir que aprender una definición de memoria no es asimilable a la comprensión del concepto definido. Comprender un concepto implica ser capaz de explicarlo con las propias palabras. También se es capaz de utilizarlo para poder, a su vez, explicar la realidad a la que alude; esto es, cuando se observa una situación concreta, se es capaz de explicar qué está sucediendo utilizando el concepto pertinente porque dicho concepto se comprende. La tradición de presentar un concepto mediante definiciones, sintéticas y concentradas lleva, con mucha frecuencia, a que los alumnos memoricen estas sin llegar a su entendimiento.

Los conceptos científicos, a su vez, se relacionan entre sí formando redes o sistemas conceptuales organizados y jerarquizados, conceptos más globales e inclusivos, conceptos que suponen relación entre otros conceptos (teorías, principios...). La comprensión de estas relaciones va permitiendo a un sujeto construir una red conceptual cada vez más compleja y entretejida, lo que vendrá a incrementar su capacidad para establecer relaciones significativas con otros conceptos y entender más y mejor los hechos y datos que observa en su realidad. Por eso, la comprensión de un concepto no se realiza de una vez, sino que se van adquiriendo distintos grados de entendimiento del mismo conforme nos apropiamos de otros conceptos y datos relacionados. Siguiendo con el ejemplo anterior, una progresión de los conceptos nos llevará a entender por qué el agua del mar se evapora sin tener que hervir (el proceso de evaporación incluye el de ebullición y el de vaporización).

Es nuestra tarea, cuando planificamos la enseñanza, decidir qué conceptos y datos debemos ofrecer a los alumnos, con qué orden, con qué profundidad y con qué relaciones, para ir facilitando su apropiación mediante la construcción de esa red conceptual propia cada vez más significativa y densa.

3.2. Contenidos procedimentales

Los contenidos procedimentales constituyen el saber hacer, el saber actuar. Un procedimiento es un conjunto de acciones ordenadas dirigidas a la consecución de un fin o meta. En este sentido, apela a técnicas, destrezas, habilidades y estrategias cuya adquisición permite una actuación eficaz. Realizar exposiciones mediante presentaciones digitales, interpretar gráficas estadísticas, realizar sumas llevándose, hacer esquemas o resúmenes, comprender órdenes orales en inglés, interpretar un esquema rítmico con pequeña percusión, interpretar un climograma... son ejemplos de procedimientos. Resulta evidente que este tipo de aprendizajes ha estado siempre presente en la enseñanza como parte de las tareas realizadas, pero su distinción expresa como tipo de contenido viene a llamar la atención sobre el hecho de que adquirir estos procedimientos, aprender a hacer y actuar, requiere el esfuerzo expreso y deliberado de enseñarlo.

Los procedimientos pueden ser disciplinares, es decir, propios y característicos de un área concreta o de una materia (aplicar el algoritmo de la radicación o realizar el análisis morfosintáctico de una oración), o interdisciplinares, cuando son comunes a distintas áreas y materias (buscar en el diccionario, observar, comunicar por escrito, buscar información en la red digital). Entre los procedimientos interdisciplinares se incluirían las llamadas estrategias de aprendizaje (cómo extraer las ideas principales, cómo hacer un esquema o un mapa conceptual de lo aprendido, qué hacer antes, durante y después de leer para facilitar la comprensión y el control de ésta, cómo programar el tiempo de estudio, etc.), y las estrategias de procesamiento de la información necesarias para saber operar con ésta, a fin de ser capaz de:

— *Definir temas o problemas:* hacerse preguntas, planificar trabajos, etc.
— *Buscar información:* moverse en una biblioteca, consultar libros, diccionarios, periódicos, soporte y redes digitales.
— *Seleccionar información:* distinguir lo relevante de lo irrelevante en función de los interrogantes planteados.
— *Organizar y transformar la información:* tablas, cuadros sinópticos, clasificaciones, síntesis, resolución de problemas, etc.
— *Realizar inferencias:* sacar conclusiones, aventurar hipótesis, extrapolar a otros contextos, etc.
— *Comunicar y presentar información:* informes, gráficos, murales, exposiciones, mesas redondas, etc.

También es posible diferenciar entre procedimientos algorítmicos, en los que la secuencia establecida de pasos marca el camino exacto para la resolución de una tarea (realización de cálculos en las operaciones matemáticas) o procedimientos heurísticos, que solo ofrecen una orientación general en la secuencia que se ha de seguir sin determinar los pasos exactos y el orden en que hay que darlos para alcanzar una meta, esto es, definen más una estrategia de actuación que una técnica (resolución de problemas). En los aprendizajes escolares hay muchos más aprendizajes que implican procedimientos heurísticos que algorítmicos.

Una cuestión clave en relación al aprendizaje de procedimientos, técnicas o habilidades es que no basta con plantear actividades en las que los alumnos tengan que aplicarlos, sino que hay que enseñarlos expresamente; es decir, planificar tareas con el objetivo de que el alumno o alumna vaya adquiriéndolos. En el caso de aquellos procedimientos más heurísticos (resolver problemas, comprender significativamente un texto, resumirlo, elaborar un mapa conceptual, etc.), para que sean aprendidos a fondo y se vuelvan susceptibles de ser aplicados en la situación que los requiera, los hallazgos de investigación señalan que hay que enseñarlos como estrategias, de carácter más global que los procedimientos, que se utilizan deliberadamente y que se ponen en práctica a partir de una conciencia metacognitiva (Brophy, 2007), como es el caso también de las estrategias de aprendizaje o de las de procesamiento de la información a los que antes aludíamos. Esto requiere una enseñanza que incluya:

— El conocimiento propositivo (qué hacer).
— El conocimiento del procedimiento (cómo hacer).
— El conocimiento condicional (cuándo y por qué hacerlo).

Esto es, hay que permitirles conocer el tipo de acciones posibles que hay que emprender, cómo se llevan a cabo estas acciones y con qué secuencia, y en qué tipo de situaciones se utilizan esas acciones y cuáles son las razones que llevan a emprenderlas.

3.3. Contenidos actitudinales

Por último, los contenidos actitudinales constituyen el tercer tipo de contenido que ha de trabajarse en el currículo al objeto de desarrollar en los niños y niñas un conjunto de valores, normas, comportamientos y disposiciones que les permitan actuar en los distintos contextos en los que se van a desenvolver (social, familiar, escolar y laboral) de forma activa, ética, responsable y crítica.

Estos contenidos orientan formas de ser y comportarse y su enseñanza resulta mucho más difícil que los dos contenidos anteriores, puesto que intervienen en su adquisición variables situacionales y afectivas que difícilmente pueden ser controladas en el aula por el profesor, lo que no exime de la exigencia de trabajarlos en la escuela.

Sarabia (Coll, Pozo, Sarabia y Valls, 1992), sintetizando definiciones de varios autores, concluye que las actitudes son «tendencias o disposiciones adquiridas y relativamente duraderas a evaluar de un modo determinado un objeto, persona, suceso o situación y a actuar en consonancia con dicha evaluación» (p. 137). Por tanto, una actitud tiene tres componentes que nos permitirán dirigir nuestros esfuerzos hacia el aprendizaje de nuevas actitudes. Uno es el componente cognitivo, que apela a nuestro conocimiento de la realidad; así, tener información acerca de una situación, cultura, credo, persona, etc., nos llevará a desarrollar una actitud diferente de la que podríamos tener si nuestro desconocimiento fuera total o mediatizado por prejuicios sociales. En consecuencia, enfrentarse a una discrepancia entre una actitud y cierta nueva información sobre la realidad (nuevos datos, nuevos conceptos, nuevas perspectivas), de cara a incrementar la comprensión, especialmente de situaciones que suelen generar sesgo o prejuicio, puede favorecer el cambio de aquella. Conocer es un primer paso para generar nuevas actitudes: conocer las consecuencias ambientales de ciertos comportamientos cotidianos usuales —tratamiento de residuos o basuras, consumo energético y de agua, etcétera— puede llevarnos a cambiar nuestra disposición y llevarnos a evitar ciertas prácticas usuales al respecto, por ejemplo.

Las actitudes también tienen un componente afectivo fundamental en la medida en que vienen configuradas en gran parte por sentimientos, emociones y preferencias; al fin y al cabo, una actitud organiza en cierta manera los procesos emocionales y motivacionales de una persona con respecto a cualquier elemento del mundo. No siempre una actitud es fruto de un proceso de reflexión sistemático que lleva al sujeto a actuar de determinada forma sobre la base de unas convicciones firmes; a veces la actitud de un sujeto nos sorprende porque parece que no le corresponde, considerando sus creencias y disposición habitual. Y es que este componente afectivo es en gran medida situacional; en circunstancias distintas se generan emociones y sentimientos distintos que nos pueden llevar a manifestar actitudes en principio contradictorias, lo que hay que tener en cuenta a la hora de enseñar y evaluar actitudes.

Por un lado, la conformación de actitudes viene favorecida por la observación de la actitud de las personas que nos resultan significativas o por la confrontación entre la actitud personal y la de estos sujetos; para un niño o niña, estas personas significativas pueden ser familiares, docentes o compañeros de clase y amigos con los que los alumnos mantengan cierta relación afectiva. En lo que a los docentes nos afecta, esto nos exige, al menos, ser coherentes en nuestra actuación con el tipo de actitudes que deseamos promover en nuestros alumnos y alumnas, sean relativas al trabajo escolar y al aprendizaje en general (disfrutar con lo que se enseña, curiosidad científica, objetividad, esfuerzo y perseverancia, reconocer el error como parte del aprendizaje, etc.) o actitudes generales (puntualidad, respeto a los otros, empatía, disponibilidad y ayuda, afrontar los problemas, superar dificultades, coherencia, etc.).

Por otro lado, el desarrollo de la empatía, ponerse en la piel de otro, permite generar sentimientos y emociones de solidaridad y comprensión de la situación que viven otras personas, lo que puede favorecer el desarrollo de actitudes positivas. Por tanto, plantear situaciones de aprendizaje en las cuales se posibilita a los niños y niñas entrar de lleno en las vivencias de personas afectadas por situaciones de injusticia, discriminación, soledad, privación de derechos o libertades fundamentales, etcétera son fundamentales para desarrollar esta dimensión afectiva de las actitudes.

Los valores forman parte de este componente afectivo en la medida en que constituyen principios éticos con los que nos comprometemos emocionalmente y nos llevan a juzgar conductas propias o ajenas. Lo que una persona considera valioso, importante, justo o adecuado le llevará a evaluar situaciones o acciones de manera positiva o negativa y guiará su propia actuación. En toda sociedad democrática debe haber un proyecto compartido de educar una ciudadanía democrática, unos valores democráticos consensuados en los que educar, y ese proyecto debe conferir sentido al trabajo de formación de actitudes en la escuela: participación, negociación, consenso, labor de representantes de alumnos, toma de decisiones en asamblea, oportunidades para el desarrollo del pensamiento crítico constructivo, respeto a la diferencia y a la discrepancia, etc. Una escuela realmente democrática permite educar desde la democracia.

El tercer componente de una actitud es el conductual, que hace referencia a las acciones manifiestas y declaración de intenciones. Es la parte más visible de las actitudes y lo que nos lleva a evaluar y juzgar éstas en los otros. El componente conductual hace públicas nuestras actitudes; en nuestro lenguaje gestual, nuestras palabras, nuestros hechos, nuestras justificaciones a nuestras actuaciones... desvelan nuestros valores, ya que las actitudes cumplen una función expresiva de estos.

Una de las vías de modificación de actitudes consiste en contrastar la disposición que expresamos con las propias acciones, puesto que no tiene por qué haber correspondencia entre lo que creemos o pensamos y lo que hacemos. Cuando uno se sorprende actuando de manera contraria a su disposición habitual, se puede generar un conflicto que puede favorecer la modificación de esa actitud inicial o del tipo de actuaciones contrarias a ésta. En este sentido, el cambio de actitud puede verse favorecido por la acción, especialmente cuando ésta es pública, es decir, visible por otros, y hay una implicación personal del sujeto en ella, herramientas que podemos utilizar en el aula, planteando situaciones concretas donde los alumnos deben decidir cómo actuar y justificar las razones que le llevan a ello.

Por su parte, las normas son patrones de conductas que comparte un grupo social. La convivencia exige el establecimiento de reglas que definan los comportamientos adecuados cuando interaccionamos con otros en un contexto particular. Se trata de explicitar claramente las normas, su sentido o las consecuencias naturales de su incumplimiento y las sanciones que conlleva el no respeto a las mismas. Es preciso conseguir que los alumnos funcionen según la norma no por miedo a la sanción, sino porque lleguen a interiorizar la necesidad de respetarla por beneficio propio y ajeno, es decir, que utilicen la comprensión de la norma y de las consecuencias de su incumplimiento como información que oriente su actitud. Cuando se trata de normas de convivencia en el aula y en el centro, éstas deben ser negociadas y acordadas por todos aquellos sujetos a los que les van a afectar, para que comprendan el sentido de la norma como pacto social.

Los componentes de la actitud deben trabajarse de manera conjunta e integrada, aunque ciertamente no siempre es posible. Conocer las normas (normas de circulación vial para peatones, conductores y viajeros, por ejemplo) formaría parte del componente cognitivo de una actitud. Interiorizar las repercusiones personales que puede tener su incumplimiento mediante el desarrollo de emociones y sentimientos vinculados a situaciones vividas por otros (casos de niños accidentados, pérdida de seres queridos, traumatismos y discapacidades asociados, etc.), formaría parte del componente afectivo de la actitud. Propiciar situaciones en las que los alumnos y alumnas deban actuar según estás normas (circuitos, paseos en bicicleta o como peatones por el barrio, explicar a alumnos más pequeños cómo deben comportarse cuando viajan en el coche con sus padres) incidiría en el trabajo del componente conductual de la actitud.

Otras veces, es difícil trabajar situaciones donde el componente conductual puede ser desarrollado con sentido. Por ejemplo, el trabajo sobre las actitudes de respeto hacia niños y niñas de otras etnias puede quedar incompleto cuando no nos es posible plantear situaciones de interacción con estos sujetos; en este caso, la posibilidad de trabajar el componente conductual se reduciría a la declaración de intenciones sobre el papel (¿qué haríamos si...?). Otras veces, trabajar el componente conductual de una actitud excede las fronteras del aula y del centro y exige implicar a las familias en ello, pidiéndoles que nos informen sobre el comportamiento de su hijo o hija tras haber adoptado algún tipo de compromiso en el aula con respecto a su comportamiento en casa (hábitos de higiene y alimentación, implicación en tareas domésticas, uso de televisión, Internet, videojuegos en casa, etc.). Ésta es una buena ocasión para hacer entender a los niños y niñas que estas actitudes son valiosas, no solo dentro del contexto escolar, sino en cualquier contexto social y para establecer una relación de colaboración estrecha con las familias, lo que para el desarrollo de actitudes es fundamental.

REFERENCIAS BIBLIOGRÁFICAS

Alonso Tapia, J. (1991). *Motivación y aprendizaje en el aula. Cómo enseñar a pensar.* Madrid: Santillana.

Apple, M. W. (1989). *Maestros y textos. Una economía política de las relaciones de clase y sexo en educación.* Barcelona: Paidós/MEC.

Apple, M. W. (2000). *Teoría crítica y educación.* Madrid: Miño y Dávila.

Apple, M. W. y King, N. (1983). ¿Qué enseñan las escuelas? En J. Gimeno y A. Pérez (eds.), *La enseñanza: su teoría y su práctica.* Madrid: Akal, 37-53.

Astolfi, J. P. (1999). *El «error»·, un medio para enseñar.* Sevilla: Diada.

Ausubel, D. P. (1976). *Psicología educativa. Un punto de vista cognoscitivo.* México: Trillas.

Aymerich Izquierdo, M. (2005): Hacia una teoría de los contenidos escolares, *Enseñanza de las Ciencias, 23*(1), 111-122.

Bernstein, B. (1993). *La estructura del discurso pedagógico.* Madrid: Morata.

Brophy, J. (2007). Principios para una enseñanza eficaz. En A. Bolívar y J. Domingo (eds.), *Prácticas eficaces de enseñanza.* Madrid: PPC, 48-79.

Claxton, G. (1987). *Vivir y aprender.* Madrid: Alianza.

Coll, C., Pozo, J. I., Sarabia, B. y Valls, E. (1992). *Los contenidos de la reforma. Enseñanza y aprendizaje de conceptos, procedimientos y actitudes.* Madrid: Santillana/Siglo XXI.

Elliott, J. (1989). Educational Theory and the Proffesional Learning of Teachers: An Overview, *Teachers Collage Record, 93(4),* 610-627.

Elliott, J. (1990). *La investigación-acción en educación.* Madrid: Morata.

Elliott, J. (1993). *El cambio educativo desde la investigación-acción.* Madrid: Morata.

Escamilla, A. (2009). *Las competencias en la programación de aula. Infantil y Primaria* (3-12 años). Barcelona: Graó.

Freire, P. (1973). *Pedagogía del oprimido*, 8.ª ed. Buenos Aires: Siglo XXI.

Gardner, H. (2000): *La educación de la mente y el conocimiento de las disciplinas.* Barcelona: Paidós.

Giroux, H. A. (1990). *Los profesores como intelectuales. Hacia una pedagogía crítica del aprendizaje.* Barcelona: Paidós/MEC.

Goodson, I. F. (1995). *Historia del currículum. La construcción social de las disciplinas escolares.* Barcelona: Pomares-Corredor.

Granado, C. (2004). Política y didáctica de los materiales curriculares. En E. Lucio-Villegas (ed.), *Investigación y práctica en la educación de personas adultas.* Valencia: Nau llibres, 99-136.

Granado, C. (2009). Qué enseñar (y qué aprender) en Educación Secundaria. En C. Granado y L. Martín, *Didáctica general para futuros profesores de secundaria.* Sevilla: ICE de la Universidad de Sevilla, 83-106.

Martínez Bonafé, J. (2002). *Políticas del libro de texto escolar.* Madrid: Morata.

Popewitz, T. S. (1983). Los valores latentes del currículo centrado en las disciplinas. En J. Gimeno y A. Pérez (eds.), *La enseñanza: su teoría y su práctica.* Madrid: Akal, 306-321.

Real Decreto 126/2014, de 28 de febrero, por el que se establece el currículo básico de Educación Primaria (*BOE,* núm. 52, de 1 de marzo).

Reid, W. A. (1979). Practica Reasoning and Curriculum Theory: In Search of a New Paradigm, *Curriculum Inquiry, 9(3),* 187-207.

Reid, W. A. (1988): The Institutional Context of Curriculum Deliberation, *Journal of Curriculum and Supervision, 4(1),* 3-16.

Rué, J. (2002). *Qué enseñar y por qué.* Barcelona: Paidós.

Sánchez Miguel, E. (2010). *La lectura en el aula. Qué se hace, qué se debe hacer y qué se puede hacer.* Barcelona: Graó.

Schön, D. (1992). *La formación de profesionales reflexivos: Hacia un nuevo diseño de la enseñanza y el aprendizaje en las profesiones.* Barcelona: Paidós/MEC.

Schwab, J. (1974). *Un enfoque práctico para la planificación del currículum.* Buenos Aires: El Ateneo.

Solé, I. (1992). *Estrategias de lectura.* Barcelona: Graó/ICE de la Universitat de Barcelona.

Stenhouse, L. (1984). *Investigación y desarrollo del currículo.* Madrid: Morata.

Stenhouse, L. (1991). La investigación del *currículum* y el arte del profesor, *Investigación en la Escuela, 15,* 9-15.

Torres, X. (1990). *El currículum oculto.* Madrid: Morata.

Torres, X. (1994). *Globalización e interdisciplinariedad. El currículum integrado.* Madrid: Morata.

Westbury, I. (comp.) (2002). *¿Hacia dónde va el currículum? La contribución de la teoría deliberadora.* Girona: Pomares.

Zabalza, M. A. (1987). *Diseño y desarrollo curricular.* Madrid, Narcea.

RECURSOS DE EXTENSIÓN

Apple, M. W. y Beane, J. A. (comps.) (1997). *Escuelas democráticas.* Madrid: Morata.

Blanco García, N. (2000). *El sexismo en los materiales educativos de la ESO.* Sevilla: Instituto Andaluz de la Mujer.

Colectivo Urdimbre (2000). *Libros de texto y aprendizaje en la escuela.* Sevilla: Diada.

Freinet, C. (1996). *La escuela moderna francesa: una guía práctica para la organización material, técnica y pedagógica de la escuela popular.* Madrid: Morata.

Gardner, H. (1993). *La mente no escolarizada: cómo piensan los niños y cómo deberían enseñar las escuelas.* Barcelona: Paidós.

Gardner, H., Fieldman, D. H. y Krechevsky, M. (comps.) (2000). *El proyecto Spectrum.* Madrid: Morata/MECD.

Goñi Grandmontagne, A. (1998). *La organización de los contenidos y el aprendizaje significativo.* Bilbao: UPV.

Grupo Eleuterio Quintanilla (1996). *Materiales para una educación antirracista.* Madrid: Talasa.

Grupo Eleuterio Quintanilla (1998). *Libros de texto y diversidad cultural.* Madrid: Talasa.

Martín, E. y Coll, C. (eds.) (2003). *Aprender contenidos, desarrollar capacidades: intenciones educativas y planificación de la enseñanza.* Barcelona: Edebé.

Monereo, C. (coord.) (1994). *Estrategias de enseñanza y aprendizaje.* Barcelona: Graó.

Pozo, J. I. (2010). El aprendizaje de contenidos escolares y la adquisición de competencias. En C. Coll (coord.), *Desarrollo, aprendizaje y enseñanza en la educación secundaria.* Barcelona: Graó/MEC, 63-83.

Pozo, J. I. y Monereo, C. (1999). *El aprendizaje estratégico: enseñar a aprender desde el currículum.* Madrid: Santillana.

Real Decreto 126/2014, de 28 de febrero, por el que se establece el currículo básico de la Educación Primaria (BOE núm. 52, de 1 de marzo).

Real Decreto 1630/2006, de 29 de diciembre, por el que se establecen las enseñanzas mínimas del segundo ciclo de Educación Infantil (BOE núm. 4, de 4 de enero de 2007).

Solé, I. (1992). *Estrategias de lectura.* Barcelona: Graó/ICE de la Universitat de Barcelona.

PROPUESTA DE ACTIVIDADES

1. Seleccione un libro de texto de cualquier curso o nivel del segundo ciclo de Educación Infantil o de Educación Primaria:

   a) Seleccione una unidad didáctica del mismo y analice los contenidos que en ella se trabajan. Tenga en cuenta que algunos contenidos pueden no estar explícitos (sesgos, deformaciones, ausencias; a veces, actitudes y valores) y que otros se aprecian en las tareas de enseñanza-aprendizaje que se proponen y en los materiales o recursos que se utilizan. Diferencie esos contenidos según la tipología que hemos estudiado:

   - **Contenidos declarativos:** hechos, conceptos, principios.
   - **Contenidos procedimentales:** estrategias, técnicas, procedimientos algorítmicos o heurísticos, disciplinares o interdisciplinares, etc.
   - **Contenidos actitudinales:** componente cognitivo, afectivo y conductual: informaciones, normas, creencias, sentimientos, valores, comportamientos.

   b) Consulte los criterios de selección, organización y secuenciación estudiados en este capítulo y concrete qué criterios observa que se han utilizado en esta unidad y cuáles no se han respetado. Razone su respuesta.

2. Consulte los decretos de enseñanzas de Educación Infantil o de Educación Primaria autonómicos vigentes (debes buscarlos en la web de la Consejería de Educación de tu autonomía) y analice los contenidos propuestos en las distintas áreas en el ciclo que elija. ¿Qué problemas (¿por qué los mayores están tan preocupados con la crisis económica?, ¿qué le está pasando a nuestro planeta?), situaciones (¿cómo organizar un periódico escolar en nuestra clase?, comprar y vender: organizamos un mercadillo) o centros de interés (grandes inventos en nuestra vida cotidiana, ¿cómo vivía la gente en un castillo?) se le ocurren que podrían trabajarse en el aula desde la perspectiva de los niños y niñas de esa edad? Proponga cuatro problemas, situaciones o centros de interés (núcleos organizadores) e indique qué contenidos de los fijados en el currículo oficial incorporaría al trabajo en dichas unidades. Procure que sean núcleos organizadores que permitan un trabajo interdisiciplinar o globalizador.

3. Elija uno de los núcleos organizadores de los que has propuesto en la actividad anterior:

   a) ¿Qué preguntas/cuestiones claves se podrían plantear en torno a ese problema/situación/centro de interés para llegar a una comprensión amplia del mismo y/o a actuar en él? Organice estas preguntas/cuestiones a modo de mapa conceptual. Recuerde que estas cuestiones clave nos permitirán organizar el trabajo en una unidad didáctica sobre el núcleo organizador seleccionado. Puede ayudarle consultar el tipo de asociaciones propuestas por Decroly que vienen expuestas en este capítulo.

   b) Para responder a cada una de esas preguntas/cuestiones clave, ¿qué contenidos conceptuales, procedimentales y actitudinales incorporaría al trabajo en clase? Se trata de ir concretando y especificando los contenidos del currículo oficial antes seleccionados contextualizándolos en las cuestiones planteadas en torno a su núcleo organizador, a lo que puede incorporar otros contenidos.

Tenga en cuenta que para seleccionar contenidos hay que pensar conjuntamente qué tareas de enseñanza-aprendizaje se van a proponer porque en ellas se ponen en juego informaciones, se desarrollan estrategias, destrezas o técnicas o se incide en actitudes.

c) ¿Qué criterios de selección, organización y secuenciación cree que está utilizando en la propuesta de problema/situación/centro de interés, preguntas claves y contenidos concretos que has realizado en esta actividad? Justifique su respuesta.

7

La metodología en Educación Infantil

JUAN JESÚS GUTIÉRREZ CASTILLO
ROSALÍA ROMERO TENA

INTRODUCCIÓN

El Real Decreto 1630/2006 manifiesta de forma expresa que es en la etapa de infantil, más que en cualquier otra, donde el desarrollo y el aprendizaje son procesos dinámicos que tienen lugar como consecuencia de la interacción con el entorno. «...Y donde cada niño tiene su ritmo y su estilo de maduración, desarrollo y aprendizaje; por ello, su afectividad, sus características personales, sus necesidades, intereses y estilo cognitivo también deberán ser elementos que condicionen la práctica educativa, en la que se requiere de una estrecha participación y colaboración con las familias» (p. 474).

Los últimos estudios demuestran que los niños, desde su nacimiento, disponen de enormes capacidades a estimular y desarrollar; es, por tanto, la escuela la que debe acercarse al mundo de la infancia con responsabilidad, y son las estrategias metodológicas utilizadas por el docente las que favorecerán el desarrollo de todas y cada una de ellas.

Por ello, es fundamental tener presente, como señala Anton (2007), una serie de planteamientos generales a fin de conseguir el bienestar de los pequeños:

a) El desarrollo armónico, atendiendo las necesidades básicas de orden biológico, psicológico, afectivo, lúdico y social.
b) El proceso de autonomía y de socialización de cada niño y niña para hacerlos capaces de vivir unas relaciones estables y afectivas consigo mismo y con los demás, e ir formando parte de una sociedad culturalmente organizada.
c) El desarrollo de las capacidades de conocimiento e interpretación personal, individual, colectiva y grupal, facilitando la adquisición de unos instrumentos de aprendizaje en el contexto de su progreso.

Teniendo en cuenta lo expuesto, en primer lugar creemos necesario detallar las características psicoevolutivas de nuestros pequeños, diferenciándolas según los dos ciclos establecidos por la estructura del sistema educativo (LOE) para la etapa de Infantil. En cada etapa describiremos los aspectos más relevantes y destacados para tenerlos en cuenta en las bases metodológicas de la Educación Infantil, pilares sobre los que modelar cada ciclo, claves metodológicas que se pondrán de manifiesto en las diferentes y variadas actividades. Finalmente, en este capítulo, daremos a conocer los materiales y recursos que nos ayudarán a llevar a cabo todas y cada una de esas actividades. Materiales que podrán ser de todo tipo, desde aquellos que forman parte de la naturaleza (frutas, plantas, mascotas...), escolares (lápices, plastilina...) o tecnológicos (ordenador, PDI...), etc., pues todos ellos forman parte de su entorno cotidiano. Básicamente, el esquema general a seguir será el siguiente:

Introducción.

1. Características psicoevolutivas del niño de 0 a 6 años.
   - 1.1. Primer ciclo de la Educación Infantil: características psicoevolutivas de los niños y niñas de 0 a 3 años.
   - 1.2. Segundo ciclo de la Educación Infantil: características psicoevolutivas de los niños y las niñas de 3 a 6 años.
2. Principios metodológicos: estrategias y técnicas.
   - 2.1. El enfoque globalizador.
   - 2.2. Estrategias metodológicas globalizadas.
3. Las actividades: tipos.
4. Los medios y recursos: tradicionales y TIC.

1. CARACTERÍSTICAS PSICOEVOLUTIVAS DEL NIÑO DE 0 A 6 AÑOS

La finalidad de la Educación infantil es contribuir al desarrollo físico, afectivo, social e intelectual de los niños y niñas de 0 a 6 años. Conocer cuáles son las características fundamentales de estas edades es importante para poder atender las necesidades que en cada una de estas etapas se ponen de manifiesto.

Partiremos del conocimiento del *propio niño,* que, según Palacios, Marchesi y Coll (1995), es un ser que constituye una unidad biológica, psíquica y social; con conciencia de sí mismo; diferente e irrepetible; dinámico y en continuo desarrollo; activo, ya que construye su propio desarrollo, y social, porque asumirá roles de género.

1.1. Primer ciclo de la Educación Infantil: características psicoevolutivas de los niños y niñas de 0 a 3 años

Con relación al *desarrollo psicomotor,* podemos decir que la primera característica del desarrollo físico del niño o niña en esta primera infancia es que se rige por tres leyes universales: *ley o principio cefalocaudal,* según la cual el desarrollo se va sucediendo en un avance desde la cabeza a la «cola» o pies; *ley proximodistal,* que regula el desarrollo en la dirección de lo más «cercano a lo más distante», desde lo más próximo al eje corporal a lo más alejado, y *ley general-específico,* por la que controlan antes los movimientos globales y amplios que los específicos.

El desarrollo físico y psicomotor ocurre siguiendo una secuencia previamente ordenada y establecida, aunque hay grandes diferencias individuales en cuanto a la edad en que ocurren algunos episodios cruciales del desarrollo. Se adquieren dos automatismos básicos: la prensión y la locomoción.

CUADRO 7.1

Resumen extraído de Ginestal y Gil (2011) y completado por los autores

Desarrollo motor	— En el transcurso de los primeros años, el niño va accediendo a la capacidad de sostenerse sentado, de pie, caminar solo, correr y saltar. — Se desarrollan los sentidos y movimientos del cuerpo. — Desarrollo de los movimientos finos que requieren una mayor precisión para la realización de tareas cotidianas con dificultades para el control y el dominio de trazo.

En cuanto al *desarrollo mental o cognitivo,* si tenemos en cuenta la teoría interaccionista de Piaget, el niño/a evoluciona en su desarrollo desde el nacimiento a la adolescencia a través de cuatro etapas: *la sensoriomotora* (desde el nacimiento a los 2 años); *la preoperacional* (de los 2 a los 7 años); *la operacional concreta* (de los 7 a los 11 años) y *la operacional formal* (desde los 12 en adelante). Cada etapa es el resultado de la interacción de factores hereditarios y ambientales y resulta distinta de las demás desde el punto de vista cualitativo.

Durante la etapa sensoriomotora el niño/a presenta ya conductas inteligentes, aunque en parte el niño/a sea todavía preverbal. Pasa de tener reflejos primarios a convertirse en un ser que demuestra una perspicacia rudimentaria en su comportamiento. A lo largo de ella se desarrolla el concepto de permanencia de los objetos: el objeto dejaba de existir para el niño/a en el momento que desaparecía de su vista en los primeros momentos de su vida, al final de esta etapa (2 años), está desarrollado el concepto de permanencia de los objetos, y comprende las implicaciones de los desplazamientos visibles o invisibles (cuadro 7.2).

En el *desarrollo afectivo y de la personalidad* hemos de considerar diferentes tendencias. Así, mientras el conductista Watson atribuía a los niños/as un carácter innato en tres tipos de emociones (amor, ira y temor) y consideraba el desarrollo emocional un proceso de condicionamiento, Bridges sostenía que los bebés sólo tenían una emoción, la excitación, que gradualmente se va diferenciando en una gama más amplia de manifestaciones emocionales. Dos teorías desfasadas por tener interpretaciones limitadas, en la actualidad, las teorías más influyentes son la psicosexual de Freud y la psicosocial de Erikson.

Freud caracteriza la etapa desde el nacimiento hasta el año y medio, *etapa oral,* como etapa de placer y satisfacción a través de los estímulos orales. Posteriormente, desde el año y medio hasta los 3 años, *etapa anal,* los estímulos placenteros se recibirán a través de los movimientos intestinales. Durante esta primera infancia el bebé trabaja fundamentalmente bajo el principio del placer.

Erikson sostiene que el niño/a, desde el nacimiento hasta el primer año y medio de vida, experimenta la primera de una serie de ocho crisis que influyen en el desarrollo psicosocial a través de la vida. La primera a que hacemos referencia sería la de la confianza o desconfianza básica, seguida por otra crisis entre el año y medio y los 3 años en que desarrolla un sentido de autonomía o sentimiento de vergüenza y duda (cuadro 7.3).

En este período, que trascurre durante el ciclo de 0-3 años, se produce un importante de-

CUADRO 7.2

Resumen extraído de Ginestal y Gil (2011) y completado por los autores

Desarrollo mental y cognitivo	— Inteligencia práctica para prolongación de la sensomotriz. — Pensamiento intuitivo ligado a lo concreto. — Egocentrismo. — Pensamiento animista, los objetos son potencialmente conscientes. — Durante este período el niño se relaciona con el mundo a través de los sentidos y la acción. Progresivamente, va logrando: • Establecer elecciones entre objetos. • Percibir los resultados de sus acciones. • Distinguir entre medios y fines...

CUADRO 7.3

Resumen extraído de Ginestal y Gil (2011) y completado por los autores

Desarrollo afectivo-social	— La dependencia de una persona adulta es total. — Va desarrollando su afectividad en función de los referentes sociales que tiene a su alcance. Las figuras de apego, que pueden o no coincidir con sus padres, son fundamentales en este período. — Los progresos más importantes que va a adquirir en esta etapa son: • El reconocimiento de las personas. • El reconocimiento de sí mismo. • La identidad. • El rol social. — Se muestra cada vez más sensible a los sentimientos y emociones de los demás. — Mayor presencia y desarrollo del juego simbólico.

sarrollo de las funciones físicas, psíquicas y cognitivas. Las actividades de juego y de vida cotidiana se convierten en instrumentos de formación por excelencia, por lo que habrá que ofrecer espacios y materiales lo más adecuados posible para que experimenten y aprendan, tanto si intervienen directa como indirectamente en la actividad. Las rutinas cotidianas y los momentos repetidos y conocidos por ellos les darán seguridad y les permitirán más adelante adquirir una autonomía que les haga sentirse satisfechos.

Esta relación comenzará con el/la educador/a de forma íntima y personal, pero pronto se encontrará con otros niños, por lo que sentirá curiosidad, aunque juega solo o con el/la educador/a porque es quien le ofrece la seguridad que necesita. Esta tendencia del juego individual seguirá hasta los 2 años, aunque los veamos jugar juntos. Ya, cuando se acerca a los 3 años, va adquiriendo la autonomía respecto del adulto y comienza a reafirmar su identidad realizando algunas tareas cotidianas solo, como quitarse o ponerse alguna prenda y empieza a jugar con otros compañeros formando grupos de dos o tres niños. Poco a poco va escogiendo a sus compañeros de juego y desarrolla un rol (son grupos poco estables porque el niño vuelve al juego individual repetidas veces) (Fusté, 2007: 165-167).

1.2. Segundo ciclo de la Educación Infantil: características psicoevolutivas de los niños y niñas de 3 a 6 años

En relación al *desarrollo psicomotor,* sus características generales son la maduración del sistema muscular y nervioso y la estructura ósea, habiendo aparecido ya la primera dentición. Resulta una etapa en que tienen gran importancia las destrezas motoras y hay un evidente avance en la coordinación de los músculos mayores y menores y en la óculo-manual, de aquí la importancia que dentro del currículo se otorga al contacto del niño/a con materiales de naturaleza diferente y experiencias diversas que posibiliten ejercitar las habilidades motoras y manipulativas esenciales para el posterior desarrollo de aprendizajes instrumentales escolares. (cuadro 7.4).

Con respecto al d*esarrollo mental, cognitivo y del lenguaje,* durante este período los pequeños tienen un pensamiento más flexible, pero sin contener aún la madurez de un adulto, no poseen todavía pensamiento abstracto. En esta etapa *preoperacional,* según Piaget, es donde se desarrolla la función simbólica que permite al niño/a representar lugares y eventos de su mundo interior, de su propio mundo. Esta función simbólica se manifiesta en el lenguaje, la imitación diferida y

CUADRO 7.4

Resumen extraído de Ginestal y Gil (2011) y completado por los autores

Desarrollo motor	— Aumenta la calidad y discriminación perceptiva respecto al propio cuerpo. Reconocimiento de sí mismo. — Mayor coordinación en un espacio único de las distintas nociones espaciales. — El desarrollo de las *habilidades motrices,* con una prensión más exacta y una locomoción mucho más coordinada, facilita la exploración del entorno y de las interacciones que este establece con su cuerpo. — Gracias a la maduración y al aprendizaje, los contenidos psicomotrices (control postural, control tónico y respiratorio...) se van integrando y diferenciando dentro de otro contenido mayor y más complejo: *el conocimiento del esquema corporal.*

el juego simbólico; todavía el niño/a se encuentra con limitaciones impuestas por el egocentrismo y la irreversibilidad.

Otra de las características típicas de este período es el juego. A través del juego, los niños/as ejercitan una actividad física fundamental, aprenden acerca del mundo y hacen frente a sus sentimientos en conflicto al reescenificar situaciones de la vida real. La evolución pasa desde el juego solo al juego con otros, pero sin compartir, y, finalmente, al juego compartido con otros niños/as en colaboración (cuadro 7.5).

En cuanto al *desarrollo afectivo y de la personalidad,* de acuerdo con el análisis psicodinámico (Freud), el niño/a de Educación Infantil en este período se posiciona en la etapa fálica de su desarrollo psicosexual, obteniendo placer en su estimulación genital. Circunstancias recogidas en este período son también los complejos de *Edipo* en el niño y de *Electra* en la niña. El autoconcepto desempeña un papel central en el psiquismo del individuo, siendo de gran importancia para su experiencia vital, su salud psíquica y su actitud hacia sí mismo y hacia los demás; en definitiva, para el desarrollo constructivo de su personalidad.

Finalmente, en el *desarrollo social* aparecen conductas de apego como resultado de una relación afectiva fundamentalmente madre-hijo, que van a tener una relevancia importante en la configuración de la personalidad del individuo, y un reconocimiento o autoconocimiento de sí mismo, comenzando por la propia imagen, diferenciando el *yo* del *no yo,* para descubrir al final de esta etapa la existencia de los otros (cuadro 7.6).

CUADRO 7.5

Resumen extraído de Ginestal y Gil (2011) y completado por los autores

Desarrollo mental y cognitivo	— El pensamiento es *simbólico* y *preconceptual.* Este pensamiento se caracteriza por: • Un razonamiento *transductivo:* el niño no razona de forma deductiva o inductiva, sino que va de un evento particular a otro particular, sin tener en cuenta lo general. • Centración de algunos aspectos de la situación, desechando otros. • Se centra en los estados y no en las transformaciones. • Es egocéntrico, explica los fenómenos desde su yo. • Animista, se va reservando para aquellos objetos dotados de movimiento. • Posibilidades de seriar y clasificar.

CUADRO 7.6

Resumen extraído de Ginestal y Gil (2011) y completado por los autores

Desarrollo afectivo-social	— Mayor independencia y seguridad en la realización de las actividades cotidianas: higiene, alimentación... — Capacidad para percibir los estados emocionales ajenos. — Los progresos más importantes que va a adquirir en esta etapa son: • El conocimiento de los otros. • El conocimiento de las relaciones interpersonales. • El conocimiento de los sistemas e instituciones sociales.

Dadas las características expuestas, en este ciclo (3 a 6 años), lo más importante es variar las agrupaciones a lo largo de la jornada escolar para que existan distintas posibilidades de interacción y que las estrategias para resolver los conflictos y los retos varíen y sean distintas (individuales, las de grupos reducidos, las de grupo clase y las de grupos inter-clase) (Fuste y Palou, 2007: 167).

2. PRINCIPIOS METODOLÓGICOS: ESTRATEGIAS Y TÉCNICAS

La metodología que llevemos a cabo en nuestra aula debe «(...) respetar las características propias del crecimiento y el aprendizaje de los niños y niñas. Consecuentemente, los maestros y maestras y demás profesionales de la Educación Infantil deben atender a dichas características, partir de los conocimientos previos, necesidades y motivaciones de cada niño o niña, propiciar la participación activa de estos, fomentar sus aportaciones, estimular el desarrollo de sus potencialidades y facilitar su interacción con personas adultas, con los iguales y con el medio (...)» (Decreto 428/2008, p. 9).

En definitiva, cualquier metodología debe tener en cuenta los principios psicopedagógicos básicos que orientan el trabajo escolar (de interacción con el medio, de actividad, de juego, de globalización, de individualización, de socialización y de creatividad, entre otros).

Aunque no hay un método único para trabajar en las aulas de Educación Infantil, a continuación se va a proponer una estrategia metodológica que dé respuesta a las orientaciones de los documentos legislativos para las distintas áreas de Educación Infantil: «(...) se abordarán por medio de un enfoque globalizador, dada la necesidad de integrar las distintas experiencias y aprendizajes del alumnado en estas edades». (Decreto 428/2008, p. 10). A continuación se tratarán diversas cuestiones relacionadas con algunas de las principales respuestas metodológicas para estas etapas, como son la metodología por rincones, los talleres, los centros de interés y el trabajo por proyectos.

2.1. El enfoque globalizador

«Durante el siglo XX uno de los principios definitorios de la metodología para la Educación Infantil ha sido la globalización. El modo de entender este principio por los profesionales de la educación de los más pequeños ha ido evolucionando con el paso del tiempo, de modo que, en la actualidad, ya no se entiende la globalización como la práctica que integra de manera artificial y descontextualizada contenidos supuestamente pertenecientes a las distintas áreas o disciplinas en torno a una determinada temática» (Preámbulo, Orden de 5 de agosto de 2008).

Antes de adentrarnos en los entresijos de esta perspectiva, consideramos necesario realizar una puntualización respecto a este tema, ya que el enfoque globalizador, o la perspectiva globalizadota, no debe considerarse ni como una técnica ni como una metodología, sino como una actitud frente al proceso de enseñanza aprendizaje (Zabalza, 1989). Podríamos decir que la globalización, más que un método, debe ser entendida por el docente como un eje vertebrador, en torno al cual giran todos los principios metodológicos.

2.1.1. *Fundamentación del enfoque globalizador*

El enfoque globalizador tiene su fundamento en la teoría de psicología de la Gestalt. Si recordamos lo que hemos estudiado en capítulos anteriores, debemos tener en cuenta que ésta se centra en el carácter global de la percepción.

Según Decroly (1923), los niños perciben la realidad que les rodea de una manera glogal, con una percepción confusa e indefinida en su totalidad, no perciben los objetos de forma aislada, sino en su conjunto. Por ello, propuso el término de globalización en el campo de la Didáctica.

Pero, *¿qué es la globalización?, ¿en qué consiste?...* Según Parra (2011: 98) «... la globalización es un proceso global de acercamiento del individuo a la realidad que quiere conocer, que será tanto más fructífero cuanto mejor permita que las relaciones que se establezcan y los significados que se construyan sean amplios y diversificados...». Por su parte, para Casanova y Durán (2008: 33) «(...) el tratamiento globalizador hace referencia a la organización de secuencias didácticas que favorezcan la construcción del conocimiento por parte del alumnado. En este sentido, globalizar supone que la persona que aprende incorpora los nuevos aprendizajes a su estructura congnitiva, enriqueciéndola y diversificando sus esquemas de conocimiento. De este modo se intenta conseguir que lo aprendido pueda ser utilizado en contextos diferentes a aquellos en los que se produjo el aprendizaje (...)».

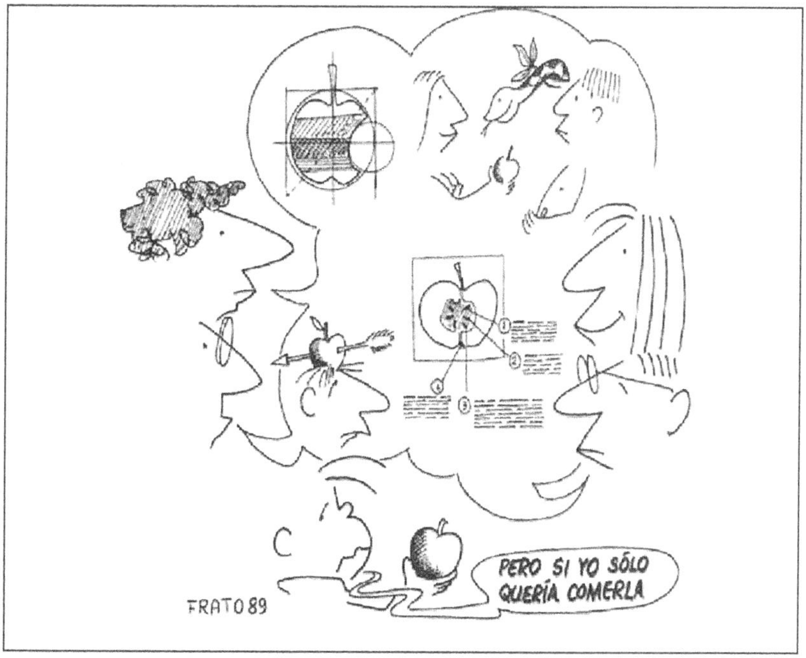

Figura 7.1.

2.2. Estrategias metodológicas globalizadas

2.2.1. *Los rincones en el aula de Educación Infantil*

«Para contribuir a la construcción de aprendizajes significativos y relevantes, el diseño y la organización de los espacios individuales y colectivos, la distribución del tiempo, la selección y organización de los recursos didácticos y materiales permitirán y potenciarán la acción infantil estimulando las conductas exploratorias e indagatorias» (Decreto 428/2008, artículo 6.2).

Desde mucho antes de que se implantara el actual sistema educativo propuesto por la LOE, se ha venido trabajando en las aulas de infantil la metodología de trabajo por rincones. Son numerosos los artículos, publicaciones e investigaciones que se están desarrollando en torno a esta práctica, que, poco a poco, ha ido calando entre el profesorado de esta etapa educativa, de tal manera que es difícil entrar en un aula de Educación Infantil y no encontrarla organizada en espacios, en los que transcurre la jornada escolar de los más pequeños.

Aunque muchos profesionales consideran esto como un avance, no es una garantía y/o condición de que se esté llevando a cabo de forma correcta y, por consiguiente, que las bases teórico-prácticas que subyacen a dicha metodología se reflejen realmente en la praxis educativa de nuestras aulas.

2.2.1.1. El concepto de rincón

En el mundo educativo, al referirnos a la *metodología de trabajo por rincones,* sucede como con tantos otros conceptos educativos, que, a base de utilizarlos de forma equívoca, terminan perdiendo por el camino gran parte de su auténtico sentido. Actualmente una buena parte del profesorado de Infantil cree que esta metodología se puede adecuar a cualquier forma de entender la práctica educativa. No todo el mundo entiende lo mismo por organización del aula por rincones, y no en todas las clases se organizan los rincones de la misma manera; así, en algunos casos, nos encontramos que maestras o maestros de EI hablan de rincones cuando realmente lo que están realizando en su aula son talleres; otros hablan de rincones cuando lo que hacen es utilizar el juego como premio para el alumnado que ha terminado la «tarea», e incluso otros hablan de rincones porque tienen en su aula algún espacio para realizar una actividad específica en un momento determinado. Precisamente ninguno de los ejemplos anteriores se adapta en sentido estricto a lo que es realmente el concepto de rincones en el aula. Ninguna de las prácticas aludidas, por muy educativas que sean, implican trabajar por rincones. El modelo didáctico de rincones en el aula responde a otro tipo de estrategias metodológicas (Ganaza, 2001; 2009).

Pero, ¿qué son los rincones? Los rincones han sido definidos por muchos autores, pero todos ellos parten de los pilares de la Escuela Nueva (Freinet, Decroly, Montessori...) y de los principios pedagógicos de Piaget, Vigotsky y Ausubel. Ibáñez (1992) los define como espacios organizados dentro del aula, que tienen que ser polivalentes y basados en el trabajo autónomo que el propio niño/a gestiona y organiza. Otros autores, como Parra (2011: 105), los definen «como espacios delimitados dentro del aula, donde los niños y niñas desarrollan actividades lúdicas, realizan pequeñas investigaciones, desarrollan sus proyectos, manipulan, desarrollan su creatividad a partir de las técnicas aprendidas en los talleres y establecen relaciones de comunicación con los compañeros y con los adultos».

Según Gervilla (2006: 37), «organizar la clase por rincones es una estrategia pedagógica que responde a la exigencia de integrar las actividades de aprendizaje a las necesidades básicas del niño».

De estas definiciones, se extrae que el concepto de rincón integra la organización espacial, la distribución del espacio del aula y la estrategia metodológica del docente, implicando una nueva forma de concebir la práctica educativa (Parra, 2011).

Otros autores, como Gallego (1994), señalan que la distribución del aula en rincones tiene unas implicaciones positivas en los procesos de enseñanza y aprendizaje:

- — Genera ambientes cálidos que permiten a los niños y niñas sentirse satisfechos.
- — Conecta con las necesidades e intereses infantiles.
- — Facilita las interacciones personales y las relaciones con objetos, fomentando la cooperación entre iguales.
- — Potencia la autonomía personal y social en los niños y niñas y promueve la responsabilidad.
- — Favorece los procesos de socialización y posibilita las tareas individualizadas.
- — Atiende a la diversidad: tiene muy en cuenta a los niños y niñas con necesidades educativas especiales.
- — Desarrolla la creatividad infantil haciendo del juego el principal recurso didáctico.
- — Facilita los aprendizajes significativos.

2.2.1.2. Fundamentos teóricos de la metodología

En primer lugar, hemos de delimitar cuál es el planteamiento teórico que fundamenta esta forma de trabajar en las aulas de Educación Infantil. Tenemos que partir de la premisa de que los niños y las niñas aprenden a través del *principio de actividad;* de esta manera dejan de ser un receptor pasivo para convertirse en un elemento activo de su propio aprendizaje. Pero ese aprendizaje será mejor y de mayor calidad si lo realizan junto con otras personas en contextos diversos de interacción (hogar, clase, barrio...) y, por supuesto, aprenden si aquello que se les ofrece es interesante, relevante y tiene sentido para ellos. En definitiva, la fundamentación teórica de este modelo es el *constructivismo social* (contexto social e interacción como elementos esenciales del aprendizaje). Intentamos integrar los planteamientos piagetianos en torno a la construcción del conocimiento por parte del propio sujeto que aprende y los planteamientos vigotskianos en los que la intervención de la educación, la escuela, los adultos y los iguales más capaces influyen en potenciar el desarrollo de la persona, sin olvidar la importancia del aprendizaje significativo, funcional y relevante, partiendo de los intereses, necesidades y conocimientos previos del alumnado (Ganaza, 2007).

En esta reflexión habría que hacer mención especial al conocimiento compartido. Todos los niños y niñas traen a la escuela un bagaje cultural, tienen una historia personal, han construido unos conocimientos fuera (con su familia, los miembros de su comunidad, el medio que les rodea), y esos conocimientos que tienen no los dejan aparcados cuando entran por la puerta del aula, son los que ofrecen a sus compañeros y compañeras, y, como cada historia es diferente a la de los otros, cada uno ofrecerá sus percepciones, sus ideas y sus hipótesis sobre las cosas. Es interesante destacar que organizando el aula por rincones estamos posibilitando que nuestro alumnado comparta su mundo personal con los iguales y aprenda de ellos, sin olvidar que las personas adultas que estamos en la escuela también tenemos un conocimiento que compartir y ofrecerles.

2.2.1.3. El juego en los rincones

No debemos olvidar que el juego es la actividad fundamental de los niños y niñas de estas edades, ya que se configura como el vehículo propio y natural de la infancia para generar su aprendizaje y desarrollo. Este aspecto, de crucial importancia, es tratado en los distintos documentos legislativos: «(...) Las actividades de juego, para las que se reservarán tiempos y se organizarán espacios, tendrán especial importancia, asegurando la continuidad de la vida cotidiana de niñas y niños (...)» (Decreto 428/2008, p. 169).

Cuando los niños y niñas juegan, están en un plano superior en el desarrollo de sus capacidades con respecto a cuándo realizan otro tipo de actividad, de ahí la importancia de dar potencialidad educativa al juego, introduciéndolo en las aulas de Educación Infantil. A partir del juego se aprende más y mejor, ya que cuando la niña o el niño juega, si se equivoca, no pasa nada, porque se trata de un juego y podrá seguir probando, investigando, interesándose hasta que consiga realizar bien dicha actividad, no tiene que rendir cuentas de si lo que hace está bien o no; no tiene, por tanto, consecuencias frustrantes.

Pero el mal uso del juego en la escuela conlleva un riesgo que puede suponer que dicha actividad pierda su capacidad de optimizar el desarrollo infantil, al querer reorientarlo educativamente. Pues bien, al introducir este tipo de metodología en nuestras aulas, no podemos olvidar que el juego es una actividad con un fin en sí misma, motivada intrínsecamente, y libremente elegida, porque un niño o una niña juega cuando quiere, porque quiere y sin ningún objetivo: juega por jugar.

Por todo lo dicho anteriormente, es requisito imprescindible tener en cuenta una serie de condiciones: la libre elección del rincón por parte del alumnado, una adecuada distribución del espacio y de los materiales y, por supuesto, del tiempo.

Los rincones, para funcionar como tales, necesitan un tiempo específicamente planificado en la jornada escolar para que todos los niños puedan acceder a ellos (no es el tiempo que nos sobra de otra actividad, porque no todos tienen el mismo ritmo biológico); han de tener espacios bien delimitados, concretos, flexibles y multifuncionales, sin olvidar la importancia de los materiales en esta forma de trabajar, porque si cada rincón está planificado para potenciar unos aprendizajes determinados, necesitará un material determinado para que los niños y las niñas puedan realizar acciones diversas, posibilite la interacción de iguales y sea motivo de exploración.

2.2.1.4. Aspectos a tener en cuenta a la hora de planificar un rincón. Tipos de rincones

A la hora de planificar la organización de los rincones en nuestra aula de Educación Infantil, hemos de tener en cuenta una serie de aspectos, tal y como establece Gervilla (2006: 39):

- «Cada rincón ha de tener el material necesario: ni demasiados objetivos, que aturden y despistan a los niños, ni demasiados pocos, que limintan la actividad lúdica y son motivo de disputas.
- El material ha de ser asequible a los niños; eso no quiere decir que pongamos todas las cosas siempre a su disposición.
- Para favorecer el uso del material y la autonomía del niño, hay que presentarlos de manera ordenada y fácilmente identificable: cajas, cestos..., con los símbolos, fotografías y dibujos correspondientes.
- Es imprescindible la tarea de conservación del material deteriorado. Es triste ver muñecas sin brazos, cuentos sin hojas, coches sin ruedas, rompecabezas a los que les faltan piezas, etc.
- El material será estéticamente vistoso y agradable, y cumplirá unas mínimas condiciones de seguridad: limar maderas, listones, etc., para evitar astillas; comprobar que los bordes de los botes de lata no corten; emplear pintura no tóxica; no dejar al alcance del niño aquellos objetos muy pequeños o peligrosos, si el maestro no puede controlar directamente su actividad, etc.».

Una vez que hayamos decidido utilizar la metodología de trabajo por rincones en nuestra aula, y antes de diseñar los rincones que va a incluir la misma, debemos tener en cuenta las posibilidades que nos ofrece (ubicación, estructura, ventilación, calefacción...), las necesidades del grupo clase al que van destinados (edad, características de los niños...), manera de trabajar el rincón (determinados momentos de la jornada escolar, permanente o transitorios...) y el tiempo.

En Educación Infantil podemos organizar tantos rincones como queramos en función de los objetivos, del centro de interés... Entre los principales rincones que podemos encontrar en las aulas, destacamos los presentados en el cuadro 7.7.

CUADRO 7.7

Elaborado por los autores a partir de las aportaciones de Ganaza (2007)

Rincón	Permite	Materiales
Rincón del juego simbólico	Recrear experiencias cotidianas, asumir roles diferentes de los habituales y facilitar la representación de situaciones que han comportado dificultades emocionales. Los niños y niñas actúan sobre la base de las cosas que saben y sobre los sucesos que han observado y experimentado en su mundo familiar, social y escolar. Se pueden trabajar actitudes de colaboración y respeto, así como la coeducación, que permiten el uso diversificado del lenguaje y exigen la distribución de roles, la planificación compartida de la acción y el respeto por unas normas mínimas.	• Una casita construida en madera o fabricada de tela con elementos de cocina y menaje. • Tienda o mercadillo con sus complementos de mercancía que pueden ser fabricados en cartón o plástico, o naturales. • Cocina de composición modular, formada por cocinilla, frigorífico, lavadora... • Muñecos de peluche, de goma, con juegos de vestidos incorporados, elementos de cierre diversos y complementos. • Capazos, cunas, bañeras, carritos de paseo para los muñecos. • Juegos relativos a oficios y profesiones (mecánicos, médicos, peluquería, albañil...). • Telas, pañuelos, disfraces, complementos de disfraz, maquillaje. • Espejo tipo tocador para situar en la mesa o colgar en la pared. • Materiales poco estructurados, que son los que fomentan el desarrollo de la imaginación y la simbolización.
Rincón de las artes o expresión plástica	Expresar sentimientos, emociones e ideas a partir de los materiales y soportes plásticos. Representar la realidad tal y como el niño la conoce, experimentar sensaciones y transformaciones a partir de los materiales utilizados, descubrir nociones de constancia y cambio, anticipar previsiones, adecuación y previsión del gesto, elaboración de masas modelables...	• Caballetes de pintura. • Papeles de tamaños, colores y texturas diversas (de embalar, pinocho, charol, de revista, periódicos, imprenta...). • Brochas y pinceles. • Ceras blandas, rotuladores, pinturas (dedos, témperas, acuarelas...), lápices... • Tijeras, punzones. • Pajitas, cuentagotas, sopletes... • Objetos diversos para hacer estampaciones (esponjas, rodillos, patatas, corchos...). • Grapadoras. • Gomets. • Arcilla y masas para modelar, con un lugar adecuado donde guardarlas para su adecuada utilización y conservación. • Útiles de modelado (espátulas, cortador, moldeador...). • Reproducciones de paisajes, carteles, monumentos, obras de arte... • Útiles de carpintería (martillos, clavos, trozos de madera, cola, barniz...).

CUADRO 7.7 *(continuación)*

Rincón	Permite	Materiales
Rincón de la biblioteca, escritura, lenguaje	El objetivo fundamental es promover la familiarización significativa del alumnado con la lengua escrita. Organizaremos situaciones en las que dispongan de un espacio para que miren libros con textos, donde el adulto pueda leer cuentos a un grupo reducido; que se inventen o reproduzcan cuentos con dibujos y textos; fomentaremos la aproximación a formas escritas habituales trabajando recetas, noticias periodísticas, pie de foto, biografías, cómics, textos publicitarios...	• Expositor para libros y cuentos (destacando visiblemente su portada y accesible para los niños/as). • Cajas con letras móviles. • Puzzles y juegos de letras. • Estantería con materiales. • Corcho para anotar los préstamos de la biblioteca. • Fichero de los nombres de los niños/as y de las palabras más importantes de las UU.DD. • Tablilla con alcayatas para colocar sus trabajos. • Abecedarios con distinta tipología de textos. • Ordenador, impresora, cámara fotográfica, escáner... • Lápices, papel..., todo el material de escritura que se suele utilizar.
Rincón de juegos de mesa, números, matemáticas	Son idóneos para fomentar capacidades espacio-temporales, viso-motrices, de recuento y análisis, clasificar y agrupar objetos, realizar sucesiones y seriaciones a través de juegos interesantes para ellos.	• Juegos de mesa (parchís, oca...), dados, puzzles, mecano, bloques lógicos..., situados en unos armarios o estanterías junto a la pared. • Rompecabezas de dificultad creciente. • Ensartables (carretes, botones..., con sus respectivos cordones). • Juegos de tramas: encajes en los que se sitúan las piezas en los agujeros de las láminas. • Números plastificados y sin plastificar. • Corcho con números, formas y colores. • Cartel informativo sobre todo «lo que ya sabemos». Se completan las distintas hileras con fotos, o recortes de periódicos y revistas que traen de casa. • Calendarios, agendas telefónicas..., que promueven la contextualización del sistema notacional de representación matemática.
Rincón de las construcciones	Permite explorar, construir cooperativamente o solo, clasificar, agrupar, comparar y ordenar objetos, realizar juegos simbólicos, construir grandes obras arquitectónicas y conseguir cada vez un mejor dominio de la estructuración espacial. Suele compartir el espacio con la asamblea en otro momento del día.	• Grandes bloques, rampas y estructuras de diversas formas, fabricadas en gomaespuma, cubiertas de tela y asistidas de cierre de cremallera. • Piezas fabricadas en plástico resistente y flexible con sistema que permita el engarce o sujeción de las piezas. • Piezas unitarias de madera de forma y tamaño diversos. • Encajes de diversas formas y superficies y de dificultad creciente. • Cajas de diversos tamaños. • Piezas huecas con varillas y adaptadores que permitan construcciones diversas en el espacio.

CUADRO 7.7 *(continuación)*

Rincón	Permite	Materiales
		• Piezas tipo mecano de plástico y metal con las que construir utilizando tuercas, tornillos, llaves u otros elementos. • Piezas de alfombra, tablas, bloques de poliuretano… • Fotografía de construcciones, planos de arquitectura... • Juegos topológicos que permitan la observación y análisis y relacionar el espacio tridimensional y su representación en el espacio plano. A partir de unas fotografías de dificultad progresiva, el niño puede reproducir en volumen la situación de los elementos representados en una imagen por medio de piezas de madera o plástico (casas, árboles, personajes, animales...) • Construcciones multicombinables que permiten encajar y apilar piezas y ponerlas en movimiento.
Rincón de las experiencias	Explorar, observar y descubrir fenómenos de los seres vivos, lanzar hipótesis, investigar, confrontar puntos de vista, conocer y utilizar instrumentos reconocidos por la cultura, adquirir hábitos de cuidado de animales y plantas, explorar las propiedades físicas y químicas de las sustancias y de la energía, hábitos de cuidado y seguridad con aquellas sustancias consideradas potencialmente peligrosas...	• Semilleros, terrarios, acuarios... • Colecciones de elementos naturales: hojas, flores... • Colecciones de minerales y fósiles. • Balanzas de plaquetas y de recipientes con pesas de medida real. • Juegos de recipientes para medidas de capacidad. • Imanes de distintos tamaños y formas (disco, herradura...). • Lupa de mango. • Microscopio, lupa binocular. • Periscopio. • Caleidoscopio. • Reloj de arena. • Metro. • Contenedores para agua, tierra, arena... • Circuitos formados por piezas ajustables herméticamente que permitan la circulación y aparcamiento de barcos, objetos..., y verificar los fenómenos de flotabilidad. • Tapones de corcho, pelotas de goma y otros materiales, trozos de madera, embudos, jeringuillas de plástico…, para juegos y experiencias con el agua. • Esfera terrestre. • Mapas cartográficos. • Fotografías que reproducen huellas y rastros que dejan objetos, animales..., de forma natural. • Dibujos y esquemas científicos. • Espejos deformantes (planchas de latón onduladas). • Cajas de luz y de sombras...

CUADRO 7.7 *(continuación)*

Rincón	Permite	Materiales
Rincón del ordenador, de búsqueda de información	Realizar los primeros pasos en la toma de conciencia del proceso que es necesario seguir en la búsqueda y el tratamiento de la información. Descubrir lenguajes, recursos e instrumentos relacionados con los procesos informativos. Iniciarse en la reflexión crítica que lleva a la selección y a la interpretación de la información a través de los ordenadores e Internet. Iniciarse en la utilización de los medios disponibles en los entornos más próximos al niño, su casa y la escuela para la búsqueda y representación de la información. Familiarizar al alumnado con los espacios escolares que contienen información registrada, con sus recursos y con el orden de sus materiales. Abrir nuevos horizontes en la búsqueda de información más allá de su casa y de la escuela: la biblioteca pública, el museo municipal, entidades, etc. Disfrutar de las aportaciones y los conocimientos que las fuentes de información ponen a nuestra disposición.	• Un mural de corcho, donde se delimitan espacios diferentes con cartulinas de colores, que representan cada una de las fases de la actividad propuesta y en el momento del proceso en que está cada niño o niña. • Dos ordenadores, con conexiones a Internet. Impresora, escáner... • Una mesa con los materiales que se obtienen durante la búsqueda de información (fotos, láminas, libros, revistas, CD-Rom, etc.), para facilitar que los niños y niñas puedan acceder a ellos libremente, así como los instrumentos necesarios (casete, etc.), para poder consultarlos.

2.2.2. *Los talleres en el aula de Educación Infantil*

2.2.2.1. Concepto de taller

Muchas veces, los maestros y maestras de Educación Infantil, cuando incorporamos en nuestra práctica educativa la realización de un taller, pensamos que estamos realizando algo novedoso, pero no es así. La metodología de trabajo por talleres fue introducida en las aulas por Celestin Freinet en la primera mitad del siglo XX, considerándola como un interesante recurso para el aprendizaje de los niños, aunque incluyendo aportaciones de autores como Dewey y Pestalozzi.

El taller, desde su concepción más tradicional, es definido por Gervilla (1995) como un aula específica dedicada a unas actividades concretas, donde los alumnos se dirigen, periódicamente o no, turnándose con el resto de los grupos. No existen alteraciones ni en la estructura del espacio del centro, ni en el aula, ni tampoco en la continuidad profesor/grupo. Podríamos decir que el taller, en este planteamiento, es como una especie de «aula de recurso» de uso común. Batista (2005) lo define como espacios de crecimiento en los que los niños aprenden divirtiéndose y jugando, y además lo hacen de forma socializada, pues conviven con los demás niños de Educación Infantil.

Franco Frabboni (1990, cit. en Quinto Borghi, 2005: 38) identifica ocho puntos clave que nos pueden ayudar a comprender el concepto de taller:

«1. El taller es un espacio didáctico monodisciplinar (...) o polidisciplinar (...); está asignado estructuralmente a actividades de reelaboración/reinvención de los conocimientos oficiales; y es, por tanto, de carácter específicamente metacognitivo (en el taller se aprende a aprender).
2. El taller hace las veces de bisagra, de lugar de unión entres las múltiples instituciones formativas que están involucradas intencionalmente en la educación (...): la familia, los organismos locales, las asociaciones.
3. El taller es un excelente analizador (es una pantalla gráfica, un chequeo...) del conglomerado de necesidades expresadas por los alumnos, sobre todo hoy, que dichas necesidades certifican una fuerte tensión al cambio, inestabilidad-convertibilidad.
4. El taller despierta y da carta de naturaleza motivacional a las necesidades enormemente privativas de la actualidad: comunicación, socialización, exploración, construcción, fantasía, aventura, movimiento, autonomía...
5. El taller tiene el mérito no solo de responder a los intereses/necesidades concretos e inmediatos del usuario, sino también de sugerir/crear necesidades-preguntas formativas nuevas; en otras palabras, es un espacio de producción de cultura (por ser un ámbito didáctico de información-investigación-creatividad).
6. El taller es una de las estructuras didácticas más productivas para hacer cultura, por cuanto es el espacio pedagógico más apropiado para activar y desarrollar la investigación-acción.
7. El taller es una estructura didáctica acreditada para practicar un método científico en un grupo formativo, ya que es el espacio pedagógico más fiable para proceder con la estrategia del proyecto didáctico y de la unidad didáctica.
8. El taller es el espacio de formación/actualización del maestro o el educador. En el taller se encuentran presentes los tres ámbitos de cualificación profesional del docente: saber, saber hacer y saber interactuar.»

2.2.2.2. Fases a la hora del desarrollo de los talleres en Educación Infantil

Como se ha comentado anteriormente, la metodología por talleres se fundamenta principalmente en el principio de actividad, donde los niños y las niñas explorarán e indagarán la realidad de manera objetiva. Al contrario que la metodología por rincones, la organización de estos es una tarea más compleja. Mientras que los niños se dirigen a los distintos rincones de forma libre, estimulando así la iniciativa, la creatividad, la espontaneidad y la autonomía, los talleres se realizan de forma dirigida y sistemática. A la hora de desarrollarlos, se deben destacar tres momentos principales:

— **Primera fase: detección ideas previas-percepción**

Los objetivos principales que perseguiremos con esta fase son explorar los conocimientos que los alumnos tienen sobre el taller que vamos a desarrollar y, por otra parte, ampliar su percepción del mundo que les rodea con nuevas aportaciones, asociando y comparando, y estableciendo nuevas relaciones.

El docente deberá establecer un clima de dialogo con ellos y entre ellos, realizando algunas actividades que les permitan ir incorporando nuevos conceptos, nuevas palabras... De esta forma, ayudará al alumno a encontrar nuevas respuestas, realizar comparaciones, presentar el material...; en definitiva, de lo que se trata es de detectar las ideas previas que tienen los alumnos sobre el tema.

— Segunda fase: investigación-experimentación

En esta fase el objetivo es que los niños y las niñas descubran las distintas posibilidades que tienen los materiales y útiles que les hemos presentado y que se utilizarán en el taller. Deberán investigar nuevas formas de hacer las cosas, adquirirán procedimientos para una actuación más correcta y precisa y ampliarán sus conocimientos sobre el tema tratado.

— Tercera fase: expresión-acción

Es en esta tercera fase donde el alumnado aplica los conocimientos adquiridos en las fases anteriores y da respuesta a la tarea propuesta al inicio del taller... El trabajo que realizará el niño en este momento es individual y autónomo; no obstante, puede pedir ayuda a otro compañero o al adulto que lo acompañe.

Este es un trabajo individual; aunque puede pedir ayuda y ayudar a su vez, lo más importante es que termine aquello que empezó.

2.2.3. *Los centros de interés*

Decroly propone como método globalizador integrar los contenidos del currículo en *centros de interés* o *programa de ideas asociadas.* De esta manera, la propuesta se basa en centrar los temas de estudio en ideas ejes, con los propios intereses de los niños y niñas, satisfaciendo así las necesidades básicas de los mismos (fisiológicas, psicológicas y sociales).

Estos centros de interés deben surgir del estudio y análisis de las necesidades, basándose en dos grandes núcleos de experiencia: el niño y sus necesidades, y el niño y su medio (Parra, 2011: 100) (cuadro 7.8).

A la hora de llevar el método Decroly a la praxis educativa, debemos partir de las necesidades infantiles de nuestros alumnos, para que, mediante la observación, la asociación y la expresión, consigan alcanzar el aprendizaje:

CUADRO 7.8

Elaborado por los autores a partir de las aportaciones de Parra (2011: 100)

El niño y sus necesidades	El niño y su medio
— Necesidad de alimentarse. — Necesidad de luchar contra la intemperie. — Necesidad de defenderse contra los peligros y enemigos diversos. — Necesidad de actuar, de trabajar solidariamente, de descansar y divertirse, de desarrollarse.	— El niño y los animales. — El niño y las plantas. — El niño y la Tierra, el agua y el aire. — El niño y el Sol, la Luna y las estrellas. — El niño y la familia. — El niño y la escuela. — El niño y la sociedad.

— *Observación.* Debemos poner a los niños y niñas en contacto directo con los materiales que van a ser objeto de estudio. Le presentaremos imágenes/figuras concretas, manipulables..., estimulando así su interés a compararlos, ordenarlos, diferenciarlos... Según las circunstancias, la exploración puede ser directa o indirecta, siendo siempre orientada por el profesor.
— *Asociación.* Constituye la fase de más valor de la metodología propuesta por Decroly, ya que los niños van a relacionar las cosas y los sucesos entre sí, estableciendo un análisis lógico (dónde, cuándo, para qué, por qué...) mediante actividades asociativas. Escamilla (2009) establece que este análisis lógico se configura desde la dimensión espacial, temporal, causal, de utilidad y trabajo, de origen y procedencia ética, moral y social (figura 7.2).
— *Expresión.* A medida que el niño lleva a cabo la observación y va realizando el análisis por asociación, el profesorado debe facilitarle y sugerirle formas de expresión que permitan potenciar sus capacidades comunicativas y expresivas (expresiones corporales, plásticas, musicales...).

Hoy en día, las necesidades de los niños y niñas de edad infantil de la sociedad del siglo XXI son distintas a las necesidades de los niños de la época de Decroly. Teniendo en cuenta este punto de vista, habría que recoger dos vías para conocer los intereses de los niños de la sociedad ac-

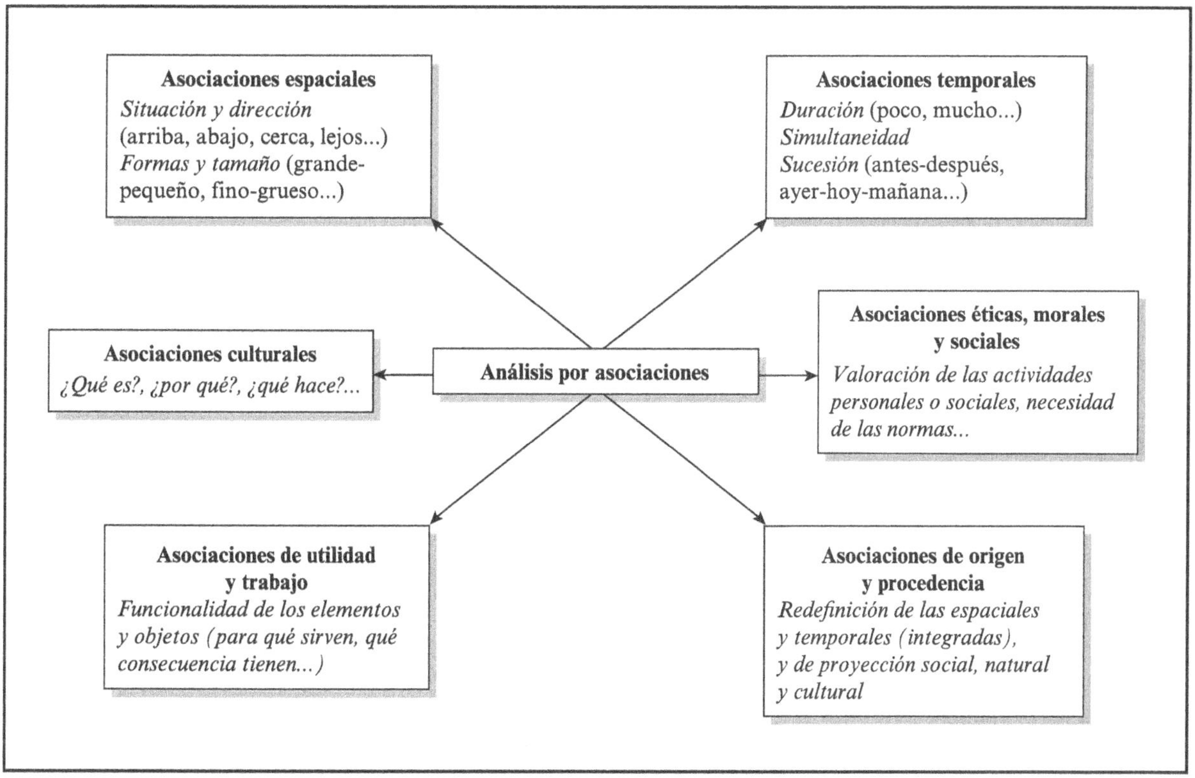

Figura 7.2.—Elaborada por los autores a partir de las aportaciones de Escamilla (2009).

tual: los *intereses innatos* propios de su espontaneidad y/o los *intereses sugeridos o provocados* por el docente.

2.2.4. *El método de proyectos*

El método basado en proyecto es otra manera de presentar a los niños los contenidos de manera globalizada, configurándose como uno de los métodos más completos de la enseñanza activa.

Los antecedentes del método hay que buscarlos en Kilpatrick, uno de los primeros pedagogos que postuló que la educación debía de esforzarse para que la actividad escolar tuviera sentido y utilidad. De esta manera, y basándose en los principios de intervención de actividad y solución de problemas, configuró el nuevo modelo educativo.

El proyecto «es un plan de trabajo o un conjunto de tareas voluntariamente emprendidas por un grupo de alumnos con el fin de resolver un problema de la vida real en el que están interesados» (Parra, 2011: 102). Consiste en hacer algo para solucionar un problema determinado partiendo de los intereses, motivaciones, necesidades, dudas... de los alumnos desde las ideas preconcebidas del grupo-clase. El método de Proyectos de Trabajo (Hernández y Ventura, 1992; Domínguez, 2001; Pozuelos, 2002) ofrece una oportunidad para escuchar a los niños y niñas en sus «cien lenguajes», para respetar sus observaciones y acompañar sus experiencias. De esta forma, facilita el acercamiento de los niños a la investigación y a la construcción del conocimiento. Para que el proyecto funcione, debemos intentar, en la medida de lo posible, que el núcleo de interés surja en un momento determinado, como, por ejemplo, una pregunta de un niño, algo que ha ocurrido en el aula, en el colegio, en el barrio... y, a raíz de esa situación, planificar el proyecto.

Los proyectos, de acuerdo con Kilpatrick (1918), pueden ser de cuatro tipos principalmente:

— *Proyectos de creación o producción.* Basados en la elaboración de algo concreto, como, por ejemplo, confeccionar un juguete, una maqueta, un huerto escolar, la biblioteca del aula...
— *Proyectos de apreciación, recreación o consumo.* El objetivo principal es disfrutar de una experiencia estética, como puede ser organizar una fiesta, una feria...
— *Proyectos de solución de problemas.* Son aquellos que están destinados a una dificultad, un problema que es de interés para los niños: ¿quién riega las plantas del campo?, ¿por qué los aviones vuelan?, ¿cómo son los monstruos?...
— *Proyectos para la adquisición de un aprendizaje específico o adiestramiento,* cuyo objetivo principal es la adquisición de una técnica o dominio: modelar en barro, pintar, el uso de las TIC...

Respecto a la realización de un proyecto en el aula, Kilpatrick distingue cuatro fases principales: elección de la actividad o problema concreto, preparación y/o planificación del proyecto, ejecución del proyecto y evaluación.

A continuación presentamos el esquema general de un proyecto de trabajo desarrollado en un aula de Educación Infantil de niños de 4 años en el curso académico 2004-2005 (figura 7.3). Bajo el título *Debajo de la Tierra,* las maestras planificaron el proyecto, ya que la catástrofe natural del sureste asiático se estaba haciendo eco en la asamblea de clase con expresiones como: *...una ola lo ha destruido todo, era gigante...* (en el apartado de Recursos de extensión se podrá encontrar información detallada sobre el mismo).

3. LAS ACTIVIDADES: TIPOS

El Real Decreto 1630/2006 y la Orden 5/8/2008 establecen que «los contenidos educativos de la Educación Infantil se abordarán por medio de

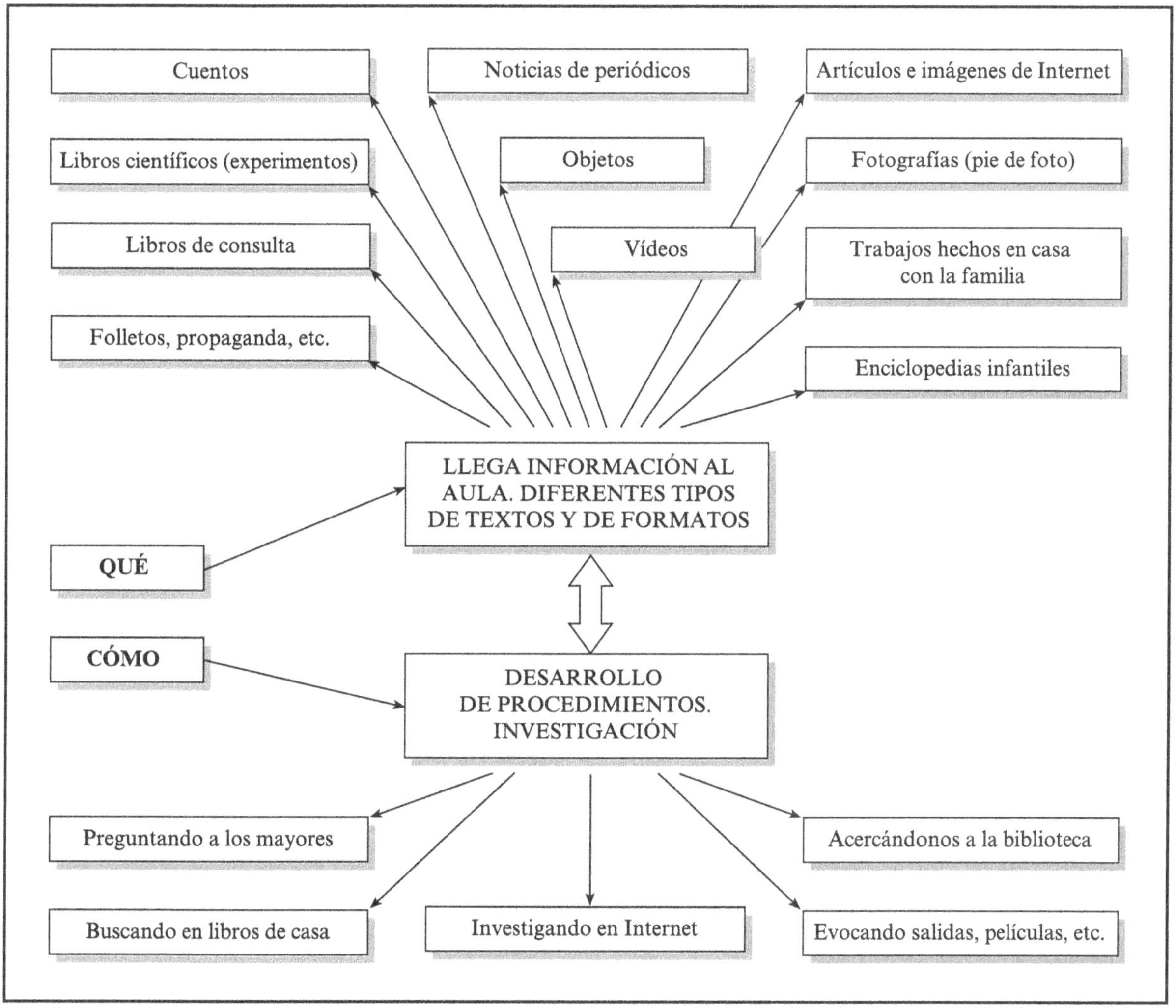

Figura 7.3.—Esquema general del proyecto *Debajo de la Tierra* (Martín Rodrigo, 2006).

actividades globalizadas que tengan interés y significado para los niños».

A la hora de planificar nuestra acción didáctica, hemos de tener en cuenta que las actividades de aprendizaje desempeñan un papel crucial, ya que se convierten en el vehículo a través del cual se van a desarrollar los contenidos educativos para alcanzar los objetivos propuestos. De esta manera, si es importante detenernos en el diseño de las actividades en cualquier etapa educativa, es un momento de especial interés a la hora planificar actividades para los más pequeños del sistema, debido a sus características y a que éstas deben contribuir a favorecer el desarrollo de las capacidades físicas, cognitivas, comunicativas, afectivas y sociales (objetivos generales de la etapa de Educación Infantil).

Las actividades que planifiquemos para la etapa de Educación Infantil deben reunir una serie de condiciones específicas, que, según Parra (2011: 120), se pueden resumir en:

«— Las actividades han de tener en cuenta las necesidades e intereses de los niños y niñas a los que van destinadas.
— Las actividades han de adaptarse a las capacidades y posibilidades de realización de cada niño y actuar en su "zona de desarrollo próximo".
— Las actividades han de tener un carácter global a fin de implicar el mayor número posible de capacidades del sujeto.
— Hay que evitar en lo posible la realización de actividades de copia centradas en la reproducción de modelos o en la memorización mecánica de datos y hechos sin sentido para el niño.
— Deben primar actividades procedimentales, centradas en el saber hacer.
— Las actividades deben favorecer el trabajo autónomo de los niños y niñas.
— Hay que plantear actividades que faciliten la relación entre iguales y con los adultos.
— Han de ser coherentes con los objetivos y contenidos que se pretenden desarrollar y adecuarse a los espacios establecidos, los materiales disponibles y los tiempos previstos para su realización.
— Las actividades han de respetar el ritmo de trabajo personal propio de cada niño y facilitar la integración de los niños y niñas con necesidades educativas.»

Las actividades se pueden clasificar teniendo en cuenta diferentes criterios. A continuación, vamos a describir tres criterios distintos de clasificarlas que no son excluyentes a la hora seleccionarlas:

a) Tipos de actividades según el área o ámbito de actuación donde se insertan

Siguiendo la clasificación expuesta por Requena y Sáinz (2009: 245), se pueden destacar:

— Actividades de conocimiento de uno mismo, del propio cuerpo, de los sentidos, del cuidado personal... Son las actividades propias para trabajar el área de Conocimiento de sí mismo y autonomía personal.
— Actividades orientadas al conocimiento de los objetos, de los espacios, del medio... para trabajar dentro del ámbito Conocimiento del entorno.
— Actividades orientadas a la mejora de las capacidades de expresión y comunicación: verbal, corporal, musical, plástica... propias del área de Lenguajes: comunicación y representación.

b) Tipos de actividades según su finalidad o momento en el que se insertan en la práctica educativa

De detección de ideas previas. Este tipo de actividades persigue el objetivo de detectar las ideas previas que tienen nuestros alumnos sobre el tema o centro de interés que vamos a trabajar. Se realizan con la finalidad de saber los conocimientos previos que posee nuestro alumnado. De este modo, se podrán enlazar los nuevos conceptos con los ya adquiridos, fomentando así un aprendizaje significativo. En definitiva, este tipo de actividades va a determinar el nivel de partida de la acción educativa, permitiendo su resultado replantear los objetivos, los contenidos e incluso la propia metodología.

EJEMPLO 1

Estamos trabajando la unidad didáctica *El otoño.* Una actividad para conocer las ideas previas que tienen nuestros peqeños sobre el tema consiste en salir al patio del colegio o al entorno próximo del centro. Observar entre todos que hace mucho viento, que a algunos árboles se les están cayendo las hojas, que está comenzando a llover... De regreso al aula, sentados en asamblea, se hará a los niños y niñas una serie de preguntas, como: *¿qué está pasando?, ¿por qué se caen las hojas?, ¿se les caen a todos los árboles?, ¿cómo son esos árboles?, ¿qué pasa con los árboles que se quedan sin hojas?, ¿volverán a crecer?* De esta manera, se detectarán los distintos conocimientos que los alumnos tienen sobre el tema.

De introducción-motivación. De sobra es conocida por todos la importancia que tiene la motivación a la hora de comenzar un nuevo aprendizaje. El objetivo principal de estas actividades es introducir el tema en el aula, a la vez que motivamos y despertamos el interés de los pequeños sobre lo que vamos a trabajar durante las siguientes sesiones.

EJEMPLO 2

Los niños muestran gran entusiamo e interés por el tema de la *magia,* ya que constantemente están viendo personajes mágicos en películas, cuentos... Si pretendemos trabajar esta unidad didáctica dentro de nuestras aulas, una actividad de introducción y motivación que les fascina es que el maestro o la maestra se disfrace de mago o hada y les hagatrucos de magia. De la misma manera, en vez de ser nosotros mismos quienes hagamos trucos de magia, podemos invitar a un padre a que los realice él. De esta manera podremos captar la atención del alumnado y engancharlo en este mundo.

De desarrollo. Este tipo de actividades nos permite poner en funcionamiento los contenidos que hemos planeado desarrollar. De esta manera, constituyen el grueso de actividades planificadas en las unidades, proyectos, secuencias..., siriviendo para que el alumnado adquiera, elabore y afiance los conocimientos.

EJEMPLO 3

Una actividad de desarrollo que podemos realizar con los niños de 5 años de edad, enmarcada dentro de la unidad didáctica *Los medios de locomoción,* es la confección de nuestro propio coche. El maestro pedirá a los alumnos que traigan de casa fotos de revistas donde aparezcan coches, fotografías de ellos mismos con el coche de papá o mamá...; así, podremos ver la cantidad de coches diferentes que existen, tamaños, colores, número de puertas..., pero también comprobaremos cómo hay unas características comunes que tienen todos los coches: cuatro ruedas para andar, volante para conducir, matrícula para identificarlos... Para comprobar estas características que hemos estudiado a través de las distintas fotografías saldremos a la puerta del colegio y veremos directamente todo lo que hemos estado hablando. Para ello, agruparemos a los alumnos en cuatro grupos diferentes, de manera que cada uno se ocupe de una de las partes del coche para, así, desarrollar la siguiente actividad. Un grupo mirará los espejos que hay, otro las ruedas y el volante, otro las ventanas y otro las puertas.

Una vez de vuelta en el aula, confeccionaremos en clase un coche de cartón que puedan «conducir» los niños y niñas. Como cada niño realizará su propio coche, pediremos la participación de los padres y madres de los alumnos para que asistan al aula y colaboren en esta tarea, ya que no debemos olvidar que nuestros niños y niñas tienen 5 años. De la misma manera, de esta forma fomentamos la participación y colaboración de los padres en la vida del centro educativo.

Los pasos a seguir en la construcción de nuestro coche son:

- Cogeremos una caja grande y haremos dos orificios grandes (uno en la parte inferior y otro en la superior) por los que los niños puedan entrar y salir perfectamente.
- Los niños pintarán la caja del color que deseen con pintura de dedos.
- Troquelarán cuatro círculos de papel charol, que imitarán los faros de nuestro coche, pegando dos en la parte delantera y dos en la parte trasera.
- De la misma forma, troquelarán otros cuatro círculos en cartulina negra, que imitarán las ruedas de nuestro vehículo.

- La matrícula de nuestro coche será nuestro nombre seguido de la fecha de nacimiento, y la confeccionaremos de cartulina, pegándola en las partes delantera y trasera.
- Por último, añadiremos dos cuerdas para poder colgarnos el coche.
- También podremos decirles a los padres/madres que traigan una pequeña bocina y se la pondremos a nuestro coche.

Atención a la diversidad. Tradicionalmente, este tipo de actividades han sido concebidas para aquellos alumnos que presentaban una necesidad educativa especial. Desde de la entrada en vigor de la LOGSE, se apuesta por incluir una serie de actividades para atender a la diversidad del alumnado que nos encontramos en clase. De esta manera, se establecen las *actividades de refuerzo,* dirigidas para aquellos alumnos que no han alcanzado los objetivos mínimos de aprendizaje, y las *actividades de ampliación,* destinadas para aquellos que presentan una gran capacidad para el aprendizaje.

EJEMPLO 4

Si estamos trabajando dentro del área de Lenguajes: comunicación y representación, concretamente los números, una actividad de ampliación que podemos realizar de manera individual con ellos es dirigirnos al rincón del ordenador del aula y localizar los números dentro del teclado de ordenador.

Actividades de consolidación, síntesis final o evaluación. Son aquellas actividades que nos sirven para comprobar si los niños y las niñas, al finalizar la acción educativa, han alcanzado los objetivos perseguidos, si han aprendido significativamente, de tal manera que han cambiando su concepciones y han construido aprendizaje.

EJEMPLO 5

Una actividad de consolidación que nos puede servir para cualquier centro de interés utilizado, sería elaborar una exposición con todos los materiales que los niños han realizado en el aula al finalizar el tema. Estos tendrán que explicar a sus visitantes (padres, madres, compañeros de ciclo...) lo que han realizado y su procedimiento.

c) Tipos de actividades según el agrupamiento

A la hora de diseñar o elegir las actividades debemos tener en cuenta el tipo de agrupamiento que realizaremos, debiendo existir un equilibrio entre ellas; de esta manera, lo más conveniente es alternarlas a lo largo de la jornada escolar.

Individual (I). El objetivo principal de este tipo de agrupamiento es el desarrollo de la autonomia del niño y el autoaprendizaje, lo que nos servirá para comprobar si un alumno ha interiorizado el aprendizaje y se ha apropiado del conocimiento que le hemos ofrecido.

Parejas (P). Las actividades por parejas cada vez cobran más auge dentro de las aulas de Educación Infantil, ya que la interacción del niño con un igual le ayuda a conseguir el aprendizaje más rápido que cuando el que interviene es el adulto en su zona de desarrollo próximo (ZDP). A la hora de realizar este agrupamiento entre los niños, podemos hacerlo por características homogéneas o heterogéneas.

Pequeños grupos (PG). La finalidad principal del agrupamiento en pequeños grupos (cuatro-cinco alumnos) es potenciar las destrezas y actitudes cooperativas entre los niños. Quizá sea el agrupamiento más frecuente en las aulas de Educación Infantil, ya que es el más adecuado para situaciones de aprendizaje en los rincones, talleres, dramatizaciones...

Gran grupo o grupo clase (GG). Son actividades colectivas en las que participa todo el grupo clase, siendo muy útiles para contribuir a la socialización de los niños, ya que a través de las mismas se sienten parte del grupo. Como estrategia metodológica para este tipo de agrupamiento utilizamos la asamblea: hablamos de diversas cosas, planificamos tareas, salidas, organizamos el aula, fiestas, etc. Dentro de ésta, está también la elaboración conjunta de un mural, de un cuento, etc.

4. LOS MEDIOS Y RECURSOS: TRADICIONALES Y TIC

Desde el punto de vista didáctico y pedagógico, las escuelas infantiles no son un lugar para «aparcar» a los niños, sino que han de ser un espacio donde su estructura y construcción les permitan desarrollar su propias vivencias, así como de atender al medio físico, social, natural y a las mutuas consecuencias que se derivan de sus interacciones. Es necesario considerar tanto *factores subjetivos,* es decir, los relacionados con todo lo vivencial del niño, como los *objetivos,* que hacen referencia a espacios físicos y materiales, a aspectos organizativos como distribución de tiempo, recursos y materiales a emplear y a normas que han de regir el funcionamiento de cada uno de los anteriores.

Desde la Orden de 5 agosto 2008, por la que se desarrolla el Currículo de la Educación Infantil, se señala la necesidad de planificar la selección de los materiales: «se consideran materiales educativos todos aquellos elementos y objetos de cualquier orden con los que puedan interactuar y generar aprendizajes, por lo que no existe distinción entre materiales para el juego y material educativo, ambos forman parte de un todo común. El material ha de ser un instrumento para la acción, la construcción y la reorganización del conocimiento, tanto del mundo físico como del emocional y social. Es por ello que el valor del material recae en las posibilidades de acción, manipulación, experimentación y conflicto que proporcione, de acuerdo con la intencionalidad educativa y los objetivos que previamente se han definido» (*BOJA,* núm. 169, p. 51).

En educación Infantil, el niño se introduce en un «ambiente espacial» al que hay que darle significado. Nos centramos en el aula, pero entendiéndola como todo espacio en el que se desarrolla la acción educativa, contrario a aquella en la que el niño permanece en un espacio cerrado en el que recibe unos contenidos, siguiendo en la línea de los planteamientos metodológicos anteriormente expuestos.

Para *escoger* los materiales hemos de tener en cuenta, en primer lugar, que sean higiénicos, es decir, que no estén elaborados con productos tóxicos, que su material, su forma y tamaño no sean peligrosos para los niños. En segundo lugar, que aporten estímulos sensoriales a través de su forma, tamaño, color...; elegir materiales naturales es el mejor acierto, puesto que causa en los niños mayor curiosidad por sus sabores, olores, texturas, formas, colores, etc. En tercer lugar, que posibilite la exploración, el descubrimiento y la construcción, es decir, que puedan inventar con ellos, que les ofrezcan múltiples formas e interacciones. Y, por último, que no estén rotos o en mal estado.

La propuesta que desde la Orden de 5 de agosto se nos presenta sobre los criterios para la selección de los materiales es:

- — Que promuevan la investigación, la indagación, la exploración, etc.
- — Que sean polivalentes, permitiendo realizar diferentes acciones, usos y experiencias.
- — Deben ser variados, orientados al desarrollo de todos los planos que integran la personalidad infantil: motor, sensorial, cognitivo, lingüístico, afectivo y social.
- — Elementos, en la medida de lo posible, de su vida cotidiana.
- — Materiales compensadores de su ambiente sociocultural, como tecnologías (ordenadores, periféricos, cámaras digitales, etc.), libros y material impreso (literatura infantil) y otros materiales y recursos expresivos, como pinturas, arcilla, láminas y libros de arte, mapas y lupas (*BOJA,* núm. 169, p. 51).

Teniendo en cuenta estas características básicas, podemos hacer una recomendación sobre cuáles son los tipos de materiales que deben estar presentes en un aula de infantil:

— Materiales para el movimiento (escaleras, rampas, columpios, toboganes, correpasillos, patines, aros, globos, bancos, etc.).
— Materiales manipulativos: aquí podemos diferenciar entre materiales naturales (madera, paja, corcho...), recipientes (mimbre, cartón...), inespecíficos para una manipulación libre (tierra, barro, harina...), instrumentos para manipular (cubos, palas, botes...), semillas y frutos (nueces, castañas, naranjas, manzanas...), mecanismos sencillos, construcciones y materiales didácticos (puzzles, rompecabezas, punzones, tijeras, plastilina...), y muchos más.
— Materiales para la simbolización y dramatización, que pueden ser desde fotos personales a disfraces, complementos (sombreros, paraguas, collares...), objetos de uso cotidiano (vasos, cubiertos...), animales, coches, tractores, maquillaje, espejos, peines, etc.
— Materiales para la creatividad y la expresión: aquí entrarían no sólo los de expresión plástica (lápices, rotuladores, ceras...), sino también los relacionados con la musical (tambor, flauta, platillos...) y corporal (colchonetas, aros...).
— Materiales para la observación (cualquiera puede servir: animales, plantas, microscopio...).
— Juegos con reglas (parchís, la oca...).
— Materiales transmisores de la cultura (música clásica, cuentos y leyendas, autores, imágenes de personas, ambientes, objetos cotidianos...).
— Materiales higiénicos (colonia, jabón, guantes, ropa de recambio, toallitas desechables...) (Martín, 2007: 204-206).

La *organización y disposición* de los materiales en las escuelas infantiles ha de facilitar la autonomía y la independencia de los niños, evitando la dependencia continua de la persona adulta. Deben disponerse ordenadamente de forma que permita saber su ubicación y facilite su colocación posterior, favoreciendo la creación de hábitos de orden. También es importante tender a recuperar, reutilizar y reciclar materiales, ayudando a los niños y niñas a descubrir nuevas posibilidades de uso, así como a reducir el consumismo.

La descentralización, visibilidad, facilidad de transporte y facilidad para guardar son las claves para que el éxito se obtenga en la tarea de almacenamiento del material. En una clase donde los materiales están dispuestos para que sean los niños y niñas quienes los elijan, los tomen, los recojan, los cuiden, etc., con el objetivo de fomentar la autonomía, el respeto y la responsabilidad, es la mejor opción, ya que los alumnos se sentirán vinculados a un material que usan.

Pero, para conseguir que esto contribuya a la organización del aula, es necesario que en la programación de las actividades aparezcan las normas de adquisición y utilización de los materiales. «Hacer que sientan la clase suya es hacerles sentir aprecio por los objetos, hacerles conocedores no sólo de las cosas que ocurren, sino del proceso que posibilita que ocurran. En este sentido, las normas no se establecen como órdenes que hay que obedecer, sino como razonamientos que hay que entender», normas que han de surgir de la práctica, razonadas, consensuadas y recordadas (Díaz, 2002: 72).

Los materiales son objetos importantes porque son los agentes físicos que producen información al pequeño, pero ésta se puede conseguir a través de muchos caminos y formas. Lo importante es fomentar una actitud de curiosidad hacia los objetos que nos rodean, porque sin ella los materiales no producen vivencias que elaboren nuevos conocimientos.

La *adquisición* de los materiales (dotación básica) se encarga de enviarla la Consejería de Educación, estos materiales han sido evaluados como óptimos para apoyar las actividades del aula, pero también el material se puede conseguir por otros cauces, pidiéndose a la dirección del centro y pueden atenderse como gastos generales. A veces, se pueden reciclar materiales obsoletos para otros, como los ordenadores de una empresa o las estanterías de la biblioteca. También los padres y madres contribuyen a la adquisición de recursos con juguetes u objetos que ya no se usan en casa o aportar materiales para otras actividades, como cojines, revistas, libros, plantas, etc. (Díaz, 2002: 62-63).

El despliegue de los medios de comunicación y de las nuevas tecnologías en la sociedad actual provoca que en el mundo de la educación se abran puertas para considerar a estos medios como recursos y materiales necesarios para contribuir al proceso de enseñanza-aprendizaje. Favorecerán el aprendizaje autónomo y fomentarán actitudes y valores que ayuden a la maduración personal y social, permitiendo el disfrute. Además, la escuela ha de mantenerse en contacto continuo con los medios, ya que son conformadores de modelos sociales.

El Real Decreto1630/2006 recoge en el punto 3 del artículo 5, dedicado a Contenidos educativos y currículo, que «Corresponde a las administraciones educativas fomentar una primera aproximación a la lengua extranjera en los aprendizajes del segundo ciclo de la EI, especialmente el último año. Asimismo, fomentarán una primera aproximación a la lectura y escritura, así como experiencias de iniciación temprana en habilidades numéricas básicas, en las tecnologías de la información y de la comunicación y en...» (p. 475).

La planificación de la tecnologías exige una toma de decisiones sobre las estrategias metodológicas más adecuadas para su utilización, en la que se madura el aprender a aprender. Hay una amplia oferta de medios audiovisuales y nuevas tecnologías, de ahí que se intente trabajar con el máximo posible de ellos, de manera que los alumnos adquieran experiencias de todos.

Desde un sentido crítico, los medios audiovisuales tienen sus ventajas y sus inconvenientes, lo que tenemos que hacer es buscar la visión innovadora y realista en la que el alumno explora sus posibilidades y se inicia en un nuevo lenguaje de imágenes y sonidos en el que no sólo va a ser consumidor, sino también creador de los mismos.

A través de los medios, desde la niñez se tiene un conocimiento del mundo que nos rodea que se interioriza y se memoriza. Mac Luhan (1969: 45) dice que «Hemos pasado muy deprisa de la galaxia Guttenberg a la galaxia Marconi, de una civilización de la escritura a una civilización eléctrica-electrónica». Muchos estudios demuestran que los medios ejercen transformaciones en las actitudes de los niños de los diferentes medios socioculturales y mediante ellos conocen su entorno próximo o lejano.

Por ejemplo, en la escuela de infantil, la prensa ayuda al conocimiento de la sociedad, ya que puede suscitar interrogantes al leer o simplemente ver, es una fuente de contacto con el exterior. La prensa fomenta el descubrimiento del entorno y, además, ordena y organiza los conocimientos según hechos dominantes (tiempo, espacio, etc.). Además, favorece la construcción del vocabulario al informar de sucesos o hechos que se producen en su ciudad, barrio, etc. Para utilizar la prensa en infantil se han de seguir unos pasos: jugar con el material (contacto con periódicos, cortar, rasgar, etc.), conocer sus propiedades (tamaño, color y forma) y transformarlo (doblar, hacer pasta de papel, etc.).

La televisión es el medio que mejor se adapta a las capacidades mentales de los niños. Es un medio que fomenta el cambio de actitudes sociales así como adquirir pautas de comportamiento acordes a la realidad. Las horas que dedican los niños a ver la televisión son muchas, por ejemplo, los niños de entre 2 y 3 años están de tres a ocho horas delante del televisor, y normalmente solos. Los dibujos animados es un género que los niños conocen y aprecian, por lo que se sienten motivados cuando los utilizamos y nos ayudan a complementar los conocimientos que adquieren a través de otros medios. Les ayudan a aprender porque les atraen la atención, facilitan el aprendizaje y el recuerdo de la información vista y narrada. La cultura audiovisual requiere de una tarea conjunta entre familia y escuela.

Los dibujos animados fueron creados para los niños y sus personajes e historias narran hechos muy divertidos y amenos. Transformar esto en formato vídeo hace que se convierta en un recurso educativo imprescindible, y que los podamos integrar en las diferentes propuestas didácticas. Actualmente, hay canales exclusivos para niños con programaciones adaptadas a ellos, aunque no exista una selección educativa de los mismos.

Los videojuegos poseen el elemento visual dinámico que no pueden obtener de la televisión y además son interactivos. Combinan el dinamismo visual con una participación activa del niño. Los elementos de atracción son varios: el recuento de la puntuación, los efectos acústicos, el elemento de azar, la rapidez de la respuesta... Fomentan la coordinación óculo-manual y son de utilidad para multitud de tareas cotidianas, pues contribuyen al desarrollo de las bases de estadios posteriores de desarrollo cognitivo.

Los videojuegos y juegos digitales están dentro de las nuevas formas de entretenimiento, ocio y juego del niño; son, por tanto, un recurso de ocio alternativo, eficaz, inteligente y flexible. El éxito de los videojuegos y juegos digitales es cada vez mayor, de tal manera que hoy es uno de los juguetes más vendidos del mercado (Romero, 2011).

Si los juguetes son de la era tecnológica y se consideran como el entretenimiento del futuro, es importante ofrecer a los mismos una oportunidad en la Educación Infantil, e integrarlos en las actividades lúdicas que desarrollan los más pequeños en la escuela.

Si además consideramos que estos juguetes entran a forman parte de su vida diaria, de sus actividades cotidianas, podemos aventurarnos a decir que pueden ser un medio idóneo para ejercitar la autonomía personal, permitiéndoles al mismo tiempo adquirir cierto grado de iniciativa, esfuerzo, responsabilidad y aprender a organizarse, así como poder prever y, en consecuencia, resolver algunas que otras dificultades (Thió y Llenas, 2007).

Como señala Romero (2009), son los ordenadores, las pizarras digitales, etc., los que con su incalculable potencial se incorporan actualmente a las aulas de infantil, las capacidades multimedia de estas tecnologías los convierten en herramientas *camaleónicas* para la educación:

> «Si a la capacidad de estas tecnologías para adaptarse a las tareas más diversas se le unen las posibilidades curriculares tan creativas que el profesorado puede diseñar en el aula, lo que se logra es una mayor flexibilidad para poder desarrollar el currículo de forma más dinámica, enriqueciéndolo con experiencias que respetan el ritmo y el estilo madurativo de cada niño y niña. Todo ello, considerando los aspectos que condicionan la práctica educativa de esta etapa, como la afectividad, las características personales del alumnado, sus necesidades, intereses y estilo cognitivo, fundamentales para el buen uso de las mismas» (Romero, 2009: 16).

Siguiendo a Romero (2009: 21), las tecnologías, en general son para estos niños un *compañero incansable,* como el ordenador que nunca se cansará de repetir, mostrar, cantar, señalar, dibujar, borrar, etc. «Con un software diseñado como la base del juego, pero siempre para que el niño aprenda. Por lo que no se trata de perder el tiempo jugando, hay que aprender algo durante el juego. Centra al niño en propuestas de realización de una serie de actividades, que suelen ser laberintos, juegos de emparejamiento y de dibujo y actividades de reconocimiento de letras, colores, números, formas y notas musicales, pero todas ellas con una intencionalidad: generar aprendizajes y desarrollar habilidades».

Además, añade la gran revolución que se ha producido en el software, sobre todo en el interface para el usuario. Prueba de ello es el hecho de haber reducido la edad mínima necesaria para poder utilizar un programa educativo en el que se posibilita la accesibilidad y usabilidad a niños y niñas de muy corta edad (hay software recomendado incluso para 18 meses).

Planificar este proceso educativo en el que se insertan estas experiencias, es, por tanto, una tarea importantísima dentro del quehacer diario de un docente, ya que no basta con incluir estas herramientas; requiere un proceso en el que hay que tomar múltiples y diferentes decisiones sobre *qué, cómo, cuándo.* El solo hecho de tener en su entorno un nuevo compañero puede despistarles, y para ello es necesario, al principio, crear un ambiente agradable que predisponga a la seguridad y al aprendizaje con las nuevas herramientas, de ahí que secuenciar y estructurar las actividades dentro del currículo facilite la consecución de los objetivos trazados (Romero, 2009):

> «En la práctica, esto supone que el profesorado ha de crear, diseñar y preparar concienzudamente las actividades que promuevan la motivación de lo planificado. Partir del proyecto curricular de aula es una buena idea, de esta forma se tendrá una panorámica global de todo lo que se va hacer para luego concretarlo en cada unidad. Esto ayuda a delimitar el material necesario, permite adecuar los espacios para que sean suficientes, dejar momentos para que aprendan por sí mismos, fomentar diferentes tipos de trabajo tanto individual como grupal (proyectos grupo-clase) y temporalizar las actividades de acuerdo con los intereses de los alumnos y con los objetivos propuestos» (Romero, 2009: 22).

Continúa la autora diciendo que la complejidad de estos elementos obliga a plantear el currículum en tres niveles, de menor a mayor concreción, a fin de partir de un marco más general y común que garantice unos mínimos en cuanto a competencias estatales y territoriales (primer nivel de concreción), para perfilar esas líneas directrices hacia un diseño curricular más cercano en el que intervienen las características y particularidades de cada centro aceptado y elaborado por un colectivo de profesores (segundo nivel de concreción) y llegar al más básico y práctico, el que está directamente relacionado con el trabajo diario del profesor y en el que quedan reflejadas las actividades que se realizan en el aula a través de las unidades didácticas (tercer nivel de concreción).

Estas unidades didácticas están consensuadas por un equipo de profesores que trabajan en un mismo curso o ciclo. Implican un modelo didáctico con el que se han de identificar, por lo que reflejarán el pensamiento y forma de hacer de un grupo de profesores. Se enseña como uno piensa.

Planificar la enseñanza es asumir que se está llevando a cabo un proceso de reflexión-previsión-propuesta de una acción formativa, diseñada y elaborada por un grupo de compañeros a los que identifica. Se asume que dicho proyecto no está terminado, pues, como se ha señalado, no sólo se encuentra sometido a cambios continuos, sino a adaptaciones que cada miembro considere oportunas y necesarias para su cumplimiento.

REFERENCIAS BIBLIOGRÁFICAS

Antón, M. (coord.) (2007). *Planificar la etapa de 0 a 6: compromiso de sus agentes y práctica cotidiana.* Barcelona: Graó.

Battista Quinto, B. (2005). *Los talleres en Educación Infantil. Espacios de crecimiento*. Barcelona: Graó.

Díaz, M.ª D. (2002). *Organizar el aula en Educación Infantil.* Sevilla: Junta de Andalucía.

Erikson, E. (1993). *Infancia y Sociedad* (12.ª ed.). Buenos Aires: Ediciones Hormé.

Escamilla, A. (2009). *Las competencias en la programación de aula. Infantil y primaria (3-12 años).* Barcelona: Graó.

Freud, S. (1908): *Teorías sexuales infantiles.* En Obras completas, vol. 2. Madrid: Editorial Biblioteca Nueva.

Fusté, S. y Palou, S. (2007). Juntos pero no revueltos: las diferentes agrupaciones como estrategias de aprendizaje. En M. Antón (coord.), *Planificar la etapa de 0 a 6: compromiso de sus agentes y práctica cotidiana.* Barcelona: Grao, 165-184.

Gallego, J. L. (1994). La organización del ambiente escolar: el espacio, los materiales y el tiempo. En J. L. Gallego (coord.), Educación Infantil. Málaga: Aljibe.

Ganaza, M.ª I. (2001). Evaluar los rincones. Una práctica para mejorar la calidad en las aulas de Educación Infantil. *Revista Aula Infantil, 2,* 6-10.

Ganaza, M.ª I. y Gutiérrez, J. J. (2006). *Rincones y talleres en la Educación Infantil.* Sevilla: Infornet.

Gervilla, A. (2006). *Didáctica básica de la educación infantil. Conocer y comprender a los más pequeños.* Madrid: Narcea.

Ginestal, P. y Gil, M. *La etapa de la Educación Infantil.* Temario común de las oposiciones al Cuerpo de Maestros (http://www.profes.net/rep_documentos/Monograf/T4op.pdf) (11-04-2011).

Ibáñez, C. (1992). *El proyecto de EI y su práctica en el aula.* Madrid: La Muralla.

Martín, L. (2007). Mirando dentro del aula: la organización del espacio y los materiales. En M. Antón (coord.), *Planificar la etapa de 0 a 6: compromiso de sus agentes y práctica cotidiana.* Barcelona: Graó, 185-209.

Medina, A. y Domínguez, M.ª C. (eds.) (2009). *Didáctica. Formación básica para profesionales de la educación.* Madrid: Universitas.

Orden de 5 de agosto de 2008, por la que se desarrolla el Currículo correspondiente a la Educación Infantil en Andalucía (*BOJA,* núm. 169).

Palacios, J., Marchesi, A. y Coll, C. (1995). *Desarrollo Psicológico y Educación.* Madrid: Alianza.

Parra, J. M.ª (2010). *Manual de Didáctica de la Educación Infantil.* Madrid: Garceta Grupo Editorial.

Real Decreto 1630/2006, de 29 de diciembre, por el que se establecen las enseñanzas mínimas del segundo ciclo de Educación Infantil (*BOE,* núm. 4).

Requena, M.ª D. y Sáinz, P. (2009). *Didáctica de la Educación Infantil.* Madrid: Editex.

Romero Tena, R. (2011). Posibilidades educativas de los videojuegos y juegos digitales en educación en la etapa de infantil. En V. Marín (coord.), *Los videojuegos y los juegos digitales como materiales educativos.* Madrid: Síntesis (en prensa).

Romero, R., Román, P. y Llorente, M.ª C. (2009). *Tecnologías en los entornos de infantil y primaria.* Madrid: Síntesis.

Thió, C. y Llenas, P. (2007). Pequeños y competentes: de las actividades cotidianas al aprendizaje de la autonomía. En M. Antón (coord.), *Planificar la etapa de 0 a 6: compromiso de sus agentes y práctica cotidiana.* Barcelona: Graó, 69-124.

Trueba, B. (1989). *Talleres integrales en educación infantil. Una propuesta de organización del escenario escolar.* Madrid: Ediciones de la Torre.

Vélez, R. *et al.* (2000). *Jugar y aprender: talleres y experiencias en Educación Infantil.* Barcelona: Octaedro.

Watson, J. B. (1913). Psicología conductista como él lo ve. *Psychological Review, 20,* 158-177.

Zabalza, M. A. (2002). *Didáctica de la educación infantil.* Madrid: Ediciones Narcea.

RECURSOS DE EXTENSIÓN

Romero Tenorio, D. (2000). Los animales que viven con nosotros. Una experiencia en Educación Infantil (http://app.cepcastilleja.org/contenido/trabajoxproyectos/contenido/pdf/animales_viven.pdf) (09-04-2011).

Presentación del proyecto de trabajo de Educación Infantil: El mar (http://app.cepcastilleja.org/contenido/trabajoxproyectos/contenido/deppatpdf/ud_mar.pdf) (17-04-2011).

Experiencia desarrollada por el grupo de trabajo «Investigar en el aula» del CEIP Virgen del Carmen. Punta Umbría (Huelva).

Martín Rodrigo, I. (2006). Aprender con proyectos de trabajo en Educación Infantil. http://www.concejoeducativo.org/article.php?id_article=85 (24-03-2011).

Experiencia desarrollada en las aulas de Educación Infantil del CP El Coto, El Entrego, Asturias.

PROPUESTA DE ACTIVIDADES

1. Teniendo en cuenta las características psicoevolutivas (motoras, mentales y/o cognitivas y afectivo-sociales) de los alumnos de Infantil, elabore una tabla por ciclo, en la que aparezcan el aspecto del desarrollo a considerar y cómo se debería considerar en el currículo.

2. Realice un plano de su aula, donde se integren diferentes rincones y justifique su razón de ser para el aula de 3 años, además de exponer los contenidos que puedan trabajarse en ellos y los materiales más significativos que utilizaría.

3. Planifique un taller para un trimestre en un aula de 5 años. Deberá tener en cuenta: objetivos, contenidos, materiales y número de sesiones que se necesitarían para su desarrollo.

4. Realice un listado de posibles materiales que tendría en su aula de infantil y justifique su utilización.

5. ¿Cree necesario introducir las TIC en el aula de Infantil?, ¿cómo lo haría? (metodología), ¿qué tipo de actividades plantearía? Ponga un ejemplo concreto de una sesión.

La metodología en Educación Primaria 8

MANUELA BARCIA MORENO
MARGARITA R. RODRÍGUEZ-GALLEGO

INTRODUCCIÓN

Los métodos y las estrategias didácticas en Educación Primaria nos ayudan a resolver situaciones problemáticas en el centro o en el aula (agrupaciones flexibles de alumnos, grupos cooperativos, contratos didácticos, grupos interactivos, etc.), y a encontrar soluciones prácticas a los problemas educativos. A la hora de tomar estas decisiones no debemos olvidar que el ámbito organizativo constituye un área de confluencia entre el nivel psicológico, didáctico e institucional. En este capítulo nos centraremos en el ámbito didáctico pero siendo conscientes del resto de influjos.

Los contenidos a tratar son:

1. Características psicoevolutivas del niño de 6 a 12 años.
2. Principios metodológicos: estrategias y técnicas.
3. Las actividades: la sociedad del conocimiento precisa actividades inteligentes.
4. Los medios y recursos didácticos: tradicionales y tecnologías de la información y la comunicación (TIC).

1. CARACTERÍSTICAS PSICOEVOLUTIVAS DEL NIÑO DE 6 A 12 AÑOS

El alumnado de Educación Primaria presenta unas características psicoevolutivas que todo docente ha de tener en cuenta antes, durante y después del proceso de enseñanza-aprendizaje, tanto para el diseño como para el desarrollo del curriculum. Sin estas consideraciones la enseñanza no estaría ajustada a los niveles de madurez de los alumnos/as, lo que tendría poca significatividad psicológica y lógica. No estaría correctamente fundamentada, se realizaría en el vacío y, desde luego, tendría poca funcionalidad. Si no partimos de las potencialidades y limitaciones de las etapas evolutivas de los individuos, la enseñanza no sería adecuada, ya que podríamos estar exigiendo por encima o por debajo de las posibilidades de los alumnos/as, lo que difícilmente haría que se alcanzaran las metas y objetivos explicitados en el curriculum.

La niña y el niño, durante esta etapa consiguen importantes adquisiciones a niveles cognitivo, afectivo, motor y del lenguaje, por esto vamos a exponer cómo evoluciona cada una de estas capacidades en la etapa instructiva de seis a doce años. Tras esto, y derivadas de las mismas, expondremos una serie de consideraciones pedagógicas a tener en cuenta por los docentes de esta etapa académica, siempre en función del momento psicoevolutivo de los estudiantes.

1.1. Desarrollo psicomotor

Durante la etapa de Primaria, el crecimiento y los cambios físicos que se producen en la niñez media son más lentos y estables que en los años anteriores, aunque el crecimiento paulatino prosigue hasta los 9 años en las niñas y hasta los 11 en los niños. Sin embargo, esto no es una regla matemática, ya que no todos los niños/as maduran con la misma velocidad; influyen factores tales como la genética, el nivel de actividad, el ejercicio, la alimentación y el sexo. Las niñas suelen ser un poco más pequeñas y pesar menos que los niños hasta los 9 años; a partir de este momento el crecimiento de ellas se acelera porque el estirón del crecimiento comienza antes que en los niños.

Los cambios internos que se producen se centran en tres ámbitos fundamentales: esqueleto, tejido muscular y cerebro.

El desarrollo de las habilidades motoras se produce en las habilidades gruesas, posibilitándoles un mayor dominio sobre los movimientos; esto se va a proyectar en interés por los deportes y por acrobacias temerarias, aumenta la distancia y mejora la exactitud en los lanzamientos. Asimismo, también hay una evolución en la psicomotricidad fina, permitiéndole un mayor dominio de las habilidades motrices necesarias para la escritura, aunque siempre mediatizadas por sus aprendizajes previos.

Correr, escalar, saltar a la comba, nadar, montar en bicicleta o patinar son algunas de las destrezas que se pueden dominar durante la etapa de Educación Primaria. A estas edades, como aún no se ha alcanzado la madurez física, necesitan llevar una vida activa, por eso la actividad de montar en bicicleta o saltar a la comba, resulta esencial para el mantenimiento de ciertas destrezas. En consecuencia, uno de los principios básicos aplicables durante la Educación Primaria es que las actividades que realicen los alumnos/as han de ser sobre todo activas (Santrock, 2010).

En teoría, los niños/as, al dominar su cuerpo, adquieren sentimientos de competencia y autoestima. El progresivo dominio corporal le conducirá a un total dominio motriz hasta ser capaz de extraer de él todas las posibilidades de acción y expresión que le sean posibles a cada sujeto. En esta etapa se dará un aumento de la fuerza y de la resistencia física.

En la medida que aumentan el tamaño, la fuerza y la coordinación en los niños/as, éstos realizan actividades físicas cada vez más peligrosas, lo que incrementa la posibilidad de sufrir accidentes. De cualquier forma, el desarrollo de todas estas capacidades se encuentra mediatizadas por la relación entre el organismo y el medio en que se desenvuelve. A continuación sintetizaremos los progresos en el ámbito psicomotor en cada uno de los ciclos que constituye la Educación Primaria.

Primer ciclo de Educación Primaria:

a) Desarrolla las posibilidades de control postural y respiratorio.
b) Consigue una independencia de los segmentos corporales.
c) Adquiere una independencia brazo-mano o una coordinación y precisión óculo-manual fundamental para el aprendizaje de lectoescritura.
d) Llega a una afirmación de la lateralidad.

Segundo ciclo de Educación Primaria:

a) Alrededor de los 9 años alcanza la maduración nerviosa. Los movimientos se hacen más armónicos, precisos y seguros (progresos en el control motor grueso y fino).
b) Es capaz de hacer factibles los lanzamientos con precisión, los saltos eficaces y resistir en esfuerzos de larga duración.

Tercer ciclo de Educación Primaria:

a) Consolidación de las cualidades coordinativas: equilibrio y coordinación.
b) Consolidación de las habilidades motrices: carrera, salto, lanzamiento y recepción.
c) Desarrollo de las cualidades físicas básicas (fuerza, velocidad, resistencia, amplitud de movimiento)...

1.2. Desarrollo cognitivo

El desarrollo cognitivo pasa por una serie de etapas relacionadas. A lo largo de ellas el conocimiento que el niño tiene sobre el mundo cobra formas diferentes (Mussen, Conger y Kagan, 1982). Las notas distintivas, a grandes rasgos, de esta etapa son las siguientes: el alumno/a podrá llevar a cabo operaciones concretas, que implican la posibilidad de hacer operaciones mentales sobre objetos tangibles y manipulables. Posteriormente y en el tercer ciclo de la etapa, podrá preiniciar las abstracciones; progresará en la objetividad dejando atrás el egocentrismo y alcanzando el realismo objetivo, ampliará sus intereses; descubrirá la causalidad; se abrirá al mundo exterior, y agudizará su sentido crítico, sabe lo que le gusta y lo que no y le agrada discutir.

Piaget (1997) estableció una serie de estadios o fases por los cuales todos los individuos debían pasar para completar su desarrollo cognitivo; él distinguió los siguientes:

a) Estadio sensoriomotor (0-2 años).
b) Estadio de preparación y organización de las operaciones concretas (2 a 11/12 años).
c) Estadio de las operaciones formales (11/12 años en adelante).

En el segundo estadio se da un subestadio en el que la inteligencia del niño/a se caracteriza por ser fundamentalmente práctica, ligada a lo sensorial y a la acción motora. Los logros más destacados son el establecimiento de la conducta intencional, la elaboración de nociones como la de relación causa-efecto, la de vinculación medios-fin, la construcción del concepto de objeto permanente y de las primeras representaciones y el acceso a la función simbólica.

En este estadio se adquiere la noción de conservación, que implica ser capaz de atender a distintas dimensiones a la vez (descentralización) y reconocer la reversibilidad, que puede ser de dos tipos (Córdoba, 2006):

a) *Por inversión:* capacidad de ejecutar mentalmente una acción en los dos sentidos del recorrido, dándose cuenta de que se trata de una misma acción.
b) *Por compensación:* capacidad para reconocer que los cambios en una dimensión compensan los cambios en la otra dimensión.

Estos dos logros favorecerán que se adquiera la noción de conservación del número, la masa, longitud y superficie.

También adquirirá la capacidad para realizar clasificaciones jerárquicas y entender que varias subclases pueden ser incluidas en una de orden superior, por ejemplo, entenderá que no puede haber más rosas que flores.

Adquirirá la facultad de realizar relaciones de orden, tanto seriaciones, esto es, ordenar unos elementos en función de una dimensión cuantitativa (tamaño, peso, tono, longitud...) y la inferencia transitiva, o sea, puede comparar mentalmente el tamaño de dos regletas (A y C) cuando se han comparado previamente con B y se ha observado que A era mayor que B y B era mayor que C.

Comprenderá la causalidad y la capacidad de medición, incluyendo la de poder entender el reloj.

En este período el niño/a es capaz de razonar sobre aquellos aspectos de la realidad que puede manipular. Los intereses se objetivan al volverse el pensamiento más analítico, aunque pueden seguir apareciendo contradicciones en el raciocinio, poco a poco se va acercando a la lógica que se adquiere en la adolescencia; pero aún así, el alumno/a puede:

a) Solucionar problemas que plantean absurdos o imposibles (del tipo un hombre fue herido dos veces, de la primera murió, de la segunda aún está convaleciente).
b) Hallar analogías entre dos cosas concretas (puerta/ventana), pero aún no tres.
c) Encontrar cada vez más abundantes antónimos a palabras dadas.

d) Descubrir analogías verbales (el rey es a la reina, lo que el príncipe es a...), lo consigue a los 9 años (igual que el sentido del humor, también lo adquiere a partir de ese momento).
e) Resolver raciocinios por exclusión (un animal con orejas grandes es mulo o asno, con cola larga es mulo o caballo, con orejas grandes y cola larga, ¿qué animal es?).

Marchesi (2005) establece los rasgos distintivos de este período:

a) *La reversibilidad.* El pensamiento llega a actuar de forma operatoria lógico-concreta. Piaget utiliza el término operación para referirse a las actividades mentales. Esto conlleva poder ordenar mentalmente una serie de acontecimientos hacia delante y hacia atrás en el espacio y en el tiempo. Por ejemplo, un niño que se encuentre en la fase preoperacional y pierde un juguete, lo buscará en todas las habitaciones en que haya estado, mientras que un niño que razone de forma operacional lógico-concreta se sienta a pensar en los lugares donde haya estado e ir al lugar donde puede haberlo dejado.
b) A lo largo de todo el período los niños adquirirán las nociones de *cantidad, peso, volumen, masa, tiempo...,* de forma cada vez más compleja.
c) *El pensamiento se vuelve flexible,* no limitado al aquí y ahora, multidimensional y menos egocéntrico.

En el desarrollo cognitivo del niño de estas edades juega un papel trascendental el procesamiento de la información, en el que destacan funciones como la atención, la solución de problemas, la memoria y la metacognición. Estas dos últimas experimentan un desarrollo considerable durante la niñez; la *capacidad de recordar listas de objetos* mejora extraordinariamente entre los 5 y los 7 años, los niños se esfuerzan por memorizar la información de manera consciente, observan con detenimiento lo que deben retener y lo repiten una y otra vez. Con el tiempo, lo organizan en categorías, para, posteriormente, crear historias o imágenes visuales que les permitan recordar mejor.

La metacognición se puede definir como los «complejos procesos intelectuales que permiten al niño supervisar sus pensamientos, memoria, conocimiento, metas y acciones, y consiste en reflexionar sobre el pensamiento». La capacidad de «vigilar» el pensamiento y la memoria comienza hacia los 6 años, y alcanza un nivel más elevado entre los 7 y los 10 años; no obstante, la metacognición es mejor si el material por aprender es común o conocido.

A partir del período de las operaciones concretas el niño/a entrará en un nuevo estadio, el de las operaciones formales. Es en el tercer ciclo cuando pueden comenzar a demostrar algunas de las características del pensamiento formal.

Primer ciclo de Educación Primaria:

a) Es un período de transición entre el pensamiento intuitivo y el pensamiento concreto.
b) El niño/a percibe globalmente, pero capta algunos aspectos que hace que se puedan representar mentalmente objetos con una distorsión mental leve (semiirreversibilidad operatoria).

Segundo ciclo de Educación Primaria:

a) Se asienta el pensamiento lógico-concreto, que se caracteriza por ser un pensamiento flexible y capaz de captar transformaciones.
b) Ha superado el animismo.

Tercer ciclo de Educación Primaria:

a) Consolidación del pensamiento lógico-concreto.
b) Evoluciona en la capacidad de análisis y síntesis.

1.3. Desarrollo del lenguaje

Entre los 6 y los 12 años el desarrollo del lenguaje oral es muy significativo. El léxico se amplía al tiempo que lo hacen los conocimientos, y su uso se hace cada vez más correcto. La sintaxis se hace más compleja y su uso se acomoda a la práctica social. Además, el campo semántico se reorganiza y amplía debido, entre otras cosas, a una creciente actividad metalingüística (Peralbo, 1998).

Algunas de las condiciones que favorecen la lectoescritura pueden ser:

a) *Un ambiente rico en materiales impresos:* los adultos que leen y escriben con fines personales, experiencias frecuentes de tiempo dedicado a historias, experiencias de dictado, literatura de gran calidad, textos impresos contextualizados, texto impreso funcional, respuestas a preguntas sobre materiales impresos, etc.
b) *Un ambiente rico en lenguaje oral:* modelos del lenguaje adulto, padres que escuchan a los hijos, exploración libre del lenguaje oral, conversación con compañeros, participación en obras teatrales, experiencias de enriquecimiento del vocabulario, información sobre el vocabulario cuando se pide, etc.
c) *Experiencias personales de interés:* juego, vida diaria, viajes al campo, exploración de la naturaleza...
d) *Experiencias de representación simbólica:* arte dramático, dibujo y pintura, música y danza, etc.
e) *Experimentación de la escritura sin presiones:* dibujo, garabateo, escritura no fonética, ortografía inventada, etc.
f) *Exploración de la lectura sin presiones:* lectura de memoria, lectura con pistas contextuales, acoplamiento del texto impreso al lenguaje oral, etc.

1.4. Desarrollo afectivo y social

En la etapa de Educación Primaria es cuando el sujeto inicia relaciones con sus iguales y se produce la primera integración grupal. Tiene necesidad del grupo como seguridad y autoafirmación, para llegar a una relación con ellos abiertamente. Interioriza las normas del grupo. Cuando inicia esta etapa, la moralidad proviene de los adultos para, al final, pasar a una moral autónoma (Gómez y otras, 2000).

Existe también una estrecha interdependencia entre el desarrollo de las capacidades sociales y la evolución de las capacidades afectivas del niño; tanto unas como otras requieren para su desarrollo que se produzcan estos tres procesos:

a) *Procesos mentales:* relacionados con la adquisición de los conocimientos necesarios para integrarse en el medio social: valores, normas, costumbres...
b) *Procesos afectivos:* aluden al establecimiento de vínculos con las personas que configuran el propio entorno social en cada momento.
c) *Procesos conductuales:* se refieren a la adquisición de comportamientos socialmente deseados en un contexto social concreto, así como la evitación de conductas consideradas inapropiadas.

En la etapa de Educación Primaria (6-12 años) los sentimientos empiezan a cobrar fuerza, al mismo tiempo que la figura de apego se diversifica y aparecen los lazos de amistad con los iguales. Hacia el final de la etapa aparecen los primeros sentimientos amorosos. Pero antes de que esto último se produzca, el niño/a también ha aprendido que existen situaciones cotidianas que provocan sentimientos positivos y negativos a un tiempo, lo que se conoce como ambivalencia emocional; el reconocimiento consciente de ésta por el niño de edad escolar resulta un logro difícil y no se adquiere como mínimo hasta los 7 u 8 años de edad.

El reconocimiento de las emociones y sentimientos propios y los de los demás no implica que se controlen, es decir, en ocasiones, los estados afectivos son de tanta intensidad que se vuelven perturbadores y poco adaptativos. Antes de los 6 años aparecen ciertos indicios de control emocional; a partir de esta edad los niños parecen diferenciar claramente entre la experiencia emocional interior y la expresión externa de las emociones, siendo capaces de ocultar los sentimientos propios a los demás mediante la modificación de la expresión conductual externa al mismo tiempo, y en sentido inverso, son capaces de entender que alterar la apariencia externa no implica la modificación del estado emocional interno (Marchesi, 2005).

Con este descubrimiento también el niño aprende a utilizar estrategias para regular los estados afectivos, por ejemplo, evitará tratar de cambiar la situación externa negativa para que su estado emocional sea más agradable e introducirá cambios mentales internos, aislando la situación externa; otra estrategia es la petición de ayuda a otras personas: padres, profesores, amigos, etcétera, dependiendo de su edad.

El desarrollo de las capacidades afectivas y de las estrategias de regulación conducirá al niño/a a la construcción de su propia identidad, proceso que se llevará a cabo a través del conocimiento (autoconcepto) y valoración (autoestima) de sí mismo, de la identificación con un género concreto, etc.

Entre los seis y los doce años progresan mucho en el conocimiento que tienen sobre sí mismo/a. Al reconocimiento de sus capacidades y limitaciones se une la permanente evaluación de la escuela y la familia, de otros adultos y de los iguales; de este modo, para algunos niños, los sentimientos de competencia e inferioridad pueden ser abrumadores. Estos sentimientos pueden dificultar la progresiva adquisición de la independencia y la autonomía (Ortega, 1996). Los cambios cognitivos y la creciente importancia de los iguales provocan que la valoración de sí mismo se encuentre cada vez más mediatizada por la comparación social, al tiempo que gana en objetividad, alejándose poco a poco de las evaluaciones, globalmente positivas y centradas exclusivamente en torno a uno mismo, que caracterizaban a los años anteriores.

Cuando tiene lugar la evaluación, la valoración de las propias capacidades y competencias surge la autoestima, contenido psicológico multidimensional que cambia con la edad. La autoestima se encuentra menos diferenciada en las edades más tempranas. La autoestima global suele aparecer a los 7-8 años, cuando los niños dejan de basar sus autoevaluaciones en lo que ocurre en situaciones concretas.

El autoconcepto supone un proceso de construcción y elaboración del conocimiento de uno mismo que se prolonga hasta la adolescencia. Entre los 6 y los 12 años el autoconcepto evoluciona del siguiente modo:

a) De lo simple y global a lo diferenciado y articulado.
b) De lo arbitrario y cambiante a lo coherente y estable.
c) De lo concreto a lo abstracto.
d) De lo absoluto a lo relativo.
e) De un *yo* público o externo a un *yo* privado o interno.

Según Marchesi (2005), se puede distinguir dos tramos evolutivos diferentes:

«*a*) De los 6 a los 8 años se consolida la tendencia a hacer discriminaciones cada vez más finas en la descripción de uno mismo que implican comparaciones, y en las que se utilizan contrastes y contraposiciones del tipo todo o nada (antes me gustaba mucho jugar a correr, pero ahora no me gusta nada), en las que el propio *yo* es el principal elemento de referencia, pero explorando cada vez más los contenidos internos y de naturaleza psicológica (me pongo muy contenta si vienen amigas a jugar conmigo).
b) Entre los 8 y los 12 años el autoconcepto se desarrolla socialmente, pues las relaciones interpersonales y las comparaciones con otros niños y niñas se irán haciendo cada vez más abundantes. Aparece el *yo* como espejo de la imagen que recibimos

de la vida y los intercambios sociales. Se aprecian generalizaciones que integran conductas diversas y conceptos opuestos, al tiempo que se incrementa el énfasis en las descripciones referidas a contenidos y rasgos internos.»

En definitiva, los cambios que se producen tienen lugar en los aspectos estructurales (de las primeras conexiones entre contenidos a los 6-8 años a las generalizaciones y la integración a los 8-12 años) y de contenido (de utilizarse a sí mismo como referente entre los 6-8 años a usar las relaciones interpersonales y las comparaciones con otros).

Conforme los niños y niñas avanzan en el conocimiento de sí mismos, la identificación con el grupo de niños o de niñas se afianza. En esta etapa se logra la constancia del género, que implica la toma de conciencia definitiva sobre el género al que pertenece, entendiendo que se trata de un rasgo estable a lo largo del tiempo y que no se puede modificar fácilmente. Este proceso es posible por la atribución de las diferencias anatómicas básicas a un género u otro y permanece estable a lo largo de estos años.

Una vez conocidas las características psicoevolutivas de los niños/as de seis a doce años analizaremos los principios metodológicos más adecuados para esta etapa educativa.

2. METODOS DE ENSEÑANZA: ESTRATEGIAS Y TÉCNICAS

El método es el camino que han de seguir profesores y alumnos para que estos alcancen finalidades formativas. Supone un procedimiento para alcanzar un fin determinado, es un modo de organizar y desarrollar el proceso de enseñanza-aprendizaje con orden, para conseguir unos fines educativos. Se concreta en una variedad de «formas», «procedimientos», «estrategias», «técnicas» o «actividades». El método tiene una doble justificación psicológica y lógica, además de educativa, porque se apoya en las características psicológicas de los alumnos, en la estructura lógica de la materia que se vaya a trabajar y crea hábitos de organización del trabajo mental. Es un modo particular de facilitar el encuentro entre la estructura psíquica del discente y la estructura lógica de un determinado contenido del programa. Además está condicionado por el estado de cultura de la comunidad, por los valores morales y por el tipo de escuela en que se aplica (Zabalza, 2004).

El aprender a enseñar exige tanto tener unos conocimientos, como dominar unas habilidades que hay que adaptar con creatividad a la situación didáctica en que nos encontremos, teniendo en cuenta tanto el contenido que queramos enseñar, como las características, necesidades e intereses del alumnado y en función de las finalidades que pretendamos, todo ello dentro de un contexto institucional y cultural que evidentemente condiciona. El docente puede elegir entre una variedad de métodos, siempre teniendo en cuenta lo que acabamos de exponer. A continuación presentamos un cuadro para ilustrar la variedad de métodos de enseñanza, principios metodológicos y educativos, así como sistemas metodológicos entre los que puede seleccionar el enseñante (De Pablos, 2004).

Vamos a comenzar exponiendo los métodos fundamentales para obtener conocimiento científico, que tiene su origen en los que ya propuso Aristóteles, basados en la lógica, y por eso se denominan métodos lógicos. Son caminos distintos para obtener conocimiento: inductivos, deductivos, analíticos y sintéticos.

El método inductivo procede de lo concreto para alcanzar lo abstracto, va de lo particular a lo general, se apoya en la intuición directa de los hechos concretos para llegar a la elaboración de teorías. Cuando lo que se estudia se presenta por medio de casos particulares para llegar al principio general que los rige. Este es un método idóneo para enseñar Ciencias Naturales, puesto que ofrece los elementos que originan las generalizaciones y les lleva a inducir las conclusiones (Silva, 2008).

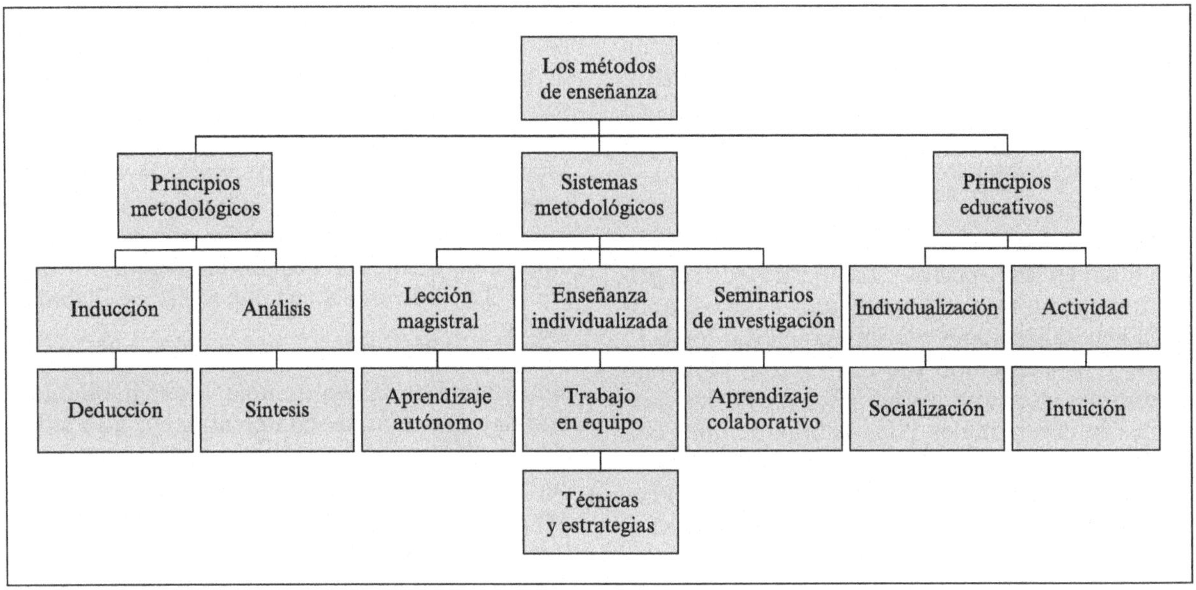

Figura 8.1.—Métodos de enseñanza.

- *Procedimiento de observación:* consiste en proyectar la atención del alumno sobre objetos, hechos o fenómenos, como se presentan en la realidad, completando analíticamente los datos suministrados por la intuición. Ejemplo: observación de la formación de hongos en una hoja de pan dejada durante varios días.
- *Procedimiento de experimentación:* consiste en provocar el fenómeno para que pueda ser observado en condiciones óptimas. Se utiliza para comprobar o examinar las características de un fenómeno. Ejemplo: mezclar colores primarios para obtener nuevos colores.
- *Procedimiento de comparación:* establece las similitudes o diferencias entre los fenómenos observados; esto complementa el análisis o clasificación ya que se recurre a la agudeza de la mente. Ejemplo: comparar estilos literarios de dos escritores contemporáneos.
- *Procedimiento de abstracción:* selecciona los aspectos comunes a varios fenómenos, objetos o hechos y observados en pluralidad para luego ser extendidos a otros fenómenos o hechos análogos por la vía de la generalización. Ejemplo: para llegar al concepto de fuerza de atracción los alumnos observan los fenómenos del magnetismo.
- *Procedimiento de generalización:* consiste en aplicar o transferir las características de los fenómenos estudiados a todos los de su misma naturaleza, clase, género o especie. Ejemplo: a partir de la observación de las características de un número de animales (patos, gallinas, cotorras, palomas) los alumnos llegan al concepto de ave.

El método deductivo va de lo universal a lo particular, parte de la teoría para aclarar un hecho concreto. Consiste en deducir proposiciones particulares de premisas generales. El docente, de esta manera, puede presentar principios, conceptos o afirmaciones de las que van siendo extraídas conclusiones y consecuencias.

— *Procedimiento de aplicación:* requiere partir del concepto general a los casos particulares, es una manera de fijar conocimientos y adquirir destrezas de pensamiento nuevas. Ejemplo: plantear a los estudiantes de tercero que ya conocen las cuatro operaciones básicas matemáticas que preparen un presupuesto para una excursión.
— *Procedimiento de comprobación:* procedimiento que permite verificar los resultados obtenidos por las leyes inductivas; se emplea en matemáticas y física. Ejemplo: mediante experimentación comprobar la cristalización de la sal.
— *Procedimiento de demostración:* parte de las verdades establecidas, de las que extraen todas las relaciones lógicas y evidentes, para no dejar lugar a dudas a la conclusión, el principio o ley que se quiere demostrar como verdadero. Una demostración en educación es una explicación visualizada de un hecho, idea o proceso (se usa en matemáticas, física, química y biología). Ejemplo: realizar la demostración del teorema de Pitágoras en la pizarra.

El método analítico procede de lo compuesto a lo simple, y así se estudian hechos o fenómenos separando sus elementos constituyentes, para determinar la relación entre ellos, cómo están organizados y cómo funcionan estos elementos.

— *Procedimiento de la división:* simplifica las dificultades al tratar un hecho o fenómeno por partes, pues cada parte puede ser examinada en forma separada en un proceso de observación, atención y descripción. Ejemplo: estudiar la Revolución Francesa, separando los elementos que configuran el tema: las causas, el desarrollo de los acontecimientos, las consecuencias, y después examinar por qué se originaron las causas.
— *Procedimiento de la clasificación:* forma de la división que se utiliza en la investigación para reunir personas, objetos, palabras de una misma clase o especie o para agrupar conceptos particulares. En la enseñanza se utiliza para dividir una totalidad en grupos y facilitar el conocimiento: Ejemplo: Al estudiar el clima analiza por separado elementos como: temperatura, humedad, los vientos, las precipitaciones. Por este procedimiento examina uno de los fragmentos que componen el todo: los vientos (los distintos tipos de viento).

El método sintético va de lo simple a lo compuesto, reúne las partes que se separaron en el análisis para llegar al todo. Exige al alumnado la capacidad de trabajar con elementos para combinarlos de tal manera que constituyan un esquema o estructura que antes no estaba presente de manera clara.

— *Procedimiento de la conclusión:* es el resultado al que se ha llegado tras haberse discutido, investigado, analizado y expuesto en un tema. Al final de un proceso de aprendizaje siempre se llega a una conclusión. Ejemplo: tras analizar los problemas de las basuras, se llega a la conclusión de que sucede por falta de papeleras y se busca solución para hacerse con ellas.
— *Procedimiento del resumen:* significa reducir a términos breves y precisos lo esencial de un tema. Ejemplo: resumir en dos párrafos todo lo que se ha leído sobre el proceso de momificación en Egipto.
— *Procedimiento de la sinopsis:* Es una explicación condensada y cronológica de asuntos relacionados entre sí, facilitando una visión conjunta.

Como exigencia didáctica, la metodología debe estar en función de las capacidades, intereses, actitudes y respuesta del grupo. Además, es preciso diversificar los tiempos y los modelos e instrumentos de evaluación y las actividades planificadas deben respetar los diferentes estilos de aprendizaje y las necesidades educativas de los alumnos. Por último, habrá que diferenciar el sistema de tutorías para realizar una atención individualizada.

Bajo estas apreciaciones, y considerando los distintos métodos, ofrecemos estrategias que pueden facilitar variaciones en la organización de la clase y del aprendizaje (Agelet, Bassedas y Comadevall, 2001 y Rodríguez-Gallego, 2011). Aunque somos conscientes de la gran variedad de clasificaciones ofrecidas sobre estrategias educativas, hemos seleccionado las más comunes en nuestros centros (proyectos, planes de trabajo, estudio de casos, trabajo cooperativo entre iguales, etc.) al tener su origen en movimientos pedagógicos y autores como Freinet, Montessori, Decroly, Dewey, Ferrer i Guardia, entre otros. Ellos iniciaron y sentaron las bases de una pedagogía centrada en el niño como sujeto de su propio aprendizaje, en interacción con el entorno, partiendo de sus intereses, potenciando su autonomía y fomentando el trabajo colaborativo y entre iguales; principios que actualmente se siguen predicando y tienen plena vigencia.

2.1. Expositivas

Como plantea Tejada (2008), las estrategias expositivas se caracterizan por predominar la directividad de quien la planifica sobre la iniciativa de quien aprende y por buscar resultados a corto plazo. Entre sus funciones destacan:

a) Transmitir información de modo eficiente y rentable.
b) Sistematizar la información o contenido objeto de aprendizaje adaptándolo a las características generales del auditorio (experiencias, intereses, expectativas, necesidades, etc.).
c) Facilitar la comprensión de conceptos complejos mediante la explicación o aclaración de los mismos.
d) Despertar el interés o ampliar la conciencia sobre determinadas temáticas o contenidos sobre los que luego se profundiza.
e) Ofrecer un enfoque crítico de la asignatura que lleve a los alumnos a reflexionar.

Esta técnica expositiva correctamente empleada se desarrolla en tres momentos:

a) *Introducción o iniciación.* En esta fase se realiza un recordatorio de la sesión anterior y se enuncian los puntos a desarrollar, así como los objetivos de la sesión relacionados con las vivencias y experiencias de los estudiantes para estimular su motivación. La preocupación fundamental en esta fase ha de ser despertar el interés y la motivación por el tema.
b) *Información o transmisión.* Se proporciona toda la información verbal y visual necesaria sobre el tema objeto de estudio de una forma sencilla, bien ordenada y articulada, precisa y concisa y estimulante (Tejada, 2008). En esta fase pueden utilizarse códigos icónicos, semiológicos e incluso analógico-dinámicos que permitan integrar mejor la información.
c) *Síntesis o evaluación.* Tiene como propósito enfatizar los aspectos importante del tema y ayudar a los estudiantes a estructurar y retener la información. Algunas actividades para lograr una buena síntesis son: recapitulación oral de los puntos importantes; exponer dichos puntos en un esquema y conducir al grupo, por medio del interrogatorio, a exponer los puntos centrales.

Esta estrategia ha sido muy criticada, aunque no siempre de forma justa, pues tiene más que ver con su abuso o mala utilización que con su fundamentación didáctica.

Dentro de las sesiones expositivas destacamos la interrogación. Este procedimiento didáctico es universalmente empleado para despertar y dirigir la actividad reflexiva de los estudiantes. Cuenta con una gran tradición desde que Sócrates consolidó la mayéutica como método de enseñanza-aprendizaje. La interrogación se realiza a través de las preguntas que pueden formularse siguiendo la taxonomía de Bloom, lo que nos llevaría a elaborarlas de conocimiento, comprensión, aplicación, análisis, síntesis y evaluación o, simplemente, de memoria o informativas y reflexivas. Para realizarlas hay que tener en cuenta las siguientes normas: ser claras, simples y bien definidas; adaptarse a las características de los alumnos: ni demasiado fáciles ni demasiado difíciles; ser interesantes, atractivas y formuladas con habilidad; distribuirse de manera que las respondan el mayor número de alumnos; exigir frases como respuesta y dar tiempo para que reflexionen antes de responder. Siguiendo a Mattos (1974), la interrogación puede ser:

- De fundamentación. En este tipo las preguntas tienen por finalidad recordar conocimientos anteriores necesarios para comprender el nuevo tema, lo que actualmente entendemos por ideas previas.
- Motivadora, para despertar la atención y el interés de los alumnos por el nuevo tema.
- Reflexiva o socrática, para estimular la reflexión y guiar el razonamiento de los alumnos.
- Diagnóstica, para diagnosticar deficiencias o incomprensiones de los alumnos.
- Integradora, para recapitular e integrar la materia.
- Verificadora, para comprobar el rendimiento del aprendizaje.

Por ello, es importante que el profesor interrumpa la exposición para interrogar sobre lo expuesto, para escuchar las apreciaciones de los alumnos sobre el tema, relacionarlos con otros temas de la misma asignatura o de otras con los que tenga puntos en común, y escuchar sus opiniones personales, o vivencias.

Junto a la interrogación didáctica se han consolidado estrategias didácticas como el debate y el diálogo. Se basan en informaciones ya expuestas o en conocimientos adquiridos con el fin de poner en relación los mismos y llegar a una determinada conclusión.

Otra variante de las estrategias expositivas es el aprendizaje por recepción significativa. Una de las claves en esta estrategia son los organizadores previos. Un organizador previo (OP) es un material introductorio compuesto por un conjunto de conceptos y proposiciones de mayor nivel de inclusión y generalidad que la información nueva que los alumnos deben aprender. Su función principal es tender un puente cognitivo entre la información nueva y la previa, con lo que se favorecerá el logro de un aprendizaje significativo. Los OP deben ser utilizados activamente por los alumnos, para lograr una adecuada asimilación de la nueva información con la ya existente (Díaz y Hernández, 2004). Es importante no confundir el organizador previo con el resumen. Este último enfatiza lo más importante del propio contenido que se ha de aprender, mientras que el primero debe estar elaborado con base en ideas o conceptos estables y pertinentes.

2.2. Un aula, dos docentes

Consiste en aprovechar los recursos personales del centro (profesores de pedagogía terapéutica, profesores de apoyo, cuidadores...) en el aula donde están todos los alumnos. Esta estrategia se presenta como una modalidad docente innovadora que contribuye a atender a la diversidad en un marco de inclusividad para mejorar los resultados escolares. Permite que dos profesores puedan tener un conocimiento compartido de un mismo grupo con el fin de adecuar la programación y la metodología a las necesidades del grupo. Es necesario planificar a principio de curso los momentos de intervención educativa conjunta, estableciendo funciones y un reparto de tareas a realizar con los alumnos. Los contenidos que se trabajan mediante esta organización permiten un seguimiento y corrección de tareas para la resolución de problemas, elaboración de textos, tutoría, etc. Teixidó y GROC (2008) argumenta tres razones a favor de esta estrategia: la mejora del aprendizaje, el crecimiento profesional de los docentes y la vertebración organizativa.

La formación de las parejas profesionales que van a compartir docencia debe realizarse considerando las características de las personas, como, madurez profesional, especialización, facilidad en el trato con los estudiantes, experiencia previa, predisposición al trabajo en equipo y motivación, entre otras. Para favorecer esta posibilidad, algunos centros de Primaria optan por distribuir homogéneamente las dos horas en las que hay coincidencia de dos profesores que trabajan con un mismo grupo.

Una experiencia desarrollada en centros de Primaria con esta estrategia es la del Centro de Educación Infantil y Primaria «Sant Hilari Sacalm» de Gerona.

2.3. Diferenciación por niveles de aprendizaje/grupos interactivos

Todo el grupo trabaja un mismo tema, pero haciendo propuestas de actividades diferenciadas por niveles de dificultad. Las actividades pueden ser realizadas en parejas, grupos o individualmente: «este tipo de organización requiere que el equipo docente, conjuntamente con el Departamento, tenga preparados distintos materiales atendiendo a la caracterización de los alumnos para que encuentren un nivel de dificultad en las tareas que sea adecuado a sus posibilidades» (Agelet, Bassedas y Comadevall, 2001: 20).

Para cada alumno se crea un itinerario y avanza según su ritmo y capacidades, de forma que alumnos que están en un mismo grupo trabajan contenidos curriculares de niveles de dificultad y profundización diferentes durante un mismo período de tiempo (Calatayud, 2014).

Una variante de esta estrategia son los grupos interactivos, de las *Comunidades de Aprendizaje.* Se trata no de separar al alumnado en función de sus dificultades, sino de potenciar los aprendizajes de todos dentro del aula; que quien más dificultades tenga pueda participar del trabajo de los demás; que quién acaba o ha entendido la actividad antes se la explique al otro. El alumnado se agrupa de forma heterogénea en pequeños grupos (4 o 5 alumnos y alumnas). Los grupos trabajan 3 o 4 actividades distintas con una duración aproximada de 20 minutos.

Cada actividad es moderada por un voluntario que puede ser: familias, vecinos, universitarios. En definitiva, cualquier persona puede participar en los grupos interactivos como voluntario/a. Cuando se termina una actividad, los alumnos y alumnas rotan con el grupo mientras que el voluntario permanece siempre en el mismo sitio trabajando la misma actividad. Los grupos interactivos están integrados y relacionados con el currículo, ya que se pueden trabajar contenidos de cualquier área incrementando los aprendizajes instrumentales, además de mejorar la atención del alumnado y producir una mayor motivación y dedicación hacia el aprendizaje.

El voluntariado, tanto de las familias como universitario u otras entidades colaboradoras con el centro, reciben unas orientaciones por parte del profesor o profesora que realiza la actividad sobre cuál es su papel dentro del aula y en los grupos, proporcionándoles consignas y estrategias que favorecen las interacciones entre iguales, para evitar que ningún miembro del grupo se quede atrás, ya que el éxito de cada uno de sus componentes es el éxito de todos.

En los grupos interactivos el profesor o profesora que los lleva a la práctica no es responsable de ningún grupo, sino que coordina y observa la clase, resolviendo dudas o problemas que puedan surgir en los grupos o en el voluntariado.

Trabajar en grupos interactivos en cualquier nivel está avalado por los buenos resultados que se obtienen, tanto a nivel académico, como de mejora de la convivencia y entusiasmo por el aprendizaje. Se ha podido comprobar que el alumnado fija mejor los conocimientos y fomentan sus competencias al tener que poner en práctica sus habilidades lingüísticas (aprendizaje entre iguales) y los conocimientos necesarios para desarrollar las actividades, por lo que se produce una aceleración del aprendizaje palpable en la realización de otras pruebas más académicas. Es importante implantar la práctica de grupos interactivos de forma gradual, con una continuidad

CUADRO 8.1

Ejemplo adaptado de la organización de grupos interactivos (Ferrer, 2005)

Clase de Lengua castellana. 2.º curso de Primaria	
Grupo interactivo 1. Lectura **Actividad:** Lectura tutorizada individual y grupal de fragmentos de un texto. **Objetivos:** — Favorecer la lectura individual y en grupo. — Adquirir el vocabulario básico que permita a los alumnos comunicarse en castellano.	*Grupo interactivo 4. Escritura* **Actividad:** Dictado por parte del profesor sobre el texto. **Objetivos:** — Desarrollar el lenguaje verbal escrito. — Ejercitar los movimientos básicos y avanzados de los trazos de la escritura.
Grupo interactivo 3. Expresión oral **Actividad:** Expresión oral mediante la representación teatral o la escenificación de marionetas de los protagonistas del texto. **Objetivos:** — Favorecer el uso del lenguaje verbal a través del juego y mejorar la fonética. — Expresarse mediante la imaginación, las vivencias, las emociones y las experiencias con espontaneidad. — Adquirir el vocabulario básico que permita a los alumnos expresarse en castellano.	*Grupo interactivo 2. Ejercicios* **Actividad:** Ordenación de palabras de frases hechas. **Objetivos:** — Aprender a utilizar procedimientos de comparación, clasificación y ordenación. — Hacer juegos de palabras para trabajar la pronunciación y la sonoridad de las palabras.

en el tiempo, clave del éxito en la mejora de los rendimientos (Rodríguez-Gallego, 2014).

Con esta estrategia recordamos algunos aspectos organizativos de la escuela unitaria, en las que hay alumnos de diferentes edades y, por tanto, capacidades distintas y hacen actividades distintas.

Algunas experiencias desarrolladas con esta estrategias son las de los Centros de Educación Infantil y Primaria «Andalucía» en Sevilla, «Adriano del Valle» en Sevilla, «Cardenal Espínola» en Linares (Jaén), «Cruz Blanca» en Aznalcóllar (Sevilla), «Fernando Feliú» en Gerena (Sevilla), «Dr. Alberich i Casas» en Reus, «Dr. Fleming» en Viladecans, «Juan XXIII» en Mérida (Badajoz) y otros centros de toda España recogidos en http://www.utopiadream.info/red/tiki-index.php?page=Listado&structure=

2.4. Plan de trabajo/contrato didáctico

Su función básica consiste en facilitar la tarea del profesor al proponer a cada alumno las actividades de aprendizaje apropiadas a sus posibilidades e intereses. Es una variante del Plan de Trabajo y se hace mediante la utilización de un documento llamado contrato que permite negociar con el alumno el trabajo que hay que realizar durante un tiempo determinado y anotar los compromisos adquiridos: «la pedagogía de contrato es aquella que organiza las situaciones de aprendizaje en las que existe un acuerdo negociado precedido de un diálogo entre los interlocutores que se reconocen como tales, con el fin de alcanzar un objetivo, ya sea cognitivo, metodológico o de comportamiento» (Przesmycki, 2000:17).

Según las finalidades que se propongan y los participantes o agentes implicados, se pueden establecer diferentes tipos de contratos (cuadro 8.2).

Las etapas en la pedagogía de contrato son, siguiendo a Przesmycki (2000), las siguientes:

a) *Análisis inicial de la situación.*
b) *Formulación de los objetivos.*
c) *Negociación de todos los elementos que constituyen el aprendizaje que pretende el contrato.* En el caso de un contrato didáctico, el tipo de producción final es poco negociable porque viene marcado por la demanda del profesor (dossier, cartel, montaje multimedia, objeto fabricado, proyecto conjunto, exposición, programa informático o telemático, *sketch,* expresión artística o control de las lecciones aprendidas). Para otros tipos de contrato, la producción es totalmente negociable.
d) *Evaluación del contrato.* El profesor debe realizar la evaluación al proponer que los alumnos adquieran conocimientos y competencias profesionales de su disciplina. Pero necesita, también, la autoevaluación del alumno sobre el grado de éxito de su contrato. Otra modalidad es la coevaluación del contrato, que tiene lugar cuando se trata, sobre todo, de contratos de grupos. En la coevaluación intragrupo de tres

CUADRO 8.2

Tipos de contratos didácticos (Menoyo, 2001:196)

Tipos	Funciones	Negociación
De recuperación	Su finalidad es la recuperación escolar de una secuencia, crédito... en una duración corta.	Individual (en función de las características personales).
De resolución de conflictos	Su finalidad es resolver un conflicto o problema de ámbito actitudinal (absentismo, agresividad, desorden...).	Individual, grupal o del colectivo de la clase.
Para un proyecto	Su finalidad es realizar un proyecto. Su duración puede ser larga, pero se tiene que determinar unos momentos para hacer minibalances sobre la progresión del trabajo.	Individual o grupal (si es grupal, cada grupo se responsabiliza de una tarea o diferentes miembros de un grupo tienen una determinada responsabilidad).
De evaluación	Su finalidad es establecer los criterios de evaluación de una tarea o secuencia de aprendizaje.	Individual (se puede gestionar a partir de una puesta en común de la clase).
Colectivo clase	Su finalidad es conseguir un objetivo general común a toda una clase, con una duración que puede ser desde un trimestre hasta todo un curso.	La clase (las indicaciones metodológicas se establecen para el colectivo, y después cada alumno y cada alumna redactan individualmente el contrato).

a cinco alumnos, agrupados en función de un objetivo común, negocian un contrato mediante el cual deciden hacer una evaluación en conjunto, cada uno en su propia tabla o todos en la misma. En la coevaluación intergrupos, cada grupo, habiendo negociado un contrato diferente, evalúa por turnos las producciones finales de los otros grupos. La coevaluación por diálogos constructiva consiste en sugerir y organizar diálogos, la mayoría de las veces a pares o tríos, bajo la forma de entrevista o *sketch*.

Experiencias en Centros de Educación Infantil y Primaria desarrolladas bajo esta estrategia las podemos encontrar en los *Programas de Acompañamiento Escolar* desarrollados en Comunidades como Andalucía o Canarias a través del *Plan PROA*, o el *Cuaderno Solidario con Primaria* del Departamento de Acción Social (D.A.S.) de los Padres Escolapios.

2.5. Grupos cooperativos

En sus inicios se le conoció como *trabajo en grupo* y *trabajo en equipo,* aunque, tal y como afirman Ovejero, De la Villa y Pastor (2002), todo aprendizaje cooperativo es aprendizaje en grupo, pero no todo aprendizaje en grupo es aprendizaje cooperativo. El aprendizaje cooperativo es una estrategia de gestión del aula que potencia la organización de los alumnos en grupos heterogéneos para la realización de las tareas y actividades de aprendizaje en el aula:

> «(...) el trabajo cooperativo es una de las formas más válidas para respetar las diferencias individuales presentes en el aula y conseguir que los aprendizajes lleguen a todos los alumnos, considerando el trabajo individual como parte de una globalidad donde todo el mundo es imprescindible, todo el mundo progresa según sus necesidades y todo el mundo recibe las ayudas necesarias para completar

CUADRO 8.3

Ejemplo de contrato didáctico (Pigrau, 2000: 107)

CONTRATO DE TRABAJO COOPERATIVO

Redactado conjuntamente por alumnado y profesora
Nivel: 5.º Educación Primaria. Curso: 2016/2017

El trabajo cooperativo en el aula y en el laboratorio

¿Por qué?

Algunos de los objetivos de este curso son:

- Aprender a escuchar al profesor y a los compañeros.
- Aprender a defender, de manera justificada, las propias ideas frente a un grupo.
- Aprender a compartir y aprovechar las habilidades y conocimientos que puede aportar cada miembro del grupo.
- Percibir la satisfacción que reporta el hecho de resolver problemas a partir de la colaboración entre iguales.
- Saber pedir ayuda o ayudar, cuando así se requiera, al realizar un trabajo concreto.
- Aprender a organizar el tiempo y el trabajo, cuando éste sea en grupo.
- Aprender a trabajar de manera parecida a los científicos: analizando, cuestionando, experimentando, comprobando, revisando, etc.

con éxito las tareas encomendadas» (Essomba y Laborda, 1995: 268).

Ainscow (2004) establece diferencias entre el aprendizaje en grupo y aprendizaje cooperativo:

a) En los grupos cooperativos hay una interdependencia positiva entre los miembros del grupo. Cada alumno se interesa por el rendimiento de todos sus compañeros y por el suyo propio. Esto no ocurre en las propuestas tradicionales de trabajo en equipo.
b) En el aprendizaje cooperativo hay una responsabilidad individual y una corresponsabilidad entre los miembros del grupo con respecto al trabajo a realizar. Esta característica tampoco se suele dar en el aprendizaje en grupo.
c) La composición de los grupos de trabajo cooperativos es heterogénea, en contraposición a la del trabajo en grupo, que suele ser homogénea.
d) Las técnicas, estrategias y habilidades necesarias para desarrollar el trabajo en grupos cooperativos las enseña el profesor; en el trabajo en grupo se presupone que el alumno las posee.
e) El trabajo cooperativo se realiza fundamentalmente en el aula bajo la supervisión del profesor, mientras que en el trabajo en grupo se realiza la mayor parte de él fuera del aula.

El aprendizaje cooperativo representa un cambio en la estructura de **actividad** (al combinar el trabajo individual con el trabajo en equipos cooperativos), en la estructura de **autoridad** (hay un equilibrio entre el profesor y los alumnos en el momento de decidir qué y cómo aprender) y en la estructura de **recompensa** (se produce una autosuperación y automejora individual y grupal). Para la organización de grupos cooperativos se divide a los estudiantes en equipos reducidos (4-5), heterogéneos (en género, etnia, intereses, motivaciones, capacidades, rendimiento...) y se debe seguir el proceso planteado por Slavin (1991):

a) Presentar los objetivos a los alumnos.
b) Realizar una evaluación inicial.
c) Priorizar los objetivos de cada alumno.
d) Explicar detalladamente los contenidos y los criterios de evaluación.
e) Por pequeños grupos, realizar una autoevaluación y el docente realizará una evaluación individual.
f) Evaluar a cada grupo.
g) Planificar la recuperación individual.

Johnson y Johnson (1999) sugieren las siguientes recomendaciones para planificar una clase con técnicas cooperativas:

a) *Tomar decisiones antes de dar instrucciones.* Antes de cada sesión, el profesor formula objetivos, decide el tamaño del grupo, determina el método a seguir y prepara y organiza el material necesario para realizar el trabajo.
b) *Explicar la actividad.* En cada sesión, el profesor debe explicar la actividad, los criterios de evaluación y las actitudes esperadas en los alumnos.
c) *Supervisar e intervenir.* En cada sesión, debe orientar a los grupos y lograr la comprensión de los contenidos a aprender.
d) *Evaluar.* Tanto el profesor como los estudiantes evaluarán el trabajo realizado por el grupo.

Algunas técnicas para el aprendizaje cooperativo, según Domènech (2001) y Navarro, Rodríguez-Gallego, Barcia y Corujo (2004), son: los Grupos de Investigación (Group.Investigation), STAD (Student Team-Achievement Divisions), Técnica Puzzle de Aronson, Técnica Juego-Concurso de De Vries, TGT (Teams-Games Tournaments) y la Tutoría entre iguales (Peer Tutoring).

Grupos de Investigación *(Group-Investigation)*

En esta técnica podemos destacar los siguientes pasos:

1. Elección y distribución de los subtemas (los alumnos eligen según sus aptitudes, intereses,..).
2. Constitución del grupo dentro de la clase (entre 3 y 5 miembros).
3. Planificación del estudio del subtema. Los estudiantes y el profesor planifican los objetivos y los procedimientos a utilizar y las tareas que hay que realizar (encontrar la información, sistematizarla, resumirla, esquematizarla, etc.).
4. Desarrollo del plan (el profesor sigue el progreso de cada grupo y ofrece ayuda).
5. Análisis y síntesis (los alumnos resumen la información y la presentan al grupo clase).
6. Presentación del trabajo (se plantean preguntas y se responde a las posibles cuestiones, dudas o ampliaciones que puedan aparecer).
7. Evaluación (los alumnos y el profesor evalúan conjuntamente el trabajo del grupo y la exposición).

STAD *(Student Team-Achievement Divisions)*

En esta técnica existe una cooperación intragrupal y una competencia intergrupal. Se constituyen grupos heterogéneos de 4 o 5 miembros y el profesor presenta el tema a todo el grupo de la clase con las explicaciones y aclaraciones que considere convenientes. Después los alumnos trabajan formando equipo durante varias sesiones de trabajo en las que se formulan dudas, preguntas, discusiones, se amplía la información, se aclaran conceptos, memorizan, etc. Al final el profesor evalúa a cada alumno individualmente. La puntuación obtenida se compara con sus notas anteriores. Si las igualan o superan, reciben unos puntos, que sumados generan la nota grupal.

Técnica Puzle de Aronson

También se conoce como *Rompecabezas (Jigsaw)*. Mediante esta técnica son los propios alumnos los que hacen de tutores del aprendizaje de sus propios compañeros en clase, siendo a la vez tutorizados por ellos. La idea central consiste en dividir al grupo en equipo de trabajo (grupos puzle) y a cada componente se le asigna y hace responsable de una tarea diferente. Posteriormente, se deshacen los grupos puzle y se constituyen grupos de expertos. Cada grupo de expertos está formado por un miembro de cada grupo puzle. Una vez finalizado el trabajo, los grupos de expertos elaborarán los resultados de su trabajo. En la fase siguiente se constituyen de nuevo los grupos originarios o grupos puzle, donde cada experto relata al resto de sus compañeros la parte de información que le ha correspondido. Por último, los alumnos, al finalizar las sesiones de trabajo, deben poseer cada uno de ellos el dossier completo sobre el contenido. En la fase de evaluación, el profesor puntúa el dossier presentado por cada grupo puzle y se hace una breve prueba individual de los conocimientos sobre el tema, siendo la nota final la puntuación media. Esta técnica se ha desarrollado con excelentes resultados en varios grupos de la diplomatura de Maestros de la Universidad de Sevilla, durante el curso 2003-2004 (Navarro, Rodríguez-Gallego, Barcia y Corujo, 2004).

Técnica Juego-Concurso de De Vries

Consiste en responder a los contenidos explicados previamente por el profesor, y trabajados por ellos. Posteriormente se realizan *torneos académicos* semanales, en los que los estudiantes de cada equipo, con similares niveles de rendimiento, se enfrentan a los miembros del resto de los equipos. Una vez finalizado el juego, se suman las puntuaciones de cada individuo del grupo. El éxito del grupo dependerá de los éxitos individuales y de la ayuda que mutuamente se presten. La evaluación supone la suma total de cada uno de los concursantes del grupo. García, Traver y Candela (2001) presentan el siguiente ejemplo: si en el aula hay 25 alumnos, se realizarán cinco concursos en el que participarán cinco sujetos (uno de cada grupo y con niveles de rendimiento similares). Para cada concurso, el profesor ha de preparar 15 preguntas, de manera que pueda hacer tres preguntas a cada concursante. En el caso de realizar cinco concursos, el profesor deberá tener preparadas 75 preguntas cotas del tema.

TGT *(Teams-Games Tournaments)*

Es similar al STAD, solo que en lugar de exámenes individuales al final de cada tema se realiza un torneo en el que los alumnos de los diferentes grupos compiten entre sí. Se forman equipos de tres alumnos distribuidos de manera equitativa: los tres estudiantes que obtuvieron la puntuación más alta en el último torneo forman el equipo número uno, los tres siguientes el dos, etc.

Tutoría entre iguales *(Peer Tutoring)*

Se sustenta en la colaboración que un alumno dispensa a un compañero de clase que formula una duda o pide ayuda. Encontramos una estructura de aprendizaje dual: parejas de alumnos de un mismo grupo. La estrategia consiste en que un alumno más aventajado enseña a otro que lo es menos, bajo la supervisión del profesor. También se denomina «aprendizaje asistido por el alumno», «enseñanza mediada por el compañero» y «estrategia de compañeros asociados». Realizar actividades como explicar al compañero un texto leído, escuchar la interpretación del otro, discutir formas de resolver una tarea, se van introduciendo poco a poco en los centros.

Una variante de esta estrategia es la tutoría entre alumnos de distinta edad. Para una adecuada aplicación de la estrategia, se debe formar previamente a los alumnos que van a desempeñar la función tutorial. En esta estrategia la función del profesor es dirigir, controlar el proceso de interacción entre alumnos y evaluar los resultados individuales.

Experiencias educativas desarrolladas con esta estrategia son las del CEIP Miguel Hernández, de Laguna de Duero (Valladolid); San Francisco, de Cájar (Granada) (San-Matías, Jiménez y Molina, 2006) o CP Ezkaba-Antsoain, de Navarra.

2.6. Talleres

Los talleres son espacios que rebasan la zona del aula. Pueden estar en el aula o en otros locales distintos a ella. No se adscriben a la división tradicional de contenidos y actividades por áreas. En ellos se presentan actividades sistematizadas, que en forma de proyecto de trabajo, persiguen la participación en el descubrimiento científico y el trabajo en equipo. Todo taller conlleva el aprendizaje de una técnica determinada por parte de los estudiantes y, en consecuencia, la presencia de un adulto que vaya explicando los pasos a seguir hasta llegar al producto final.

El taller tiene varias aplicaciones que podemos clasificar en tres grandes grupos: 293):

a) *El concepto clásico de taller.* Se refiere a un aula específica dedicada a unas actividades concretas donde el estudiante se dirige periódicamente, turnándose con el resto de los grupos.
b) *Los talleres a tiempo parcial y la descompartimentación.* Consiste en simultanear las aulas y talleres dividiendo el tiempo para el uso de ambos en función de las diferentes sesiones en las que se estructure el horario. Básicamente se trata de una apertura de los espacios del aula puesto a disposición de todos los alumnos, a quienes se dirige de forma libre y optativa.
c) *Talleres a tiempo total o integrales.* Supone la pérdida total de la idea de aula concebida ésta como espacio de exclusivo uso

de un grupo de alumnos por su profesor. Son los distintos espacios que se cubren con actividades alternativas, donde un profesor especialista suele llevarlas a cabo. En ellos un alumno va rotando a lo largo de la jornada según un horario establecido, rompiendo con la concepción grupo-profesor. Esta concepción daría respuesta a una situación en la que parte del profesorado, desconocedor de ciertos recursos, pero viendo interesante su aplicación, deja en manos de otros compañeros su uso con el alumnado.

En los talleres se enfatiza el trabajo manual y autogestionado, a través del cual los estudiantes desarrollan aspectos motrices, de expresión y comunicación, al tiempo que ganan seguridad en sí mismos, independencia y autonomía personal.

El taller lo dirige, en la mayoría de los casos, el profesor, aunque puede ser una madre o un padre, siempre bajo la supervisión y apoyo directo del docente, o bien un profesional. El coordinador desempeña una función analítica, encargándose de promover la capacidad de pensar. Permanentemente observa, escucha e intenta comprender las intervenciones y acciones de los participantes. El trabajo del profesor debe estar enfocado básicamente a la observación, orientación y evaluación de todo lo que hacen las niñas y los niños en este proceso.

Los talleres precisan los siguientes pasos (Barcia, 2007):

a) Formar los equipos, elegir a los coordinadores y repartir responsabilidades.
b) Enunciar los objetivos concretos que se quieren conseguir en cada taller.
c) Decidir las actividades que se pondrán en práctica para la consecución de los objetivos.
d) Preparar los materiales necesarios.
e) Puesta en práctica de las actividades.
f) Evaluación formativa sobre el desempeño de funciones, consecución de objetivos, actividades realizadas, etc.

En cada unidad didáctica se deben programar uno o varios talleres, especificando: objetivos, contenidos, materiales, fases de realización y evaluación.

Una experiencia con talleres en Centros de Educación Primaria es la del Centro de Educación Infantil y Primaria «San Pascual Bailón», en Pinos Puente (Granada), con sus talleres participativos para los distintos ciclos enmarcados en el *Proyecto de Atención a la Diversidad para Alumnos en Riesgo Social*.

2.7. Ambientes de aprendizaje

Como plantean Riera, Ferrer y Ribas (2014), desde una visión reduccionista se considera el trabajo por ambientes como una modalidad de talleres. Sin embargo, la propuesta del trabajo por ambientes va más allá de una simple reconversión y uso de los espacios. Supone organizar el espacio, el tiempo y recursos de manera que se consigue un espacio más rico, grupos más reducidos y heterogéneos permitiendo la experimentación, investigación, juego y relación (Ribas, 2011).

Los ambientes deben tener una serie de características:

— Niños/as de edades diferentes y con diferentes adultos.
— Niños/as eligen dónde ir y qué hacer y donde las actividades no son dirigidas por el adulto.
— Los espacios y materiales son los que invitan a los niños a interactuar y es el juego y la exploración libre el que toma protagonismo.
— Se unen ámbitos de experiencias y expresión al considerar los diferentes lenguajes comunicativos y expresivos de manera interrelacionada.

La escuela Pesta (acrónimo de Centro Experimental Pestalozzi) es una escuela donde se recrea un ambiente rico, poco artificial, donde los niños de manera natural y libre eligen aquellas actividades que más se ajustan a sus necesidades y motivaciones de su momento evolutivo, sin ninguna presión de los adultos («todo niño, si anteriormente no ha recibido un trato demasiado irrespetuoso o desatento, posee una guía interior que orienta su conducta»). De esta manera, podemos encontrar niños de 2-6 años que no están divididos en grupos homogéneos de edad (agrupación vertical). Los niños/as mayores ayudan a los más pequeños y se mezclan con ellos.

Otra experiencia educativa es el CEIP El Martinet en Ripollet. Esta escuela, abierta desde hace más de 10 años, ha conseguido transformar la rígida organización educativa proponiendo una estructura por comunidades: la comunidad de los pequeños (P3, P4 y P5), de los medianos (1.º, 2.º y 3.º de primaria) y la de los mayores (hasta 6.º). Los niños libremente eligen las múltiples posibilidades que los espacios de su comunidad les ofrecen.

2.8. Proyectos de trabajo

Los proyectos pueden organizarse siguiendo determinados ejes: la definición de un concepto, un problema general o particular, un conjunto de preguntas interrelacionadas, un tema de interés... La función del profesor pasa de ser transmisor de conocimientos, organizador y controlador de la secuencia didáctica a facilitador del aprendizaje de los alumnos haciéndoles participar de la secuencia didáctica. Habitualmente, el docente puede seguir los siguientes pasos (Hernández y Ventura, 2000):

a) *Elección del tema por el alumno o a través de sugerencias del profesor.* Asimismo, puede ser un tema del currículum oficial, proceder de una experiencia común, de un hecho de actualidad o una cuestión pendiente en otro proyecto. Esta información puede hacerse pública en los paneles de entrada al centro, de este modo, las familias también se implican en el proyecto.
b) *Identificación de los conocimientos que tienen los alumnos sobre el tema* (evaluación inicial).
c) *Identificación de los aspectos que nos interesa estudiar,* con la especificación del hilo conductor, del esquema cognoscitivo que permitirá que el proyecto vaya más allá de los aspectos informativos o instrumentales necesarios y pueda ser aplicado en otros temas o problemas.
d) *Búsqueda de materiales.*
e) *Inicio de la recogida y selección de la información sobre el tema.* Esta selección de información ha de contrastarse con otras fuentes que ya poseen o que pueden aportar los estudiantes, y también con las conexiones que pueden surgir de otras situaciones y espacios educativos que tienen lugar dentro del horario y la planificación del centro.
f) *Clima de implicación e interés participativo en el grupo, y en cada persona, sobre lo trabajado en clase.* Es decir, reforzar la conciencia de aprender del grupo.
g) *Evaluación de todo el proceso* inicial, formativa y final.
h) *Recapitular el proceso que se ha llevado a cabo a lo largo del proyecto en forma de programación.* Esta actividad puede servir como memoria para el docente, de intercambio con otros compañeros o como punto de partida para un nuevo proyecto.

Después de elegir el proyecto, la actividad del alumno pasa por los siguientes pasos (Hernández y Ventura, 2000):

a) *Después de la elección del tema cada estudiante realiza un índice en el que especifica los aspectos que hay que tratar en el proyecto* (con los alumnos más pequeños se realiza colectivamente). El índice tiene el valor de ser un instrumento motivador y evaluador, ya que establece las previsiones sobre los diferentes aspectos del proyecto y prevé la implicación de los miembros del grupo.

b) *La puesta en común de los diferentes aspectos del índice.*

c) *Búsqueda de información diversificada:* información escrita, conferencias de invitados, visitas a museos, exposiciones e instituciones, visionado de vídeos, etc. Los alumnos asumen y aprenden a situarse ante la información desde sus propias posibilidades y recursos. Además, les lleva a implicar a otras personas en la búsqueda de información, lo que supone considerar que no sólo se aprende en la escuela y que aprender es un acto que comporta la comunicación entre personas.

d) *Tratamiento de la información.* Este proceso puede realizase individualmente o en diálogo con el grupo-clase (confrontación de opiniones, organización y presentación de la información, planteamiento de nuevas cuestiones, etc.).

e) *Desarrolla los apartados señalados en el índice mediante actividades grupales o individuales.*

f) *Realiza un dossier de síntesis de los aspectos tratados y de los que quedan abiertos para futuros proyectos* (reelaboración del índice inicial, organización de las fuentes de información utilizadas y de las actividades y los trabajos de análisis y observación llevados a cabo).

g) *Evaluación de todo el proceso seguido en el proyecto.*

h) *Nuevas perspectivas de continuidad para el siguiente proyecto.*

Uno de los Centros de Educación Infantil y Primaria que desarrollan esta estrategia es Santiago Guillén de Alcalá del Valle (Cádiz) (Orellana, 2010).

2.9. Aprendizaje basado en problemas (ABP)

En el ABP se trabaja en grupos pequeños, de entre 8 a 10 estudiantes más un tutor. El punto de partida es una situación/problema. Una vez que los estudiantes la han analizado, formulan preguntas y/o generan hipótesis explicativas, revisan los conocimientos previos que poseen y determinan sus necesidades de aprendizaje. Partiendo de los objetivos previamente establecidos por la institución, los estudiantes desarrollan estrategias de búsqueda de información que les permitan alcanzar dichos objetivos. Del conocimiento obtenido a través de las diversas fuentes consultadas extraen principios y conceptos que pueden aplicar tanto a la situación planteada como a situaciones análogas. La evaluación se realiza al final de cada sesión de tutoría y, más exhaustivamente, al final de un situación. En esta última sesión se evalúan los objetivos de aprendizaje alcanzados, tanto los institucionales como los propios de cada estudiante. Se evalúan las habilidades de aprendizaje, los principios y conceptos que se han discutido (cuestionando su aplicabilidad o no a otras situaciones), la dinámica del grupo, las habilidades comunicativas, la participación, la responsabilidad y el respeto. Esto es posible por medio de la autoevaluación, la evaluación entre iguales y la evaluación del tutor.

Algunos centros de Educación Infantil y Primaria que utilizan el ABP son el Reina Sofía de Antequera, el CEIP Paulo Freire de Málaga o el CEIP Ponce de Luis León de Rota (Cádiz).

Existen diferencias entre el aprendizaje por proyectos y el ABP que se resumen en el cuadro 8.4.

Comparando Problem Based Learning y Project Based Learning

Problem Based Learning		Project Based Learning
Atributos únicos	**Atributos compartidos**	**Atributos únicos**
• Comienza con la presentación de un problema que los estudiantes deben resolver o aprender de él. • Pueden estar estructurados en forma de estudio de casos. • Pueden no estar relacionados con la vida real. • Utiliza el modelo de preguntas. • Los estudiantes presentan las soluciones pero no necesariamente un producto final. • El problema definido es el elemento fundamental.	• Los estudiantes están motivados por trabajar en tareas relacionadas con el mundo real. • Los proyectos o problemas «abiertos» pueden tener más de una respuesta o solución. • Los proyectos o problemas planteados tienden a representar situaciones que vivirán en su profesión. • Los estudiantes trabajan en grupos. • Los estudiantes deben buscar y contrastar distintas fuentes de información. • Ambos enfoques proporcionan oportunidades para la reflexión y la evaluación.	• Comienza con la presentación de un producto final o «artefacto» en la mente. • La producción del «artefacto» surge de la necesidad de resolver uno más problemas. • Emplea un modelo de producción que refleje problemas de la vida real. • Los estudiantes utilizan o presentan el producto final. • El producto final es el elemento fundamental. • El conocimiento adquirido y las destrezas empleadas durante la producción son muy importantes para el éxito final.

Figura 8.1.—Atributos únicos y compartidos del aprendizaje basado en problemas y del aprendizaje por proyectos (http://www.theflippedclassroom.es/).

2.10. Flipped Classroom (aula invertida)

El *Flipped Classroom,* en adelante FC, es una estrategia de enseñanza que surgió en 2007 de la mano de Aarom Sams, nacido en el sur de California, y Jonathan Bergmann, procedente de Denver, ambos profesores estadounidenses de secundaria. Al poco tiempo de trabajar juntos, se dieron cuenta de que al ser un centro rural, muchos alumnos se perdían algunas lecciones porque no podían asistir a clase por diferentes razones, una de ellas el tiempo que tardaban en desplazarse en autobús desde sus hogares hasta el colegio. Como consecuencia, tenían que prepararse la materia de forma autónoma pues perdían el ritmo de clase y su rendimiento académico decaía. Estos hechos eran preocupantes para ambos profesores y plantearon buscar una solución. Decidieron grabar sus clases y distribuir los vídeos por la red, una forma fácil y cómoda de que estuvieran disponibles para los alumnos en cualquier momento, rompiendo las barreras que le permitían acceder a los contenidos vistos en clase.

Para Toqeer (2013), el aula invertida, por un lado, permite la presencia de la tecnología en las clases, y por otro, la necesidad de un mayor nivel de rendimiento en los alumnos. El FC se presenta como una alternativa al modelo tradicional de enseñanza. Se basa en nuevas estrategias de enseñanza que son más interactivas y cuyos contenidos y materiales se trabajan en formato digital, una gestión del aula descentralizada y que es compartida con los alumnos (Tourón, Santiago y Díez, 2014).

Seis pasos son los que hay que tener en cuenta a la hora de «voltear» la clase según Corbat (2013). Estos son los siguientes:

1. *Decidir la tecnología que se va a utilizar en el aula.* La materia que se va a trabajar en el aula ha de estar reflejada en los vídeos tal y como se haría en clase, por lo que debe estar al alcance de todos los alumnos y se subirá a Internet mediante alguna de las herramientas (Vimeo, YouTube, página web de la escuela...) para que puedan verlo cada vez que ellos quieran.
2. *Tener en cuenta la accesibilidad de los alumnos hacia estos contenidos.* Esto es muy importante tenerlo en cuenta ya que no todos los alumnos disponen de dispositivos con conexión a Internet. Para ello debemos conocer si el servicio en los que se suben los vídeos u otros materiales se pueden visualizar desde múltiples dispositivos, como móviles, ordenadores, tableta...
3. *Grabar y editar vídeos.* Los vídeos que se proporcionan a los alumnos mediante la red no deben pasar los diez minutos de grabación, sino que deben ser cortos y centrarse en las ideas principales del contenido a tratar.
4. *Hacer ver a los alumnos la importancia de visualizar los vídeos en casa.* Se debe concienciar a los discentes por parte de los profesores de que la visualización de los vídeos fuera del aula es muy importante, ya que el tiempo que se pasa en el aula es para hacer preguntas sobre algo que no se entendió durante esa visualización, para hacer la tarea con los compañeros.
5. *Mantener el ritmo.* Este método de enseñanza es muy sacrificado para los docentes pues requiere de una gran preparación al comienzo del curso, ya que supone preparar los vídeos para la programación de las tareas que se van a trabajar en el aula, pero una vez que se utilice habitualmente y se conozcan las herramientas, será muy fácil su puesta en práctica y los alumnos se acostumbrarán a trabajar de este modo que resultará muy eficaz.
6. *Comenzar una enseñanza relajada.* Cuando se lleva a cabo la «clase inversa» los docentes parecen menos estresados, ya que disponen de más tiempo libre para ayudar de una manera más individualizada o en grupos reducidos a que todos los alumnos alcancen los objetivos establecidos según el ritmo que necesiten dependiendo de sus necesidades.

Algunas experiencias realizadas sobre FC en Educación Primaria son las del CEIP Andalucía de Velez-Málaga, CEIP Catalina de Aragón de Zaragoza o el Colegio La Inmaculada de la Fundación Escolapias Montal (Madrid).

2.11. Estudio de casos

El estudio de casos es una técnica de aprendizaje en la que el sujeto se enfrenta a la descripción de una situación específica que plantea un problema, que debe ser comprendido, valorado y resuelto por un grupo de personas a través de un proceso de discusión. La participación en este tipo de técnica desarrolla habilidades tales como el análisis, la síntesis y la evaluación de la información. Posibilita también el desarrollo del pensamiento crítico, el trabajo en equipo y la toma de decisiones, además de otras actitudes y valores como la innovación y la creatividad.

Para Wassermann (1994), en el estudio de casos podemos distinguir tres fases: preparación, desarrollo y evaluación:

a) *Preparación:* el docente prepara el caso que sus alumnos van a trabajar. Las actividades que deben llevarse a cabo en esta fase son: formulación de los objetivos, elaboración del caso a través de artículos, páginas web, relatos que describan sucesos o problemas de la vida real, experiencias propias, entrevista a profesionales, etcétera. Para redactar un caso hay que tener claros los objetivos, ser claro y conciso, utilizar una terminología adecuada al nivel escolar de los alumnos, incluir diálogos para hacerlo más real y finalizarlo formulando preguntas básicas que ayuden al análisis. Por último, se deben formar los grupos de trabajo (4-6 personas); la elección puede hacerse por los alumnos o por el docente.

b) *Desarrollo:* en un primer momento se hace la exposición del caso a estudiar; a continuación se presenta la redacción del caso y se comentan las normas a seguir en su desarrollo (recursos tecnológicos, ayudas, documentación, distribución del tiempo, etcétera). Después de presentarse el caso los alumnos comienzan el estudio de forma individual y grupal. Los estudiantes lo leen de forma individual para tratar de comprender la información y comienza el debate grupal. Una vez finalizado el análisis, se plantea *la elaboración de conclusiones.* Finalmente, un miembro del equipo hace una recopilación final de las soluciones propuestas.

c) *Evaluación:* cada equipo expone al grupo sus conclusiones y se abre un debate general, moderado por el profesor, con el fin de llegar a buenas soluciones, valorando todos los argumentos.

Con relación a la evaluación de los alumnos cuando se trabaja con el método de casos, se puede señalar lo siguiente:

a) Los alumnos deben tener muy claras las metas de aprendizaje que se desean lograr al discutir el caso correspondiente.

b) El docente debe elaborar alguna actividad previa a la discusión del caso, e indicar qué aspectos se tomarán en cuenta para la evaluación.

c) Los alumnos deben entregar alguna tarea previa al inicio del análisis del caso (resumen, reporte, cuadro sinóptico, mapa conceptual, etc.).

d) Los alumnos deben participar en la discusión (intervenciones, planteamiento de dudas, aporte de información, motivación a los compañeros para participar...).

e) Los alumnos deben realizar actividades posteriores a la discusión del caso (tarea, resumen, consulta, conclusión individual o de equipo, etc.).

f) Es recomendable que el profesor elabore un formato que le permita registrar la evaluación a lo largo del proceso.

Uno de los inconvenientes de esta técnica es que puede resultar complicada, pues exige una preparación específica por el docente, aunque sus ventajas educativas son enormes.

2.12. Estudio independiente y aprendizaje autónomo

Es un proceso dirigido hacia el autocontrol y la autoevaluación como una actividad orientada hacia la formación de habilidades intelectuales para conseguir el conocimiento y el aprendizaje. Esta modalidad se utiliza para la reflexión personal, la investigación, la recuperación de conocimientos, el desarrollo de la originalidad y la creatividad. En el estudio independiente, la responsabilidad en la propia formación la tiene el estudiante. Éste puede adquirir, a través del estudio independiente, la capacidad básica de la comprensión para determinar los elementos que constituyen un fenómeno o hecho, su estructura esencial, las características de los vínculos entre las partes que lo conforman y las relaciones que se establecen con otros fenómenos de igual o diferente naturaleza, observando las dimensiones espaciales y temporales de los mismos. El estudio independiente posibilita el establecimiento de vínculos sustantivos entre lo que hay que aprender y lo que ya se sabe, proceso que lleva al alumno hacia la realización de aprendizajes integrados en su estructura cognitiva para asegurar su memorización compresiva y su funcionalidad.

Una experiencia con esta estrategia se ha desarrollado en el «C.E.I.P. José Ramón Villa» de Mora (Toledo) para el desarrollo de altas capacidades: www.apoclam.net/.../Experiencias_educativas_Altas_Capacidades.pps

A modo de conclusión se sintetizan las estrategias metodológicas planteadas en este capítulo (véase cuadro 8.5).

CUADRO 8.5

Estrategias metodológicas para la Educación Primaria (adaptado de García y Moreno, 2008)

Estrategia metodológica	Principios metodológicos que desarrolla	Definición de la estrategia
Expositiva	*a*) Principio de personalización. *b*) Principios de aprendizajes significativos.	Se caracteriza por predominar la directividad de quien la planifica sobre la iniciativa de quien aprende y por buscar resultados a corto plazo. Permite la explicación sobre un tema y favorece en el alumno la escucha activa.
Un aula, dos docentes	*a*) Principio de globalización. *b*) Principio de personalización. *c*) Principio de interacción. *d*) Principio de inclusión.	Esta alternativa supone el aprovechamiento de los recursos personales del centro (profesores de apoyo, profesores de pedagogía terapéutica, profesores de compensatoria...) en el aula ordinaria.
Grupos interactivos	*a*) Principio de actividad y participación. *b*) Principio de motivación y autoestima. *c*) Principio de aprendizajes significativos. *d*) Principio de inclusión.	El alumnado se agrupa de forma heterogénea en pequeños grupos (4 o 5 alumnos y alumnas). Los grupos trabajan 3 o 4 actividades distintas con una duración aproximada de 20 minutos. Cada actividad es moderada por un voluntario que puede ser: familias, vecinos, universitarios
Contrato didáctico	*a*) Principio de actividad y participación. *b*) Principio de motivación y autoestima. *c*) Principio de personalización.	Un contrato es un acuerdo negociado (oral o por escrito), precedido de un diálogo entre profesor y alumno con la finalidad de conseguir unos aprendizajes a través de una propuesta de trabajo autónomo, que puede ser de carácter cognitivo, metodológico o actitudinal.
Grupos cooperativos	*a*) Principio de actividad y participación. *b*) Principio de funcionalidad. *c*) Principio de motivación y autoestima. *d*) Principio de aprendizajes significativos. *e*) Principio de globalización. *f*) Principio de interacción. *g*) Principio de inclusión.	Se trata de la organización del alumnado por medio de pequeños grupos de trabajo cooperativo. El grupo cooperativo permite que la adquisición de conocimientos sea compartida, fruto de la interacción y cooperación entre los miembros del grupo, por lo que resulta muy positivo para que el alumnado con las características de compensación educativa pueda aprender y autorregular sus procesos de aprendizaje.
Talleres	*a*) Principio de actividad y participación. *b*) Principio de funcionalidad. *c*) Principio de motivación y autoestima. *d*) Principio de aprendizajes significativos. *e*) Principio de personalización. *f*) Principio de interacción.	Los talleres son espacios donde se realizan actividades sistematizadas y dirigidas, con una progresión de dificultad ascendente para conseguir que el alumnado haga uso de diversos recursos y conozca diferentes técnicas que posteriormente utilizará de forma individual en el aula.

CUADRO 8.5 *(continuación)*

Estrategia metodológica	Principios metodológicos que desarrolla	Definición de la estrategia
Ambientes de aprendizaje	*a)* Principio de actividad y participación. *b)* Principio de funcionalidad. *c)* Principio de motivación y autoestima. *d)* Principio de aprendizajes significativos. *e)* Principio de personalización. *f)* Principio de interacción.	Supone organizar el espacio, el tiempo y recursos de manera que se consigue un espacio más rico, grupos más reducidos y heterogéneos permitiendo la experimentación, investigación, juego y relación
Proyectos de trabajo	*a)* Principio de actividad y participación. *b)* Principio de funcionalidad. *c)* Principio de motivación y autoestima. *d)* Principio de aprendizajes significativos. *e)* Principio de globalización. *f)* Principio de interacción. *g)* Principio de inclusión.	Los proyectos de trabajo se articulan en función de los interrogantes que formula el alumnado. Cada nuevo aprendizaje es un nuevo proyecto. Esta forma de organizar la enseñanza-aprendizaje implica asumir que los conocimientos escolares no se organizan para su comprensión de una forma rígida en función de unas referencias disciplinares preestablecidas y de una homogeneización de los individuos y de la didáctica de las disciplinas.
ABP	*a)* Principio de actividad y participación. *b)* Principio de funcionalidad. *c)* Principio de motivación y autoestima. *d)* Principio de aprendizajes significativos. *e)* Principio de globalización. *f)* Principio de interacción. *g)* Principio de inclusión.	El punto de partida es una situación/problema. Una vez que los estudiantes la han analizado, formulan preguntas y/o generan hipótesis explicativas, revisan los conocimientos previos que poseen y determinan sus necesidades de aprendizaje. Partiendo de los objetivos previamente establecidos los estudiantes desarrollan estrategias de búsqueda de información que les permitan alcanzar dichos objetivos.
Flipped Classroom	*a)* Principio de actividad y participación. *b)* Principio de funcionalidad. *c)* Principio de motivación y autoestima. *d)* Principio de aprendizajes significativos. *e)* Principio de interacción. *f)* Principio de inclusión.	Los contenidos y materiales se trabajan en formato digital con una gestión del aula descentralizada y que es compartida con los alumnos. El tiempo que se utiliza en la clase es para la realización de las tareas.
Estudio de casos	*a)* Principio de actividad y participación. *b)* Principio de funcionalidad. *c)* Principio de motivación y autoestima. *d)* Principio de aprendizajes significativos. *e)* Principio de globalización. *f)* Principio de interacción. *g)* Principio de inclusión.	Es una técnica de aprendizaje en la que el sujeto se enfrenta a la descripción de una situación específica que plantea un problema, que debe ser comprendido, valorado y resuelto por un grupo de personas a través de un proceso de discusión.

CUADRO 8.5 *(continuación)*

Estrategia metodológica	Principios metodológicos que desarrolla	Definición de la estrategia
Estudio independiente	*a*) Principio de actividad y participación. *b*) Principio de motivación y autoestima. *c*) Principio de personalización.	Mediante esta estrategia se trata de organizar actividades individualizadas para cada niño/a, teniendo en cuenta sus intereses y necesidades.

3. LAS ACTIVIDADES: LA SOCIEDAD DEL CONOCIMIENTO PRECISA ACTIVIDADES INTELIGENTES

Vivimos en una sociedad que genera una gran cantidad de información de forma constante y continua, por lo que los datos de hoy pueden perfectamente quedar obsoletos o sustituyen a los de ayer. Tal cantidad de información, al convertirse en conocimiento, hace que el crecimiento de éste sea tan rápido que supera las posibilidades individuales de actualización. En consecuencia, la capacidad para memorizar y reproducir información pierde importancia frente a la competencia para saber dónde y cómo encontrar la información que nos interesa (De Fontcuberta, 2000).

Con todo esto queremos dejar constancia de que el paso de una sociedad industrial a una sociedad del conocimiento tiene que conllevar un cambio en la forma de entender el proceso de enseñanza-aprendizaje, lo que se traduce en un cambio de metodología y prácticas de aprendizaje; supone pasar de una pedagogía de la reproducción a una pedagogía de la construcción y de la creatividad (Gargallo y cols., 2003).

La escuela es una institución social que ha de ir en consonancia con las nuevas demandas sociales, dando respuesta a través de la formación de los ciudadanos y considerando la realidad social en la que viven. Por esto, no tiene sentido mantener la perspectiva tradicionalista de la enseñanza, en la que la instrucción se centra casi meramente en la transmisión de conocimientos que pueda estar depositada en el docente o en el libro de texto. Este modelo pedagógico (por cierto, mantenido en demasiadas décadas) debe dar paso a una metodología que prepare al sujeto para la búsqueda de información, sabiéndola valorar, seleccionar, estructurar e incorporarla a su propio corpus de conocimiento (Bartolomé, 1997).

La trilogía curricular del conocer, saber hacer y saber ser precisa de un desarrollo de competencias que no se alcanza ni con la metodología tradicional ni pidiendo a nuestros alumnos actividades didácticas que consistan básicamente en reproducir la información que aparece «dos párrafos más arriba» en el libro de texto. Ésta no es la formación que exige la actual sociedad del conocimiento.

Esta sociedad del conocimiento precisa individuos inteligentes, no individuos que reproduzcan información obsoleta y que, además, tenemos al alcance de la mano (o de un dedo, nada más hacer clic en nuestro ratón). Como señalaba Perkins *et al.* (2001), la escuela debe estar orientada a la tarea de conseguir que los alumnos sean más inteligentes y, en consecuencia, retengan la información relevante, interpreten (comprendan) y apliquen el conocimiento, lo cual exige el desarrollo de competencias básicas que pueda propiciar un currículum rico y profundo.

Desde las primeras baterías de pruebas a principios del siglo XX con Binet, hasta la actualidad, se ha investigado bastante en esta facultad humana, pero poco ha trascendido a las aulas, todo lo más, medir las capacidades intelectuales de los alumnos y poco más. Sin embargo, poco o nada se ha hecho para llevar al aula metodologías y actividades didácticas que estimulen y desarrollen los componentes de la inteligencia, frente a ello, ha permanecido, básicamente, la metodología de la reproducción de conocimiento.

Gardner da un paso más y descubre que existe más de una inteligencia, en concreto identifica ocho:

1. *Lingüística.* Esto es, la capacidad para captar, comprender, organizar y emplear el lenguaje verbal de forma oral o escrita.
2. *Matemática.* Es el potencial para captar, comprender y establecer relaciones, para emplear números y operaciones de manera efectiva, para plantear y resolver situaciones problemáticas y para desarrollar esquemas y razonamientos lógicos.
3. *Espacial.* Potencial para reconocer, decodificar y codificar información gráfica y visual y para interpretar, desenvolverse y organizar el espacio entendiendo, recordando, explicando y situando objetos, distancias, recorridos y trayectorias.
4. *Naturalista.* Es el potencial para captar, distinguir, interpretar y comunicar información relativa al ser humano y la naturaleza. También, para seleccionar, clasificar y utilizar de forma adecuada elementos y materiales de la naturaleza.
5. *Musical.* Facilidad para reconocer, apreciar, interpretar y componer distintos tipos de ritmo, melodías y estructuras musicales.
6. *Cinestésica.* Capacidad de utilizar todo el cuerpo o algunas partes y segmentos para expresar ideas y sentimientos y usar las manos para producir o transformar y crear objetos: la danza, el atletismo, la interpretación dramática, la cirugía, la artesanía, la escultura, la mecánica y muchas otras ocupaciones técnicas.
6. *Interpersonal.* Es la inteligencia de la comprensión social. Habilidad de conseguir hacer cosas con otros y a través de los otros. Las relaciones con otras personas. Incluye la sensibilidad a las expresiones faciales, la voz y los gestos y la habilidad para responder de manera efectiva a las señales interpersonales en la práctica. Importante para influir en un grupo de personas a seguir una línea de acción y en consecuencia para el liderazgo.
7. *Intrapersonal.* La inteligencia del autoconocimiento y la autoimagen. Implica la habilidad para conocerse a sí mismo, las propias emociones y conducirse de forma apropiada en función de las necesidades, objetivos y habilidades personales, inteligencia emocional: la autoconciencia, el autocontrol, la persistencia, la pasión y la automotivación, también muy relacionada con el liderazgo. El conocimiento y el aprendizaje se adquieren a través de los sentimientos tanto como a través de la mente.

El gran reto de la educación actualmente está en adaptar la enseñanza, a través de una metodología adecuada a las diferentes inteligencias que predominan en cada uno de los discentes, de tal manera que cualquier contenido se adapte a las capacidades y habilidades predominantes en cada alumna y alumno (Barcia y Madrid 2017).

En este sentido, Estebaranz (2011) propone partir de la obra de Gardner (2005), Las cinco mentes del futuro. Él habla de cinco mentes que todos tenemos y que unas podemos tener más desarrolladas que otras, pero todas ellas desarrollables. Nosotros proponemos estimular cada una de ellas formulando actividades didácticas para nuestros alumnos y alumnas, en las que, a través de su realización, consigan aumentar tales capacidades:

a) *La mente disciplinada.* Es la forma de poder aprender y dominar distintas maneras de ampliar la propia formación a través de las diferentes formas de pensar que ha creado el ser humano: ciencias, matemáticas y tecnología, historia, lengua, arte y filosofía. Ello implica desarrollar competencias como las siguientes:

— SABER: curiosidad, observación cuidadosa de fenómenos, comprensión de conceptos, principios, teorías, problemas científicos...
— SABER HACER: aplicación de conocimientos a situaciones, análisis de hechos, construcción, resolución de problemas técnicos, uso de instrumentos y herramientas.

b) *La mente sintética.* El objetivo es ser capaces de resumir información con precisión, sintetizarla de manera productiva y hacer que nos sea útil. Hacer diversas representaciones de una misma realidad, esto supone un pensamiento de carácter interdisciplinario:

— SABER HACER: análisis, síntesis, interpretar textos, plantearse y resolver problemas, elegir y tomar decisiones.

c) *La mente creativa.* En esta sociedad actual que hemos descrito se valora de manera especial a la gente que va más allá de comprender la realidad compleja y es capaz de descubrir nuevos fenómenos, dificultades, nuevas preguntas y, desde luego, contribuyan a su resolución. Se basa en el desarrollo de la sensibilidad para descubrir nuevas facetas y posibilidades y producir respuestas originales, nuevas y valiosas:

— SABER HACER Y SABER SER: iniciativa, autonomía, liderazgo y, especialmente, creatividad.

d) *La mente respetuosa.* Educar para ser personas es educar para respetar a los que son diferentes, en aspectos, ideas, creencias, etc. Aprender a convivir con los demás es necesario porque si no el planeta quedaría despoblado o estaríamos en una paz precaria. Es misión de la escuela poner las bases para el respeto a los demás y, sobre todo en la actualidad, con situaciones de: acoso escolar, violencia de género, violencia en la familia, *mobbing* en el trabajo, etc.:

— SABER HACER Y SABER SER: relación, comunicación, trabajo en equipo, respeto a ideas, creencias...

e) *La mente ética.* Es la capacidad de pensar y de responsabilizarse del mundo en que nos gustaría vivir realmente. Es nuestra responsabilidad educar a los jóvenes para que deseen vivir en un mundo marcado por la integridad y por el desinterés y estén dispuestos a asumir la responsabilidad de lograr este objetivo. Precisamos un mundo de personas honradas, amables, respetuosas, constructivas, dispuestas a sacrificar su interés a favor de las necesidades y los deseos de la comunidad:

— SABER HACER Y SABER SER: honradez, trabajo, responsabilidad...

3.1. ¿Qué son las actividades didácticas?

Son formas o procedimientos de actuación práctica que presentan una gran cantidad de opciones para cada fin metodológico. Constituyen una vía de acceso para la consecución de las metas y objetivos propuestos.

Las actividades se orientan al quehacer práctico concreto y están relacionadas con las distintas fases del método educativo de un área académica (Lengua, Matemáticas, etc.).

Las actividades se encuentran inmersas en los procesos didácticos, contribuyen al logro de las competencias, a la construcción de los aprendizajes por parte de los alumnos y favorecen la función mediadora del docente.

Las actividades suponen, pues, un elemento clave en el diseño y desarrollo de la unidad didáctica, en consecuencia, de gran relevancia para conducir el proceso didáctico y para la función educadora. Además, representan el medio utilizado por los profesores para desarrollar los contenidos programados y la consecución de las capacidades recogidas en los objetivos tanto generales de etapa y área como didácticos. Recogen contenido de todo tipo (conceptuales, procedimentales y actitudinales) y regulan las interacciones del profesor o la profesora y sus alumnos/as, así como de estos últimos entre sí a lo largo del proceso de enseñanza-aprendizaje.

Según la Teoría Constructivista del Aprendizaje, a la actividad didáctica se le asignan las siguientes funciones:

a) Constituir un marco para que la actividad mental del alumnado tenga lugar en un nivel determinado.
b) Facilitar que esta actividad mental se oriente a la consecución de objetivos educativos o de desarrollo de capacidades (Mauri, 1997).

Siempre hemos de tener en cuenta el nivel psicoevolutivo de nuestros alumnos/as a la hora de formular actividades, es decir, que éstas sean ajustadas a sus capacidades, conocimientos y habilidades, teniendo en cuenta su zona de desarrollo próximo. Por esto, la planificación de las actividades debe contemplar distintos niveles de dificultad para hacer efectiva la atención a la diversidad y respetar el ritmo de aprendizaje de los alumnos.

De los rasgos psicoevolutivos que vimos anteriormente se infiere que las actividades deben ser (Gómez y otras, 2000):

De los 6 a los 9 años:

a) Cortas, variadas y de movimientos.
b) Desarrollar la habilidad manual, el ritmo y la música.
c) Potenciar el juego dramático, el cooperativo y las normas de juego.
d) Proporcionar vivencias colectivas que estimulen hábitos sociales, como la responsabilidad, el respeto mutuo...

De los 9 a los 12:

a) Largas, productivas y organizadas.
b) Juegos de resistencia y habilidad física.
c) Interés por la lectura, dramatización, descubrir la naturaleza y el entorno social.
d) Revisión y crítica de las actuaciones y las actitudes personales y del grupo.
e) En equipo, compromisos y responsabilidades en grupo.
f) Dificultades de la coeducación. Posibilidad de desmitificar tareas propias de cada sexo.

En general, tanto en los principios metodológicos como en las actividades, hay que proceder de lo simple a lo complejo, de lo concreto a lo abstracto, de lo próximo a lo remoto, de lo conocido a desconocido, y de la acción individual al trabajo en grupo.

En demasiados casos, nos encontramos que los profesores plantean a sus alumnos sólo las actividades que vienen en los libros de texto; no obstante, esto entraña una clara deficiencia, porque los libros de texto no conocen a nuestros alumnos concretos, con sus capacidades o dificultades concretas, sus ideas previas, sus contextos o los recursos de su entorno; todo esto es lo que un buen docente debe tener en cuenta a la hora de planificar actividades. Las del libro de texto pueden ser un recurso más, pero, desde luego, no el único, ni el más importante.

Las actividades didácticas deben tener unas características determinadas para que puedan cumplir su función y ser consideradas efectivamente didácticas. Sirvan de ejemplo las que Zabala (1997) indica:

a) Deben permitir conocer los conocimientos previos que tienen los alumnos/as en relación con los nuevos contenidos de aprendizaje.
b) Los contenidos se plantean de tal modo que sean significativos y funcionales para los alumnos/as.
c) Deben ser adecuados al nivel de desarrollo de los alumnos/as.

d) Deben aparecer como un reto abordable para el alumno/a, es decir, que tengan en cuenta sus competencias actuales y las hagan avanzar con la ayuda necesaria, que permitan crear zonas de desarrollo próximo y que permitan intervenir en ellas.
e) Deben provocar un conflicto cognoscitivo y promover la actividad mental del alumno/a, necesaria para que establezca relaciones entre los nuevos conocimientos y los previos.
f) Deben fomentar una actividad favorable, o sea, que sean motivadoras en relación con el aprendizaje de los nuevos contenidos.
g) Deben estimular la autoestima y el autoconcepto en relación a los aprendizajes que se proponen, es decir, que el alumno pueda experimentar con ellas que su esfuerzo ha valido la pena.
h) Deben ayudar a que el alumno vaya adquiriendo destrezas relacionadas con el aprender a aprender y que le permitan ser cada vez más autónomos en sus aprendizajes.

También se debe considerar una serie de supuestos a la hora de su elaboración que sirvan para orientar su configuración. Martínez y Martínez (1995) indican los siguientes:

a) Los aprendizajes parten de los conocimientos previos de los alumnos, son modificados por informaciones o planteamientos nuevos y dan lugar a nuevas ideas. En consecuencia, es necesario que existan distintos tipos de actividades que favorezcan cada uno de estos procesos.
b) Las actividades deberán propiciar aprendizajes interactivos, que permitan establecer relaciones de comunicación eficaces en el seno del grupo y entre el alumno y el profesor.
c) Se propiciará que toda actividad contemple la actuación externa del alumno/a (manipulación, juego, experimentación, verbalización, etc.) y la reflexión sobre lo realizado (confrontación de los conceptos previos con lo que sucede en la realidad cotidiana, elaboración de conclusiones, recopilación de lo aprendido y análisis del avance producido desde las ideas previas).
d) Las actividades deberán contemplar en su diseño la posibilidad de atender ciertos niveles de actuación autónoma en el alumnado.
e) Se evitará caer en el activismo no significativo. La complejidad del proceso de aprendizaje requiere una actividad previamente diseñada, la toma de decisiones acerca de los métodos, la evaluación y la autoevaluación del proceso de aprendizaje (el profesor como asesor e investigador).

También hemos de tener en cuenta cómo estén ordenadas o planificadas, siempre considerando los principios de la enseñanza: de lo próximo a lo distante, de lo fácil a lo difícil, de lo conocido a lo desconocido, de lo individual a lo general, de lo concreto a lo abstracto… De otro lado, la planificación de las actividades debe contemplar distintos niveles de dificultad para hacer efectiva la atención a la diversidad y el ritmo de aprendizaje de los alumnos, sin olvidar la dimensión social de dicho proceso.

Otro aspecto a considerar en la propuesta de actividades es que el alumno conozca el objetivo de la actividad o conjunto de actividades que está desarrollando y que se sitúe en la secuencia de aprendizaje. Si esto no se cumple, podemos generar un doble problema; por un lado, estaríamos desconsiderando uno de los factores que inciden en el aprendizaje, como es la percepción de la tarea. Sin conocer su exigencia y funcionalidad llevaría a los estudiantes a «conducir de noche con los faros apagados», es decir, no sabría lo que está haciendo, ni para qué. Por otro lado, esto llevaría a la desmotivación y apatía frente a la actividad. En unas jornadas de cine pedagógico celebradas en 2011 en Nantes (Francia), éste era precisamente el problema que se denunciaba como una de las causas del desinterés por la actividad por parte de los alumnos, que les iría conduciendo progresivamente al fracaso.

Todas estas consideraciones hemos de tenerlas en cuenta a la hora de realizar cualquier tipo de actividad didáctica; veamos algunos tipos.

3.2. Tipos de actividades didácticas

No se puede planificar las actividades como experiencias de aprendizaje, de forma arbitraria, sino que se necesita un análisis previo de qué se quiere conseguir al realizar la actividad y qué se va a desarrollar, sin olvidar el momento en que se introducen las diversas actividades y la estructura lógica y psicológica de las mismas, no sólo ajustadas al nivel psicoevolutivo y cognoscitivo del alumnado, sino también al lugar que ocupa una actividad con respecto a otras, esto es, partir de las más simples a las más complejas. Asimismo, hemos de observar si la hemos colocado en el lugar adecuado dentro de las actividades previstas y con respecto a otras en las que precise apoyarse o las que vienen se apoyen en ella, por ejemplo, no podemos enumerar situaciones relacionadas con la salud si previamente no hemos buscado información sobre hábitos saludables y cuidado del propio cuerpo.

Imbernón (2004) expone una guía para seleccionar actividades, considerando que es el profesorado quien debe seleccionar cuáles son las actividades imprescindibles en el proceso:

Guía orientadora para seleccionar tareas:

- *a*) Las actividades han de ser coherentes y desarrollar la capacidad que se pretende.
- *b*) Han de ser el máximo de significativas y agradables para las alumnas y alumnos.
- *c*) Han de ser adecuadas al desarrollo y las posibilidades del grupo y del alumnado.
- *d*) Para conseguir algo existen muchas actividades diferentes.
- *e*) La misma actividad puede dar diversos resultados y tener consecuencias imprevisibles.
- *f*) Se ha de rechazar la generalización y la creencia en la omnipotencia de un tipo de actividad.
- *g*) Las actividades también han de tener un orden y una estructuración de las experiencias suscitadas para conseguir el equilibrio y la continuidad de la enseñanza.
- *h*) Las actividades han de seleccionarse en virtud de su aplicabilidad a la vida y de la importancia que tiene para el desarrollo del alumnado en el medio social.
- *i*) Se le ofrezca o no al alumnado la participación en la planificación de las actividades, éste siempre hará una selección de las experiencias en función de sus criterios de convivencia y utilidad.

Otra cuestión que hemos de tener muy clara es el tipo de actividad, de qué ámbito: motriz, cognitivo-lingüísticas, de desarrollo de habilidades, de desarrollo de actitudes, de relación social, etc. No obstante, y sobre todo, hemos de considerar qué pretendemos que ejercite el alumno/a cuando desarrolle la actividad: identificar problemas, obtener datos, que desarrolle su creatividad, que relacione conceptos, clasificar los datos, que sintetice información, analizar y comparar los datos, establecer conclusiones y generalizarlas...

Los tipos de actividades que deben aparecer en una unidad didáctica son las siguientes:

- *a*) *Actividades de introducción motivación.* Tienen como finalidad incentivar y motivar al alumno acerca del contenido a trabajar. Sirven para introducirle en el aspecto de la realidad que va a trabajar. Para fomentar su curiosidad, hay que darle un enfoque interesante y un planteamiento de utilidad. Han de estar vinculadas a su entorno social, cultural, económico y físico en el que se desenvuelve el niño. En lo posible, se ha de vincular el tema de estudio con el entorno social, cultural, económico y físico en el que se desenvuelve la vida escolar.
- *b*) *Actividades de conocimientos previos.* Son aquellas que utilizamos para comprobar si los conocimientos que tienen nuestros alumnos/as sobre los contenidos a traba-

jar en nuestra unidad son certeros o erróneos, por si debemos eliminar aquellas concepciones equivocadas y establecer el conocimiento correcto. Proporcionan una concepción preliminar de la tarea, que sirva de hilo conductor y que explicite las ideas de los alumnos en relación a los contenidos a tratar.

c) *Actividades de desarrollo.* Son aquellas que se planifican para toda la clase y permiten conocer conceptos, procedimientos y actitudes, valores y normas. Digamos que son las actividades generales dirigidas a todo el grupo clase.

d) *Actividades de ampliación.* Son las que se emplean una vez superadas las anteriores y sirven para ampliar su bagaje de conocimientos respecto a los contenidos que se han trabajado en la unidad didáctica. Se programan para aquellos alumnos/a que tienen un ritmo más rápido de aprendizaje. Un alumno aburrido distorsiona tanto como un alumno descolgado, y para ellos deberemos tener previsto este tipo de actividades.

e) *Actividades de refuerzo.* Hay otros autores que las denominan de necesidades educativas especiales, pero para no confundirlas con aquellas dirigidas a los alumnos que presentan tales necesidades, preferimos denominarlas de esta forma, ya que son las que programamos para los alumnos que no han adquirido los conocimientos trabajados en las actividades de desarrollo en algún área concreta (matemáticas, lengua, etcétera), pero que no tienen ningún problema en el resto de las materias. También van dirigidas a los alumnos integrados tardíamente en el sistema educativo (Barcia, 2007).

Las actividades diarias o de cada semana van dirigidas a trabajar un aspecto determinado de la unidad didáctica. En una programación es conveniente señalar cuánto es el tiempo estimado para la realización de la actividad.

Al formular las actividades se debe indicar la situación de aprendizaje en la que se van a realizar, es decir, si son:

AI: Actividad individual.
APG: Actividad en pequeño grupo.
AGG: Actividad en gran grupo.

Cada forma de agrupamiento o situación de aprendizaje presenta estrategias propias y desarrolla habilidades específicas. Por ejemplo, la fórmula *gran grupo* se utiliza para exposiciones verbales, gráficas o documentales y puede tener un carácter propositivo (síntesis iniciales) o conclusivo (síntesis finales). La fórmula *equipos de trabajo* se vincula con estrategias de indagación y son útiles para el tratamiento de contenidos procedimentales y actitudinales. Por último, el *trabajo individual* permite la reflexión personal, el trabajo autónomo, la adquisición de automatismos, resolución de problemas y la búsqueda y consulta autónoma de información. La diversidad en los agrupamientos nos posibilita un tratamiento equilibrado entre la dimensión individual y la colectiva (Rodríguez, 2007).

3.3. Distintas formas de realizar las actividades

Las actividades pueden ser muy variadas, desde análisis de vídeos, DVD o artículos periodísticos hasta la realización de experiencias de laboratorio, pasando por la presentación directa de la información.

En función de lo que queramos realizar podemos distinguir entre:

a) *Actividades de investigación.* Promueven la indagación, la curiosidad, la búsqueda de información, la comprobación de hipótesis, la resolución de problemas y la elaboración de aprendizajes significativos, y permiten que el estudiante construya su propio conocimiento. Por ejemplo, si lo que se quiere es obtener información, se puede: leer, oír exposiciones, participar en conferencias y exposiciones, estudiar mapas, gráficos, cuadros, ver fotografías y películas, realizar viajes y excursiones, etc.

b) *Actividades de fijación.* Tienen como finalidad afianzar el aprendizaje, evitar el olvido, proporcionar secuencias y continuidad al proceso y relacionar la nueva información con la que el estudiante ya posee.
c) *Actividades de aplicación.* Proporcionan a los estudiantes la posibilidad de verificar o de comprobar sus propios descubrimientos, o de hacer uso de lo aprendido.

Es preciso señalar que, para cada día de clase, deberán planificarse actividades variadas, interesantes y amenas que propicien el ambiente educativo necesario para la construcción de aprendizajes significativos.

Por último, expondremos diferentes formas de realizar actividades, no sólo de lápiz y papel, respondiendo a una determinada cuestión:

a) *Torbellino de ideas.* La ventaja de este tipo de actividad es que permite obtener un gran número de ideas sobre un tema en poco tiempo. Se puede iniciar la actividad, una vez presentado el tema, planteando una pregunta. Por ejemplo: «¿En qué consiste la erosión?».
b) *Pósters.* Los pósters permiten a los alumnos presentar sus ideas de forma sencilla y fácilmente inteligible para sus compañeros. Les obliga a negociar el contenido y proporciona, por tanto, un buen recurso para centrar la discusión.
c) *Debates.* Estimulan en los alumnos el examen de sus ideas individuales y los familiarizan con las ideas de sus compañeros. La discusión ayuda a los estudiantes a desarrollar una conciencia de la fortaleza o debilidad de sus propias ideas, y a apreciar que las personas pueden tener diferentes puntos de vista respecto de un mismo asunto.
d) *Trabajos prácticos.* Los trabajos prácticos son una de las actividades más importantes en la enseñanza de las ciencias experimentales al poder ser programados como una forma de adquirir conocimiento vivencial de los fenómenos naturales, como un soporte para la comprensión de conceptos y teorías, como un medio de desarrollar habilidades prácticas y aprender técnicas de laboratorio y como una forma de aprender y practicar los procesos y las estrategias de investigación propios de la metodología científica.
e) *Resolución de problemas.* La resolución de problemas es otra de las actividades que ocupa una posición central en el currículo de ciencias. Un problema es, en su acepción más simple, una cuestión que se trata de resolver. La forma tradicional de enseñar a resolver problemas consiste en mostrar el camino de resolución y practicar con otros casos similares hasta que resulten familiares a los alumnos.
f) *Itinerarios y visitas.* Son actividades muy diversas cuya finalidad es dar oportunidad a los alumnos de tener experiencias directas con el medio que les rodea. Un itinerario es una ruta preestablecida por el campo, generalmente acompañado por una guía escrita.
g) *Búsqueda de información.* El alumno, bien individualmente o en grupo, debe buscar información sobre el tema que está trabajando. La búsqueda puede ser bibliográfica, oral (realización de entrevistas), audiovisual, etc. La información reunida en esta actividad sirve para realizar las actividades posteriores.
h) *Juego de simulación/representación de roles.* Son reproducciones simplificadas de acontecimientos de la vida real en las que los alumnos pasan a ser «actores» de la situación, enfrentándose a la necesidad de tomar decisiones y de valorar sus resultados.
i) *Textos de ciencia-ficción.* La utilización de la ciencia-ficción, bien de textos publica-

dos o de historias inventadas por los alumnos o por el profesor, ofrece un gran abanico de posibilidades.

j) *Trabajo escrito.* Puede ayudar a los alumnos a identificar y organizar sus propias ideas. Permite desarrollar la capacidad de expresarse de forma clara y concisa. El profesor debe ayudar a los alumnos a utilizar los términos científicos no sólo correctamente, sino con dominio total de su significado. Los informes de las distintas actividades realizadas y de la evolución de sus ideas obligan a los alumnos a reflexionar sobre las mismas y los hacen conscientes de su propio aprendizaje.

k) *Mapas conceptuales.*

4. LOS MEDIOS Y RECURSOS DIDÁCTICOS: TRADICIONALES Y TECNOLOGÍAS DE LA INFORMACIÓN Y LA COMUNICACIÓN (TIC)

Se refiere a los distintos instrumentos que permiten desarrollar, en las condiciones más adecuadas, los contenidos programados y la consecución de los objetivos didácticos, facilitando el trabajo de todos los participantes en el proceso de enseñanza/aprendizaje. La elección y forma de utilizar los diversos recursos educativos contiene de forma implícita determinados valores y actitudes que debemos analizar, cuestionar y consensuar para no incurrir en contradicciones.

Los recursos deben adaptarse a las necesidades del momento y a las características psicoevolutivas de los alumnos. También debemos considerar que la variedad en el uso del material amplía el campo de aprendizaje del alumno y la repetición del mismo refuerza el aprendizaje, y que a mayor diversificación de materiales nos encontramos con mayores posibilidades de atender a la diversidad. Está demostrado que la utilización de estrategias educativas atractivas para el alumnado estimula a éste y consigue mayor implicación en las tareas escolares. Un alumnado estimulado en clase consigue mejores resultados, posee una visión mucho más positiva del centro y ve a éste como un lugar para aprender y vivir nuevas experiencias. Los centros educativos deben ser un lugar en el que los estudiantes desarrollen todo su potencial, tanto físico como mental, y deben propiciar el mayor aprendizaje posible, por consiguiente, debemos obtener alumnos capaces de enfrentarse a la sociedad con las mejores garantías de éxito.

Existen distintas clasificaciones sobre recursos y materiales en la enseñanza. Blázquez (1994: 508) propone la siguiente clasificación:

a) *Recursos experienciales directos:* plantas, animales, instalaciones urbanas, agrícolas, de servicios, etc.

b) *Recursos estructurales o propios del ámbito escolar:* biblioteca, laboratorio, gimnasio, laboratorio de idiomas, etc.

c) *Recursos simbólicos:* textos, libros, mapas, informática, hipermedia, medios audiovisuales, etc.

Otra clasificación es la presentada por Rodríguez-Gallego (2001, 2007) sobre medios audiovisuales, informáticos y tecnologías de la información y la comunicación:

a) *Medios audiovisuales:* proyector de diapositivas, retroproyector, equipo de sonido, equipo fotográfico, equipos de proyección de montajes audiovisuales, proyector de cine, equipo de reproducción de vídeo, equipo de grabación de vídeo y televisión.

b) *Recursos informáticos:* equipos informáticos básicos, periféricos del ordenador, hipertextos, multimedia y diseño asistido por ordenador.

c) *Tecnologías de la información y la comunicación:* Internet, e-actividades web 2.0, redes sociales, plataformas virtuales y entornos personales de aprendizaje.

Es importante que al decidir la metodología utilizada hagamos constar qué material necesitamos, tanto desde el punto de vista del alumno como del profesor, para desarrollar las tareas en el momento concreto, pues no sólo nos ayudará a hacer una reflexión previa, sino que será un recordatorio de lo que necesitamos para mejorar el proceso de aprendizaje. Por otra parte, debemos considerar que los materiales estandarizados difícilmente se podrán adaptar al contexto de aula, lo que obliga a los docentes a elaborar su propio material o acomodar el material existente a las características del contexto y de los alumnos. Pero, además de decidir qué recurso utilizar, debemos realizar una evaluación previa sobre el mismo. Los resultados de la evaluación sobre los medios didácticos empleados se suele recoger en una ficha que incluye diversos apartados: facilidad de uso, versatilidad, calidad del entorno, etc. (cuadro 8.6).

CUADRO 8.6

Plantilla sobre evaluación de materiales y recursos didácticos

NOMBRE DEL MATERIAL/RECURSO/PROGRAMA:

Breve descripción

Tipo de característica	Aspectos positivos	Aspectos negativos
Facilidad de uso e instalación		
Versatilidad (adaptación a distintos contextos)		
Calidad del entorno audiovisual		
Calidad de los contenidos (bases de datos)		
Navegación e interacción		
Originalidad y uso de tecnología avanzada		
Capacidad de motivación		
Adecuación a los usuarios y a su ritmo de trabajo		
Potencialidad de los recursos didácticos		
Fomento de la iniciativa y del autoaprendizaje		
Enfoque pedagógico actual		
Documentación detallada de las características del programa		
Esfuerzo cognitivo		
Apreciación global del material		

Las principales funcionalidades de las TIC en los centros de Educación Primaria están relacionadas con:

a) *Alfabetización digital de los estudiantes, profesores y familias.*
b) *Uso personal de profesores y alumnos.* Acceso a la información, comunicación, gestión y proceso de datos. Es un canal que facilita la comunicación interpersonal, el intercambio de ideas y materiales y el trabajo colaborativo, además de ser un medio de expresión y creación multimedia, pues permite escribir, dibujar, realizar presentaciones multimedia, elaborar páginas web, etc.
c) *Gestión del centro.* Secretaría, biblioteca, gestión de la tutoría de alumnos, etc. Hay programas específicos para la gestión de centros y seguimiento de tutoría. La mayoría de los centros poseen una web con formularios para facilitar la realización de trámites *on-line.*
d) *Uso didáctico para facilitar los procesos de enseñanza y aprendizaje.* Desde el punto de vista cognitivo, puede apoyar determinados procesos mentales de los estudiantes asumiendo aspectos de una tarea: memoria, que le proporciona datos para comparar diversos puntos de vista; simulador, donde probar hipótesis; entorno social, para colaborar con otros, y proveedor de herramientas que facilitan la articulación y la representación de conocimientos. Existen programas específicos de orientación, diagnóstico y rehabilitación de estudiantes, así como web específicas de información para la orientación escolar y profesional. Las TIC nos sirven, igualmente, como instrumento para la evaluación al proporcionar corrección rápida y *feedback* inmediato, reducción de tiempos y costes, posibilidad de seguir el «rastro» del alumno, uso en cualquier ordenador, etc.
e) *Comunicación con las familias* (a través de la web de centro).
f) *Comunicación con el entorno.*
g) *Relación entre profesores de diversos centros* (a través de redes y comunidades virtuales): compartir recursos y experiencias, pasar informaciones, preguntas...

Finalmente, presentamos una serie de modelos que orientan el uso didáctico de las TIC que son aplicables al nivel de Educación Primaria (Marquès, 2010):

a) *Usos de la pizarra digital en el aula.* Los estudiantes pueden presentar, comentar y exponer sus trabajos, buscar y comentar materiales, presentar públicamente fotografías, ayudar a los buscadores, revisar y comentar la prensa en clase, debatir y corregir ejercicios y deberes en clase. Por su parte, los profesores pueden dar sus clases, reforzar sus explicaciones y corregir colectivamente las tareas. Si disponemos de una Pizarra Digital Interactiva (PDI), resulta más fácil escribir, dibujar, subrayar, navegar por Internet, combinar y mover imágenes, participar en videoconferencias, grabar vídeos didácticos, etc.
b) *Uso de los ordenadores.* Pueden utilizarse como fuente de información y aprendizaje (consultas a Internet o a las plataformas de contenidos en red) y canal de comunicación (e-mail y chat) y también pueden servir para elaborar algún documento, digitalizar imágenes, imprimir, etc. El profesor puede encargar la realización de determinados ejercicios de las plataformas de contenidos on-line, así como el periódico de clase y la bitácora (o web), en el que cada día un grupo de alumnos redacta en una weblog una crónica del día, así como colocar enlaces a buenas web educativas y los mejores trabajos. Además, los estudiantes pueden realizar, de forma colaborativa, proyectos, investigaciones, ejercicios, etc. En otros casos, cuando el profesor lo considere conveniente, pueden preparar un examen tipo test de preguntas de autoeva-

luación (por ejemplo, con el programa Multigestor Windows o el generador de test de las plataformas de contenidos) y pasarlo individualmente a todos los alumnos en el aula informática. El profesor puede, igualmente, organizar debates virtuales en los foros de la plataforma virtual.

c) *Otras actividades de apoyo del profesorado.* Preparación de sus clases con un portátil conectado al cañón de videoproyección para apoyar sus explicaciones, control de la tutoría de los alumnos (trabajos realizados, asistencia, etc.) de la plataforma del centro, tutorías on-line, elaboración de materiales didácticos interactivos (Clic, multigestor Windows, hot potatoes...).

d) *Actividades de las familias.* Pueden consultar las actividades del centro a través de la página web (exámenes, eventos...), realizar gestiones en el centro (apuntarse al comedor, ver las notas, faltas de asistencia de sus hijos, programas que oferta el centro, recibir asesoramiento sobre los deberes que tienen que realizar sus hijos y contactar con los tutores para interesarse por sus progresos.

REFERENCIAS BIBLIOGRÁFICAS

Agelet, J., Bassedas, E. y Comadevall, W. (2001). Algunos modelos organizativos, facilitadores del tratamiento de la diversidad, y alternativos a los agrupamientos flexibles. En E. Bassedas (coord.), *Estrategias organizativas de aula. Propuestas para atender la diversidad.* Barcelona: Graó, 15-35.

Ainscow, M. (2004). Tendiéndoles la mano a todos los estudiantes: algunos retos y oportunidades. Recuperado de http://www3.usal.es/~inico/investigacion/jornadas/ jornada3/ actas/conf1.pdf

Barcia, M. (2007). Estrategias educativas en Educación Infantil. En R. Navarro (coord.) *Didáctica y currículum para el desarrollo de competencias.* Madrid: Dykinson, 279-312.

Barcia, M. (2007). La programación didáctica en Educación Infantil. En R. Navarro, R. (coord.), *Didáctica y currículum para el desarrollo de competencias.* Madrid: Dykinson, 211-238.

Barcia, M. y Madrid, D. (2017): Temas clave en Educación Infantil (o-6 años). Madrid: La Muralla.

Bartolomé, A. (1997). Preparando para un nuevo modo de conocer. En Gorreta (coord.), *Desenvolupament de capacitats: Noves Estrategies.* Hospitalet de Llobregat: Centre cultural Pineda, 69-86.

Blázquez, F. (1994). Los recursos en el currículo. En S. Saénz (dir.), *Didáctica General. Un enfoque curricular.* Alcoy: Marfil, 501-527.

Bravo, M. (2006). *Estrategias educativas en el aula.* Málaga: Aljibe.

Calatayud, M.ª A. (2014). Organización de alumnos en el aula. En I. Cantón y M. Pino (coords.), *Organización de centros educativos en la sociedad del conocimiento.* Madrid: Alianza, 89-102.

Corbat, J. (2013). *6 Steps To A Flipped Classroom.* Recuperado de: http://www.teachthought.com/learning/blended-flipped-learning/6-steps-to-a-flipped-classroom/.

Córdoba, A. I. (2006). *Psicología del desarrollo en la edad escolar.* Madrid: Pirámide.

De Fontcuberta, M. (2000). Medios, comunicación humana y sociedad del conocimiento. *Revista Comunicar, 14,* 25-34.

De Pablos, J. (2004). Métodos de enseñanza. En F. Salvador y otros. Diccionario Enciclopédico de Didáctica I. Málaga: Ediciones, 268-283.

Díaz, F. y Hernández, G. (2004). *Estrategias Docentes para un Aprendizaje Significativo. Un enfoque constructivista.* México: McGraw Hill Editores.

Domènech, J. (2001). Algunas técnicas para el aprendizaje cooperativo. En E. Bassedas (coord.), *Estrategias organizativas de aula. Propuestas para atender la diversidad.* Barcelona: Graó, 181-186.

Essomba, M.A. y Laborda, C. (1995). El tratamiento de la diversidad en la transición de primaria a secundaria. Una propuesta organizativo-didáctica. En J. Gairín y P. Darder, *Estrategias e Instrumentos para la Gestión Educativa.* Barcelona: Praxis, 268/147-268/170.

Estebaranz, A. (2011). *Apuntes de la asignatura de Diseño, desarrollo e innovación del currículum*. Universidad de Sevilla.

Ferrer, G. (2005). Hacia la excelencia educativa en las comunidades de aprendizaje: participación, interactividad y aprendizaje. *Educar, 35,* 61-70.

García, J. B. y Moreno, M. (2008). Estrategias metodológicas en el desarrollo de medidas de compensación educativa. *Consejería de Educación, Formación y Empleo. Región de Murcia.* Recuperado de http://orientamur.educarm.es/repositorio.php?rp=12.

García, R., Traver, J. A. y Candela, I. (2001). *Aprendizaje cooperativo. Fundamentos, características y técnicas.* Madrid: CCS.

Gardner, H. (2005). *Las cinco mentes del futuro*. Barcelona: Paidós.

Gargallo, B. y otros (2003). *La integración de las nuevas tecnologías en los centros*. Madrid: MEC.

Gómez, M. T. y otras (2000). *Propuestas de intervención en el aula*. Madrid: Narcea.

Hernández, F. y Ventura, M. (2000). *La organización del currículum por proyectos de trabajo. El conocimiento es un calidoscopio.* Barcelona: Graó.

Hoffman, L. et al. (1995). *Psicología del desarrollo hoy*. Madrid, Buenos Aires. McGraw Hill.

Imbernón, F. y otros (2004). Los peces: una unidad didáctica en una escuela diferente. *Revista electrónica de investigación y evaluación educativa, vol. 10, 2,* 1-34

Johnson, D. W. y Johnson, R. (1999). *Learning together and alone: cooperative, competitive and individualistic learning* (5ª ed.). Boston: Ally and Bacon.

Krüger, K. (2006). El concepto de sociedad del conocimiento. Biblio 3W. *Revista bibliográfica de Geografía y Ciencias Sociales, 11* (683).

Marchesi, A. et al. (2005). *Desarrollo psicológico y evolución, vol. 1. Psicología evolutiva*. Madrid: Alianza.

Marquès, P. (2010). La web 2.0 y sus aplicaciones didácticas. Recuperado de http://www.peremarques.net/web20.htm.

Martínez, P. y Martínez, G. (1995). *La unidad didáctica en Educación Primaria*. Madrid: Bruño.

Mattos, A. (1974). *Compendio de Didáctica General.* Buenos Aires: Kapelusz.

Mauri, T. (1997). *La construcción del conocimiento escolar*. Barcelona: Paidós.

Menoyo, M. P. (2001) El contrato didáctico o pedagógico. En E. Bassedas (coord.), *Estrategias organizativas de aula. Propuestas para atender la diversidad.* Barcelona: Graó, 196-210.

Mussen, Conger y Kagan, (1982). Desarrollo social en la infancia. En *Pedagogía y psicología infantil. Biblioteca práctica para padres y educadores. La primera infancia*. Madrid: Culturas, 243-277.

Navarro, R., Rodríguez-Gallego, M. R., Barcia, M. y Corujo, M. C. (2004). El aprendizaje cooperativo como innovación para la mejora del rendimiento de los alumnos universitarios. En J. M. De Mesa, R. Castañeda y L. M. (coord.), *La Universidad de Sevilla y la innovación docente. Curso 2002-03. Área de Ciencias Sociales y Jurídicas.* Sevilla: ICE/Vicerrectorado de Calidad y Nuevas Tecnologías.

Orellana, A. (2010). El Proyecto Kilpatrick: metodología para el desarrollo de competencias. *Clave XXI. Reflexiones y experiencias en Educación,* 1. CEP de Villamanrique.

Ortega, R. (1996). *Crecer y aprender. Psicología del desarrollo y educación escolar*. Sevilla: Kronos.

Ovejero, A., De la Villa, M., Pastor, J. (2002). Aprendizaje cooperativo: un eficaz instrumento de trabajo en las escuelas multiculturales y multiétnicas del siglo XXI. *Revista Electrónica Iberoamericana de Psicología Social (REIPS),* Facultad de Psicología, Universidad de Oviedo, 1, 2, Recuperado de http://www.psico.uniovi.es/REIPS/Vinl/art7.html.

Peralbo, M. (1998). *Desarrollo del lenguaje y cognición*. Madrid: Pirámide.

Perkins, D. N. y Grotzer, T. A. (2001). Teaching intelligence. *American Psychologist, 52,* 1125-1133.

Pigrau, T. (2000). El contrato didáctico en el trabajo cooperativo: un instrumento para la autoevaluación. En M. Ballester (coord.), *Evaluación como ayuda al aprendizaje.* Barcelona: Graó, 83-84.

Przesmycki, H. (2000). *La pedagogía de contrato. El contrato didáctico en la educación.* Barcelona: Graó.

Ribas, C. (2011). *Implementación de una nueva metodología por ambientes. Un estudio de caso.* Memoria de investigación. Universidad de las Islas Baleares.

Riera, A. Ferrer, M. y Ribas, C. (2014). Organización del espacio por ambientes de aprendizaje en la Educación Infantil: significados, antecedentes y reflexiones. *RELAdei. Revista Latinoamericana de Educación Infantil, 3* (2), 19-39.

Rodríguez-Gallego, M. R. (2007). La programación didáctica en Educación Primaria y Secundaria. En R. Navarro, *Didáctica y currículum para el desarrollo de competencias*. Madrid: Dykinson, 239-278.

Rodríguez-Gallego, M. R. (2001). Necesidades formativas de los alumnos de la diplomatura de Magisterio de la Comunidad autónoma andaluza en Nuevas Tecnologías de la Información y la Comunicación. Tesis doctoral inédita. Universidad de Sevilla.

Rodríguez-Gallego, M. R. (2007). Estrategias educativas en Educación Primaria y Secundaria. En R. Navarro (coord.), *Didáctica y currículum para el desarrollo de competencias*. Madrid: Dykinson, 313-346.

Rodríguez-Gallego, M. R. (2014). El Aprendizaje-Servicio como estrategia metodológica en la Universidad. *Revista Complutense de Educación, 25* (1), 95-113.

Santrock, J. (2010). *Psicología del desarrollo. El ciclo vital*. Madrid: McGraw Hill.

Silva, A. (2008). Metodología, método, didáctica y Pedagogía. Recuperado de https://es.slideshare.net/adrysilvav/metodologia-metodo-didactica-y-pedagogia.

Slavin, R. (1991). Synthesis of research on cooperative learning. *Educational Leadership, 48,* 71-82.

Teixidó, J. y GROC (2008). ¿Desdoblar? o ¿dos docentes en el aula? Entre la innovación, la moda y el problema/dilema organizativo. Recuperado de http://www.joanteixido.org/doc/dos_aula/texto_provisional.pdf.

Tejada, J. (2008). Estrategias didácticas para adquirir conocimientos. En J. de la Torre (dir.), *Estrategias didácticas en el aula. Buscando la calidad y la innovación*. Madrid: UNED Aula abierta, 117-130.

The Flipped Classroom (2017). Experiencias y recursos para dar la vuelta a la clase. Recuperado de http://www.theflippedclassroom.es/.

Toqeer, R. (2013). Flipped classroom concept application to Management and Leadership course for maximizing the learning opportunities Raja Toqeer. *The Business & Management Review, 3* (4), 137-145.

Tourón, J., Santiago, R. y Díez A. (2014). *The Flipped Classroom: Cómo convertir la escuela en un espacio de aprendizaje*. Barcelona: Digital-Text.

Wassermann, S. (1994). *El estudio de casos como método de enseñanza*. Bilbao: Amorrortu editores.

Zabala (1997). *Cómo trabajar contenidos procedimentales en el aula*. Barcelona: Grao.

Zabalza, M. A. (2004): Enseñanza. En F. Salvador y otros, *Diccionario Enciclopédico de Didáctica I*. Málaga: Ediciones, 536-567.

PROPUESTA DE ACTIVIDADES

1. Realice un proyecto de trabajo atendiendo a las siguientes pautas y considerando los pasos que deben dar el docente y los estudiantes:

a) Destinatarios: alumnos de 6.º de Primaria.
b) Materia: Conocimiento del Medio Natural, Social y Cultural.
c) Tema: *Las máquinas y las nuevas tecnologías. Máquinas simples y compuestas. Avances del siglo* XX *y* XXI.

2. Planifique una única sesión de clase para alumnos de 5.º de Primaria, área de Matemáticas, en la que existen dos niveles de aprendizaje. Para ello, hay que decidir el formato metodológico a emplear, grupos heterogéneos, con distinta tarea, relaciones tutoriales, etc. (véase tabla página siguiente).

3. Sintetice los rasgos más significativos del ámbito cognitivo en el niño/a de Educación Primaria. En función de esos rasgos, formule cinco actividades que propondría a un/a alumno/a de tercer ciclo, y utilice el contenido que quiera para trabajar (no olvide tener en cuenta el currículum de Educación Primaria).

4. Escriba toda la variedad de actividades posibles que se pueden realizar en el proceso de enseñanza-aprendizaje.

Contenidos para el nivel 1	Contenidos para el nivel 2
Reforzar la división con números naturales.	Aprender la división entera por defecto y por exceso en la división exacta.
Objetivos para el nivel 1	**Objetivos para el nivel 2**
Actividades y materiales para la sesión	

5. Según lo aprendido sobre actividades didácticas, señale los cinco criterios que le parezcan más importantes a la hora de realizar las actividades.

6. En grupos de cinco personas, elabore actividades de los diferentes tipos que deben aparecer en una unidad didáctica.

La evaluación en Educación Infantil y Educación Primaria 9

CARMEN SILES ROJAS

INTRODUCCIÓN

La evaluación de los aprendizajes es un elemento clave de la planificación por las importantes repercusiones que tiene tanto en el proceso de enseñanza-aprendizaje como en los resultados. La evaluación no es meramente un término asociado con la medición de la eficacia del proceso enseñanza-aprendizaje o un instrumento de acreditación de los niveles educativos, sino que es un proceso de comprensión y valoración de los resultados de la enseñanza orientada al aprendizaje. La evaluación tiene una función reguladora y retroalimentadora, puesto que permite describir, valorar y reorientar la acción de los implicados en el proceso de enseñanza y aprendizaje, por lo que se considera como un recurso para mejorar la calidad de la enseñanza y de los aprendizajes, ya que, por un lado, debe servir como guía de lo que se debe aprender, y, por otro, debe llevar a la reflexión para la mejora del proceso (Zabalza, 2001).

La evaluación integrada en el proceso de enseñanza y aprendizaje realiza una función específica al inicio del mismo, a través de la evaluación inicial, durante todo el proceso de aprendizaje, mediante la evaluación formativa o continua y al acabarlo con la evaluación final o sumativa, tres pasos que están estrechamente vinculados. La evaluación tradicional ha tenido una orientación marcadamente sumativa y final como vehículo encaminado a valorar el grado de aprendizaje conseguido al final de un proceso de enseñanza-aprendizaje. Sin embargo, los nuevos enfoques de la evaluación educativa presentan una orientación continua y formativa, dirigiéndose sobre todo a valorar de forma continua cómo se está produciendo el proceso de enseñanza-aprendizaje, con el propósito de su mejora constante.

En este tema abordaremos, en primer lugar, el concepto de evaluación, tal cual se concibe en el marco normativo actual, y las fases de la evaluación en el proceso de aprendizaje de los alumnos: inicial, formativa o continua y final o sumativa, así como la conveniencia de un sistema de evaluación continua y formativa como método eficaz para valorar el grado de desarrollo de las capacidades y competencias que los currícula actuales introducen. En segundo lugar, trataremos los criterios de evaluación y las características que estos deben reunir, prestando especial atención a las razones que justifican la inclusión equilibrada de los distintos tipos de capacidades y contenidos en los criterios. En el tercer y cuarto puntos, abordaremos las características y los instrumentos de evaluación para las etapas de Educación Infantil y Educación Primaria, respectivamente. Para ello, en primer lugar, analizaremos los decretos que establece la ordenación curricular de cada una de estas dos etapas para conocer las características más relevantes de la evaluación en cada una de ellas. A continuación, desarrollaremos los principales instrumentos de recogida de datos para llevar a cabo la evaluación en Educación Infantil y Educación Primaria.

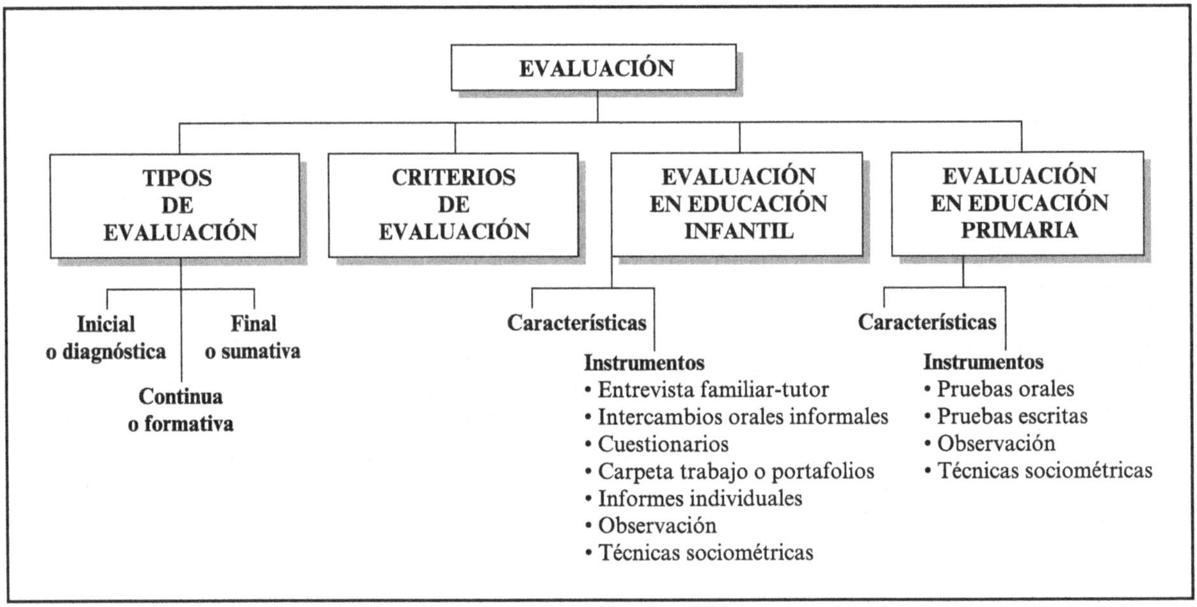

Figura 9.1.—Esquema organizador.

1. TIPOS DE EVALUACIÓN

La evaluación del aprendizaje de los alumnos, tal como hoy se entiende y dice la propia normativa, es una parte esencial del proceso de enseñanza (Moral, Caballero, Rodríguez y Romero, 2010). La función principal de la evaluación no es solo medir los estados finales o productos conseguidos por el alumno, sino que, además, debe servir para ayudar a mejorar el proceso de aprendizaje y la enseñanza impartida. Hoy la evaluación no solo se dirige a comprobar si el alumno ha asimilado unos determinados contenidos, sino, sobre todo, a valorar si esos contenidos han facilitado el desarrollo de las capacidades expresadas en los objetivos generales de etapa y de área.

En el proceso de aprendizaje hay tres momentos especialmente indicados para la evaluación: al comenzar, durante y al finalizar. Cabe señalar, como indica Ruiz (2002), que estos tres momentos de la evaluación no se excluyen; al contrario, son complementarios y cada uno de ellos desempeña una función específica en el proceso de enseñanza-aprendizaje.

1.1. Evaluación inicial o diagnóstica

La evaluación inicial o diagnóstica se realiza al comienzo de un proceso de enseñanza-aprendizaje, y tiene como finalidad lograr un conocimiento inicial del alumno. El concepto de evaluación inicial cobra importancia desde la perspectiva constructivista, pues esta modalidad de evaluación permite averiguar las ideas previas de los alumnos respecto a un determinado tema, lo que permitirá, a su vez, diseñar la enseñanza teniendo en cuenta dichos conocimientos.

Por tanto, la evaluación inicial pretende ajustar el punto de partida de la enseñanza a los niveles reales de conocimientos y habilidades, con el fin de elegir la secuencia educativa que mejor se adapte a estos niveles. Por ello, ofrece una información imprescindible para poder acomodar las actividades docentes al ritmo del alumno.

1.2. Evaluación final o sumativa

La evaluación final se utiliza para calificar a los alumnos al finalizar la etapa, ciclo o unidad didáctica o para la expedición del título. Se focaliza en el aprendizaje como producto acabado, con la finalidad de verificar el logro de los objetivos del proceso educacional. Al comprobar solamente la calidad del producto final, por eso se denomina final, no tiene posibilidad de intervenir a lo largo del proceso ni, por ello, modificarlo, solo cabe con ello indicar un proceso de recuperación de los objetivos no conseguidos.

Se ha de considerar estrechamente vinculada a la continua o formativa, ya que ha de permitir el análisis y la valoración de todo el proceso educativo.

1.3. Evaluación continua o formativa

La evaluación continua o formativa pretende informar sobre el proceso de enseñanza-aprendizaje mientras este se está llevando a cabo, con el fin de estudiar las diversas variables que ayudan o interfieren el mismo. Esta información permite realizar continuas revisiones del proceso, contribuyendo así a la consecución de los objetivos de aprendizaje, pues puede servir tanto para mejorar el aprendizaje de los alumnos como de la enseñanza impartida.

La evaluación continua o formativa incrementa el rendimiento académico del alumno, así como los niveles de calidad docente y el éxito del proceso de enseñanza-aprendizaje. Cuando los alumnos participan en la evaluación continua tienen mayores garantías de superar el área de conocimiento. En primer lugar, porque han asimilado de forma gradual los contenidos más importantes del área y porque han desarrollado de forma gradual las competencias de la misma, en el caso de Educación Primaria. En segundo lugar, porque conocen la forma de evaluar del maestro. En tercer lugar, el alumno recibe información sobre su propio ritmo de aprendizaje, siendo capaz de rectificar los errores que ha ido cometiendo, encontrándose en condiciones de reorientar su aprendizaje y, en definitiva, implicándose de forma más motivada, en su propio proceso de aprendizaje, por lo que la evaluación continua constituye un buen sistema de aprendizaje. En último lugar, la evaluación continua sirve de preparación a los alumnos de cara a la prueba final de evaluación.

Para que la evaluación continua sea verdaderamente eficaz es indispensable que además sea frecuente, porque si tan solo tenemos una referencia intermedia entre el inicio y el final, ésta no nos garantiza llegar exitosamente a la meta. Y es que corregir, superar, reforzar o afianzar los aprendizajes es mucho más difícil si los referentes están muy alejados en el tiempo o muy cargados en la cantidad de materia.

Ahora bien, conviene advertir que la implementación de estrategias de evaluación continua y formativa debe ser prudente y realista. Este tipo de evaluación no debe llegar a ser la actividad principal ni del maestro ni de los alumnos. Debe estar integrada de manera razonable en las propias actividades de enseñanza y aprendizaje, y es preciso ser estratégicos en su definición para que esta actividad no requiera ni tiempo ni esfuerzo extraordinarios. En primer lugar, la actividad evaluativa debe implicar aprendizaje, haciendo evidente su rentabilidad inmediata. La previa elaboración de protocolos de evaluación es otra de las estrategias más importantes. Que estos protocolos sean autoadministrables o permitan la evaluación por pares es otra estrategia.

Muchos autores han profundizado en la diferenciación entre evaluación formativa y sumativa. Para Moral *et al.* (2010), la evaluación formativa y la evaluación sumativa tienen propósitos distintos: la evaluación formativa está dirigida al aprendizaje y la sumativa a documentar un logro. Pero aunque estos dos tipos de evaluación tengan propósitos distintos, deben ser complementarios y apoyarse mutuamente. La evaluación sumativa no debe ser comprendida como una mera repetición de las tareas de la evaluación formativa, sino ser la verificación de la ejecución y del logro alcanzado por los alumnos. La evaluación sumativa debe ser considerada un elemento esencial del mismo proceso de aprendizaje continuo al que se dirige la evaluación formativa. Para Villar (1994), la evaluación formativa surge para referirse al desarrollo o mejora de un programa o producto (incluidos los agentes educativos) y la sumativa para el beneficio de una audiencia externa que toma decisiones una vez que ha realizado las acciones evaluativas. Romero Godoy (2004) señala algunas similitudes y diferencias entre evaluación formativa y sumativa (cuadro 9.1).

Dados los procesos de transformación a los que las instituciones educativas se están viendo sometidas, la preocupación por la mejora de la calidad de la docencia, y puesto que la tendencia europea nos está exigiendo otro tipo de enseñanza y de evaluación (basada en competencias y capacidades), es necesario que el maestro se oriente hacia fórmulas más continuas y cualitativas. El maestro, no solo ha de evaluar al final del proceso de aprendizaje la asimilación de conocimientos y el desarrollo de competencias por parte de los alumnos, sino que a lo largo del curso ha de proponer, con cierta periodicidad, actividades de carácter evaluable que faciliten la asimilación y desarrollo progresivos de los contenidos del área y

CUADRO 9.1

Similitudes y diferencias entre evaluación formativa y sumativa (Romero Godoy, 2004: 511-512)

	Evaluación sumativa	**Evaluación formativa**
Concepto	Forma mediante la cual se mide y juzga el aprendizaje con el fin de certificarlo, asignar calificaciones y determinar proporciones.	Cuando se desea averiguar si los objetivos de la enseñanza están siendo alcanzados o no, y lo que es preciso hacer para mejorar el desempeño de los alumnos.
Propósito	Asignar una calificación totalizadora a cada alumno que refleje la proporción de objetivos logrados en el curso, semestre, o unidad didáctica correspondiente.	Tomar decisiones respecto a las alternativas de acción y dirección que se van presentando conforme se avanza en el proceso de enseñanza-aprendizaje (ya sea una intervención, un programa, una organización...).
Interés	Objetivos de la acción.	Cualidades y defectos del objetivo evaluado.
Función	Emitir juicios y generalizaciones sobre los tipos de operaciones eficaces y condiciones en que los esfuerzos son eficaces.	Globalmente, lograr sugerencias de mejora. Específicamente: • Dosificar y regular adecuadamente el ritmo del aprendizaje. • Retroalimentar el aprendizaje con información desprendida de los instrumentos de evaluación. • Enfatizar la importancia de los contenidos más valiosos. • Dirigir el aprendizaje sobre las vías de procedimientos que demuestran mayor eficacia. • Informar a cada alumno acerca de su particular nivel de logro. • Determinar la naturaleza y modalidades de los subsiguientes pasos.

CUADRO 9.1 *(continuación)*

	Evaluación sumativa	Evaluación formativa
Momentos	Al finalizar el hecho educativo (curso completo o partes o bloques de conocimientos previamente determinados).	Durante el hecho educativo, en cualquiera de los puntos críticos del proceso, al terminar una unidad didáctica, al emplear distintos procedimientos de enseñanza, al concluir el tratamiento de un contenido...
Instrumentos e informes	Pruebas objetivas que incluyan muestras proporcionales de todos los objetivos incorporados a la situación educativa que se va a calificar. Informes para responsables de evaluación, planificadores de la evaluación...	Pruebas informales, exámenes prácticos, observaciones y registros del desempeño, entrevistas... Informe oral, informe interno, limitada difusión entre evaluadores y programas similares al estudiado.
Manejo de resultados	Conversión de puntuaciones en calificaciones que describan el nivel de logro en relación con el total de objetivos pretendidos. El conocimiento de esta información es importante para las actividades administrativas y los alumnos, pero no se requiere una descripción detallada del porqué de tales calificaciones, ya que sus consecuencias prácticas están bien definidas y no hay corrección inmediata dependiendo de la comprensión que se tenga sobre una determinada circunstancia.	De acuerdo con las características del rendimiento constatado, a fin de seleccionar alternativas de acción inmediata.
Criterio de valor	Capacidad para establecer generalizaciones y aplicaciones a futuras acciones, programas...	Utilidad para la audiencia en el contexto estudiado.

de las competencias a alcanzar, respectivamente. De esta forma, la evaluación se convierte en continua y progresiva y el maestro puede realizar un mayor y mejor seguimiento del progreso en el aprendizaje del alumno, ya que permite la evaluación integral. Se ha pasado de una evaluación centrada en los productos a una evaluación centrada en los procesos. Hoy, cuando el alumno, además de unos conocimientos, debe adquirir un sistema de competencias, el tipo de evaluación que mejor se adapta a la real adquisición y comprobación de las competencias adquiridas es la evaluación continua. Por tanto, las actividades de evaluación sumativas y finales deben complementarse con actividades de evaluación formativas y continuas.

En la bibliografía especializada pueden encontrarse trabajos que avalan la importancia de lograr un carácter formativo en la evaluación, frente a las prácticas tradicionales en la enseñanza, que se limitan a realizar una evaluación final y sumativa con un propósito exclusivamente calificador (Bosón y Benito, 2005; Bretones, 2002).

Así pues, estamos ante una evaluación que ha dejado de centrarse en la legitimación del alumno para poner énfasis en la optimización del proceso. La finalidad del proceso no es otorgar una nota, sino conseguir un aprendizaje. El nuevo marco de educación, que pone más énfasis en lo que aprende el alumno que en lo que le enseña el maestro, debe incluir una nueva manera de enfocar la evaluación del proceso de aprendizaje que tenga realmente en cuenta la adquisición de las correspondientes competencias y habilidades. Este es el motivo por el cual el concepto de evaluación continua ha ido ganando terreno hasta convertirse en el centro del proceso de evaluación más próximo al nuevo escenario educativo. La evaluación continua se adopta como una estrategia de evaluación formativa más orientada al proceso de aprendizaje que a una valoración puntual. Por tanto, la evaluación continua constituye un buen método para valorar el grado de desarrollo de las competencias que los currículum actuales introducen. Ahora bien, como en cualquier otro sistema de evaluación, la coherencia es esencial. La evaluación final puede utilizarse aisladamente, es decir, planteando una sola prueba al final del proceso, o bien combinándola con una previa evaluación continua y, por tanto, como elemento de cierre de la misma. Es importante que el tipo de prueba final que se plantee sea coherente con los objetivos de aprendizaje establecidos y con las competencias que el área pretenda desarrollar. La evaluación final deberá ser coherente con el trabajo que se ha desarrollado a lo largo de la evaluación continua. Para ello, pueden utilizarse estrategias como atribuir un valor importante a la nota de evaluación continua para calcular la nota final. En cualquier caso, resulta fundamental que el maestro, al inicio de curso, insista en las ventajas que para los alumnos va a reportarles el seguimiento de este sistema evaluativo.

2. CRITERIOS DE EVALUACIÓN

Los criterios de evaluación son los que responden a la pregunta: qué evaluar. Son indicadores sobre qué aprendizajes son los que debe conseguir el alumno al finalizar un proceso de enseñanza-aprendizaje. Por tanto, hacen referencia a la consecución de las metas propuestas al inicio del proceso.

Los criterios de evaluación de cada etapa educativa aparecen en los correspondientes decretos curriculares (RD 1630/2006 de Educación Infantil y RD 126/2014 de Educación Primaria), secuenciados por ciclos y áreas (en el RD 126/2014 solo por áreas, al desaparecer con la LOMCE los ciclos en la etapa de Educación Primaria). Como señala Carratalá (2005), con los criterios de evaluación que recogen los curricula oficiales se seleccionan los aprendizajes básicos de cada área por ciclos que deben adquirir los alumnos para alcanzar las capacidades expresadas en los objetivos generales de etapa y de área, y en las competencias básicas en el caso de Educación Primaria.

Estos criterios no se refieren a la totalidad de los contenidos recogidos en los diseños curriculares, sino a los mínimos deseables. Constan de dos partes: un enunciado, en el que se establece el tipo de aprendizajes y el grado en el que debe ser alcanzado, y una explicación más detallada sobre los aspectos contemplados en el enunciado, evitando así interpretaciones subjetivas acerca de lo que se pretende evaluar. Estos criterios de evaluación de los curricula oficiales tienen un carácter prescriptivo y hacen referencia al qué evaluar, pero no al cómo hacerlo. En consecuencia, cada centro debe adecuarlos al contexto y secuenciarlos en función de los objetivos generales de etapa y de área, así como de los contenidos mínimos que se hayan establecido para cada ciclo y curso en el proyecto educativo.

El RD 126/2014 de Educación Primaria señala que para la evaluación en esta etapa se utilizarán como referentes los criterios de evaluación y estándares de aprendizajes evaluables (artículo 12.4). Constituye una novedad en nuestro contexto la introducción en los currículos de todas las asignaturas, junto a los bloques de contenidos y a los criterios de evaluación, de los «estándares de aprendizaje», término procedente del ámbito anglosajón. A efectos de este RD se entiende por estándares de aprendizaje evaluables «las especificaciones de los criterios de evaluación que permitan definir los resultados de aprendizaje, y que concretan lo que el alumno debe saber, comprender y saber hacer en cada asignatura...» (artículo 2.1). Los estándares de aprendizaje evaluables «están llamados a constituirse en el currículo real: marcarán el referente de indicadores para las evaluaciones, promoción y pruebas de reválidas» (Bolivar, 2013). Deben ser observables, medibles y evaluables. Su diseño debe contribuir y facilitar el diseño de pruebas estandarizadas y comparables (artículo 2.1). Por tanto, serán lo que se evalúe en las pruebas externas. Conviene tener en cuenta que los criterios de evaluación deben reunir unas características. Deben ser muy concretos, observables y evaluables y deben especificar y poner de manifiesto el tipo y grado de aprendizaje que se espera alcancen los alumnos en un momento determinado respecto a las capacidades expresadas en los objetivos y en las competencias básicas. Además, deben incluir de forma equilibrada los distintos tipos de capacidades (motoras, cognitivas, lingüísticas, de equilibrio personal, de relación con los demás, de actuación e inserción en contextos sociales...) y contenidos (conceptuales, de principios, procedimentales, normativos, actitudinales, de valores...).

Una de las razones que justifican esta inclusión equilibrada tiene que ver con el significado y la función básica de la evaluación, o sea, la obtención de una información lo más detallada posible para ajustar el apoyo y la ayuda educativa de acuerdo con los progresos y dificultades de los alumnos. Desde esta óptica, y dado que los alumnos pueden tener posibilidades y rendimientos distintos en los distintos tipos de capacidades, la consideración de los diferentes contenidos y capacidades es imprescindible para obtener una información suficiente. No es lo mismo, por ejemplo, el alumno que desconoce cierto concepto pero tiene interés por entender algunos fenómenos relacionados con este, que el que tiene cierta aproximación al concepto pero tiene dificultades para expresarlo y comunicarlo, que el que simplemente no lo ha alcanzado. No es lo mismo el que hace bien una suma pero no es capaz de relacionarla con su fundamentación conceptual que el que sí puede hacerlo. Una evaluación que no tuviera en cuenta los distintos tipos de contenidos y capacidades podría desconocer las diferencias entre estas situaciones, con la consecuencia de que los distintos casos no podrían recibir la ayuda específica necesaria.

Otra razón que justifica la inclusión equilibrada de los distintos tipos de capacidades y contenidos en los criterios de evaluación está relacionada con el valor que tiene la evaluación para el alumno como información sobre sus propias capacidades y posibilidades, y con las consecuencias que ello comporta desde el punto de vista del autoconcepto y su implicación en el proceso de enseñanza y aprendizaje. Una evaluación que solamente considere algunos de los tipos de contenidos, o algunos de los tipos de capacidades, puede perjudicar seriamente a aquellos alumnos con menos interés, posibilidades o competencia en otros. Por ejemplo, una evaluación centrada exclusivamente en los aspectos conceptuales y en las capacidades cognitivas y lingüísticas puede favorecer que cierto tipo de alumnos lleguen a la conclusión de que «no sirve para estudiar», cuando lo que sucede es que tienen dificultad o falta de interés en cierto tipo de situaciones, contenidos y capacidades implicados en los procesos de enseñanza y aprendizaje, y que dejen de explotar otro tipo de situaciones, contenidos y capacidades en los que pueden ser más competentes y manifiestan más interés.

El aprendizaje al que se refiere un determinado criterio de evaluación debe graduarse de forma progresiva, para, así, poder determinar en cada momento cuál es la situación real del alumno en función de las capacidades que se pretenden desarrollar. Esta gradación permite contemplar los diferentes niveles de aprendizaje de los alumnos, lo que facilita la valoración de su desarrollo, y, si fuera necesario, el establecimiento del nivel de apoyo aconsejable para alumnos con dificultades de aprendizaje.

Para comprobar si un determinado criterio de evaluación se ha alcanzado, hay que diseñar diversas actividades de evaluación. Será necesario que estas actividades tengan diferente nivel de complejidad para atender a la diversidad de los alumnos y adecuar las actividades al nivel de desarrollo de sus capacidades efectivas.

Los criterios de evaluación deben formularse como consecuencia de un aprendizaje (por ejemplo, el alumno resuelve problemas sencillos de adición y sustracción). Las disposiciones legales los enuncian utilizando verbos en infinitivo (por ejemplo, resolver problemas sencillos de adición y sustracción). Las dos formas de redactarlos se utilizan hoy día.

3. LA EVALUACIÓN EN EDUCACIÓN INFANTIL

3.1. Características de la evaluación

Evaluar en Educación Infantil, si nos referimos a la evaluación del alumno, implica para los maestros y adultos ponerse en situación no de pensar si es correcto o no para nosotros como adultos, desde un punto de vista de la valoración de la propia actividad, sino situarnos en esa forma magnífica y a la vez misteriosa del niño de hacer y comunicar sus pensamientos (García Fernández, 1998).

La importante tarea de evaluar es en esta etapa educativa especialmente difícil por la gran cantidad de preconcepciones erróneas acerca de la misma, la escasa fiabilidad, objetividad y validez de los instrumentos para medir la consecución de los objetivos, así como la falta de criterio para atribuir significado curricular a las manifestaciones de los niños (Blázquez y Lucero, 2009).

El artículo 2 del Real Decreto 1630/2006 señala que la evaluación del aprendizaje de los alumnos en la etapa de Educación Infantil, que será responsabilidad de cada tutor, debe servir para identificar los aprendizajes adquiridos y el ritmo y características de la evolución de cada niño. A estos efectos, los criterios de evaluación se utilizarán como referente para la identificación de las posibilidades y dificultades de cada niño y para observar el desarrollo de su proceso de aprendizaje (art. 2, Orden 3960/2007).

La evaluación tiene en esta etapa una evidente función formativa, sin carácter de promoción ni calificación del alumno. El Real Decreto 1630/2006 establece que la evaluación será global, continua y formativa. La evaluación será global porque en los dos ciclos que componen la etapa la evaluación estará referida al conjunto de capacidades expresadas en los objetivos generales de la Educación Infantil, adecuados al contexto sociocultural del centro y a las características propias del alumnado. Tendrá un carácter continuo al ser un proceso en el que el tutor recoge de modo continuo información sobre el proceso de enseñanza y aprendizaje. De hecho, como ya hemos señalado, la evaluación que se aplica tiene tres momentos o fases: inicial, continua y final. Los niños que presentan necesidades educativas especiales necesitarán una educación especializada temprana y una respuesta educativa apropiada de carácter preventivo y compensador. Asimismo, la evaluación tendrá un carácter formativo regulador, orientador y autocorrector del proceso educativo, al proporcionar una información constante que permitirá estudiar las diversas variables que ayudan e interfieren en la consecución de las capacidades de la etapa, lo que permitirá mejorar tanto los procesos como los resultados de la intervención educativa.

Para la evaluación, tanto de los procesos de desarrollo como de los aprendizajes, se utilizarán distintas estrategias y técnicas. Las entrevistas con las familias, la observación directa y sistemática y el análisis de las producciones de los niños y niñas constituirán las principales fuentes de información del proceso de evaluación (art. 7.1, Orden 3960/2007).

Las consideraciones derivadas del proceso de evaluación deberán ser comunicadas a las familias al menos tres veces a lo largo del curso, para hacerles coparticipes del proceso educativo de sus hijos. Dicha información incluirá, al menos, las valoraciones obtenidas en las distintas áreas y las medidas adoptadas, en su caso, para que el niño desarrolle las capacidades generales.

Al incorporarse por primera vez un niño a un centro de Educación Infantil, el tutor realizará una evaluación inicial en la que se recogerán los datos relevantes sobre su proceso de desarrollo de las capacidades contempladas en los objetivos de la etapa. Cualquier centro que escolarice a alumnado que haya asistido previamente a otro anterior solicitará la información correspondiente al centro de procedencia.

Al finalizar cada curso escolar, el tutor elaborará un informe anual de evaluación individualizado en el que reflejará el grado de desarrollo de los diversos tipos de capacidades y las medidas de refuerzo y adaptación que, en su caso, hayan sido utilizadas. Al término de cada ciclo, el tutor elaborará un informe individualizado de final de ciclo que recogerá los logros y dificultades en su proceso de desarrollo y de aprendizaje.

3.2. Instrumentos de evaluación

Para la evaluación de los procesos de desarrollo y de los aprendizajes de los niños de Educación Infantil se utilizará una variedad de instrumentos de evaluación, entre los que pueden encontrarse los siguientes: entrevista familia-tutor/a, cuestionarios, carpeta de trabajo, informes individuales, observación y técnicas sociométricas. Antes de pasar a desarrollar cada una de ellas, conviene subrayar la necesidad de diversificar los instrumentos de evaluación para poder obtener una información suficientemente variada y diversa del desarrollo del alumno, y para evaluar equilibradamente los distintos tipos de capacidades y contenidos.

3.2.1. *Entrevista familia-tutor*

Es el medio más directo y más rico de recoger información. La calidad de la información obtenida depende, en gran medida, del tutor. El principio fundamental de la entrevista es promover un marco en el que los padres puedan expresarse en sus propios términos.

Es un instrumento prácticamente imprescindible al comienzo de la escolaridad del niño, cuando la familia y la escuela se desconocen. Esta entrevista inicial es mucho más que el acto de cumplimentar un formulario, una ficha o una reunión del tutor y padres para conocerse y hablar sobre el futuro alumno. Implica una preparación previa. Esto no solo significa que el docente conozca las preguntas que la escuela confeccionó para que le sirvan de guía, sino que también tenga en cuenta a quién va a entrevistar (conocer su nombre, los datos que la comunidad aporta de él...). La preparación previa del tutor antes de recibir a los padres pone de manifiesto un interés por lo individual. Esto favorece un mejor clima para el comienzo del encuentro. Sentirse recibida por el tutor, redundará en una mayor predisposición por parte de la familia a comunicarse con el centro. Así pues, en la entrevista inicial se comenzarán a sentar bases, construir códigos y un modo particular de funcionamiento. Como señala Rodríguez Gallego (2007), esta entrevista inicial es la que más datos aporta, no solo por lo que los padres informan directamente, sino también por las observaciones que permite realizar al tutor.

En esta entrevista inicial es importante que el tutor recabe información sobre aspectos tales como datos escolares, crecimiento y desarrollo (motricidad, lenguaje, salud, sueño...), hábitos de autonomía (alimentación, aseo, vestido, juego y personalidad), y características personales, y pautas educadoras utilizadas por la familia.

Según el grado de predeterminación con que se establece la entrevista, puede ser estructurada o semiestructurada. En la estructurada las cuestiones que se formulan a la familia han sido previamente fijadas por el centro-tutor. En este tipo de entrevista habrá que evitar que las preguntas tengan una construcción que estimulen un tipo de respuesta en los padres que les puedan poner en una situación comprometida. En la entrevista semiestructurada el tutor no se sirve de un cuestionario fijo ni plantea unas preguntas prefijadas a los padres, sino que dispone de un guión de entrevista sobre las grandes líneas que necesita indagar en el que caben otras cuestiones según progresen las respuestas de los padres. Suele ser interesante seguir un cierto guión o incluso un cuestionario por la cantidad y variedad de información que hay que recoger.

Un aspecto práctico que conviene tener en cuenta en relación con las entrevistas se refiere al interés por conservar anotaciones de su contenido. Es por lo que resulta útil algún tipo de ficha donde el tutor pueda trasladar al papel, durante o al finalizar la entrevista, los aspectos más relevantes tratados en la misma. Estas anotaciones tienen, además, una gran utilidad para el futuro, pues permitirán establecer continuidad con otras entrevistas.

También es especialmente útil la entrevista al final de curso, para transmitir a los padres la evolución que se ha observado en el hijo a lo largo de todo el año. Es importante recurrir a la entrevista en cualquier momento del curso, cuando surja, tanto a iniciativa de la familia como del tutor, alguna preocupación seria en torno al niño.

3.2.2. *Intercambios orales informales*

Además de las entrevistas, el tutor debe aprovechar los intercambios orales informales que puedan surgir con los padres, de forma espontánea o intencionada. En estos intercambios pueden expresar, a través del diálogo informal, información muy útil e importante que permita al tutor ampliar el conocimiento sobre sus alumnos, información que podrá contrastar o retomar en las entrevistas que a lo largo del curso mantenga con los padres. Cuando la información recogida en el contacto informal sea relevante, igual que hemos señalado para las entrevistas, conviene conservar anotaciones.

3.2.3. *Cuestionarios*

Los cuestionarios son un instrumento muy conveniente para recoger información de los padres. Pueden aportar de forma sistemática bastante información en torno al niño. Son especialmente útiles al comienzo de la escolarización para la recogida inicial de información, y, en otros momentos, para conocer datos sobre situaciones concretas. La principal ventaja es que permiten unificar la información que se demanda a los padres, y el inconveniente es que habitualmente proporcionan una información demasiado escueta y parcializada. Tal vez, si los padres cumplimentan primero el cuestionario y después, en la entrevista, se comenta ampliamente, podamos tener una visión más completa del niño y su situación (cuadro 9.2).

Los cuestionarios se pueden plantear con formato abierto, cerrado o mixto. Los que se basan en preguntas cerradas tienen la ventaja de la comodidad de su uso para el maestro. Como desventaja, por un lado, suelen simplificar excesivamente las respuestas, dejando poco margen a la expresión de lo más característico del niño, y, por otro lado, son mucho más fáciles de rellenar para padres con un buen nivel de estudios, y un obstáculo para padres con un nivel más bajo.

Los cuestionarios basados en preguntas abiertas, aunque en principio dan más posibilidad a los padres para expresar lo que consideran relevante, pueden llevar a que cada uno conteste haciendo referencia a aspectos muy diferentes.

Los cuestionarios mixtos combinan las preguntas cerradas y abiertas, lo que permite al tutor recoger particularidades, facilitando así la identificación de las características más propias e individuales de cada niño.

3.2.4. *Carpeta de trabajo o portafolios*

Hoy los portafolios están presentes en todas las etapas educativas. Entendemos por portafolio una compilación de trabajos del alumno que aporta información sobre sus conocimientos, habilidades e incluso su forma de actuar ante determinados aprendizajes. En Educación Infantil, el portafolio, básicamente, incluye ejemplos de los trabajos realizados por los niños.

Una característica muy valiosa que aporta el portafolio frente a otro instrumento de evaluación es que suministra información acerca del proceso de aprendizaje y desarrollo del niño. La función principal del portafolio es evidenciar qué es lo que ha aprendido el niño.

CUADRO 9.2

Modelo de cuestionario en Educación Infantil

Datos personales

Nombre y apellidos: ....
Cómo le llaman en casa: ....
Fecha nacimiento: ....
Dirección: ....
Teléfono habitual: ....
Si no se encuentran en casa, avisar a: ....
Teléfonos y dirección: ....
Fecha del cuestionario: ....
¿A qué hora debe levantarse el niño/a para asistir al centro?: ....
¿Cuántas horas al día pasará el alumno/a en el centro?..................................

Datos sanitarios

¿Cómo es la salud del niño?: ....
¿Padece alguna enfermedad importante?: ....
¿Es alérgico a algún medicamento? ¿A cuáles?: ....
¿Tiene alguna medicación?: ....
¿Tiene algún problema físico?: ....
¿Se pone enfermo a menudo?: ....
Señale si hemos de tener en cuenta alguna cuestión referente a su salud: ....

Datos familiares

Nombre del padre:			
Edad:	Profesión:	Trabajo:	Centro de trabajo:
Nombre de la madre:			
Edad:	Profesión:	Trabajo:	Centro de trabajo:

Indique de mayor a menor el nombre de todos los hijos, edades, estudios que están realizando o profesión.

Hijos	Nombre	Edad	Estudios o profesión
1			
2			
3			

CUADRO 9.2 *(continuación)*

Datos familiares

¿Qué relación mantiene con sus hermanos?: ....
¿Qué otros familiares viven en casa?: ....
¿Los padres viven juntos?: ....
De no ser así ¿con quién vive el niño?: ....
¿Con quién pasa más tiempo?: ....
¿Quién atiende al niño cuando los padres trabajan?: ....
Observaciones: ....
....

Desarrollo

¿Tiene algo importante que reseñar sobre el embarazo y/o parto de su hijo/a?: ....
¿Cuándo inició el gateo?: ....
¿A qué edad empezó a andar?: ....
¿Qué mano suele utilizar?: ....
¿Le gusta caminar, subir y bajar escaleras, correr...?: ....
¿Cuándo dijo sus primeras palabras?: ....
¿Se le comprende cuando habla?: ....
¿Utiliza el lenguaje gestual?: ....
¿Utiliza monosílabos, palabras, frases...?: ....
¿Controla los esfínteres? ¿Desde cuándo?: ....
¿Va solo al baño?: ....
Observaciones: ....
....

Hábitos

¿Come solo?: ....
¿Utiliza algún cubierto?: ....
¿Le gusta comer?: ....
¿Cuáles son sus alimentos preferidos?: ....
¿Los toma en puré o triturados?: ....
¿Qué hace cuando no le gusta la comida o no quiere comer?: ....
¿Qué hacéis vosotros para convencerlo?: ....
¿Cuántas horas duerme de noche? ¿Y de día?: ....
¿Se duerme con facilidad?: ....
¿Comparte habitación? ¿Con quién?: ....
¿Duerme con la luz encendida?: ....
¿Tiene pesadillas?: ....
¿Tiene algún ritual a la hora de dormir?: ....
¿Duerme de un tirón toda la noche?: ....
¿Cómo se despierta? Tranquilo, llorando, alegre: ....
¿Es autónomo para vestirse?: ....
¿Es autónomo para lavarse, secarse...?: ....
Observaciones: ....
....

CUADRO 9.2. *(continuación)*

Vida social

¿Con quién juega y dónde juega?: ....

¿A qué juega?: ....

¿Cuáles son sus juegos favoritos?: ....

¿Utiliza juguetes didácticos?: ....

¿Quién le enseña a jugar con ellos?: ....

Cuentos preferidos: ....

Gustos y aficiones: ....

Aversiones: ....

¿Cuántas horas suele ver la televisión al día?: ....

¿Qué tipos de programa ve?: ....

¿Ordena sus juguetes?: ....

¿Le gusta relacionarse con los adultos?: ....

¿Cuántas horas pasa con ellos?: ....

¿Viene al colegio contento?: ....

¿Es obediente?: ....

¿Qué hace cuando no le obedece?: ....

¿Cómo le demuestran que están contentos cuando se porta bien?: ....

Si es necesario, ¿qué hacen para conseguir modificar una mala conducta?: ....

¿Qué edad tenía su hijo/a cuando le dejó por primera vez en compañía de un familiar, niñera o de alguien que no era usted?: ....

¿Cuál fue su reacción?: ....

¿Cómo reacciona ahora cuando sucede esta situación?: ....

¿Cómo se siente usted cuando tiene que dejarlo al cuidado de otra persona?: ....

¿Cómo se comporta el niño/a cuando tiene que relacionarse con un grupo nuevo, como por ejemplo en una fiesta de cumpleaños?: ....

¿Qué hace su hijo/a cuando está enfadado?: ....

¿Qué le puede atemorizar?: ....

¿Viene al colegio contento?: ....

¿Ha estado en otro centro? ¿Cuál?: ....

¿Cómo le fue?: ....

Observaciones: ....

....

3.2.5. *Informes individuales*

En Educación Infantil hay que elaborar informes que se basen en el tipo de evaluación que debe desarrollarse en esta etapa, en general en el planteamiento curricular de Educación Infantil.

Qué tipo de informe utilizar es una decisión que afecta al equipo educativo de etapa de cada centro. Cada uno constituye una unidad singular, irrepetible y propia que debe construir su propio informe, pues, en última instancia, el suyo siempre será una creación única y específica, en función tanto de la población a la que va dirigido como a la particular composición del equipo educativo que la formula. Se ha de elaborar en función de lo que tenemos, de lo que sabemos y de lo que queremos evaluar. Según Puerta y Sánchez (1996), los informes pueden ser abiertos, cerrados o mixtos.

El informe *abierto* se define como aquel en el cual, con escasas condiciones, el maestro redacta y traslada la información que considera oportuna transmitir a las familias. Como mucho, quedan marcadas algunas áreas o ámbitos del desarrollo del niño (psicomotriz, afectivo-social, cognitiva...). Este modelo permite adaptarse a las situaciones de cada niño, a sus características, y a su propio proceso. Las grandes diferencias entre los alumnos no dificultan la realización de este tipo de informes. Permite la misma respuesta formal a la diversidad. Como desventajas, destacan una gran subjetividad por parte del maestro, y el trabajo y tiempo que le supone, en ocasiones, la redacción.

En el informe *cerrado,* el equipo educativo decidirá un modelo, compuesto por un número determinado de ítems correspondientes a aprendizajes relevantes, y en el que el maestro solo tendrá que aplicar y concretar un código que explicaría el nivel de consecución de aquellos, lo que permite eliminar la subjetividad, así como el uso arbitrario del lenguaje y hacer juicios de valor. A la vez, se convierte en una tarea rápida una vez que el claustro ha definido el formato. Sin embargo, estandariza a todos los niños y los uniforma por unos aprendizajes establecidos, a no ser que se convierta en un informe excesivamente largo y amplio donde se contemplen todas las adquisiciones de toda la etapa.

El informe *mixto* es abierto en cuanto al formato, pero cerrado por unos criterios previos establecidos y aceptados por el equipo educativo. Esto permite que la información de cada alumno provenga de una evaluación con criterio a él mismo y a su propio nivel, y no desde una evaluación normativa, en la que el referente es la norma.

Independientemente del modelo que elijamos, conviene tener en cuenta algunos principios a la hora de realizar un informe para las familias (Remón, www.gobiernodecanarias.org/educación/.../colabora.htm). El riesgo mayor que tienen los informes se refiere a la posibilidad que tienen las evaluaciones de «etiquetar» al niño. Este riesgo es especialmente grave en Educación Infantil porque encasillar dentro de unas características a un niño en unas edades en que las posibilidades de cambio son inmensas puede condicionar negativamente su desarrollo. Para evitar este riesgo hay que procurar hacer descripciones que no entren en valoraciones, como, por ejemplo, clasificar las conductas del niño en alta, media o baja, o cualquier otro tipo de calificaciones, evitando cuidadosamente las valoraciones negativas.

Por otra, hay que constatar los avances del niño con respecto a su propia evolución, y no en comparación con una determinada media o con su grupo. Son positivos los informes y registros que sitúan la conducta del niño en su propio continuo, subrayando más los avances logrados que lo que le queda por conseguir. Para evitar los informes referidos a un momento muy concreto del desarrollo, es conveniente que estos vayan incluyendo la evolución de los distintos aspectos y los momentos más significativos a lo largo del curso.

Los informes deben adoptar la forma de una evaluación de los progresos efectuados, y de las capacidades del niño para mejorar, o, más concretamente, de los aspectos en los que hay que ayudarle para estimular su desarrollo, así como del modo en que la familia puede colaborar en el plan que el centro establezca para conseguir resultados positivos. Deben servir de base para una situación de diálogo entre padres y educadores, en el que se contrasten las informaciones.

3.2.6. *Observación*

El uso de la observación se revela como imprescindible en la práctica diaria de la escuela. Ha sido un instrumento que siempre se ha tenido en cuenta a la hora de evaluar el rendimiento de los alumnos, pues permite recoger información no solo sobre el resultado, sino también sobre el proceso.

La observación es un proceso que va más allá de la percepción, es un proceso intelectual de selección y estructuración de los datos de una realidad o situación, de modo que quede patente una red de significaciones (Postic y De Ketele, 1992; Salvador y Gallego, 1998). Esta técnica, además de dar información sobre el proceso y adquisición de objetivos de aprendizaje actitudinales, aporta información sobre el desarrollo y el aprendizaje de procedimientos (Moral *et al.*, 2010).

Las fases de la técnica de observación son: identificar lo que se quiere evaluar, identificar manifestaciones observables, elaborar el instrumento (anecdotarios, listas de control, escalas de estimación, registro de incidentes críticos...), observar y cumplimentar el instrumento y analizar la información (Yánez y Villardón, 2006).

La observación admite diferentes formatos según el tipo de procedimiento que se utilice y las condiciones en que se lleve a cabo. Aquí nos centraremos en la observación asistemática o causal y la sistemática y sus correspondientes técnicas.

En la observación *asistemática,* el maestro recoge información sobre lo que acontece en el aula o fuera de ella, o sobre hechos aislados significativos. Esta observación suele corresponderse con fases iniciales de observación con las cuales se pretende obtener una panorámica general de lo observado.

La técnica más habitual de observación asistemática es el *anecdotario,* que recoge anécdotas, episodios o sucesos concretos ocurridos incidentalmente durante la observación.

En la observación *sistemática* se han definido de antemano las personas o grupos objeto de observación y los aspectos sobre los cuales se pretende obtener información, así como momentos y circunstancias de la observación, por lo que se trata de una observación previamente planificada y organizada. Las técnicas de observación que pueden ser utilizadas para establecer procesos de observación sistemáticos y planificados son los registros de incidentes críticos, listas de control y escalas de estimación o valoración.

El *registro de incidentes críticos* recoge anécdotas o episodios en función de lo planificado. Por ejemplo, si seguimos a un alumno a lo largo de sus primeros días de clase para ver su actitud hacia los compañeros y los adultos. Los registros se van recogiendo habitualmente en fichas. Un esquema habitual de esta ficha es el siguiente:

a) Identificación del protagonista (nombre, curso...).
b) Identificación del observador (nombre, rol desempeñado...).
c) Identificación de la situación: dónde ocurrió.
d) Relato del hecho (en forma descriptiva).
e) Comentarios.

Las *listas de control o check-list* consisten en la enumeración de una serie de conductas, características o aspectos que se quieren comprobar si se dan o no en un determinado alumno o grupo (cuadro 9.3). En ellas el maestro señalará si la

CUADRO 9.3

Modelo de Lista de Control

Alumno:.. Fecha registro:...............................

	Sí	**No**
Acude alegre a la escuela y suele estar contento		
Se mueve de forma natural por los distintos espacios del centro		
Se muestra dependiente del maestro/a		
Llora al entrar en la escuela		
Acepta la separación familiar		

conducta se da o no durante el período observado. Las listas de control evitan la pérdida de información que conlleva la simple retención memorística. Y tienen el inconveniente de que no incluyen comentarios sobre las conductas observables ni grados de aparición de las mismas.

Las *escalas de estimación* son un conjunto de conductas o características, como las listas de control, seguidas de una graduación que describe el grado o intensidad con que se pueden presentar los aspectos observables. La valoración dada a estos aspectos puede venir reflejada de diferente forma: numérica (por ejemplo, puntuando: 1 —nunca— y 5 —siempre—; cuadro 9.4), gráfica (se representan mediante una línea o casilleros con conceptos opuestos en sus extremos, cuadro 9.5) o descriptiva (a través de frases graduales que indiquen una diferente posición en el desempeño de la conducta o rasgo señalado en la escala, cuadro 9.6). El inconveniente

CUADRO 9.4

Modelo de Escala de Estimación Numérica

Alumno: .... Fecha registro: ....

	1	2	3	4	5
Aceptar a sus compañeros en función de sus características personales, sociales y académicas					
Aceptar los diferentes roles asignados					
Ayudar al compañero que pueda necesitarlo					

1. Nunca; 2. Ocasionalmente; 3. De vez en cuando; 4. Con frecuencia; 5. Siempre

CUADRO 9.5

Modelo de Escala de Estimación Numérica

Alumno: .... Fecha registro: ....

1. Participar en los debates

			X	

Le desagrada — Le entusiasma

2. Escuchar las ideas de los compañeros

				X

Le desagrada — Le entusiasma

3. Respetar las opiniones de los demás

	X			

Le desagrada — Le entusiasma

CUADRO 9.6

Modelo de Escala de Estimación Descriptiva

Alumno: .... Fecha registro: ....

Siempre dispuesto a prestar ayuda desintererasada para el logro de los objetivos comunes. Superpone el éxito del trabajo colectivo al suyo personal.	Evidencia conformidad al trabajo en grupo. Trabaja con agrado.	Coopera pero sin mayor esfuerzo y sin mostrar mucha voluntad en ello. Hace justo lo que le piden.	Prefiere trabajar solo, si no lo obligan a trabajar en grupo.	No presta ni permite ayuda. Evita todo trabajo en común.
1	2	3	4	5

que presentan las escalas, y también las listas de control, es que obvian cualquier otra conducta que se produzca si ésta no estaba previamente contemplada.

3.2.7. *Técnicas sociométricas*

Mientras las técnicas de observación centran su atención en el alumno como individuo, las técnicas sociométricas concentran su atención en el grupo y las interacciones sociales que se presentan en él, entendiendo por «interacciones sociales» todas las situaciones en las que las actitudes de los miembros del grupo se encuentran entrelazadas de tal manera que influyen fuertemente sobre las conductas que cada miembro en lo personal habrá de manifestar. Es decir, se refiere a la repercusión que la situación del grupo tiene en cada uno de sus miembros (http://redescolar.ilce.edu.mx/redescolar/biblioteca/articulos/htm/recursos_eva.htm). La sociometría en el campo de la educación persigue como fin el conocimiento de la estructura social interna del grupo de alumnos.

El principal instrumento que utilizan las técnicas sociométricas es el *sociograma*. Este pretende poner de manifiesto los lazos de influencia y preferencia que existen en el grupo. Una puntuación sociométrica constituye, en esencia, el número de veces que un alumno ha sido escogido por otros alumnos para llevar a cabo cierta tarea u objetivo. Se trata de preferencias conscientes. La gran utilidad de esta técnica para el maestro consiste en conocer dichos lazos con la finalidad de desarrollar actitudes sociales o mejorar relaciones personales.

El test sociométrico implica formular las preguntas a todos los miembros del grupo para que elijan a aquellos con los cuales más desearía y aquellos con los cuales menos desearía tener como compañeros para hacer determinada actividad: realizar las tareas, jugar, trabajar en grupo.

EJEMPLO 1

Contesta, oralmente en Educación Infantil y por escrito en Educación Primaria, a las siguientes cuestiones:

a) Elijo, para que se siente a mi lado, a:

1.................. 2..................
3.................. 4..................

b) Elijo para jugar en el recreo, a:

1................ 2................
3................ 4................

c) No me gustaría trabajar en clase con:

1................ 2................
3................ 4................

EJEMPLO 2

La dirección del centro está organizando un viaje de fin de curso. En ese viaje pasaremos dos noches fuera y tendremos que dormir en un albergue. Aunque en un principio seremos nosotros quienes os distribuyan en las habitaciones, que son muy grandes, nos gustaría tener en cuenta vuestra opinión para esa distribución. Por favor, responde (oralmente en Educación Infantil y por escrito en Educación Primaria) a las siguientes preguntas:

1. Imagina que la habitación es de tres personas, ¿con quién de tus compañeros te gustaría compartir habitación durante el viaje de fin de curso? Por favor, dímelos o escríbelos por orden de preferencia.
2. Ahora se trata de que digas: ¿quiénes de tus compañeros no te gustaría que te acompañaran en la habitación? Dime o escribe en primer lugar aquel que menos te gustaría; luego, el segundo, y así sucesivamente.
3. Ahora se trata de una pregunta diferente. Debes imaginar lo que piensan tus compañeros de ti en relación con las preguntas que has contestado. ¿Quién crees que te ha elegido?
4. ¿Quién crees que no te ha elegido? (mural.uv.es/icónica/ElSociograma.doc).

Conviene advertir a los alumnos, antes de aplicarles las preguntas del test sociométrico, la confidencialidad de las respuestas, indicándole que a la hora de construir el sociograma no van a aparecer los nombres de cada uno, sino un simple número, no identificable, que el maestro asignará a cada uno.

Una vez que el maestro dispone de los datos, deberá llevar a cabo un minucioso análisis de ellos para obtener conclusiones. Una forma sencilla de visualizar los resultados es presentar gráficamente con un círculo/triángulo cada alumno/alumna y de allí trazar flechas hacia los círculos/triángulos de los compañeros/as a los que ha seleccionado (figura 9.2).

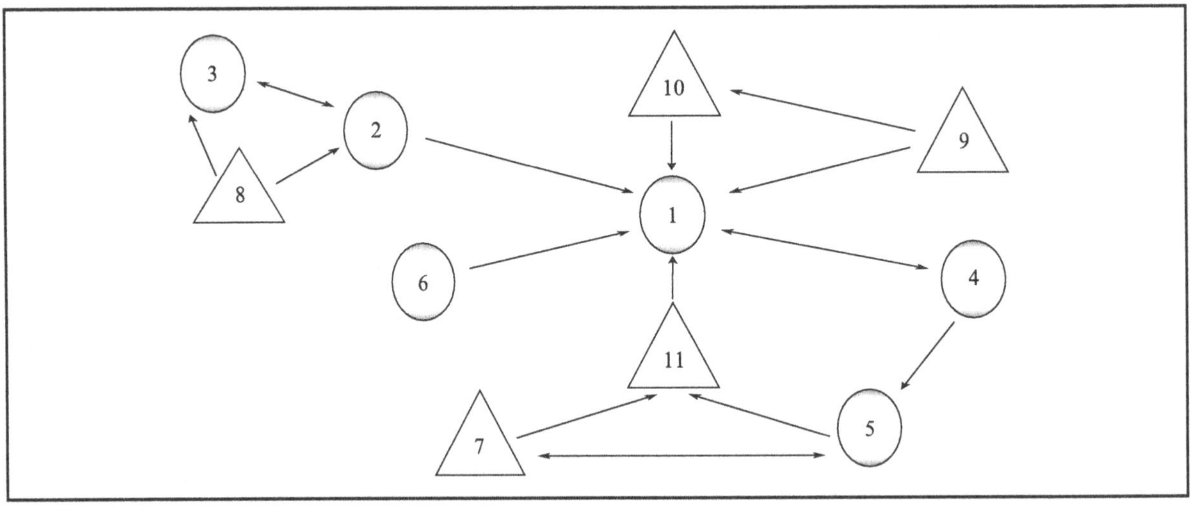

Figura 9.2.—Representación gráfica de las relaciones.

La aplicación del sociograma permite al maestro: detectar los alumnos que son rechazados por el grupo; descubrir la presencia de subgrupos antagónicos dentro del grupo; auxiliarse de los alumnos de mayor influencia para orientar positivamente al grupo. El sociograma no nos dice por qué se da un tipo de relaciones y no otras, cuáles son las motivaciones de relaciones que se dan y no puede predecir el tiempo que van a durar, por lo que conviene completarlo y enriquecerlo mediante técnicas como la entrevista y el anecdotario y técnicas sociométricas como las *listas de participación*. Éstas tratan de observar, analizar y caracterizar las intervenciones y las actitudes de cada alumno en el grupo-clase durante una sesión grupal.

Existen estudios que ponen de manifiesto cierta falta de estabilidad temporal en las técnicas sociométricas cuando éstas son aplicadas a niños de Educación Infantil. Con el fin de mejorar la fiabilidad, se pueden utilizar fotografías de todos los compañeros de la clase, con lo cual existe un referente claro, y no es necesario ningún ejercicio de memoria que pudiera distorsionar la respuesta; o bien, preguntarles una cuestión y pedirles que seleccionen una expresión facial con caras (en un extremo muy feliz, y en otro extremo muy negativa o muy infeliz). Parece que a medida que aumenta la edad del niño, los coeficientes de estabilidad se incrementan, pasando a estabilizarse en la primera etapa de Educación Primaria (Villanueva, Sorribes e Isert, en www.uji.es/bin/publ/edicions/jfiz/estabil.pdf).

4. LA EVALUACIÓN EN EDUCACIÓN PRIMARIA

4.1. Características de la evaluación

El RD 126/2014 establece que la evaluación en la etapa de Educación Primaria se caracteriza por ser continua y global, y por tener en cuenta el progreso del alumno en el conjunto de las áreas del currículo (art. 9.1 y art. 12.1, respectivamente).

Continua, en la medida que la evaluación es un elemento inseparable del proceso educativo, mediante el cual el maestro recoge información de manera permanente sobre el proceso de enseñanza y aprendizaje, con el fin de ajustar su intervención educativa al ritmo de aprendizaje y desarrollo del alumno. Por ello, la evaluación que se aplica tiene tres momentos o fases: inicial, permanente y final. Cuando el progreso del alumno no sea el adecuado, se establecerán medidas de refuerzo educativo, que serán tanto organizativas como curriculares. Entre estas medidas podrán considerarse el apoyo en el grupo ordinario, los agrupamientos flexibles o las adaptaciones del currículo (artículo 9.6). Estas medidas, se adoptarán en cualquier momento del curso, tan pronto como se detecten las dificultades, y estarán dirigidas a garantizar la adquisición de los aprendizajes imprescindibles para continuar el proceso educativo (artículo 12.1).

Global en cuanto que la evaluación debe referirse al conjunto de capacidades expresadas en los objetivos generales de la etapa, en los criterios de evaluación de las diferentes áreas, en los estándares de aprendizaje evaluables y en las competencias básicas. Los referentes para la comprobación del grado de adquisición de las competencias y el logro de los objetivos de la etapa en las evaluaciones continua y final de las asignaturas de los bloques de asignaturas troncales y específicas, serán los criterios de evaluación y estándares de aprendizaje evaluables (art. 12.1). Se accederá al curso o etapa siguiente siempre que se considere que se ha logrado los objetivos de la etapa o los que correspondan al curso realizado y que ha alcanzado el grado de adquisición de las competencias correspondientes. De no ser así, se podrán repetir una sola vez durante la etapa, con un plan específico de refuerzo o recuperación y apoyo. Se atenderá especialmente a los resultados de las evaluaciones de tercer curso, y de final de Educación Primaria (art.11).

Los centros docentes realizarán una evaluación individualizada a todos los alumnos al finalizar el tercer curso de Educación Primaria, según dispongan las Administraciones Educativas, en la que se comprobará el grado de dominio de las destrezas, capacidades y habilidades en expresión y comprensión oral y escrita, cálculo y resolución de problemas en relación con el grado de adquisición de la competencia en comunicación lingüística y de la competencia matemática. Las pruebas serán aplicadas y calificadas por profesorado del centro. De resultar desfavorable esta evaluación, el equipo docente deberá adoptar las medidas ordinarias o extraordinarias más adecuadas (artículo 12.3). Al finalizar el sexto curso de Educación Primaria, se realizará una evaluación individualizada a todos los alumnos en la que se comprobará el grado de adquisición de la competencia en comunicación lingüística, de la competencia matemática y de las competencias básicas en ciencia y tecnología, así como el logro de los objetivos de la etapa. Dicha evaluación se realizará de acuerdo con las características generales de las pruebas que establezca el gobierno, previa consulta a las comunidades autónomas. Las pruebas serán aplicadas y calificadas por profesorado externo al centro. Se podrán establecer planes de mejoras en aquellos centros cuyos resultados sean inferiores a los valores establecidos. El resultado de la evaluación final de Educación Primaria se expresará en niveles. El nivel obtenido por cada alumno en la evaluación final de Educación Primaria se hará constar en un informe, que será entregado a los padres o tutores legales y que tendrá carácter informativo y orientador para los centros en los que los alumnos hayan cursado sexto de Educación Primaria y para aquellos en los que cursen el siguiente curso escolar, así como para los equipos docentes, los padres o tutores legales y los alumnos (artículo 12.4).

El RD señala que la reforma educativa se basa en la potenciación del aprendizaje por competencias. Se proponen nuevos enfoques en el aprendizaje y evaluación, que han de suponer un importante cambio en las tareas que han de resolver los alumnos y planteamientos metodológicos innovadores, no dirigidos a la cantidad de lo memorizado sino a aquello que el alumno asimila y es capaz de hacer, sobre todo por lo que respecta a las competencias básicas. Sin embargo, revisando las competencias que cuentan en las evaluaciones estandarizadas y externas (3.º y 6.º) de la etapa, se comprueba que quedan reducidas a las competencias matemática, lingüística (en 3.º y 6.º) y científica (en 6.º). La repetición de curso se desvincula así del grado alcanzado en todas las competencias básicas.

Por otra parte, el RD establece que los maestros de Educación Primaria deberán evaluar tanto los aprendizajes de los alumnos como los procesos de enseñanza y su propia práctica docente (artículo 12.1); y las familias deberán conocer las decisiones relativas a la evaluación y promoción y colaborar, en su caso, en las medidas de apoyo y refuerzo que adopte el centro para facilitar el progreso educativo de sus alumnos (artículo 16).

4.2. Instrumentos de evaluación

Hemos clasificado en cuatro las modalidades de instrumentos de evaluación de posible utilidad en Educación Primaria: pruebas orales, pruebas escritas, observación y técnicas sociométricas (cuadro 9.7).

4.2.1. *Pruebas orales*

Con las pruebas orales se pueden evaluar cuatro dimensiones o aspectos (Brown y Glasner, 2007).

a) *Contenido.* El aprendizaje que se evalúa por medios orales se clasifica en cuatro categorías:

— Conocimiento y comprensión.
— Habilidad de resolución de problemas.
— Competencia en comunicación lingüística: saber estructurar las ideas y organizarlas para transmitirlas de forma clara, saber presentar argumentos que sustenten las propias ideas y saber esperar el turno de palabra.

CUADRO 9.7

Instrumentos de evaluación de posible utilidad en Educación Primaria

Modalidades de instrumentos	Instrumentos
Pruebas orales	— Exposición individual o grupal de un tema. — Comentarios de texto, figuras. — Debates. — Entrevista maestro-alumno.
Pruebas escritas	— Pruebas objetivas. — Cuestiones breves y variadas. — Pruebas de ensayo o redacción sobre un tema. — Mapa conceptual. — Resolución de situaciones problemáticas. — Identificación y categorización de ejemplos. — Trabajos monográficos y pequeñas investigaciones. — Cuaderno de los alumnos. — Carpeta de trabajo o portafolios. — Diario de clase de los alumnos. — Evaluación mutua.
Observación	— Registro de incidentes críticos. — Listas de control o check-list. — Escalas de estimación.
Técnicas sociométricas	— Test sociométrico. — Listas de participación.

— Cualidades personales: la personalidad, las reacciones, la confianza, la capacidad de escucha, la cooperación y la autoçconciencia.

b) *Interacción.* En la evaluación oral existe un alto nivel de interacción en las personas que participan, de modo que la evaluación adopta la forma de diálogo o conversación, generando una situación difícil de prever de antemano.

c) *Estructura.* Permiten presentar preguntas que vienen inducidas por las respuestas previas, adquiriendo la prueba el carácter de un diálogo libre.

d) *Evaluadores.* Al poder realizarse la mayoría de ellas de forma pública, permiten la presencia de otros evaluadores, además del maestro, como, por ejemplo, los propios compañeros de los alumnos también se pueden sumar como evaluadores.

Entre las pruebas orales se encuentran las siguientes:

Exposición individual o grupal de un tema. El alumno expone un tema según una ordenación preparada conjuntamente con el profesor.

Comentarios de texto, figuras.

Debate. Su uso más frecuente es como técnica de enseñanza, aunque sus virtualidades educativas lo hacen recomendable también como instrumento de evaluación.

Entrevista maestro-alumno. Generalmente, en la entrevista suele haber una serie de preguntas que el maestro plantea al alumno con el fin de conocer su información o sus puntos de vista sobre un tema (interrogadora), o de ayudarle, por ejemplo, en las dificultades que el estudio le presenta (orientadora). Las preguntas pueden buscar una respuesta concreta o cerrada, lo que puede poner de manifiesto la capacidad de síntesis del alumno, o bien pueden permitir que se relacionen con las respuestas anteriores, pudiendo hacer comentarios tanto por parte del propio alumno como del maestro, lo que permite obtener datos sobre la fluidez verbal, la capacidad de organización de la información y la creatividad.

4.2.2. *Pruebas escritas*

Pruebas objetivas. Las pruebas objetivas están constituidas por una serie de enunciados que solo admiten una respuesta correcta única, inequívoca y ajena a cualquier interferencia subjetiva del maestro.

Los tipos de pruebas objetivas más utilizadas son: *respuesta breve,* que requieren una contestación precisa mediante una palabra, una frase, un número o un símbolo; *respuesta alternativa,* que consisten en plantear una serie de proposiciones que el alumno debe marcar como ciertas o falsas; *selección múltiple,* que suponen plantear una pregunta, un problema o una aseveración inconclusa junto con una lista de soluciones, entre las que solo una es correcta; *emparejamiento,* en las que se proporcionan dos o más columnas de palabras, símbolos, frases... y se le pide que relacione los elementos de las columnas; *jerarquización,* con las que se le proporcionan ciertos datos y se le pide que los ordene o clasifique desde cierto punto de vista y que los estructure en un esquema, y *analogías,* con las que se presenta una premisa como pregunta y, a continuación, se da otra incompleta cuya cumplimentación requiere comparar y/o elegir opciones.

Las pruebas objetivas constituyen un valioso instrumento de aprendizaje, ya que facilitan al alumno conocer de manera bastante fiable y rápida su progreso en aquél, por ejemplo, a través de la autoevaluación. Sin embargo, aportan escasa información sobre la respuesta. El alumno solo sabe si su respuesta está bien o mal y no el porqué, y este grado de inconcreción se traslada al maestro a la hora de determinar el grado de aprendizaje de aquél, que puede tener origen no en la falta de conocimiento del área, sino en la inadecuada formulación de la pregunta o de sus posibles respuestas.

Por lo general, las respuestas incorrectas no tienen el mismo grado de incorrección, la elección de una u otra indica un nivel de conocimiento de la materia diferente que en ningún caso, admite matices. Para evitarlo, se recomienda que, una vez corregida la prueba por el maestro o por los propios alumnos con la ayuda, por ejemplo, de una plantilla, el maestro proporcione sobre cada una de las posibles respuestas una breve explicación o comentario de forma oral con todo el grupo-clase sobre la idoneidad o no de las mismas. El análisis de las respuestas incorrectas también permite al maestro detectar las dificultades de los alumnos con mayor claridad.

Con respecto a la elaboración de las pruebas objetivas, hay que tener en cuenta que cuanto menor es el número de respuestas posibles, como sucede en las pruebas de respuesta alternativa, mayor es la posibilidad de acierto azaroso y, por tanto, de no reflejar fielmente el grado de aprendizaje de los contenidos. Un elemento que permitiría minimizar ese riesgo sería introducir la obligatoriedad de justificar brevemente la respuesta. Así podrían evaluarse aspectos como la capacidad de comunicación escrita o la capacidad de síntesis.

Aunque el uso más común de las pruebas objetivas es para la evaluación de contenidos teóricos, pueden ser utilizadas para evaluar cualquier tipo de contenido.

Cuestiones breves y variadas. Este tipo de pruebas también contribuyen a paliar el influjo azaroso de las pruebas objetivas.

Pruebas de ensayo o redacción sobre un tema. Permiten una mayor creatividad del alumno que las pruebas objetivas, a costa de una cierta pérdida de objetividad en la calificación. Posibilitan que el alumno tenga un tiempo para elaborar su respuesta y promueven la habilidad de organizar contenidos y de comunicarse con un lenguaje congruente y preciso para redactar, aplicar, analizar, sintetizar, hacer juicios...

Este instrumento, a diferencia de las pruebas objetivas, no facilita la misma posibilidad de «rastreo» de conocimientos, sobre todo de hechos, y la capacidad lingüística del alumno puede convertirse en un importante sesgo de algunos objetivos de la evaluación.

Mapa conceptual (organizadores gráficos). Constituye el instrumento más original y específico para mostrar la forma de relacionar los conceptos clave de un tema o área. Una misma información puede representarse de muchas maneras reflejando la organización cognitiva que tiene el alumno. Los mapas conceptuales son jerárquicos, recogiendo en la parte superior el concepto central o más global, y descendiendo en estratos de mayor a menor poder globalizador. Cada concepto queda definido por las relaciones que podemos establecer entre él y otros conceptos a través de líneas direccionales o flechas.

Se puede utilizar para conocer los conocimientos del alumno tras un período de aprendizaje. Las variaciones de aplicación del mapa enriquecen su potencial formativo y evaluativo; por ejemplo, los alumnos pueden comparar entre mapas realizados al inicio y al final del tema o del área.

Resolución de situaciones problemáticas. La resolución de situaciones problemáticas no es exclusiva del ámbito de las matemáticas, física o química, sino de cualquier área. Por ejemplo, en el área de lengua, comentarios de texto y en el área de lengua extranjera, traducciones.

Este instrumento consiste en presentar al alumno situaciones-problema cuya solución requiere la activación de un concepto antes aprendido (Moral *et al.*, 2010).

Identificación y categorización de ejemplos. Consiste en pedir una identificación de ejemplos o situaciones problemáticas con un concepto. Las tareas de identificación o categorización pueden ser de evocación, en las que el alumno puede generar sus propios ejemplos, o de reconocimiento, en las que, ante una lista de objetos o hechos, el alumno debe categorizarlos. Se evalúa, además, la capacidad para generalizar y aplicar el concepto adquirido en situaciones nuevas.

Presentan la ventaja de que se evalúa el aprendizaje mediante la activación de conocimientos y evita el riesgo de la memorización (Blázquez, González y Montonero, 1998).

Trabajos monográficos y pequeñas investigaciones. Tienen como finalidad profundizar en algún conocimiento específico, favorecer la adquisición de determinados procedimientos y desarrollar actitudes relacionadas con el rigor, el gusto por el orden y la presentación correcta, tanto del resultado como del proceso de elaboración del mismo (Molina Soldán, 2006). Este instrumento adquiere mucho más valor para la evaluación procesual cuando, además de servir para valorar el material escrito por los alumnos, se complementa con una o varias entrevistas para supervisar los procedimientos y estrategias de investigación, documentación y aprendizaje autónomo.

Para facilitar la valoración de los trabajos, igual que señalaremos para los cuadernos, conviene establecer unos criterios que debe conocer el alumno. Por ejemplo, elementos que utiliza el alumno (vocabulario específico, variedad y corrección de frases, ortografía y puntuación, riqueza de expresión, lenguaje numérico y plástico), contenido y estructura (exposición adecuada de hechos, datos, conceptos, ideas principales, ideas secundarias, relación existente entre las ideas, esquemas/resúmenes, gráficos, dibujos), aspectos externos (orden y limpieza, gusto por la presentación), errores (número, naturaleza, posibles causas), originalidad (independencia de juicio, preferencia por lo complejo, capacidad de síntesis, ampliación de la información recibida).

Cuaderno de los alumnos. Es un instrumento de recogida de información muy útil para la evaluación formativa, ya que refleja el trabajo diario que realiza el alumno. A través de él se puede comprobar: si el alumno hace anotaciones correctamente; su nivel de comprensión, de abstracción y qué ideas selecciona; su nivel de comprensión escrita, la claridad y propiedad de sus expresiones; la ortografía, la composición de frases...; si ha entendido el contenido esencial de la información aportada; si llega a ordenar y diferenciar los apartados diferenciables en esos contenidos; si incluye comentarios propios; si amplía la información sobre los temas consultando otras fuentes; si realiza esquemas, resúmenes, subrayados... (Molina Soldán, 2006).

Conviene establecer unos criterios previos que faciliten la valoración de cualquiera de estos aspectos, evitando que ninguno de ellos por sí solos determinen la evaluación propiamente dicha. También es necesario informar a los alumnos, desde el principio, de los aspectos que se van a valorar en sus cuadernos, así como devolverlos una vez valorados para que puedan comprobar qué están haciendo bien y qué necesitan trabajar. Para sistematizar la información que pueda aportar el análisis de los cuadernos conviene utilizar fichas que recojan los aspectos a valorar.

Carpeta de trabajo o portafolios. El uso del portafolio en educación ha tenido un fuerte impulso en los últimos años como una aproximación práctica a los procesos evaluativos por competencias.

La verdadera inclusión del portafolio en la educación se produce cuando aparece como una metodología alternativa a aquellas de corte puramente cuantitativo, y se hace uso de ella como un procedimiento de evaluación de trayectorias de aprendizaje, intentando entender más profundamente las habilidades y destrezas del alumno mediante el conocimiento de las ejecuciones y logros obtenidos, incorporando, además, el valor añadido de reflexionar sobre su proceso.

Entendemos por portafolio una compilación de trabajos que realiza un alumno en relación con unos objetivos específicos predefinidos, trabajos a los que se unen comentarios y reflexiones. De este modo, las actuaciones de cada alumno que elabora un portafolio están sometidas a una necesaria valoración personal, puesto que ésta es una parte constitutiva del propio instrumento, y a la valoración externa del maestro.

Desde nuestro enfoque, una característica muy valiosa que aporta el portafolio frente a otro instrumento de evaluación es que suministra información acerca del proceso de aprendizaje y desarrollo del alumno. Esto nos aporta la información necesaria acerca del modelo de adquisición de competencias alrededor del cual gira el nuevo modelo de enseñanza-aprendizaje, sustentado en la «enseñanza basada en competencias» (Pérez Juste, 2012).

La función principal del portafolio es evidenciar qué es lo que ha aprendido el alumno durante su proceso de aprendizaje. Las aportaciones que el alumno puede incluir en el portafolio pueden ser desde una práctica a un trabajo, un problema, un examen, un vídeo, una fotografía..., en definitiva, cualquier producción que pueda mostrar evidencias de lo que es capaz el alumno; evidencias de un cambio conceptual, identificando las huellas de los cambios en sus concepciones de las ideas; evidencias de toma de decisiones, encontrando un ejemplo que demuestre su capacidad para ver los factores que impactan las decisiones que realiza, y evidencia de reflexión, en donde el alumno se puede hacer una secuencia de preguntas.

Las evidencias permiten al alumno demostrar qué está aprendiendo, a la vez que posibilitan al maestro un seguimiento del proceso de este aprendizaje. A través de las evidencias se puede identificar cómo piensa el alumno cómo cuestiona, analiza, sintetiza, crea o interactúa con otros (intelectual, emocional y socialmente). Las evidencias tienen que acompañarse de una justificación y de una reflexión del alumno, en que ponga de manifiesto la relación entre la evidencia y el aprendizaje, por lo que el portafolio supone una representación de los aprendizajes alcanzados. Estas contribuciones le ayudan a tener consciencia de qué y cómo ha aprendido, al mismo tiempo que le permite regular su proceso de aprendizaje y de estudio. Esta cualidad de reflexión constante sobre el propio aprendizaje convierte el portafolio en un sistema de evaluación coherente en el marco de la evaluación continua y formativa.

Aunque la estructura formal de un portafolio que evalúa el aprendizaje de un alumno pueda ser muy variada y dependa de los objetivos marcados en cada área curricular, se pueden diferenciar los siguientes apartados en su elaboración: índice, introducción, razones por las que ha elegido las evidencias que incluye, evidencias o realizaciones, reflexiones sobre las evidencias, qué cambiaría al final de lo que hizo y valoración de sus trabajos o realizaciones.

Diario de clase de los alumnos. El diario trata de plasmar la experiencia personal de cada alumno durante determinados períodos de tiempo y/o actividades. Escribir un diario permite a los alumnos sintetizar sus pensamientos y actos, y poder compararlos con otros anteriores o posteriores, descubriendo las modificaciones producidas en el transcurso del tiempo.

En el diario, el alumno puede registrar su opinión con respecto a la forma en la que se va gestionando la clase, el alcance de las actividades y su participación en ellas y en la dinámica de los grupos. Uno de los aspectos más importantes que debe registrar son los comentarios sobre su propio progreso académico, actitudinal y de habilidades, sobre todo el proceso seguido para el logro de dicho progreso, lo que le ayudará a reflexionar sobre sus propios modos de aprender. También se puede recomendar que el alumno deje un espacio al margen de la redacción del diario en el que pueda anotar las dudas, confusiones, comentarios u opiniones de lo que está aprendiendo que desea comentar con el maestro. El docente debe responder a estas dudas y confusiones de manera individual o en sesiones conjuntas en el desarrollo de clase (López e Hinojosa, 2004).

El diario puede ser utilizado como una técnica de autoevaluación, pero también es un instrumento que puede ser revisado por el maestro, si así se ha acordado desde el principio. En ambos casos deben quedar claros los aspectos que serán evaluados en él.

El diario lo pueden ir elaborando los alumnos en los últimos minutos de cada jornada escolar. El maestro puede evaluar el diario como un instrumento para verificar el desempeño de los alumnos y las construcciones que van surgiendo en ellos, dedicando un tiempo al día para su revisión.

Evaluación mutua. Consiste en que los alumnos se evalúen mutuamente sus producciones. En esta técnica, evaluadores y evaluados intercambian su papel alternativamente. Para ello deben explicitar los criterios de evaluación que utilizarán (cuadro 9.8). En principio, pueden tener presentes los criterios establecidos por el profesor, y poco a poco pedirles que sean ellos mismos los que elaboren los criterios que aplicarán para valorar las tareas de los compañeros. Al realizar este trabajo, los alumnos dan sentido a los criterios de evaluación y comienzan a comprender qué significan y qué utilidad tienen.

CUADRO 9.8

Modelo de Evaluación Mutua

Nombre del alumno que evalúa: ....

Nombre del alumno que responde: ....

Preguntas *a*) ¿Sabes si tu forma de alimentarte es adecuada? ¿Por qué? *b*) ¿Estás seguro de que tomas todo lo que necesitas? Justifica tu respuesta. *c*) ¿Cuáles son los principales nutrientes que necesita tu cuerpo? Pon ejemplos de alimentos que contienen los nutrientes básicos.
Corrección de cada pregunta (indicar qué aspectos deberían mejorarse y por qué) Pregunta *a*) Pregunta *b*) Pregunta *c*)
Qué **recomendarías** a tu compañero para que pueda mejorar sus resultados.
Opinión del alumno que ha **respondido** al examen. Indicar si estáis de acuerdo con las correcciones y sugerencias de vuestro compañero. ¿Qué otras cosas proponéis? ¿Qué ayuda creéis que necesitáis?
Revisión del **profesor**

4.2.3. *Observación*

Véase el apartado correspondiente en Educación Infantil.

4.2.4. Técnicas sociométricas

Véase el apartado correspondiente en Educación Infantil.

Finalizamos destacando la necesaria utilización de una diversidad de instrumentos para la recogida de información de los procesos de evaluación, porque cada uno de ellos puede resultar más favorecedor para algunos alumnos, los que mejor dominan los tipos de habilidades más relevantes para aquel tipo de actividad o tarea que implica el instrumento, y, en cambio, dificultar la actuación de otros, de modo que, si únicamente se utiliza un tipo de formato de instrumento, ciertos alumnos resultarán beneficiados o perjudicados por ello. Por ejemplo, si solo se utilizan pruebas escritas, algunos alumnos pueden tener dificultad para poder realizarlas. Por otra parte, si se ha defendido la necesidad de diversificar el carácter de los objetivos no reduciéndolos a conceptuales, algunas capacidades, especialmente las referidas a las actitudes, van a ser difícilmente evaluables mediante estas pruebas escritas, por lo que se aconseja la observación, pruebas orales e interacciones sociales. Además, utilizar una variedad de recursos de evaluación para verificar cómo progresa el proceso de aprendizaje evita los sesgos que cada instrumento de evaluación lleva consigo.

Así pues, la diversificación de instrumentos de evaluación resulta imprescindible para poder obtener una información suficientemente variada y diversa de lo que saben los alumnos, y para poder evaluar equilibradamente los distintos tipos de capacidades y contenidos. No es posible evaluar con los mismos instrumentos la compresión por parte de los alumnos de qué es una nota musical, la discriminación auditiva de las notas musicales o el interés por experimentar de una forma lúdica y creativa con las combinaciones de las formas musicales.

REFERENCIAS BIBLIOGRÁFICAS

Blázquez, F. y Lucero, M. (2009). Características e instrumentos de evaluación en las Etapas de Educación Infantil y Primaria. En A. Medina y F. Salvador (coords.), *Didáctica General*. Madrid: Pearson Educación, 271-291.

Blázquez, F., González, M. y Montanero, M. (1998). Evaluación procesual y final. Hacia un enfoque convergente. En A. Medina, J. Cardona, S. Castillo y M.ª C. Domínguez, *Evaluación de los procesos y resultados del aprendizaje de los estudiantes*. Madrid: UNED, 179-220.

Bolívar, A. (2013). Los nuevos currículos de la LOMCE. www.blogcanaleducacion.es/los-nuevos-curriculos-de-la-lomce (23-04-2014).

Bonsón, M. y Benito, A. (2005). Evaluación y aprendizaje. En A. Benito y A. Cruz (coords.), *Nuevas claves para la docencia universitaria en el Espacio Europeo de Educación Superior*. Madrid: Narcea, 87-100.

Bretones, A. (2002). La participación del alumnado en la evaluación de sus aprendizajes. *Revista Kikiriki-Cooperación Educativa, 65,* 6-15.

Brown, S. y Glasner, A. (2007). *Evaluar en la Universidad. Problemas y nuevos enfoques*. Madrid: Narcea.

Carratalá, F. (2005). Los criterios de evaluación en la programación de área de Educación Primaria. En www.primaria.profes.net/apieaula2.asp?id...39976 (05/05/2011).

García Fernández, M.ª D. (1998). La evaluación en Educación Infantil. En A. Medina, J. Cardona, S. Castillo y M.ª C. Domínguez, *Evaluación de los procesos y resultados del aprendizaje de los estudiantes*. Madrid: UNED, 397-447. http://redescolar.ilce.edu.mx/redescolar/biblioteca/articulos/htm/recursos_eva.htm (3-4-2011).

Ley Orgánica 2/2006, de 3 de mayo, de Educación. (*BOE,* de 4 de mayo de 2007).

Ley Orgánica 8/2013, de 9 de diciembre, para la Mejora de la Calidad Educativa (*BOE,* de 10 de diciembre de 2013).

López, B. S. e Hinojosa, E. M. (2004). *Evaluación del aprendizaje. Alternativas y nuevos desafíos*. México: Trillas.

Molina Soldán, E. M.ª (2006). Instrumentos de evaluación en el proceso de enseñanza aprendizaje. *Revista Investigación y Educación, 26 (III).* En www.csi-csif.es/andalucia/modules/mod_sevilla/.../26060115.pdf (05-05-2011).

Moral, C., Caballero, K., Rodríguez, M.ª J. y Romero, M.ª A. (2010). La evaluación en la enseñanza. En C. Moral Santaella (coord.), *Didáctica. Teoría y práctica de la enseñanza*. Madrid: Pirámide, 359-394.

Orden ECI/3960/2007, de 19 de diciembre, por la que se establece el currículo y se regula la ordenación de la Educación Infantil (*BOE,* de 5 de enero de 2008).

Pérez Juste, R. (2012). *El portafolio. Aprendizaje, competencias y educación*. Madrid: UNED.

Postic, M. y De Ketele, J. M. (1992). *Observar las situaciones educativas*. Madrid: Narcea.

Puerta, E. y Sánchez, F. (1996). Los informes a las familias en Educación Infantil. *Aula de Innovación Educativa, 48,* 47-49.

Real Decreto 1630/2006, de 29 de diciembre, por el que se establecen las enseñanzas mínimas del segundo ciclo de Educación Infantil (*BOE,* de 4 de enero de 2006).

Real Decreto 126/2014, de 28 de febrero, por el que se establece el currículo básico de la Educación Primaria (*BOE,* de 1 de marzo de 2014).

Remón, R. M.ª (2011). Colaboración de los padres en Educación Infantil. En www.gobiernodecanarias.org/educación/.../colabora.htm (09-05-2011).

Rodríguez Gallego, M. (2007). La evaluación de los aprendizajes educativos. En R. Navarro (coord.), *Didáctica y currículum para el desarrollo de competencias*. Madrid: Dykinson, 437-476.

Romero Godoy, M.ª P. (2004). Evalúe formativa y sumativamente. En L. M. Villar (coord.), *Programa para la mejora de la Docencia Universitaria*. Madrid: Pearson Educación, 509-522.

Ruiz, L. (2002). Evaluación-tipos de evaluación. Una vida sin examen no merece ser vivida. *Revista de Postgrado de la VI Cátedra de Medicina, 18*. En http://med.unne.edu.ar/revista/revista118/evaluacion.html (09-05-2011).

Salvador, F. y Gallego, J. L. (1998). La evaluación en la Educación Primaria. En A. Medina, J. Cardona, S. Castillo y M.ª C. Domínguez, *Evaluación de los procesos y resultados del aprendizaje de los estudiantes.* Madrid: UNED, 449-495.

Villanueva, L., Sorribes, S. e Isert, E. Estabilidad de las técnicas sociométricas en la etapa de Educación Infantil. En www.uji.es/bin/publ/edicions/jfiz/estabil.pdf (05-05-2011).

Villar, L. M. (1994). Naturaleza, modelos y fuentes para captar la evidencia de la evaluación educativa. En L. M. Villar (coord.), *Manual de entrenamiento: Evaluación de procesos y actividades educativas*. Barcelona: PPU, 1-39.

Yániz, C. y Villardón, L. (2006). *Planificar desde competencias para promover el aprendizaje*. Bilbao: Universidad de Deusto.

Zabalza, M. A. (2001). La evaluación de los aprendizajes en la universidad. En A. García-Varcárcel (coord.), *Didáctica universitaria*. Madrid: La Muralla.

RECURSOS DE EXTENSIÓN

Carratalá, F. (2005). Los criterios de evaluación en la programación de área de Educación Primaria. En www.primaria.profes.net/apieaula2.asp?id...39976 (05-05-2011). http://redescolar.ilce.edu.mx/redescolar/biblioteca/articulos/htm/recursos_eva.htm (05/05/2011).

Medina, A. y Salvador, F. (coords.) (2009). *Didáctica General*. Madrid: Pearson Educación.

Medina, A., Cardona, J., Castillo, S. y Domínguez, M.ª C. (1998). *Evaluación de los procesos y resultados del aprendizaje de los estudiantes.* Madrid: UNED.

Moral Santaella, C. (coord.) (2010). *Didáctica. Teoría y práctica de la enseñanza.* Madrid: Pirámide.

Remón, R. M.ª (2011). Colaboración de los padres en Educación Infantil. En www.gobiernodecanarias.org/educación/.../colabora.htm (09-05-2011).

PROPUESTAS DE ACTIVIDADES

1. Indique las ideas básicas que debe incluir un concepto actual de evaluación.
2. Realice una tabla clasificando los tipos de evaluación según sus finalidades y momentos.
3. Señale las ventajas e inconvenientes de la evaluación sumativa o final.
4. Señale las ventajas e inconvenientes de la evaluación continua o formativa.
5. Para qué sirven los criterios de evaluación.
6. Elija del Diseño Curricular Base al menos cuatro criterios de evaluación relacionados con varias áreas curriculares de Educación Primaria. Señala la competencia o competencias básicas a las que se aluden en los criterios elegidos.
7. Elija contenidos de diversos tipos y realice una propuesta de cómo evaluarlos.
8. Elabore una tabla indicando el tipo de contenidos a evaluar por cada uno de los instrumentos de evaluación que se recogen en el tema para la etapa educativa en la que usted se está formando.
9. Elija, al menos, dos instrumentos de evaluación. Analice y especifique las ventajas e inconvenientes que poseen para ser empleados en procesos de evaluación sumativa y formativa.
10. Plantee y seleccione el sistema de evaluación a seguir partiendo de los contenidos concretos de un tema:

    a) Especifique los criterios de evaluación que tendrá en cuenta.
    b) Indique los instrumentos de evaluación que va a utilizar.
    c) Plantee un sistema claro y detallado de calificación.

TÍTULOS RELACIONADOS

Acoso escolar, *L. López y C. Sabater.*

Aplicaciones de intervención psicopedagógica, *J. N. García-Sánchez (coord.).*

Aprendiendo a enseñar, *J. Domingo Segovia y M. Pérez Ferra (coords.).*

Aprendizaje cooperativo, *J. C. Iglesias, L. González y J. Fernández-Río (coords.).*

Aprendizaje cooperativo crítico. Mucho más que una eficaz técnica pedagógica, *A. Ovejero Bernal.*

Bases teóricas y de investigación en educación especial, *J. L. Gallego Ortega y A. Rodríguez Fuentes.*

Conocer y comprender las organizaciones educativas, *M.ª J. Carrasco, J. M. Coronel, M.ª L. Fernández, M.ª P. García, S. González y E. Moreno.*

Conocimientos, capacidades y destrezas estudiantiles, *L. M. Villar, P. S. de Vicente y O. M.ª Alegre.*

Desarrollo curricular de la Educación Física en la Educación Infantil, *P. Gil Madrona (coord.).*

Desarrollo emocional en los primeros años de vida, *M. Giménez-Dasí y L. Quintanilla Cobián.*

Didáctica, *C. Moral Santaella y M.ª P. Pérez García.*

Didáctica de la lengua y educación literaria, *P. Guerrero y M.ª T. Caro (coords.).*

Didáctica de la lengua extranjera en Educación Infantil. Inglés, *B. Cortina-Pérez y A. Andúgar Soto.*

Didáctica de las Ciencias para Educación Primaria, *J. M. Vílchez (coords.).*

Didáctica de las Ciencias Experimentales II, *F. González (coord.).*

Didáctica de las Ciencias Sociales, *Á. Liceras y G. Romero (coords.).*

Didáctica de las Ciencias Sociales para la Educación Primaria, *S. Alonso.*

Dificultades de aprendizaje y trastornos del desarrollo, *M.ª J. Fiuza Asorey y M.ª Pilar Fernández Fernández.*

Educación, neoliberalismo y justicia social, *F. M. Martínez.*

Educación especial, *A. Sánchez Palomino y J. A. Torres González.*

Educación infantil contemporánea, *J. Holgado Barroso.*

Educación intercultural y aprendizaje cooperativo, *M.ª J. Díaz-Aguado.*

Educación y patrimonio cultural, *M.ª de la E. Cambil Hernández y A. Tudela Sancho y (coords.).*

Elementos de didáctica de la matemática para el profesor de Secundaria, *L. Rico Romero y A. Moreno Verdejo (coords.).*

Enriquecimiento de los aprendizajes matemáticos en Infantil y Primaria con el Método ABN, *J. Martínez Montero y C. Sánchez Cortés.*

Enseñanza y aprendizaje de las matemáticas en Educación Infantil, *E. Castro Martínez (coord.).*

Enseñanza y aprendizaje de las matemáticas en Educación Primaria, *L. Rico Romero y P. Flores Martínez (coords.).*

Enseñanza de las Ciencias de la Naturaleza en Educación Infantil, *R. Quijano López (coord.)*

Entorno, sociedad y cultura en Educación Infantil, *A. L. Bonilla Martos e Y. Guash Marí (coords.).*

Escritura y lectura en Educación Infantil (Manual + Cuadernillo), *F. Guzmán Simón, M. Navarro Pablo y E. García Jiménez.*

Escuela y tolerancia, *M.ª J. Díaz-Aguado.*

Estrategias de aprendizaje, *J. A. González-Pienda, J. C. Núñez Pérez, L. Álvarez Pérez y E. Soler Vázquez (coords.).*

Estrategias para mejorar el rendimiento académico de los adolescentes, *M. A. Adell i Cueva.*

Estrategias y recursos didácticos para la enseñanza de las Ciencias Sociales, *A. M.ª Hernández Carretero (coord.).*

Evaluación e intervención didáctica, *F. Peñafiel Martínez, J. A. Torres González y J. M.ª Fernández Batanero.*

Evaluación e intervención psicoeducativa en dificultades de aprendizaje, *A. Miranda, E. Vidal-Abarca y M. Soriano.*

Formación para la educación con tecnologías, *M.ª-J. Gallego-Arrufat y M. Raposo-Rivas (coords.).*

Iniciación escolar a la escritura y la lectura, *A. Suárez Yánez.*

Innovación educativa. Más allá de la ficción, *M. Fernández Navas y Noelia Alcaraz Salarirche (coords.).*

Intervención psicoeducativa, *L. Álvarez Pérez, J. A. González-Pienda, J. C. Núñez Pérez y E. Soler Vázquez.*

Intervención psicoeducativa en niños con trastornos generalizados del desarrollo, *F. Alcantud Marín (coord.).*

Intervención psicopedagógica en los trastornos del desarrollo, *J. N. García Sánchez (coord.).*

Intervención psicopedagógica y currículum escolar, *J. A. Beltrán, V. Bermejo, L. F. Pérez, M.ª D. Prieto, D. Vence y R. González.*

La alteridad en educación, *J. L. Gallego y A. Rodríguez.*

La educación repensada, *M.ª R. Belando-Montoro (coord.).*

La enseñanza del entorno en Educación Infantil, *María Puig y Fátima Rodríguez (coords.).*

La escuela a examen, *M. Fernández Enguita.*

La orientación en Educación Infantil, *R. Mérida Serrano, A. Ramírez García, C. Corpas Reina y M.ª E. González Alfaya.*

La pedagogía en el laberinto, *R. Soler.*

Las ciencias de la naturaleza en la Educación Infantil, *R. Fernández Manzanal y M. Bravo Tudela.*

Leer para aprender, *D. Rose y J. R. Martin.*

Los medios y las tecnologías en la educación, *M. Area Moreira.*

Los Proyectos de Trabajo, *M.ª P. Bravo, B. Corpas, M.ª C. Encinas, M.ª E. González (coord.), O. M.ª Guzmán, M.ª C. Lara, M.ª C. León, A. López, M. López, R. Mérida (coord.), M.ª Á. Olivares (coord.) y N. Sánchez.*

Manual de didáctica, *I. Gómez Hurtado y F. J. García Prieto.*

Manual de didáctica general para maestros de Educación Infantil y de Primaria, *B. Bermejo y C. Ballesteros (coords.).*

Manual de dificultades de aprendizaje, *M.ª del R. Ortiz González.*

Manual de logopedia, *F. Villegas Lirola.*

Manual de psicología de la educación, *J. A. González-Pienda, R. González Cabanach, J. C. Núñez Pérez y A. Valle Arias (coords.).*

Manual de tutoría y orientación en la diversidad, *J. Riart (coord.).*

Manual para el desarrollo de la metodología activa y el pensamiento visible en el aula, *I. M.ª Gómez Barreto, E. Rubiano Albornoz y P. Gil Madrona (coords.).*

Matemáticas para maestros de Educación Primaria, *I. Segovia y L. Rico (coords.).*

Nuevas tecnologías para la educación en la era digital, *J. A. Ortega Carrillo y A. Chacón Medina (coords.).*

Nuevos escenarios digitales, *J. Barroso y J. Cabero (coords.).*

Optimización del desarrollo y prevención de riesgos en el aula de educación infantil (Manual + Seminarios), *M.ª Fernández Cabezas, A. Burgos García, G. Alba Corredor y A. Justicia Arráez.*

Orientación Edu Martínez Montero cativa en Educación Primaria, *A. Ramírez (coord.).*

Orientación psicopedagógica y calidad educativa, *R. Sanz Oro.*

Pensar la educación, *L. Núñez Cubero y C. Romero Pérez.*

Planificación e innovación en Educación Primaria, *V. J. Llorent (coord.).*

Prácticas de psicología de la educación, *L. Álvarez Pérez, J. A. González-Pienda, P. González-Castro y J. C. Núñez Pérez.*

Prácticas de psicología del aprendizaje (Manual + Cuadernillo), *E. Merino Tejedor y J. A. Valdivieso Burón.*

Psicología de la Educación (2 Vols.), *S. Rodríguez Sánchez (coord.).*

Psicología para docentes, *E. Briones Pérez y Alicia Gómez-Linares (coords.).*

Psicomotricidad e intervención educativa, *D. Martín Domínguez.*

Psicopatología en el contexto escolar, *M.ª del M. Aires, S. Herrero, E. M.ª Padilla y E. M.ª Rubio (coords.).*

Relaciones interpersonales en la educación, *M.ª R. Bueno y M. Á. Garrido.*

Teoría de la educación, *L. Núñez Cubero y C. Romero Pérez.*

Teoría de la educación, *P. Casarres y A. Soriano (coords.).*

Vivir la escuela como un proyecto colectivo, *M.ª M. García y M.ª Á. Olivares.*

www.edicionespiramide.es